U0876208

岳麓書社

读名著　选岳麓

轻松阅读无障碍

古文观止

陈蒲清 导读 注译

岳麓書社·长沙

图书在版编目(CIP)数据

古文观止/陈蒲清导读、注译.—长沙:岳麓书社,2021.3
ISBN 978-7-5538-1374-5

Ⅰ.①古… Ⅱ.①陈… Ⅲ.①古典散文—散文集—中国
②《古文观止》—研究 Ⅳ.①H194.1

中国版本图书馆 CIP 数据核字(2020)第 178643 号

GUWEN GUANZHI

古文观止

导读注译:陈蒲清
责任编辑:曾 倩
责任校对:舒 舍
封面设计:罗志义

岳麓书社出版发行
地址:湖南省长沙市爱民路 47 号
直销电话:0731-88804152 0731-88885616
邮编:410006

版次:2021 年 3 月第 1 版
印次:2021 年 3 月第 1 次印刷
开本:700mm×1000mm 1/16
印张:22
字数:317 千字
ISBN 978-7-5538-1374-5
定价:36.00 元

承印:长沙鸿发印务实业有限公司

如有印装质量问题,请与本社印务部联系
电话:0731-88884129

前　言

中国传统文学，重视抒情与实用，以抒情诗与散文为正宗。中国传统诗文长篇作品很少，而短篇作品则浩如烟海，汗牛充栋。一般读者不可能阅读作家的专集，只能通过阅读选本来掌握诗文中的精品。为了适应读者的需要，于是有大量选本出现。正如鲁迅所说的那样："评选的本子，影响于后来的文章的力量是不小的，恐怕还远在名家的专集之上，我想，这许是研究中国文学史的人们也该留意的罢。"(《选本》) 各种选本相互竞争，就产生了最适合一般读者需要因而最流行的选本。诗歌中最流行的选本，大概是《唐诗三百首》，而散文中最流行的选本，则非《古文观止》莫属。

《古文观止》是清朝康熙年间浙江山阴（今绍兴）人吴楚材、吴调侯叔侄两人所编选并加以评注的。他们说，编选的目的是"正蒙养而裨后学"，即帮助青少年掌握古代的文言散文。他们还编写了普及历史知识的《纲鉴易知录》，帮助青少年掌握古代的历史知识。他们是有功于青少年教育的。吴楚材、吴调侯自负地把他们的这个古文选本取名为"观止"。"观止"二字来源于《左传》的"季札观周乐"，意思是说，囊括了精华，无以复加了。这虽然有自夸之嫌疑，但是，《古文观止》的编选，的确颇有特色。书中所选的文章既有代表性，又都是精品。入选的 222 篇文章，上起东周，下至明末，中华两千多年间各个朝代（除了秦朝与元朝）都有作品入选。在时代与作家方面，《古文观止》突出了先秦、西汉和唐宋；在每个时代，又突出了重点作家。先秦为中国散文之源头，西汉发展了先秦的优良传统，所以《古文观止》选了先秦、西汉时期的《左传》《国语》《战国策》《史记》等名著中的篇章（按：《古文观止》没有选先秦诸子的文章，这是古代选家的传统）；唐宋则总结了先秦、西汉古文与六朝骈文的相反相成的经验，既重视文章的思想内容，又注意写作技巧与语言的锤炼，把记述、写景、说理、抒情熔为一炉，创作了许多脍炙人口的名篇，所以《古文观止》选了韩愈、柳宗元、欧阳修、苏轼等唐宋名家的篇章。而且，《古文观止》既突出重点时代，又不忽视其他时代，既突出名家，又不忽视名篇。在文章体裁方面，《古文观止》所选作品体制多样、应用性强、风格各异、篇幅适宜、语言精练、易于记诵。所以，直至目前，还没有其他古文选本在读者中的影响能超过《古文观止》。

《古文观止》问世几百年以来，一直作为启蒙教本流传城乡，雅俗共赏，在帮助读者学习文言散文方面的确起了巨大作用。现代文学大师巴金回顾一生创作道路时，多次坦诚地说，《古文观止》中的文章实在是终身难忘之启蒙导师。他在《谈我的散文》中说："我后来写了二十本散文，跟这个启蒙先生很有关系。""像《桃花源记》《祭十二郎文》《赤壁赋》《报刘一丈书》等等。读多了，读熟了，常常可以顺口背出来，也就能慢慢地体会到它们的好处，也就能慢慢地摸索到文章的调子。"现代语言学大师王力在《怎样学习古代汉语》中说："学习古代汉语，我看要多读些好文章。可以读读《古文观止》。"

《古文观止》有各种版本，我们这本书有什么特点呢？

一是精选。学习古文，以熟读多少篇为宜呢？《古文观止》有 222 篇文章，对于课业繁忙的当代青少年，似乎难以做到篇篇精读，所以只能优中选优。王力先生说，应该从《古文观止》中选择六七十篇的文章熟读。我们就按照王力先生所说的这个数目进行选择，从《古文观止》中精选出 68 篇作品。这 68 篇文章，不仅脍炙人口，而且具有代表性，散文史上的名家名篇和骈文、辞赋，都保留了。熟读这几十篇文章，既可以熟悉散文史上的重要作家，又可以熟悉文言文的基本词汇与句法。有了这样的基础，深造也就不难了。

二是补充。《古文观止》所选的古文，截止到明朝末年，没有清朝的文章。其实，清朝的古文是颇有成就的，不仅产生了影响文坛的桐城派，而且有不少反映近代社会变革的著名篇章。因此，没有清朝古文，《古文观止》就还没有"止"。近现代曾经出现《续古文观止》《清文观止》等，就是想弥补这个不足。所以，我们补充了黄宗羲、方苞、姚鼐、陶澍、魏源、曾国藩、龚自珍、梁启超、孙中山等人的 12 篇古文。目录上有 * 号标记的文章，就是我们补选的篇目。《古文观止》选文，有时跟原作有差异。我们补充了相关文字。

三是分类。鲁迅说："分类有益于揣摩文章。"本书所选 80 篇文章中，散文 65 篇，骈文 7 篇，辞赋 8 篇。散文又再分九小类：叙事散文、记人散文、论说散文、写景散文、书表、序言、赠序、祭文、碑记。其中，书表、序言、赠序、祭文、碑记等五个小类是照顾古代文体分类习惯，跟前四小类是交叉关系。骈文、辞赋所选的篇目少，不分细类。我们在每类文章之前，都简要地介绍了该类文体的特点及发展过程。

笔者自 20 世纪 80 年代初，受马积高师的推荐，应岳麓书社喻岳衡先生邀请，为岳麓书社审读言文对照的《古文观止》，从此 30 多年来跟岳麓书社与《古文观止》结了不解之缘。现在编选这本融入笔者心得的《古文观止》，是为了进一步适应现代读者的需要，帮助他们提高阅读古典名著的能力，打牢国学基础。

目 录

第一类 叙事散文

第二类 记人散文

第三类 论说散文

第四类 写景散文

第五类　书表

第六类　序言

第七类 赠序

第八类 祭文

第九类 碑记

第十类 骈文

第十一类　辞赋

附录

第一类 叙事散文

《古文观止》的选文，以应用文为主体，叙事文基本限于先秦史书《左传》《国语》和《战国策》中的文章。这是因为，史官在中华传统文化中的突出地位。《汉书·艺文志》说："古之王者，世有史官，君举必书，所以慎言行、昭法式也。左史记言，右史记事，事为《春秋》，言为《尚书》。"

在我国古老的甲骨文、金文中，虽然已经出现叙事文，但是，成熟的叙事散文最早出现在《左传》《国语》和《战国策》中。《左传》是《春秋》三传之一，《国语》又称《春秋外传》，它们发展、完善了《春秋》的记事传统。《战国策》则记载策士们的事迹。

阅读叙事文，要注意事件发展的线索（起因、经过、结局），注意时间、地点的变换，特别要注意对有关人物的刻画。诵读叙事文，要抓住这些方面的重点语句。

郑伯克段于鄢 《左传·隐公元年》

导读

《左传》，又名《春秋左氏传》或《左氏春秋》。相传孔子根据鲁国史书编订《春秋》，大纲式地记叙鲁隐公等十二位国君在位期间的历史；鲁国优秀史官左丘明，又按《春秋》的编年大纲，详尽生动地记叙了当时的历史故事。《左传》记事起于鲁隐公元年（前722），止于鲁哀公二十七年（前468），善于描写战争和外交活动，不仅是我国第一部叙事详尽的编年体史书，也是一部文学性很强的优秀散文作品集。

本文记述的是郑国庄公时期家庭内部的一场激烈斗争。郑是姬姓诸侯国，国君为伯爵，其地在今河南新郑一带。第一代国君是郑桓公（周宣王的弟弟）。本篇主角郑庄公是桓公的孙子，他在位时郑国日益强大，多次取得对外战争的胜利，他成了春秋时期的第一位霸主。《春秋》记载郑庄公跟其弟之间的权力斗争，仅有六个字："郑伯克段于鄢。"《左传》却原原本本地记叙了事件的起因、经过、结局。本篇记述这个事件是从追述开始的，用"初"表示追述，接着用"及（庄公即位）""既而""将"等标明事件的发展脉络。

本篇叙事具体生动，用词简劲，有条不紊，尤其突出了人物的特点，对于涉及的七个历史人物，写得各有特色。如：郑武公冷静理智，姜氏偏私任性，共叔段恃宠骄纵，祭仲、子封忠心为国，颍考叔善于讽谏。特别是郑庄公，处变不惊，老谋深算，政治手段高人一筹。本篇刻画郑庄公以及祭仲、子封、颍考叔等的形象，主要是通过他们的话语。所以，诵读本篇，要特别注意人物的语言。

初[1]，郑武公娶于申[2]，曰武姜[3]。生庄公及共叔段。庄公寤生，惊姜氏，故名曰"寤生"，遂恶之。[4]爱共叔段，欲立之。亟请于武公，公弗许。[5]

及庄公即位，为之请制[6]。公曰："制，岩邑也，虢叔死焉[7]。他邑唯命。"请京，使居之，谓之京城大叔。[8]

注释

1 初：当初。古文追述往事的常用词。2 郑武公：姓姬，名掘突。申：国名，姜姓，在今河南南阳。3 武姜："武"表示丈夫为武公，"姜"是她娘家的姓。4 寤生：逆生，即胎儿出生时脚在下。寤，通"牾（wǔ）"。恶（wù）：憎恨，讨厌。5 亟（qì）：多次。弗许：不同意她的请求。6 制：地名，又名虎牢，是军事上的险要之地，在今河南荥阳汜水镇西。7 虢（Guó）叔：东虢国的国君。制原是东虢国的领地，公元前767年郑国吞并东虢国。8 京：郑邑名。在今河南荥阳东南。大：音、义同"太"。下同。

译文

当初，郑武公从申国娶来妻子，她就是“武姜”。生了庄公和共叔段两个儿子。庄公出生时难产，惊吓了姜氏，所以取名叫“寤生”，因此，姜氏就厌恶他。姜氏喜欢共叔段，想要立他做太子。屡次向武公请求，武公不同意。

等到庄公即位后，姜氏请求把制这个地方封给共叔段。庄公说：“制是很险要的地方，从前虢叔就死在那里。其他地方就听从您的吩咐。”姜氏替共叔段讨封京地，庄公就把共叔段封在那里，于是人们称共叔段为“京城太叔”。

祭仲[1]曰：“都城过百雉[2]，国之害也。先王之制：大都，不过参[3]国之一；中，五之一；小，九之一。今京不度，非制也。君将不堪。”公曰：“姜氏欲之，焉辟[4]害？”对曰：“姜氏何厌之有？不如早为之所，无使滋蔓[5]。蔓，难图也；蔓草犹不可除，况君之宠弟乎？”公曰：“多行不义，必自毙[6]。子姑待之。”

注释

1 祭（Zhài）仲：郑国的大夫。大夫是辅佐君主的要职。大夫的“大”，旧读 dài。2 雉（zhì）：量词。古代计算城墙面积，长三丈、高一丈为一雉。3 参：同“叁”。4 辟：通“避”。5 滋蔓：滋长蔓延。6 毙：倒下去。

译文

祭仲对庄公说：“都会的城墙超过一百雉，便成为国家的威胁。先王的制度，大都会的城墙不能超过国都的三分之一，中等都会的城墙不能超过国都的五分之一，小都会的城墙不能超过九分之一。现在京的城墙不合法度，不合先王的制度，您将要受不了。”庄公说：“姜氏想要这样，又怎能够避开祸害呢？”祭仲回答说：“姜氏哪里有满足呢？您不如早点做好安排，不要使共叔段的势力滋长蔓延。蔓延开来，就难以对付了；蔓延的野草，尚且难以铲除，何况是您宠爱的弟弟呢？”庄公说：“如果做多了不义的事情，就一定会自取灭亡。你暂且等着吧。”

既而大叔命西鄙北鄙贰于己。[1]公子吕[2]曰：“国不堪贰，君将若之何？欲与大叔，臣请事之；若弗与，则请除之。无生民心[3]。”公曰：“无庸，将自及。”

注释

1 鄙：边境地区。贰：两属，两方管理。2 公子吕：字子封，郑大夫。3 无生民心：不要使民众产生不安之心。

译文

不久，太叔命令郑国西部、北部边境的城邑，既从属于朝廷，又从属于自己。公子吕对庄公说："国家不能忍受这种两属的情况，您打算怎么办？如果要把郑国送给太叔，那就允许我侍奉他；要是不把郑国送给太叔，那就请您除掉他。不要使百姓产生二心。"庄公说："不用除掉他，他将会自食恶果。"

大叔又收贰以为己邑，至于廪延[1]。子封曰："可矣！厚[2]将得众。"公曰："不义不暱[3]，厚将崩。"

大叔完聚，缮甲兵，具卒乘，将袭郑。[4]夫人将启之。公闻其期，曰："可矣！"命子封帅车二百乘以伐京。京叛大叔段。段入于鄢[5]，公伐诸鄢。五月辛丑，大叔出奔共。[6]

注释

1 廪延：郑邑名。在今河南延津北。2 厚：指势力雄厚。3 暱：亲昵。4 缮：修理，制造。兵：兵器。卒：步兵。乘：兵车。5 鄢（Yān）：郑地名，在今河南鄢陵县境。6 五月辛丑：鲁隐公元年夏历五月二十三日。古代用干支纪年、纪月、纪日。辛丑是当年五月二十三日的干支。共（Gōng）：古国名，在今河南辉县，后来被卫国吞并。段出奔共，故称共叔段。

译文

太叔又把已经两属的地方全部收归自己所有，势力扩展到了廪延。子封对庄公说："您可以采取行动了。他势力雄厚了，将会得到更多的人拥护。"庄公说："他既然不合礼义，人们就不会拥护他，势力大了，反而会垮台。"

太叔积极修筑城墙，储积粮草，制造铠甲、武器，训练步兵和战车，将要偷袭郑国的国都。姜夫人也准备做内应，替他打开城门。庄公得知太叔袭郑的日期，便说："可以行动了！"于是命令子封率领二百辆战车去征讨京城。京城的人都背叛太叔，太叔逃到鄢。庄公又追到鄢去征讨他。五月辛丑日，太叔便逃到共地去了。

书[1]曰："郑伯克段于鄢。"段不弟，故不言弟；如二君，故曰克；称郑伯，讥失教也。谓之郑志[2]。不言出奔，难之也。

遂置姜氏于城颍[3]而誓之曰："不及黄泉[4]，无相见也！"既而悔之。

注释

1 书：指《春秋·隐公元年》原文的记述。2 谓之郑志：传统解释说，这是郑伯的意图，暗指郑伯存心驱逐弟弟。但是，把"郑"解释为"郑伯"，违反训诂的原则。可以存疑。3 城颍：郑邑名，在今河南临颍西北。4 黄泉：地下深处的泉水，引申为墓穴。

译文

《春秋》写道："郑伯克段于鄢。"为什么这样写呢？因为段的所作所为不像个做弟弟的，所以不说"弟"。因为像是两个敌国的君主打仗，所以叫作"克"。直称庄公为"郑伯"，是讽刺他没有尽到教育的责任。也就是说这是郑伯本来的意图。不说太叔"出奔"，是责难他呢。

庄公于是把姜氏安置在城颍，并发誓说："不到黄泉，不再见面。"不久，又后悔不应该这样。

颍考叔为颍谷封人[1]，闻之，有献于公。公赐之食，食舍肉。公问之，对曰："小人有母，皆尝小人之食矣，未尝君之羹[2]，请以遗[3]之。"公曰："尔有母遗，繄[4]我独无！"颍考叔曰："敢问何谓也？"公语之故，且告之悔。对曰："君何患焉？若阙[5]地及泉，隧而相见，其谁曰不然？"公从之。公入而赋："大隧之中，其乐也融融。"姜出而赋："大隧之外，其乐也泄泄[6]。"遂为母子如初。

注释

1 颍谷：郑边境的小邑。在今河南登封西南。封人：管理疆界的官。2 羹（gēng）：有汁的肉食。3 遗（wèi）：留给。4 繄（yī）：语首语助词，相当于"惟"。5 阙（jué）：挖掘。6 泄泄（yì yì）：和上文的"融融"，都是形容快乐的样子。

译文

颍考叔是主管颍谷疆界的官，听到这件事，就去给庄公进献物品。庄公赐他吃饭，他吃时把肉留着。庄公问他为什么，他回答说："我有母亲，我孝敬她的食物都吃过了，就是没有吃过国君赐的食物，请您让我把肉带回去献给母亲。”庄公说：“你有母亲可献食物，唯独我没有啊！”颍考叔说：“敢问这是怎么说？”庄公说明了缘由，并且告诉他自己很后悔。颍考叔回答说：“您何必为这件事情忧虑呢？如果挖地挖到出现黄色泉水的深度，再挖一条地道在里面相见，还有哪个说不信守誓言呢？”庄公听从了他的意见。庄公进入地道时赋诗说：“大隧道里面，母子相见，多么融洽啊。”姜氏走出地道时赋诗说：“母子相见，大隧道外面，多么舒畅啊。”于是母子便像从前一样。

君子曰[1]：颍考叔，纯孝也。爱其母，施及庄公。《诗》曰：“孝子不匮，永锡尔类。”[2]其是之谓乎？

注释

1 君子曰：这是《左传》作者用以发表评论的方式。2《诗》：即《诗经》。引文见《诗经·大雅·既醉》。匮（kuì）：穷尽。锡：赐予，给予。这里是影响的意思。尔类：你们一辈人。朱熹把“类”解释为“善”。引文意思是，孝子对人们的良好影响是永远不会穷尽的。

译文

君子说：颍考叔可算是个真正的孝子。爱他的母亲，又影响到庄公。《诗经》说：“孝子的孝心没有穷尽，永远影响和感化同类的人。”大概就是说的这种情况吧。

曹刿论战 《左传·庄公十年》

导读

鲁庄公八年（前686），齐国内乱。荒淫的齐襄公被杀，他的弟弟公子纠逃到鲁国，另一个弟弟小白逃到莒国。次年，小白先回国继位，他便是著名的齐桓公；鲁国派兵送公子纠回国即位，被齐军打败，并按齐国要求杀了公子纠。庄公十年（前684），齐国派兵侵犯鲁国，在鲁地长勺开战，鲁军以弱胜强。长勺之战，是历史上以弱胜强的著名战例之一。

本文体现了《左传》善于描写战争与刻画人物的技巧和特点：详于战前决策，略于战况描写。本文对战况描写非常简略，只用“齐师败绩”四个字概括，而着力刻画的是对战争胜利起决定性作用的人物——曹刿。在国家危难时刻，他挺身而出，为国分忧；在分析决胜条件时，他不重视少数亲信与神明，而重视民心，表现了具有进步意义的民本思想；临战之前，他重视士气，能抓住最好的战机；追击之前，又细心观察，从而稳操胜券。最后的“论战”，把前面设置的引人入胜的悬念，逐个解开，颇有画龙点睛之妙。原评：“未战，考君德；方战，养士气；既战，察敌情。步步精详，着着奇妙。”诵读时，可以突出曹刿决策与论战的语句。

齐师伐我[1]，公将战。曹刿[2]请见。其乡人曰：“肉食者[3]谋之，又何间[4]焉？”刿曰：“肉食者鄙，未能远谋。”遂入见。

注释

1 我：指鲁国。《左传》作者为鲁国史官，故称鲁为我。2 曹刿（guì）：鲁国谋士。《史记·刺客列传》作曹沫。3 肉食者：指高官。当时大夫以上的人，方能每日食肉。4 间：参与。

译文

齐国的军队攻打我国，庄公准备迎战。曹刿要去见庄公。他的乡亲们说：“国家的事，有享受丰厚俸禄的大官谋划，你又何必去参与呢？”曹刿说：“大官们眼光短浅，不能深谋远虑。”于是他进见庄公。

问：“何以战？”公曰：“衣食所安，弗敢专也[1]，必以分人。”对曰：“小惠未遍，民弗从也。”公曰：“牺牲玉帛[2]，弗敢加[3]也，必以信。”对曰：“小信未孚[4]，神弗福也。”公曰：“小大之狱[5]，虽不能察，必以情[6]。”对曰：“忠之属也，可以一战。战则请从。”

注释

1 弗：不。专：独享。2 牺牲：祭祀用的牲畜牛、羊、猪。玉帛：祭祀用的宝玉、丝织品。3 加：虚夸。意即以小报大，以少报多，以恶报美。4 孚：为人所信服。5 狱：案件。6 情：通“诚”。

译文

曹刿问庄公："凭什么条件作战？"庄公回答说："衣食一类的生活物品，不敢独自享用，一定把它分给别人。"曹刿说："小恩小惠不能遍及全国，民众是不会跟从您的。"庄公再说："祭祀用的牲口、玉、帛，我从不敢虚夸假报，一定以诚心去祭祀神灵。"曹刿说："小小的诚心不能得到神的信任，神不会降福给您。"庄公又说："大大小小的案件，虽然不能一一彻底查清，但一定要根据实情去处理。"曹刿说："这才是为百姓尽心做事的表现，可以凭借这个条件作战。开战时，请求您让我跟从。"

公与之乘，战于长勺[1]。公将鼓之[2]，刿曰："未可。"齐人三鼓，刿曰："可矣。"齐师败绩。公将驰之，刿曰："未可。"下，视其辙；登，轼[3]而望之，曰："可矣。"遂逐齐师。

既克，公问其故。对曰："夫战，勇气也。一鼓作[4]气，再[5]而衰，三而竭。彼竭我盈，故克之。夫大国，难测也，惧有伏焉。吾视其辙乱，望其旗靡[6]，故逐之。"

注释

1 长勺：鲁地名。在今山东济南莱芜区东北。2 鼓之：击鼓进兵。古代作战，击鼓是命令军队前进。3 轼：古代车前作扶手的横木。4 作：振作。5 再：第二次。6 靡：倒下。

译文

庄公和曹刿同坐一辆兵车，两军在长勺开战。两军刚相遇，庄公就要击鼓进兵，曹刿说："不行。"齐军擂了三次鼓，曹刿说："可以击鼓了。"结果齐军大败。庄公要指挥兵车追击，曹刿说："不行。"他跳下车察看齐军的车轮痕迹，又登上车扶住车前横木观望齐军败退情况，然后说："可以追击了。"于是把齐军赶出了鲁国国境。

打了胜仗之后，庄公问曹刿为什么要这样指挥。曹刿回答说："打仗全靠勇气。第一次擂鼓，士兵勇气大振，第二次擂鼓，勇气衰退，第三次擂鼓，勇气就消失了。等敌人的勇气消失了，我军擂鼓进攻，勇气正旺盛，因此打败了齐军。齐军虽败，但是大国的情况难以捉摸，怕有埋伏。所以，等我看到他们的车辙印迹混乱，望见他们的旗帜倒下，才追击他们。"

宫之奇谏假道 《左传·僖公五年》

导读

晋国、虞国、虢国都是周朝王室的后代。晋国封地在今山西省西南部，春秋时期不断扩大地盘，成为强国。虞国、虢国邻近晋国，晋国扩大地盘时首当其冲。晋献公在鲁僖公二年（前658），曾向虞国借道攻打虢国，侵占了虢国的夏阳。三年之后，又第二次借道攻打虢国，虞君不听贤臣宫之奇的劝阻，竟然答应晋国的要求，遭致亡国。

本篇反映了春秋时期政治思想的变化，由重视亲族血缘关系、重视神灵，转变为重视道德和民心。虞君思想落后，宫之奇洞察历史变化。虞君与宫之奇的对话分三个层次：第一层关于地理政治形势。虞君贪图小利而不顾大局；宫之奇用“辅车相依，唇亡齿寒”比喻虞虢关系，说明保护邻国不受侵犯同时也是为了保护自己不受侵犯。第二层关于宗族关系。虞君迷信宗族关系；宫之奇说明政治利害关系早已撕破宗族间温情脉脉的纱幕，揭露晋国对宗族的无情和残暴。第三层关于神与民的问题。虞君迷信神灵；宫之奇指出存亡在人不在神，应该实行德政，警惕敌人。宫之奇的分析深刻详尽，层次分明。原评：“宫之奇三番谏诤，前段论势，中段论情，后段论理，层次井然，激昂尽致。”

晋侯复假道于虞以伐虢[1]。宫之奇谏曰[2]：“虢，虞之表[3]也。虢亡，虞必从之。晋不可启，寇不可玩[4]。一之为甚，其可再[5]乎？谚所谓‘辅车相依[6]，唇亡齿寒’者，其虞虢之谓也。”

注释

1 晋侯：晋国是姬姓侯爵诸侯国。其始祖是周成王的弟弟。此时的晋侯是晋献公。复：又。假：借。虞：国名。周武王时封大（tài）王次子虞仲的后代于虞（在今山西平陆东北六十里）。虢（Guó）：国名（在今河南三门峡及山西平陆一带），为周文王之弟虢仲的别支。2 宫之奇：虞大夫。谏（jiàn）：进忠言规劝。3 表：外面，屏障。4 寇：外来的敌军。玩：忽视。5 再：第二次。6 辅：安装在车轮外侧用以保护车轮并增加其强度的木条，引申为保护牙床的颊骨。车：牙车，即牙床。

译文

晋侯又一次向虞国借道去攻打虢国。宫之奇劝阻虞公说：“虢国，是虞国的屏障。虢国一亡，虞国必然随着灭亡。晋国的贪心不可助长，外部的敌人不可忽视。借道一次给它，就已经过分了，难道还可以借第二次吗？俗话说：‘面颊和牙床，是互相依存的；没有嘴唇，牙齿就要受冻。’这正是说的虞和虢的关系。”

公曰："晋，吾宗[1]也。岂害我哉？"对曰："大伯、虞仲，大王之昭也。[2]大伯不从[3]，是以不嗣[4]。虢仲、虢叔[5]，王季之穆也；为文王卿士[6]，勋在王室，藏于盟府[7]。将虢是灭，何爱于虞？且虞能亲于桓、庄乎[8]？其爱之也。桓庄之族何罪，而以为戮，不唯逼[9]乎？亲以宠[10]逼，犹尚害之，况以国乎？"

注释

1 宗：同祖为宗。晋、虞、虢均为姬姓国，同一个祖宗。2 昭：指昭位。古时帝王死后，宗庙里设有神位，始祖居中，后世祖依次左右排列。排在左边的称"昭"，排在右边的称"穆"。昭位之子在穆位，穆位之子在昭位，这样左右更迭，分别辈次。周朝建立后，追封周文王的祖父为"太王"。大（同"太"）伯是太王的长子。虞仲是太王的次子。周文王的父亲季历（王季）是太王的第三个儿子。在宗庙中，周始祖后稷居中，太王处于穆位，所以太王之子太伯、虞公、季历处于昭位；虢君是季历的儿子，所以处于穆位。

3 不从：不听从继承王位的祖制。太伯是长子，本应继承太王之位，但他认为小弟季历的儿子姬昌（即后来的周文王）有"圣德"，能使周兴盛强大，所以自己就出走到吴地，好让季历继承王位传给姬昌，所以说他"不从"。4 不嗣：太伯出走，没有继承太王之位，所以说"不嗣"。5 虢仲、虢叔：虢的开国祖先，是王季的次子和三子，周文王的弟弟。虢仲封东虢，已在周平王二年（前 769）为郑武公所灭。虢叔封西虢，即本文中所指之虢。6 卿士：执掌国政的大臣。7 盟府：主管盟誓典策的官府。8 桓、庄：桓叔与庄伯。桓叔是晋献公的曾祖，庄伯是晋献公的祖父，桓庄之族是晋献公的同祖父的兄弟。9 逼：迫近，威胁。10 宠：尊贵。

译文

虞公说："晋君是我的同宗，难道会害我吗？"宫之奇回答说："太伯、虞仲，都是周太王的儿子，太伯不依从父命，放弃了继承王位。虢仲、虢叔都是王季的儿子，做了周文王的卿士，对王室建立过功勋，记载他们功劳的典册，还保存在官府里。（虞国是虞仲的后裔，虢国是王季的后裔，可见虢国与晋国的关系比虞国和晋国的关系更加亲密。）晋国竟然打算把虢国灭掉，哪里还会爱护虞国呢？况且，虞国跟晋国的关系，能比得上晋献公的曾祖桓叔和祖父庄伯的后裔吗？晋君对桓、庄两族本来是应该爱护的。但是桓、庄两族有什么罪过，竟遭到杀戮，不就是因为他们使晋献公觉得受到威胁了吗？至亲的人因为地位尊宠而形成威胁，晋献公尚且能将他们杀害，何况我们是另外一个国家呢？"

公曰："吾享祀[1]丰洁，神必据[2]我。"对曰："臣闻之，鬼神非人实[3]亲，惟德是依。故《周书》曰：'皇天无亲，惟德是辅。'[4]又曰：'黍稷非馨，明德惟馨。'[5]又曰：'民不易物，惟德繄物。'[6]如是，则非德，民不和，神不享矣。神所冯[7]依，将在德矣。若晋取[8]虞，而明德以荐馨香[9]，神其吐之乎？"

注释

1 享祀：祭祀。用食物祭鬼神叫享。2 据：依附。既依附，则必保佑。3 实：是，提前宾语。4《周书》：古书名，已亡佚。伪《古文尚书·祭仲之命》袭用了这两句。辅：助。这里指保佑。5 黍稷：泛指五谷，是祭祀用品。馨（xīn）：散布很远的香气。古人以为，鬼神闻到香气就是享用了祭品。这两句见伪《古文尚书·君陈》篇。6 繄（yī）：相当于"是"。这两句见伪《古文尚书·旅獒》。今本《尚书》"民"作"人"。7 冯：通"凭"，依靠。8 取：夺取，即灭掉。9 馨香：这里指散发芳香的祭品。

译文

虞公说："我祭祀鬼神的祭品丰盛洁净，鬼神一定会保佑我。"宫之奇说："我听说鬼神并不对所有人都亲，只依附有德行的人。所以《周书》上说：'上天没有至亲，只辅佑有德行的人。'又说：'并不是祭祀的谷物能够远远散发出香气，只有显著的德行才芬香远闻，得到鬼神的辅佑。'又说：'人们的祭物虽然相同，但只有那有德者供的祭物，才为鬼神享用。'这样看来，如果没有德行，人民就不会和睦，鬼神也不会来享用祭品了。鬼神所依凭的，就在于德行了。如果晋国吞并了虞国，修明德行，再把芳香的祭品奉献给鬼神，鬼神难道还会吐出来吗？"

弗听，许晋使。宫之奇以其族行。曰："虞不腊[1]矣。在此行也，晋不更举矣[2]。"

冬，晋灭虢。师还，馆于虞[3]。遂袭虞，灭之。执[4]虞公。

注释

1 腊：一种年终的祭祀典礼。2 更（gēng）：再次。举：起兵。晋将用灭虢的军队来灭虞，不需再起兵了。3 馆于虞：晋兵驻在虞国。4 执：捉住。

译文

虞公不听宫之奇的规劝，答应了晋国使者借道的要求。宫之奇便带领他的家族离开虞国。他离开时说："虞国等不到年终腊祭就会灭亡。晋国灭虞就在这次行动中，用不着再发兵了。"

冬天，晋国灭掉了虢国。晋军回师时，停驻在虞国，于是发动袭击，把虞国灭掉，并捉拿了虞公。

烛之武退秦师 《左传·僖公三十年》

导读

郑国是一个中等国力的诸侯国，郑庄公去世后，内忧外患相继发生，国力日益衰弱。郑国的地理位置处于中原的核心地区，北方是强大的晋国，南方是新崛起的楚国，它成为晋楚争霸的必争之地；加之东有齐，西有秦，可谓强邻环伺。因此，郑国只好在大国之间周旋，或被迫屈服于晋，或被迫屈服于楚，有时依附一边，又暗地里讨好另一边。鲁僖公三十年（前630），晋国用两条理由作借口，联合秦国，进攻郑国。

本篇是《左传》中外交辞令的代表作之一。在国家存亡的危急关头，烛之武临危受命，用巧妙的外交说辞化解了战争灾难。他的说辞妙在哪里呢？妙在处处从秦国切身利害出发，为秦国着想，使秦穆公不得不接受。妙在面对强国君主，不亢不卑，利用秦晋矛盾，从容进言。他向秦国陈述了五点利害：一、灭了郑国，秦国不可能越过中间的晋国占有郑国的土地；二、灭了郑国，就扩大了晋国的势力，这等于削弱了秦国；三、晋国一旦统治郑国，进一步扩张的矛头就会指向秦国；四、历史证明，秦国即使对晋国有恩惠，晋国也不会对秦国讲信义；五、如果秦国能保存郑国，对秦国在东方的事业，就大有好处。这五个方面，都分析得入情入理，使秦伯不得不听，不得不撤军。

晋侯、秦伯围郑[1]，以其无礼于晋[2]，且贰于楚也[3]。晋军函陵[4]，秦军氾南[5]。

注释

1 晋侯：晋文公。秦伯：秦穆公。周朝分封诸侯，晋国是侯爵，秦国是伯爵。2 无礼于晋：指晋文公为公子时在外逃亡，经过郑国，郑文公没有按礼节接待他。3 贰：有二心。此指僖公二十八年（前632）城濮之战时，郑国曾出兵帮助楚国攻打晋国。4 军：驻军。函陵：郑地。在今河南新郑北。5 氾（Fán）南：在今河南中牟南。

译文

晋文公和秦穆公围攻郑国的都城，这是因为郑国以前对晋文公无礼，并且有了二心，暗地里依附了楚国。晋军驻扎在函陵，秦军驻扎在氾南。

佚之狐言于郑伯曰[1]：“国危矣，若使烛之武[2]见秦君，师[3]必退。”公从之。辞曰：“臣之壮也，犹不如人；今老矣，无能为也已。”公曰：“吾不能早用子[4]，今急而求子，是寡人之过也。然郑亡，子亦有不利焉。”许之。

注释

1 佚之狐：郑国大夫。郑伯：郑文公。2 烛之武：郑国大夫。3 师：军队。4 子：古代对男子的尊称。

译文

佚之狐对郑文公说：“国家很危险了，假如派遣烛之武去见秦国的国君，秦国的军队一定会撤走。”郑文公听从了他的建议，去请烛之武。烛之武推辞说：“我年富力强的时候，尚且不如他人；现在年老了，没有能力办事了。”文公说：“我没有及早重用你，如今事情危急了才来求你，这是我的过错。然而，郑国灭亡了，对你也不会有利吧！”烛之武便答应了去见秦国的国君。

夜缒[1]而出，见秦伯，曰：“秦、晋围郑，郑既知亡矣。若郑亡而有益于君，敢以烦执事[2]。越国以鄙远[3]，君知其难也。焉用亡郑以陪邻？邻之厚，君之薄也。若舍郑以为东道主[4]，行李[5]之往来，共[6]其乏困，君亦无所害。且君尝为晋君赐矣[7]，许君焦、瑕[8]，朝济而夕设版焉[9]，君之所知也。夫晋，何厌之有？既东封[10]郑，又欲肆[11]其西封，若不阙[12]秦，将焉取之？阙秦以利晋，唯君图之。”秦伯说[13]，与郑人盟，使杞子、逢孙、杨孙戍之[14]，乃还。

注释

1 缒（zhuì）：用绳子缚住身体，从城墙上往下放。2 执事：手下办事人员。避免直接称秦伯。这是委婉的说法。3 鄙远：把远方的郑国作秦国的边邑。鄙，边邑，这里作动词用。4 东道主：东方道路上招待食宿的主人。因郑在秦东，所以这么说。5 行李：使者，也作“行理”。6 共：通“供”。7 尝为晋君赐：指秦穆公曾经帮助晋惠公回国即侯位。赐，恩德。8 焦、瑕：晋国的两个地名。在今河南三门峡一带。9 朝（zhāo）：早晨。济：渡河。版：筑土墙用的夹板。设版指筑城备战。10 封：疆界。11 肆：扩展。12 阙（quē）：损害。13 说：通“悦”。14 杞子、逢（Páng）孙、杨孙：都是秦国大夫。

译文

晚上，烛之武用绳子缚住身体，让人把他从城墙上放了下去，他求见秦穆公说：“秦、晋两军围攻郑都，郑国已经知道要灭亡了。假如灭了郑国而对您有益，那我就不敢麻烦您接见了。不过，如果越过另外一个国家，把偏远的地方作秦国的边邑，您知道，这是很困难的。那么，您又何必灭亡郑国去扩大邻邦晋国的土地呢？邻邦晋国的实力雄厚了，就等于您的力量被削弱了。假如您留下郑国，把它作为东方道路上的主人，秦国的使者来往经过，郑国可以供给他们所缺少的物资，这对您秦国也没有什么害处啊！况且您曾经对晋君有恩德，晋惠公答应酬谢您，割给您焦、瑕二地，可是他早晨渡河回了国，晚上就在那里修筑城墙了，这是您所知道的。晋国哪里还有满足的时候？晋国既然灭了郑作为它东边的疆界，就一定想极力扩展它西边的疆界，那么，如果不损害秦国，还能从哪里取得土地呢？这种损害秦国而有利于晋国的事情，究竟怎么处理，我请您好好考虑一下。”秦穆公听了很高兴，便和郑国订立盟约，并派杞子、逢孙、杨孙驻扎在郑国的都城，自己就带军回秦国去了。

子犯[1]请击之。公曰：“不可！微夫人之力不及此[2]。因人之力而敝[3]之，不仁；失其所与，不知[4]；以乱易整[5]，不武。吾其还也。”亦去[6]之。

注释

1 子犯：晋大夫，即狐偃，晋文公的舅父。2 微：非，没有。夫人：那个人。指秦穆公。此句指秦穆公在晋惠公死了之后帮助晋文公回国继承君位的事。3 敝：败坏、损害。4 知：通“智”。5 乱：指秦晋两国同盟破裂，互相攻战。整：指秦晋两国和睦相处。6 去：离开。

译文

子犯请求晋文公攻打秦军。文公说：“不可以！没有那个人（指秦穆公）的力量，我就不会到这个地位。依靠过人家的力量，却去损害人家，这是不仁；

丢掉了自己的同盟国，这是不明智；用互相开战的混乱，替代两军同心协力的严整，这不算武勇。我们还是回去吧！”晋军也撤走了。

召公谏厉王止谤 《国语·周语上》

导读

《国语》是我国最早的国别史。相传春秋末期的史官左丘明写了《春秋左氏传》和《国语》，一为编年体，一为分国史料，所以《国语》又称《春秋外传》。全书二十一卷，分别记录周、鲁、齐、晋、郑、楚、吴、越八国的史事，侧重于记录杰出人物的言语，故名“国语”。记叙时间大致起于西周后期迄于春秋、战国之交。

本篇选自《国语·周语上》。周厉王是西周晚期的暴君，公元前877年至前841年在位，他贪婪而残暴，禁止臣民发表议论，终于被臣民赶下台，西周王朝也元气大伤，江河日下。召公是一位有远见的政治家，厉王垮台后，他与周公（周公旦次子的后代）共同掌权，史称“周召共和”；后又辅佐周宣王，使周朝一度中兴。

本篇以“弭谤”为中心，分三个部分。第一部分写厉王采取弭谤的行动，第二部分写召公分析弭谤之害，第三部分写弭谤的恶果。文章的重点是第二部分召公分析弭谤危害的言论，召公的分析，有巧妙的比喻，有典章制度的引用，有正反的对比。可惜愚顽的厉王却一意孤行，听不进忠告，终于自食恶果。

厉王[1]虐，国人谤[2]王。召公[3]告曰：“民不堪[4]命矣！”王怒，得卫巫[5]，使监谤者，以告，则杀之。国人莫敢言，道路以目[6]。王喜，告召公曰：“吾能弭[7]谤矣。乃不敢言。”

注释

1 厉王：名胡。周夷王的儿子，西周第十代国君。2 谤：议论，责备。“谤”在文言文里面是个中性词，含义是公开议论、指责别人的过失。它不同于现代的贬义词“诽谤”（恶意中伤）。3 召（Shào）公：召公奭的后代召穆公，姓姬，名虎，周王的大臣。4 堪：承受，忍受。5 卫巫：卫国的巫者。6 道路以目：人们在道路上相遇，以眼神示意。形容敢怒而不敢言。7 弭（mǐ）：止，消除。

译文

周厉王暴虐，国都的人都议论他的过失。他的大臣召公上报说：“人民受不了你暴虐的政令了！”厉王听了很生气，找来一个卫国的巫师，叫他监视议论自己过失的人，只要那巫师报告议论的人，厉王就把那人杀掉。从此，国都内的人谁也不敢说话了，在路上相遇，只用眼神示意。厉王高兴了，告诉召公说："我能制止议论了，他们不敢说话了。"

召公曰："是障[1]之也。防民之口，甚于防川。川壅[2]而溃，伤人必多，民亦如之。是故为川者[3]，决之使导[4]；为民者，宣[5]之使言。故天子听政[6]，使公卿至于列士献诗[7]，瞽献曲[8]，史献书[9]，师箴[10]，瞍赋[11]，蒙诵[12]，百工[13]谏，庶人传语[14]，近臣尽规[15]，亲戚补察[16]，瞽史教诲，耆艾修之[17]，而后王斟酌焉，是以事行而不悖[18]。民之有口也，犹土之有山川也，财用于是乎出；犹其有原隰衍沃也[19]，衣食于是乎生。口之宣言也，善败于是乎兴，行善而备败，所以阜[20]财用衣食者也。夫民，虑之于心，而宣之于口，成而行之，胡可壅也？若壅其口，其与能几何？"

注释

1 障：筑堤防水叫障。引申为阻隔。2 壅（yōng）：堵塞。3 为川者：治水的人。4 导：疏导。5 宣：放开，开导。6 听政：处理政事。7 公卿：三公九卿，指朝廷的大臣。列士：古代一般官员都称为士，职位较高的称为列士。诗：此指讽喻朝政得失的诗篇。8 瞽：盲人，掌音乐的太师。古时乐官多由盲人充当。此言乐官进献反映民意的歌曲。9 史：太史，掌礼法的官。献书：史官进献奏章，陈述往古政治得失，作为借鉴。10 师箴（zhēn）：少师进献箴言。师，少师，一种乐官。箴，寓有劝诫意义的文辞，与后世的格言相近。11 瞍（sǒu）：没有眸子的盲人。赋：朗诵。指朗诵公卿列士所献的诗。12 蒙：有眸子而看不见东西的人。诵：指不配合乐曲的诵读。13 百工：百官。一说指各种手工艺者。14 庶人：平民，老百姓。传语：老百姓是没有机会见到君王的，所以只能把意见间接地传达给君王，叫"传语"。15 尽规：尽规谏的职责。规，进谏，规劝。16 亲戚：指与君王同宗的大臣。补察：弥补王的过失，监督王的行动。17 耆艾：古称六十岁的人为耆，五十岁的人为艾。这里是指君王的师傅和朝中老臣。修：修饰整理。18 悖（bèi）：违背，谬误。19 原：高爽而平坦的土地。隰（xí）：低下而潮湿的土地。衍：低下而平坦的土地。沃：肥美的土地。20 阜：增加，丰富。

译文

召公说："这只不过是堵塞起来罢了。堵塞人民的嘴巴，比堵塞江河的后果还要严重。河水被堵，一旦决口，伤害的人必然很多，堵住人民的嘴巴也是一样。所以，治水的人，应该疏通河道，使水流通畅；治理民众的人，也应该开导民众，使他们敢说话。所以天子办理政务，要大臣以及有地位的士人进献讽谏的诗篇，要盲乐官进献反映民意的歌曲，要史官进献可资借鉴的史书，要乐师进献箴言，然后要盲人朗诵公卿列士所献的诗文，还要百官进谏，让普通民众的意见可以间接地传达给王，左右近臣各尽规谏的职责，同宗的大臣弥补王的过失、监督王的行为，乐师和史官用歌曲或史事对王进行教诲，王的师傅和朝中老臣再把乐师、史官的教诲加以修饰整理，然后由王斟酌取舍。因此，政事的施行就不至违背情理。人民有嘴巴，就好像大地有高山河流一样，人的财富用度都从这里出来；又好像大地有各种高原、洼地、平原、沃土一样，人的衣食资源都从这里产生。放手让人民讲话，政事的善恶好坏都能从这里反映出来，好的加以推行，坏的加以防范，这是使财用衣食能够大大增加的办法。人民，在心里想，用嘴巴说，想好了就自然要说出来，怎么能堵塞呢？如果堵塞人民的口不让说话，那又能得到多少民众的拥护呢？”

王弗听，于是国人莫敢出言。三年，乃流王于彘[1]。

注释

1 流：放逐。彘（Zhì）：晋地名，在今山西霍州境内。放逐周厉王的事发生在公元前842年。

译文

厉王不听召公的劝告。这样，国内的人民都不敢说话了。只过了三年，大家就把厉王放逐到彘地去了。

邹忌讽齐王纳谏 《战国策·齐策一》

导读

《战国策》是战国时期以纵横家为代表的谋臣策士游说各国的言论的汇编。今本经过刘向整理，有三十三篇，按东周、西周、秦、齐、楚、赵、魏、韩、燕、宋、卫、中山十二国分国编纂。其文长于铺叙，气势充沛，并常运用寓言和比喻说理。齐威王，前356年至前320年在位，是齐国一位有为的国君，他能纳谏，能用人，终于使齐国兴旺强盛。邹忌在齐威王十一年（前346）以鼓琴见威王，被任命为相，次年封“成侯”（见《史记·六国年表》）。

本篇写邹忌以家事比喻国事，巧妙讽劝齐威王广开言路。全篇以“讽”为线索，以去“蔽”为中心展开。首先写邹忌从家事中悟出一条人生哲理：对自己偏爱的人，对自己畏惧的人，对自己有所求的人，都会偏心或违心地吹捧自己。只有核对事实，揽镜自照，才会有自知之明，否则就会受蒙蔽。这是写讽谏的起因。其次，写邹忌悟到国事也与家事一样，国君也会受蒙蔽，于是入朝用自己的切身体会去讽谏齐威王，其特点是以小喻大，连类而及。文章最后写齐王纳谏，广开言路，除弊兴利，赢得了民心。得民心者得天下，所以诸侯归服。这是总结讽谏的效果。

全文成功地使用了三叠复沓手法：邹忌与妻、妾、客，三问三答；邹忌进谏，三种对象，逐一类比；齐王悬赏，分为三等；进谏人数由多而递减，分为三个阶段。

邹忌修八尺有余[1]，而形貌昳丽[2]。朝服衣冠[3]，窥镜，谓其妻曰：“我孰与[4]城北徐公美？”其妻曰：“君美甚，徐公何能及君也！”城北徐公，齐国之美丽者也。忌不自信，而复问其妾曰：“吾孰与徐公美？”妾曰：“徐公何能及君也！”旦日[5]，客从外来，与坐谈，问之：“吾与徐公孰美？”客曰：“徐公不若[6]君之美也。”

明日，徐公来，熟视之，自以为不如；窥镜而自视，又弗如远甚。暮，寝而思之，曰：“吾妻之美我者[7]，私我也；妾之美我者，畏我也；客之美我者，欲有求于我也。”

注释

1 修：长，身高。先秦时代八尺约相当今一米八。2 昳（yì）丽：漂亮，有风度。3 朝（zhāo）：早晨。服：穿戴。4 孰与：表示比较。5 旦日：明日。6 若：如。7 美我：认为我美。美，形容词作动词。

译文

邹忌身高有八尺多，仪表出众，容貌漂亮。一天清晨，他穿戴好了衣帽，照着镜子，对他的妻子说：“我跟城北的徐公，谁漂亮？”他的妻子说：“你漂亮极了，徐公哪能比得上你呀！”城北徐公，是齐国的美男子。邹忌自己不相信，又问他的妾说：“我跟徐公比，谁漂亮？”妾说：“徐公哪能比得上您呀！”第二天，有位客人从外边进来，邹忌坐着同他聊天，问客人：“我和徐公谁漂亮？”

客人说："徐公不如您漂亮啊。"

第二天，徐公来了，邹忌仔细地打量他，自己认为不如。照着镜子看自己，更觉得不如，相差很远。晚上，他躺在床上认真思考，终于悟出了一番道理："我的妻子说我漂亮，是因为偏爱我；我的妾说我漂亮，是因为怕我；客人说我漂亮，是因为想求我帮助。"

于是入朝见威王，曰："臣诚知不如徐公美。臣之妻私臣，臣之妾畏臣，臣之客欲有求于臣，皆以美于徐公。今齐，地方千里，百二十城，宫妇左右莫不私王[1]，朝廷之臣莫不畏王，四境之内莫不有求于王：由此观之，王之蔽[2]甚矣！"

注释

1 宫妇左右：宫廷里面的后妃以及左右侍候的太监宫女等。2 蔽：蒙蔽。

译文

于是，邹忌进朝廷去见威王，说："我确实知道自己不如徐公漂亮。可是，我的妻子偏爱我，我的妾怕我，我的客人想求我帮助，都说我比徐公漂亮。如今齐国方圆一千里，城池一百二十座。宫里的后妃和左右侍候的人，没有谁不偏爱大王；朝廷上的臣子，没有谁不怕大王；国境之内，没有谁不想请求大王帮助：根据这种情况看起来，大王受到的蒙蔽真厉害啊。"

王曰："善。"乃下令："群臣吏民能面刺[1]寡人之过者，受上赏；上书谏[2]寡人者，受中赏；能谤议于市朝[3]，闻寡人之耳者，受下赏。"令初下，群臣进谏，门庭若市；数月之后，时时而间进；期年[4]之后，虽欲言，无可进者。

燕、赵、韩、魏闻之，皆朝于齐。此所谓"战胜于朝廷"。

注释

1 刺：指责。2 谏：劝阻。3 谤议：指责、议论。市朝（cháo）：指公共集会场所。市，做买卖的场所；朝，百官集会的地方。4 期（jī）年：一周年。

译文

齐威王说："好！"就下了一道命令："文武百官和百姓能够当面指出我的过错的，受上等奖赏；写信规劝我的，受中等奖赏；能够在公共场所议论我让我听到的，受下等奖赏。"命令刚下达时，群臣纷纷进谏，宫门口和院子里像闹市一样人来人往；几个月以后，要隔一些时候，才间或有人进谏；一年之后，虽然有人想说却没有什么可以进谏的了。

燕、赵、韩、魏各国听到这情况，都向齐国朝见。这就是人们所说的"在朝廷里战胜了对手"。

颜斶说齐王 《战国策·齐策四》

导读

本篇有删节。齐威王去世，齐宣王继承王位。威王、宣王时期正是齐国（田氏齐国）的强盛期。本篇描写了一位为维护自己节操而敢于跟齐宣王抗争的隐士。

"士"是战国时期一个非常活跃的阶层，就是古代的知识分子阶层。"士"有学术之士，也有勇力之士。他们多凭借自己的知识与能力，游说诸侯与贵族，为社会服务；也有少数人自食其力，隐居不仕。"士"阶层非常重视自己的人格气节，"富贵不能淫，贫贱不能移，威武不能屈"(《孟子·滕文公下》)，"可亲而不可劫也，可近而不可迫也，可杀而不可辱也"(《礼记·儒行》)。本篇中的颜斶，就是这样一位讲气节的知识分子。他不仅不趋炎附势，而且敢跟一国之君抗礼，响亮地回答齐王说："生王之头，曾不若死士之垄也！"真是威武不能屈。当齐王转变态度，许以高官厚禄时，他又毅然拒绝，保持自己独立完整的人格，真是富贵不能淫，贫贱不能移。这种人格操守，对形成良好的社会政治风尚，具有不可低估的作用。贤明君主注意培养这种气节，而专制暴君则仇视扼杀这种气节。

齐宣王见颜斶[1]，曰："斶前！"斶亦曰："王前！"宣王不说[2]。

左右曰："王，人君也；斶，人臣也。王曰'斶前'，斶亦曰'王前'，可乎？"斶对曰："夫斶前为慕势，王前为趋士。[3]与使斶为慕势，不如使王为趋士。"

注释

1 颜斶（chù）：齐国的著名隐士。2 说：通"悦"。3 慕势：巴结权势。趋士：对士尊重讲礼。趋，小步快走，表示礼节。

译文

齐宣王召见颜斶，说："颜斶，到我跟前来！"颜斶也说："大王，到我跟前来！"宣王不高兴。

左右的人说："大王，他是君主；颜斶，你是臣子。大王说颜斶到我跟前来，你也说大王到我跟前来，这可以吗？"颜斶回答说："我到大王跟前去，是贪慕权势；大王到我跟前来，则是礼贤下士。与其使我做个贪慕权势的人，不如让大王做个礼贤下士的君。"

王忿然作色曰："王者贵乎？士贵乎？"对曰："士贵耳，王者不贵。"王曰："有说[1]乎？"斶曰："有。昔者秦攻齐，令曰：'有敢去柳下季垄五十步而樵采者[2]，死不赦。'令曰：'有能得齐王头者，封万户侯，赐金千镒[3]。'由是观之，生王之头，曾不若死士之垄也。"

注释

1 说：解释，证据。2 去：距离。柳下季：春秋时齐国著名的高士。垄：高地，此指坟墓。3 镒：古代重量单位，合二十两（或二十四两）。

译文

宣王愤怒地板起脸孔，说："当王的尊贵呢？还是士尊贵呢？"颜斶回答说："士尊贵啊，当王的不尊贵。"宣王说："你有根据吗？"颜斶说："有。从前秦国攻打齐国，下命令说：'有谁敢在柳下季墓前五十步范围内砍柴的，判处死罪，不赦免。'又下命令说：'有能够得到齐王的头的，封为万户侯，赏黄金一千镒。'从这件事来看，活着的君王的头，还不如死了的贤士的墓呢。"

宣王曰："嗟乎，君子焉可侮哉！寡人自取病耳。愿请受为弟子。且颜先生与寡人游，食必太牢，出必乘车，妻子衣服丽都。[1]"颜斶辞去，曰："夫玉生于山，制则破焉；非弗宝贵矣，然太璞[2]不完。士生乎鄙野，推选则禄焉；非不尊遂也，然而形神不全。[3]斶愿得归，晚食以当肉，安步以当车，无罪以当贵，清净贞正以自虞。[4]"则再拜而辞去。

君子曰："斶知足矣，归真反璞，则终身不辱。"

注释

1 游：交往。太牢：祭祀用一牛、一羊、一猪，三牲俱备，叫作“太牢”。丽都（dū）：华美。2 太璞：指天然本质。璞，蕴藏着玉的石块。3 禄：享受俸禄。尊遂：尊贵显达。遂，达。4 晚食以当肉：饭吃得迟一点，虽没有好吃的，但是因为饥饿而感到香甜，抵得上吃肉。车：乘车。自虞：使自己快乐。虞，同“娱”。

译文

宣王说：“啊呀！君子怎么可以侮辱啊！我自讨没趣了。我希望您收我做弟子。只要颜先生同我交往，进餐一定是三牲具备，出门一定乘车马，您的妻子儿女都会穿上华丽的衣服。”颜斶却要告辞离开，他说：“玉生在山上，一经制作，便把天然的形态破坏了；加工后并非不宝贵，然而它的本来面貌就不完整了。士生长在穷乡僻壤，一经推荐选拔便得到禄位；这并非不尊贵，可是士的形体精神已经不能保持本色了。我情愿能够回去，晚点吃饭，可以抵得上吃肉；慢步走路，可以抵得上乘车；不做官就不容易获罪，也抵得上富贵；生活清净，保持纯正的节操，使自己得到快乐。”他拜了两拜，便告辞离开了。

君子评论说：“颜斶知道满足啊。只要能够保持真实朴素的本色，那就终身不会蒙受羞辱。”

冯煖客孟尝君 《战国策·齐策四》

导读

战国时期盛行养士之风。“士”是战国时期最活跃的一个社会阶层，他们以自己独特的知识技能为当权者服务，在外交、内政、军事各个方面都是不可或缺的人才。所以，各国诸侯和贵族都竞相养士，以扩大自己的实力。齐国的孟尝君、魏国的信陵君、赵国的平原君、楚国的春申君，都养士三千以上，号称“战国四公子”。孟尝君姓田名文。他的父亲田婴（靖郭君）是齐威王的小儿子，长期担任齐相，封地在薛（今山东滕州东南）。田婴去世，田文（孟尝君）继位，养食客数千人，都给以优厚的待遇。本篇节选自《战国策·齐策四》，记述了在孟尝君门下的一个食客冯煖施展政治才能帮助主人巩固政治地位的故事。

本篇塑造了一个鲜明的士的形象，反映了士在当时政治生活中所起的巨大作用。文章围绕冯煖与孟尝君的主客关系展开记叙。第一阶段，以“弹铗长歌”为核心情节。冯煖刚出场时，只是一个“贫乏不能自存”而且没有什么能力的门客，所以其他人都轻视他，孟尝君也不了解他，“笑而受之”的潜台词是“姑且充充数”和“此人老实可怜”。他三次弹铗长歌，孟尝君三次满足他的要求，似乎显示出此人得寸进尺，也显示出孟尝君对门客的宽容。但认真一分析，就可看出这是冯煖在对孟尝君进行试探。第二阶段，以“焚券市义”为核心情节。冯煖脱颖而出，以常人意想不到的手段处理收债问题，这是他冷静分析了孟尝君的经济、政治境况和性格作风之后所做出的用意深远的举动；但是，孟尝君虽然说“客果有能”，却并不真正了解冯煖，更不了解焚券市义的深远意义。在第三阶段，以“营造三窟”为核心情节。孟尝君被剥夺大权而回到封地，才领会到了焚券市义的意义，也才真正了解了冯煖；于是冯煖就正面说出自己的政治见解，为孟尝君谋划长治久安的策略。文章就是这样紧扣两人关系展开描述，选取的情节奇特而典型，波澜起伏，引人入胜。人物语言也生动传神，富有个性。

齐人有冯煖[1]者，贫乏不能自存。使人属[2]孟尝君，愿寄食[3]门下。孟尝君曰：“客何好？”曰：“客无好也。”曰：“客何能？”曰：“客无能也。”孟尝君笑而受之，曰：“诺[4]。”

注释

1 冯煖（xuān）：一本作“冯谖”，《史记·孟尝君列传》作“冯驩”。2 属：同“嘱”，嘱托，介绍。3 寄食：依靠别人吃饭。4 诺：答应的声音。

译文

齐国有个叫冯煖的人，穷困得没法养活自己。他托人把自己介绍给孟尝君，希望在孟尝君的门下混口饭吃。孟尝君问：“这位客人有什么爱好？”回答说：“没有什么爱好。”又问：“客人有什么才能？”回答说：“没有什么才能。”孟尝君笑着答应道：“好吧。”

左右以君贱之也，食以草具[1]。居有顷，倚柱弹其剑，歌曰：“长铗归来乎[2]，食无鱼！”左右以告。孟尝君曰：“食之比门下之客。”居有顷，复弹其铗，歌曰：“长铗归来乎，出无车！”左右皆笑之，以告。孟尝君曰：“为之驾，比门下之车客[3]。”于是乘其车，揭[4]其剑，过[5]其友，曰：“孟尝君客我！”后有顷，复弹其剑铗，歌曰：“长铗归来乎，无以为家！”左右皆恶之，以为贪而不知足。孟尝君问：“冯公有亲乎？”对曰：“有老母。”孟尝君使人给其食用，无使乏。于是冯煖不复歌。

注释

1 食（sì）：给……吃。草具：装粗劣食物的器皿。2 长铗（jiá）：指长剑。铗，剑把。归来乎：回去吧。来，语气词。3 车客：出门可以乘车的食客。4 揭：高举。5 过：拜访，探望。

译文

左右管事的人因为孟尝君不重视冯煖，便把粗劣的食物给他吃。过了不久，冯煖靠在厅堂的柱子上弹着他的剑，唱道："长铗啊，咱们回去吧！吃饭没有鱼。"管事的人把这件事报告给孟尝君。孟尝君说："按照一般门客的待遇给他饭菜。"过了不久，冯煖又弹着他的剑，唱道："长铗啊，咱们回去吧！出门没有车子。"管事的人都笑话他，又把这件事报告了。孟尝君说："给他车马吧，按照门下车客的待遇。"于是冯煖坐上他的车子，举起他的剑，去拜访他的朋友，说："孟尝君把我当成门客了！"后来过了一段时间，冯煖又弹着他的剑，唱道："长铗啊，咱们回去吧！没有什么可以养家活口啊！"管事的人都厌恶他，认为他太贪心，不知满足。孟尝君听了问道："冯先生有亲人吗？"回答说："有位老母亲。"孟尝君派人供应她的吃用，不让她缺少什么。从此，冯煖不再弹剑唱歌了。

后孟尝君出记[1]，问门下诸客："谁习计会，能为文收责于薛者乎？"[2]冯煖署[3]曰："能。"孟尝君怪之，曰："此谁也？"左右曰："乃歌夫'长铗归来'者也。"孟尝君笑曰："客果有能也！吾负[4]之，未尝见也。"请而见之。谢[5]曰："文倦于事[6]，愦[7]于忧，而性懦[8]愚，沉于国家之事，开罪于先生。先生不羞，乃有意欲为收责于薛乎？"冯煖曰："愿之。"于是约车治装，载券契[9]而行。辞曰："责毕收，以何市而反[10]？"孟尝君曰："视吾家所寡有者。"驱而之薛[11]，使吏召诸民当偿者，悉来合券。券遍合，起矫命[12]，以责赐诸[13]民，因烧其券，民称万岁。

注释

1 记：通告。2 计会（kuài）：算账，管理财务。文：田文。孟尝君自称其名。责（zhài）：通"债"。薛：孟尝君的封邑，故城在今山东滕州东南。3 署：书写姓名。4 负：亏待。5 谢：道歉。6 事：指政事。7 愦（kuì）：困扰。8 懦（nuò）：懦弱。9 券契：指债券，关于债务的契约。10 市：买。反：同“返”。11 驱：赶着车子。之：往。12 矫命：假托孟尝君的命令。13 诸：“之于”的合音。

译文

后来，孟尝君出了个通告，询问府里的宾客：“有谁熟悉算账理财，能够替我到薛地去收债？”冯煖在通告上签名，说：“我能。”孟尝君看了，感到奇怪，就问：“这是谁呀？”管事的人说：“就是唱‘长铗啊，咱们回去吧’的那个人啊。”孟尝君笑着说：“这位客人果然有才能啊！我亏待了他，还没跟他见过面呢。”就派人去请他来相见，道歉说：“我被政事缠扰得疲倦已极，被忧虑折磨得心烦意乱，而且生性懦弱愚笨，完全淹没在国家大事之中，得罪了先生。先生不以为羞辱，还愿意替我到薛地去收债吗？”冯煖说：“愿意去办这件事。”于是准备车马，整理行装，装好借债的契约就要出发。辞行的时候，冯煖询问说：“债款全部收齐，用它买些什么东西回来？”孟尝君说：“看我家里缺少什么东西。”冯煖赶着马车到了薛地，叫官吏召集那些应当还债的百姓都来核对借据。借据都核对完了，冯煖站起来假传孟尝君的命令，把借款赐给百姓，于是烧掉了他们的借据，百姓齐声欢呼万岁。

长驱到齐，晨而求见。孟尝君怪其疾也，衣冠[1]而见之，曰：“责毕收乎？来何疾也？”曰：“收毕矣。”“以何市而反？”冯煖曰：“君云‘视吾家所寡有者’，臣窃[2]计，君宫中积珍宝，狗马实外厩[3]，美人充下陈[4]，君家所寡有者，以义耳。窃以为君市义。”孟尝君曰：“市义奈何？”曰：“今君有区区之薛，不拊爱子其民，因而贾利[5]之。臣窃矫君命，以责赐诸民，因烧其券，民称万岁，乃臣所以为君市义也。”孟尝君不说，曰：“诺。先生休矣。”

后期年[6]，齐王谓孟尝君曰：“寡人不敢以先王之臣为臣！”[7]孟尝君就国于薛[8]。未至百里，民扶老携幼，迎君道中。孟尝君顾谓冯煖：“先生所为文市义者，乃今日见之！”

注释

1 衣冠：穿戴整齐，表示恭敬。2 窃：私自。谦词。3 厩：牲口棚。4 下陈：古代富贵人家在大堂下陈放礼品、站列婢妾的地方。5 贾（gǔ）利：用商人的手段去取利。指向百姓放债榨取利息。6 期年：一周年。7 “寡人”句：这是罢免孟尝君职务的一种辞令。孟尝君在齐宣王时任丞相。齐宣王死后，齐湣王继位。湣王是宣王的儿子，所以这么说。8 就：归，回。国：指封邑。

译文

冯煖马不停蹄地赶回齐国都城，大清早就求见孟尝君。孟尝君奇怪他回来得这么快，便穿戴好衣帽出来接见他，问道："债款全收齐了吗？怎么回来得这样快呀？"冯煖回答说："收齐了。""用它买了些什么回来呢？"冯煖说："您说'看我家里缺少什么东西'，我私下考虑，您府里堆满了珍珠宝贝，好狗好马挤满了牲口棚，美丽的女子站满了堂下，您府里缺少的东西要算'义'了。因此我私自做主替您买了'义'。"孟尝君问："买义怎么个买法？"冯煖说："如今您只有一块小小的薛地，却不能抚育爱护那里的百姓，反而用商贾的手段向百姓收取利息。我私自假传您的命令，把借款赐给百姓了，并烧掉了他们的借据，百姓齐声欢呼万岁。这就是我给您买的'义'啊。"孟尝君不高兴，说："好吧，先生算了罢！"

过了一年，齐王对孟尝君说："我不敢拿先王的臣子作为自己的臣子。"孟尝君只好回到封邑薛地。走到离薛地还有一百里的地方，百姓扶老携幼，在大路上迎接孟尝君。孟尝君回头对冯煖说："先生替我田文买的义，竟在今天看到了。"

冯煖曰："狡兔有三窟，仅得免其死耳！今有一窟，未得高枕而卧也。请为君复凿二窟。"孟尝君予车五十乘，金五百斤，西游于梁[1]。谓梁王曰："齐放其大臣孟尝君于诸侯，先迎之者，富而兵强。"于是梁王虚上位，以故相为上将军，遣使者，黄金千斤，车百乘，往聘孟尝君。冯煖先驱，诫孟尝君曰："千金，重币[2]也；百乘，显使也。齐其闻之矣。"梁使三反[3]，孟尝君固辞[4]不往也。

注释

1 梁：即魏国。魏都于大梁（今河南开封），所以又称"梁"。2 重币：贵重的礼物。3 反：往返。4 固辞：坚决推辞。

译文

冯煖说："聪明的兔子有三个洞穴才能够避免死亡。如今您只有一个洞穴，还不能垫高枕头睡大觉呀。请让我替您再凿两个洞穴。”孟尝君给他车子五十辆，金五百斤，往西方游说魏国。冯煖对梁惠王说：“齐王放逐他的大臣孟尝君给诸侯，谁先迎接他，就能使国家富足、军队强大。”于是梁惠王空出最高的官位，把原来的丞相调为上将军，派遣使者带着千斤黄金、赶着百辆马车去薛地聘请孟尝君。冯煖抢先回薛地，嘱咐孟尝君说：“黄金千斤，是一份厚重的聘礼；马车百辆，是尊贵的出使礼仪。齐王大概听到这个消息了。”魏国的使臣往返了三趟，孟尝君坚决推辞不肯到魏国去。

齐王闻之，君臣恐惧。遣太傅赍黄金千斤[1]，文车二驷[2]，服剑一，封书谢孟尝君曰：“寡人不祥，被于宗庙之祟[3]，沉于谄谀[4]之臣，开罪于君。寡人不足为[5]也，愿君顾先王之宗庙，姑反国统[6]万人乎！”冯煖诫孟尝君曰：“愿请先王之祭器，立宗庙于薛。”[7]庙成，还报孟尝君曰：“三窟已就，君姑高枕为乐矣。”

孟尝君为相数十年，无纤介[8]之祸者，冯煖之计也。

注释

1 太傅：辅佐国君的最高官员之一。赍（jī）：带着。2 文车：华丽的车子。驷：四匹马拉的车。此处作量词用。3 被：蒙受。祟（suì）：灾祸。4 谄谀（chǎnyú）：阿谀逢迎。5 为：帮助，辅佐。6 统：治理，统率。7“愿请”二句：孟尝君是齐王室成员之一，因此可以请求立宗庙。古人重视宗庙，如果在薛地立了宗庙，就可以巩固孟尝君的地位。8 纤（xiān）介：细小。纤，细。介，同“芥”，小草。

译文

齐王听到这消息，君臣都惊慌害怕起来。便派太傅携带着千斤黄金、两辆华丽车子、一把佩剑，前往薛地，齐王还写了一封亲笔信向孟尝君道歉，说：“我不幸，遭受祖宗降给的灾祸，偏信阿谀逢迎的奸臣，得罪了您。我是不值得您辅佐了，只希望您念在先王宗庙的分上，暂且回到国都来统率广大的老百姓吧！”冯煖嘱咐孟尝君说：“希望您向齐王请求分一部分先王的祭器，在薛地建立宗庙。”宗庙建成了，冯煖返回向孟尝君报告说：“三个洞穴已经凿好，您姑且垫高枕头过快乐日子吧！”

孟尝君担任齐国的丞相几十年，没有丝毫灾祸，这都是由于冯煖的精心谋划啊。

触龙说赵太后 《战国策·赵策四》

导读

公元前265年，赵惠文王病故，次年，其子赵孝成王即位。赵孝成王年幼，由其母赵太后掌握国家大权。赵太后刚掌权时非常缺乏政治经验，秦国乘此机会向赵国发动军事进攻，并攻下三座城。赵国向齐国求救，齐国提出要赵太后的小儿子长安君做人质，才肯发救兵；而赵太后溺爱小儿子，坚决拒绝。在国家危急存亡的关键时刻，触龙（历代相传的版本误为“触詟”）挺身而出，说服赵太后，解决了问题。赵太后醒悟后，毫无保留地接受了触龙的建议。她后来成为战国时期一位杰出的女政治家。

诵读本篇时，要特别注意触龙的说服方式与辞令。其次是注意细节描写，如：写触龙“入而徐趋”的老态，写赵太后的脸色变化（显示出内心的变化）。

赵太后新用事[1]，秦急攻之。赵氏求救于齐。齐曰：“必以长安君为质[2]，兵乃[3]出。”太后不肯。大臣强谏。太后明谓左右：“有复言令长安君为质者，老妇必唾其面！”

注释

1 赵太后：赵孝成王的母亲，赵惠文王的妻子，尊称“赵威后”。用事：执掌政事。2 长安君：赵太后宠爱的小儿子。质：人质，以人作抵押。先秦时，两国结盟，常以君主的子弟或大臣作为人质，住在盟国。3 乃：才。

译文

赵太后刚执政，秦国便紧急进攻赵国。赵国向齐国求救。齐王说：“一定要用长安君作为人质，齐国才能派出军队。”太后不肯答应。大臣们极力劝谏。太后明确地向左右的人宣布：“有再说让长安君作人质的，我这个老婆子一定把唾沫吐在他脸上！”

左师触龙言愿见[1]，太后盛气而揖[2]之。入而徐趋[3]，至而自谢[4]，曰：“老臣病足，曾不能疾走，不得见久矣。窃自恕[5]，恐太后玉体之有所郄[6]也，故愿望见。”太后曰：“老妇恃辇[7]而行。”曰：“日食饮得无衰[8]乎？”曰：“恃鬻[9]耳。”曰：“老臣今者殊不欲食，乃自强步[10]，日三四里，少益嗜食，和于身。”曰：“老妇不能。”太后之色少解[11]。

注释

1 左师：官名。根据王念孙《读书杂志》的考证与马王堆汉墓发现的帛书，传统版本中的“触詟”是“触龙言”之误。2 揖：应作“胥”，同“须”，等待。3 趋：步行，行走。4 谢：谢罪，道歉。5 恕：推己及人。6 郄（xì）：同“隙”，病，不舒适。7 辇（niǎn）：古代用人拉的车，秦汉以后多指皇帝、皇后坐的车。8 衰：衰退，减少。9 鬻：通“粥”。10 强（qiǎng）步：勉强走动。11 解：缓和。

译文

左师触龙说希望拜见太后，太后满脸怒气等候着他。触龙一进宫门便慢慢地向前走，到了太后面前请罪说：“老臣的脚有病，没法快走，不能来拜见您已经很久啦。我私下里根据自己的情况推想，担心太后的身体有不舒服的地方，因此很想看望您。”太后说：“我靠人用车子推着走。”触龙问：“每天饮食该不曾减少吧？”太后说：“靠喝粥罢了。”触龙说：“老臣近来特别不想吃东西，便自己勉强步行，每天走三四里，逐渐地增加了食欲，调和了身体。”太后说：“我做不到。”太后的神色略微缓和了。

左师公曰：“老臣贱息[1]舒祺，最少，不肖，而臣衰，窃爱怜之，愿令补黑衣[2]之数，以卫王宫。没死[3]以闻。”太后曰：“敬诺。年几何矣？”对曰：“十五岁矣。虽少，愿及未填沟壑而托之[4]。”太后曰：“丈夫亦爱怜其少子乎？”对曰：“甚于妇人。”太后曰：“妇人异甚。”对曰：“老臣窃以为媪之爱燕后[5]，贤于长安君。”曰：“君过矣，不若长安君之甚！”左师公曰：“父母之爱子，则为之计深远。媪之送燕后也，持其踵[6]，为之泣，念悲其远也，亦哀之矣。已行，非弗思也，祭祀必祝之，祝曰：‘必勿使反[7]。’岂非计久长有子孙相继为王也哉？”太后曰：“然。”

注释

1 息：儿子。2 黑衣：战国时王宫卫士穿黑色军服，所以这里代指王宫卫士。3 没死：冒着死罪。4 填沟壑（hè）：指死。人死埋于地下，所以称“填沟壑”，这是谦逊说法。壑，坑地，山谷。5 媪（ǎo）：对老年妇女的尊称。燕后：赵太后之女，嫁到燕国为后，故称燕后。6 持其踵：这是指燕后出嫁时，太后紧紧跟在她身后不忍分别。踵，脚后跟。7 必勿使反：古代诸侯之女出嫁他国，只有被废或亡国时，才返回父母之国。这里是说太后常为燕后祈祷，希望她永远不要遭到不幸而返回本国。

译文

左师公说："我那不争气的儿子舒祺，年纪最小，没什么出息，可是我老了，内心总疼爱他，希望您让他充当一名卫士，来保卫王宫。我冒着死罪把这件事禀告您。"太后说："好吧。年纪多大呢？"左师公回答说："十五岁了。虽说还小，我希望趁自己还没有死，便把他托付给您。"太后说："男人也疼爱他的小儿子吗？"触龙回答说："比女人还厉害。"太后说："女人爱得特别厉害啊。"触龙回答说："我私下认为您爱燕后，超过了爱长安君。"太后说："你错了，我爱燕后远远比不上爱长安君！"左师公说："父母爱子女，就要为他们作长远打算。您送燕后出嫁的时候，紧跟在她身后哭泣，想起她远嫁异国就伤心，也确实够悲哀的了。她走了以后，您不是不想念她呀，可是祭祀时一定要为她祈祷，祈祷说：'一定不要让她回来。'这难道不是为她考虑长远，希望她有子孙相继承当上君王吗？"太后说："是啊！"

左师公曰："今三世以前，至于赵之为赵[1]，赵王之子孙侯者，其继有在者乎？"曰："无有。"曰："微独赵，诸侯有在者乎？"曰："老妇不闻也。""此其近者祸及身，远者及其子孙。岂人主之子孙则必不善哉？位尊而无功，奉[2]厚而无劳，而挟重器[3]多也。今媪尊长安君之位，而封以膏腴之地，多予之重器，而不及今令有功于国；一旦山陵崩[4]，长安君何以自托于赵？老臣以媪为长安君计短也，故以为其爱不若燕后。"太后曰："诺，恣君之所使之。"于是为长安君约车百乘，质于齐，齐兵乃出。

子义[5]闻之曰："人主之子也，骨肉之亲也，犹不能恃无功之尊，无劳之奉，以守金玉之重也[6]，而况人臣乎！"

注释

1 赵之为赵：前"赵"字指赵氏，后"赵"字指赵国。赵氏本是晋国大夫赵衰之后，公元前 403 年，韩、赵、魏三家分晋，周天子正式封他们为诸侯。赵的第一任国君是赵烈侯。2 奉：通"俸"，俸禄。3 重器：宝物，贵重的东西。4 崩：古代称帝王死为崩。山陵崩是喻指赵太后一旦去世。5 子义：赵国的贤士。6 金玉之重：指富贵的地位。

译文

左师公说："从现在算起，自三世以前直推到赵氏刚建成赵国的时候，赵王子孙封了侯的，还有继承人存在的吗？”太后说：“没有了。”触龙说：“不单是赵国，各诸侯国内还有继承人存在的吗？”太后说：“我也没有听说过。”触龙说：“这就是说，他们之中近则自身便遭了祸，远则祸患落到他们子孙身上。难道说君王的子孙就一定不好吗？不是。只不过由于他们地位很高但没有什么功勋，俸禄很丰厚但没有什么功劳，却拥有很多贵重的东西罢了。如今您尊显长安君的地位，封给他富庶的土地，赐给他很多贵重的东西，还不如趁着现在让他为国立功；一旦太后您百年之后，长安君凭什么在赵国安身呢？老臣认为您替长安君打算得太短浅了，所以认为，您对他的爱不如对燕后的爱。”太后说：“好吧，任凭你怎么调派他吧。”于是给长安君整治好百辆车子，到齐国去做人质，齐国的援兵才出动。

子义听到这件事，说：“君王的儿子，是亲生骨肉，尚且不能依靠没有功勋的高位、没有功绩的俸禄，来保持他的富贵。何况是人臣呢！”

*狱中杂记　方苞

导读

方苞（1668—1749），字灵皋、凤九，号望溪，安徽桐城人。康熙四十五年（1706）会试第四名。康熙五十年（1711）因“《南山集》案”入狱。宰相李光地竭力营救，康熙帝也久闻其文名，终于免死出狱。后来官至礼部侍郎。方苞精于古文，并提出“义法”说，创立了散文中的“桐城派”。“义”，指文章的内容，要言之有物、合乎义理；“法”，指文章的形式，要言之有序、讲究章法。“桐城派”是清代古文的正宗，先后产生了刘大櫆、姚鼐、方东树、管同、梅曾亮、姚莹、黎庶昌、吴汝纶、薛福成等散文家，曾国藩所创立的“湘乡派”，也是桐城派的支流。

《狱中杂记》是方苞对监狱见闻的记述。桐城人戴名世跟方苞是同乡挚友，戴名世刻印著作《南山集》，请方苞作了序言。康熙五十年，左都御史赵申乔告发《南山集》中有“狂悖语”，酿成文字狱。戴名世等上百人被杀，方苞也被牵连入狱，史称“《南山集》案”。

《狱中杂记》揭露当时监狱的黑暗内幕，可分两大部分，前一部分是记述作者从洪洞县令口中听到的狱中瘟疫流行的惨状；后一部分是记述作者亲眼所见的狱中贪赃枉法的景况。监狱的黑暗内幕，头绪纷繁，而且曲折隐微，本篇却布局合理，剪裁得体，写得井井有条，语言简洁明畅，实践了作者自己所倡导的“义法”。

康熙五十一年三月，余在刑部[1]狱。见死而由窦[2]出者，日[3]四三人。有洪洞[4]令杜君，作[5]而言曰："此疫作也。今天时顺正，死者尚稀。往岁多至日十数人。"余叩所以。杜君曰："是疾易传染。遘[6]者，虽戚属[7]不敢同卧起。而狱中为老监者四，监五室。禁卒[8]居中央，牖[9]其前以通明，屋极[10]有窗以达气。旁四室则无之，而系囚常二百余。每薄暮下管键[11]，矢溺[12]皆闭其中，与饮食之气相薄[13]。又，隆冬，贫者席地而卧。春气动，鲜不疫矣。狱中成法：质明[14]启钥。方夜中，生人与死者，并踵顶而卧[15]，无可旋避[16]。此所以染者众也。又可怪者：大盗、积贼、杀人重囚，气杰旺[17]，染此者十不一二；或随有瘳[18]。其骈死[19]，皆轻系及牵连佐证，法所不及者。"

注释

1 刑部：清朝中央行政机构设六部，刑部是主管法律、刑罚的最高机关。长官为尚书，副职为侍郎。2 窦：牢狱墙壁的小门，俗称"牢洞"。3 日：每天。4 洪洞：县名，在山西省。5 作：起身。6 遘：遭受，这里的意思是感染。7 戚属：亲属。8 禁卒：管理囚犯的狱卒。9 牖：窗户，开窗户。10 屋极：屋顶。11 薄暮：傍晚。下管键：用锁锁上牢门。12 矢溺：大小便。13 相薄：相近，相混杂。14 质明：天亮。15 踵：脚跟。顶：头顶。16 旋避：回避。17 气：体质，抵抗力。杰旺：强盛。18 瘳（chōu）：痊愈。19 骈死：连续死亡。

译文

康熙五十一年三月，我被关在刑部监狱。看见囚犯死了而从牢洞拖出去的，每天有三四人。同我一起坐牢的洪洞县令杜先生，站起来说："这是瘟疫发作了。现在，季节气候算正常，死者还稀少。前一年，每天多达十几人。"我询问是什么原因。杜先生说："这种疾病容易传染。染上病的人，即使是亲属也不敢一起睡觉、生活。而且，监狱中建有四座老牢房，每座有五间卧室。禁卒在中央卧室，卧室前开了窗户采光，卧室顶上有天窗通气。旁边的四间卧室就没有窗户，而关押的囚犯经常有两百多人。每天傍晚，囚室就被关闭锁上，屎尿都拉在里面，跟食物的气味混杂在一起。而且，寒冬季节，贫穷的囚犯就直接睡在地上。春天气温上升，很少有不染上瘟疫的。狱中的老规矩：到天明才开锁。处在长夜中，活人与死人并着头和脚睡觉，没有办法躲避。这就是瘟疫感染者众多的原因。又有奇怪的现象：犯抢劫、惯偷、杀人罪的重罪囚犯，他们身体健壮，染上这种病的人不到十分之一二；有的人随即就痊愈了。

那些接连染病死去的人，都是犯轻罪的人以及被牵连作证的人，不属于法律应该惩罚的人。”

余曰：“京师有京兆狱[1]，有五城御史司坊[2]，何故刑部系囚之多至此？”杜君曰：“迩[3]年狱讼，情稍重，京兆、五城即不敢专决[4]；又九门提督[5]所访缉纠结，皆归刑部。而十四司正副郎好事者[6]，及书吏[7]、狱官、禁卒，皆利系者之多[8]；少有连，必多方钩致[9]。苟入狱，不问罪之有无，必械手足[10]，置老监。俾[11]困苦不可忍，然后导以取保，出居于外，量其家之所有以为剂[12]，而官与吏剖分[13]焉。中家以上，皆竭资取保；其次，求脱械居监外板屋，费亦数十金[14]；惟极贫无依，则械系不稍宽，为标准以警其余。或同系，情罪重者，反出在外，而轻者、无罪者罹其毒[15]。积忧愤，寝食违节[16]，及病，又无医药，故往往至死。”

注释

1 京兆狱：由顺天府（相当于今北京市）衙门所主管的监狱。2 五城御史司坊：五城御史衙门所主管的监狱。当时北京分东、西、南、北、中五个城区，各城区派御史巡视，每个城区主管两个坊的治安与案件。3 迩：近。4 决：判决。5 九门提督：掌管北京九门（正阳、崇文、宣武、安定、德胜、东直、西直、朝阳、阜城）守卫的高级武官，多由皇族亲信担任。6 十四司：刑部下分设十四个司，司的正长官叫郎中，副职叫员外郎。
7 书吏：主管文书的人员。8 利系者之多：以多抓捕人为利。9 钩致：钩取，逮捕。10 械手足：戴上手铐脚镣。11 俾：使。12 剂：分量，额度。13 剖分：瓜分、分赃。14 金：清朝的一金，指一两银子。15 罹：遭受。毒：毒害。16 违节：失常。

译文

我说：“京城有京兆狱，有五城御史司坊，为什么刑部关押的囚犯多到这种程度？”杜先生说：“近年的案件，只要情节稍重，京兆、五城就不敢独自判决；又，九门提督所查获缉捕而受审讯的人，都归刑部审判。而且，刑部十四司的那些好事的正副郎官，以及书吏、狱官、禁卒，都把多关押囚犯当作谋利的途径；略有牵连，必定采用多种方式逮捕归案。如果入狱，不问有罪或无罪，都必然戴上手铐足镣，关在老监中。使被关押者困苦不可忍受，然后诱导他们以钱财作保出狱，居住到外面，取保出狱的钱财额度，根据他们的家产多少来决定，然后官员与狱吏分赃。中等以上的人家，都竭尽资产取保；次一等的人家，只能请求脱掉手铐足镣，住在监外的板屋中，这样也要花费几十两银子；只有极度贫穷、无依靠的人被留下，手铐足镣一点也不放宽，这是为了把他们作为标准来威胁其余的囚犯。因此，同一案件被关押的人，有的罪重反而出狱居住在外，而罪轻或无罪的人则遭受虐待。他们积压着忧愁和愤怒，睡觉、饮食都失常，等染上病，又不能诊病吃药，所以往往死亡。”

余伏见圣上好生之德，同于往圣，每质[1]狱辞，必于死中求其生，而无辜者乃至此。倘仁人君子为上昌言[2]：“除死刑及发塞外重犯，其轻系及牵连未结正者，别置一所以羁之，手足毋械。”所全活可数计哉？或曰：“狱旧有室五，名曰现监[3]，讼而未结正者居之。倘举旧典，可小补也。”杜君曰：“上推恩[4]：凡职官居板屋。今贫者转系老监，而大盗有居板屋者。此中可细诘哉！不若别置一所，为拔本塞源之道也。”

注释

1 质：查对，审核。2 昌言：正直的言论，善良的言论。3 现监：跟“老监”相对而言，指关押还没有正式判决的囚犯的临时牢房。4 推恩：推广恩惠。此处指皇帝关注被关押的官员。

译文

我仰望当今皇上有爱惜生命的品德，跟以往圣贤相同，每次审核刑部上报的材料，都一定要在死囚中寻求可以不判死刑的条件，想不到无辜被关押的人，竟然这样被虐待。倘若有仁人君子对皇上提出良好的主张：“除了死刑及发配到边塞的重犯，那些因轻罪被关押以及被牵连未结案的人，另外羁押在别的地方，不戴上手铐足镣。”这样，能够保全活命的人难道可以数得清吗？有人说：“监狱以前有五间牢房，名叫现监，供那些遭官司而没有结案的人居住。倘若实行往日的制度，也可以稍微弥补现在的状况。”杜先生说：“皇上推恩：凡是犯罪的官员可以居住在板屋。现在呢，贫穷的官员反而关押在老监，而有的大盗则居住在板屋。这里面的隐情可能仔细询问吗？不如在监狱外另设一个地方，才是根本的解决办法。”

余同系朱翁、余生，及在狱同官僧某[1]，遘疫死，皆不应重罚。又，某氏以不孝讼其子，左右邻械系入老监，号呼达旦。

余感焉，以杜君言泛讯之，众言同。于是乎书。

注释

1 同官：旧县名，在今陕西铜川。僧某：某个僧人，或认为是“姓僧的某人”。

译文

跟我同时关押的朱翁、余生，及同官县的僧某，都染上瘟疫死了，他们都不应受重罚。又，某人以不孝罪告发自己的儿子，左右邻居捆绑他的儿子关押进老监，那儿子哭号呼喊到天亮。

我心生感慨，拿杜先生的话广泛询问其他被关押的人，众人的说法相同。我于是写了下来。

凡死刑狱上[1]，行刑者先俟于门外，使其党入索财物，名曰“斯罗”[2]。富者就其戚属，贫则面语之。其极刑[3]，曰：“顺我，即先刺心。否则，四肢解尽，心犹不死。”其绞缢[4]，曰：“顺我，始缢即气绝。否则，三缢加别械，然后得死。”惟大辟无可要[5]，然犹质其首[6]。用此，富者赂数十百金，贫亦罄[7]衣装；绝无有者，则治之如所言。主缚[8]者亦然，不如所欲，缚时即先折筋骨。每岁大决[9]，勾者[10]十四三，留者十六七，皆缚至西市[11]待命。其伤于缚者，即幸留，病数月乃瘳，或竟成痼疾[12]。余尝就老胥而问焉：“彼于刑者、缚者，非相仇也，期有得耳；果无有，终亦稍宽之，非仁术乎？”曰：“是立法以警其余，且惩后也。不如此，则人有幸心。”

注释

1 狱上：狱词（审判书）上奏。2 斯罗：有料理、磋商的意思。3 极刑：最重的刑，即凌迟处死。4 绞缢：绞刑。5 大辟：砍头。要：要挟。6 质其首：把人头当作抵押品。7 罄：空，用尽。8 缚：捆绑。9 大决：集中处决囚犯，多在秋天，又称“秋决”。10 勾者：勾其姓名，立即处决。每年农历八月，刑部将判决死刑的名单呈请皇帝决定，皇帝用朱笔打勾的囚犯就立即处决；没有打勾的，就留到第二年秋决。但是，所有死刑犯，都要押到刑场。11 西市：北京的刑场所在地。12 痼疾：不能治愈的老病。

译文

凡是判死刑的案件一上报，行刑的刽子手就预先等候在门外，叫他们的党羽进入监狱勒索财物，名叫“斯罗”。若是富有的囚犯，就向亲属勒索，若是贫穷的囚犯，就当面勒索。对处极刑的人说：“顺从我，行刑时就先刺心。否则，把四肢剐尽，心还是没有死。”对处绞刑的人说：“顺从我，行刑时一下就断气。否则，多次绞，还要加上别的酷刑，然后才能死。”只有对杀头的囚犯，刑前无法要挟，然而，还是把他的头颅当作抵押品。用这种方法，富囚往往贿赂几十或上百两银子，穷囚也拿出全部衣装进行贿赂；对绝无财物贿赂的囚犯，就真正像所说的那样行刑。主管捆绑囚犯的狱卒，也同样进行勒索。囚犯不满足他们的欲望，捆绑时就先把筋骨捆断。每年秋天集中处决囚犯时，皇帝用朱笔打勾而立即处决的囚犯只占十分之三四，留下不处决的囚犯占十分之六七，都捆绑到西市刑场等待命令。那些被捆绑而伤残的囚犯，即使侥幸留下性命，也要几个月才能痊愈，有的最终成为痼疾。我曾经向老狱官询问这种情况：“他们和受刑、受捆绑的囚犯，不是仇人，只不过希望得到钱物罢了；果真没有钱物的，最终也可以略微宽松对待，难道不是行仁爱的方式吗？”老狱官说：“这是立下规矩来警告其余的囚犯，并且告诫以后的囚犯。不这样做，囚犯就会有侥幸心。”

主梏扑者亦然[1]。余同逮以木讯[2]者三人：一人予二十金，骨微伤，病间月[3]；一人倍之，伤肤，兼旬[4]愈；一人六倍，即夕行步如平常。或叩之曰：“罪人有无不均，既各有得，何必更以多寡为差？”曰：“无差，谁为多与者？”

孟子曰：“术不可不慎[5]。”信夫！

注释

1 梏（gù）：木手铐。指戴刑具。扑：拷打。2 木讯：戴上刑具，拷打审问。3 间月：两个月。4 兼旬：二十天。5 术不可不慎：选择职业不可不慎重。语出《孟子·公孙丑上》。

译文

主管戴刑具和拷打的狱卒，也是一样。跟我同时逮捕而受拷打的三个人：一个人给了二十两银子，骨头略微受伤，病了两个月；一个人加倍贿赂，只伤了皮肉，二十天痊愈；一个人六倍贿赂，当晚就行走如平常。有人问他们说：

“罪人中有的钱多，有的钱少。既然诸位各有所得，又何必再根据钱的多少而差别对待呢？”老狱官说：“如果没有差别，谁愿意多给钱呢？”

孟子说：“选择职业不可不慎重。”说得真对啊！

部中老胥，家藏伪章。文书下行直省[1]，多潜易之，增减要语，奉行者莫辨也。其上闻及移关诸部[2]，犹未敢然。功令[3]：大盗未杀人，及他犯同谋多人者，止主谋一二人立决，余经秋审，皆减等发配。狱辞上，中有立决者，行刑人先俟[4]于门外。令下，遂缚以出，不羁晷刻[5]。有某姓兄弟，以把持公仓，法应立决。狱具矣，胥某谓曰：“予我千金，吾生若。”叩其术，曰：“是无难，别具本章，狱辞无易，但取案末独身无亲戚者二人易汝名[6]，俟封奏[7]时潜易之而已。”其同事者曰：“是可欺死者，而不能欺主谳[8]者，倘复请[9]之，吾辈无生理矣。”胥某笑曰：“复请之，吾辈无生理，而主谳者亦各罢去。彼不能以二人之命易其官，则吾辈终无死道也。”竟行之，案末二人立决。主者口呿舌挢[10]，终不敢诘[11]。余在狱，犹见某姓，狱中人群指曰：“是以某某易其首者。”胥某一夕暴卒，众皆以为冥谪[12]云。

注释

1 下行：下发。直省：各行省。2 上闻：报告皇上。移关：平行各机关之间的文件往来。诸部：跟刑部平级的各部。3 功令：法令、律例。4 俟：等待。5 羁：迟留。晷（guǐ）刻：很短的时间。6 但：只。案末：处于案件名单末尾的从犯。7 封奏：将审判词加封上奏。8 主谳（yàn）：主持审判。9 复请：指发现问题后，再次上奏皇帝。10 口呿（qū）：口张开。舌挢（jiǎo）：舌头翘起。11 诘：反问，追问。12 冥谪（zhé）：到阴间受惩罚。

译文

刑部中的老狱官，家里藏着假印章。刑部文书下发到各省，他们大多悄悄更换文书，增减重要的语句，各省奉行的官员不能分辨。刑部上报皇帝以及移送其他各部的文书，他们还不敢这样。法律规定：大盗没有杀人，及许多人同谋犯罪，只立即处决一两个主谋的人，其余的犯人经过秋审，大都减刑发配。判决书上报，其中有立即处决的犯人，行刑的人先等候在门外。命令一下，马上就捆绑而出，不停留片刻。有某姓兄弟，因为把持公仓罪，按照法律应该立即处决。已经审核定案了，某个狱官对他们说：“给我千两银子，我救活你们。”

询问他用什么方法，狱官说："这不难，我另外写一份奏章，判决辞并不改动，只要用本案末尾单身无亲戚的两个犯人的姓名替换你们的，等待封奏章时暗中更换原来的就行了。"这狱官的同事说："这样做，可欺蒙替死的犯人，但是不能欺蒙主持审判的官员，倘若主持审判的官员发现了，再上报朝廷，我们就没有活命的理由了。"那狱官笑着说："再上报朝廷，我们不能活命，但是，主持审判的官员也会被罢官。主审官不可能为了两个犯人的性命而放弃官位，那么，我们最终就不会死。"狱官最后这样做了，案末独身无亲戚的两个犯人立即被处决。主审官张口结舌，最终不敢追问。我在监狱，还见到了某姓兄弟，狱中人都指着他们说："这就是用某两个犯人的头替换而活下来的人。"那狱官在一天夜里暴病身亡，众人都认为他是受到了阴间的惩罚。

凡杀人，狱辞无谋、故者[1]，经秋审入矜疑[2]，即免死。吏因以巧法[3]。有郭四者，凡四杀人，复以矜疑减等[4]，随遇赦[5]。将出，日与其徒置酒酣歌达曙。或叩以往事，一一详述之，意色扬扬，若自矜诩[6]。噫！渫恶吏忍于鬻狱[7]，无责[8]也；而道之不明[9]，良吏亦多以脱人于死为功，而不求其情[10]，其枉民[11]也，亦甚矣哉！

注释

1 谋、故：预谋或故意杀人。2 矜（jīn）疑：减免刑罚的一种法律项目，情有可原叫"矜"，罪有可疑叫"疑"。3 巧法：玩弄法律条文。4 减等：减轻刑罚等级。5 赦：赦免的命令。6 矜诩：得意并吹嘘。7 渫（xiè）恶：品质低劣。鬻（yù）狱：借办案而贪赃枉法。8 无责：无法责备，无话可说。表示完全失望。9 道之不明：不明白法律的本意。10 情：真实情况。11 枉民：使百姓遭受冤屈。

译文

凡是杀人罪，只要不是预谋或故意杀人的，经过秋审，就会归入可怜或可疑的范围，免除死罪。狱吏利用这个情况，钻法律的空子。有个叫郭四的人，共四次杀人，反复以可怜或可疑而免除死罪，这一次随即遇到大赦。他将出狱，每天跟他的同伙喝酒唱歌，直到天亮。有人向他询问过去的事，他一一详尽叙述，神色得意扬扬，好像在夸耀自己。哎！品质低劣的狱吏，残忍地借办案而贪赃枉法，暂且不去责备；但是不明白法律的本意，驯良的官吏也大多把让囚犯从死刑中脱罪作为自己的功德，却不探求真实的情况，他们这样是使善良的百姓遭受冤枉，也太过份了！

奸民久于狱，与胥卒表里[1]，颇有奇羡[2]。山阴[3]李姓，以杀人系狱，每岁致数百金。康熙四十八年，以赦出。居数月，漠然无所事。其乡人有杀人者，因代承之。盖以律：非故杀，必久系，终无死法也。五十一年，复援赦减等谪戍[4]，叹曰："吾不得复入此矣！"故例[5]：谪戍者移顺天府羁候[6]。时方冬停遣，李具状[7]求在狱候春发遣，至再三，不得所请，怅然而出。

注释

1 表里：内外勾结。2 奇羡：特殊的利益。羡，赢利。3 山阴：县名，在今浙江绍兴。4 援赦：根据发布的赦令。谪戍：充军到边疆。5 故例：惯例。6 顺天府：指顺天府（相当于今北京）衙门所主管的监狱，即京兆狱。羁候：关押等候。7 具状：呈文申请。

译文

奸诈之人长期关在监狱中，跟狱官和狱卒内外勾结，有不少奇特的收益。山阴县的李某人，因为杀人罪关押在监狱，他每年能够获得几百两银子。康熙四十八年，他因为赦免的命令而出狱。回家住了几个月，冷清清没有事做。他的同乡中有个人杀了人，他就代替那人承担罪责。这是因为法律规定：不是故意杀人，必然被长期关押，终究不会判死刑。到了康熙五十一年，他又按照赦免的命令而减刑，充军到边疆，他叹气说："我不能再进入这监狱了！"惯例是：充军边疆的囚犯，要移送顺天府关押等候。当时正是冬季，停止发配，李某人呈文申请留在刑部监狱中等候春季发配，他申请了两三次，没有得到批准，只好失望地走出刑部监狱。

第二类

记人散文

记人散文是在记事散文的基础上发展成熟的。司马迁作《史记》，首创“纪传体”，标志着我国记人散文即传记文的成熟。后代的传记大多数受到《史记》的影响。《古文观止》选录的记人散文比较少，《史记》中只有篇幅比较短的《伯夷列传》《管晏列传》《屈原列传》与《滑稽列传》入选，后世的记人散文也只有几篇入选。古文家记人散文的特点是：情节不复杂，篇幅简短，大多寄寓着深刻的感慨。

记人散文，由人物一生中有代表性的行事构成。诵读记人散文，要注意一个个的事件及其相互关系，注意人物的语言，特别是人物之间的对话。诵读时还要注意古文家传记文的特点，抓住作者表达感慨的关键语句。

管晏列传 《史记》

导读

司马迁（约前145—前90），字子长，夏阳（今陕西韩城南）人，西汉著名史学家、文学家、思想家。司马迁所作的《史记》，是我国第一部纪传体通史。记事上起黄帝轩辕氏，下至司马迁生活的汉武帝时代。《史记》全书一百三十篇，分为十二本纪、十表、八书、三十世家、七十列传。

《管晏列传》选自《史记》卷六十二，是春秋时期齐国的名相管仲与晏婴的合传。管仲和晏婴所处的年代相去一百多年，而且性格各异，但他们作为齐国贤相，都为齐国的强盛立下了不可磨灭的功绩。司马迁在《太史公自序》中说："晏子俭矣，夷吾则奢；齐桓以霸，景公以治。作《管晏列传》。"本篇充分肯定管仲"下令如流水之源，令顺民心"的治国方针和对国君"将顺其美，匡救其恶"的态度。赞美晏婴"食不重肉，妾不衣帛"的节俭作风与勇于谏诤的精神。篇中也写了管仲"富拟于公室，有三归、反坫"的缺点，反映了司马迁据实直书的写史态度。

本文的特点是"论其轶事"。因为管仲与晏婴的主要功绩，司马迁已经在《史记·齐太公世家》中讲述，故本篇只讲他们的遗闻逸事，选材典型，概括扼要。管、晏一生事迹繁多，必须精心选材，突出主干。写管仲，着重写他与鲍叔牙的友谊，写他的民本思想和政治策略；写晏婴，则着重写他跟越石父、车夫的关系，写他的节俭力行和谨慎谦让。

本文采用分叙与总论相结合的写法，全篇分三大部分，第一部分写管仲，第二部分写晏婴，第三部分以"太史公曰"进行总论。全篇以"知"字贯通，抓住两人在人际交往上的共同点进行胶合，突出"知人善任"的主旨。此外，作者善于以次要人物作陪衬突出主要人物，善于选择具有戏剧性的小故事展示人物的精神风貌。

管仲夷吾者[1]，颍上[2]人也。少时常与鲍叔牙[3]游，鲍叔知其贤。管仲贫困，常欺鲍叔[4]，鲍叔终善遇[5]之，不以为言。已而，鲍叔事齐公子小白[6]，管仲事公子纠。及小白立为桓公，公子纠死，管仲囚焉[7]。鲍叔遂进管仲[8]。管仲既用，任政于齐，齐桓公以霸，九合[9]诸侯，一匡天下[10]，管仲之谋也。

注释

1 管仲（？—前645）：名夷吾，字仲，谥敬，故又称敬仲，春秋初期政治家。他辅佐齐桓公成为春秋时期的霸主，被尊为"仲父"。他的著作，后人编为《管子》一书传世。
2 颍上：即今安徽颍上。3 鲍叔牙：春秋时齐国大夫。以知人著称，与管仲相知最深，后世常以"管鲍"比喻交谊深厚的朋友。4 欺：欺骗。管鲍同在南阳经商，分财利时，管仲自己多分。5 遇：对待。6 小白：即齐桓公。桓公姓姜，名小白，齐襄公弟。7 管仲囚焉：齐襄公死后，鲁国送公子纠返国抢夺侯位，曾派管仲带兵拦在半路，阻止小白回国，管仲射中小白带钩。齐桓公即位后，管仲被从鲁国押解到齐。8 进：推荐。鲍叔向齐桓公推荐管仲说："君且欲霸王，非管夷吾不可。"9 九合：多次盟会。10 一匡天下：意思是平定战乱，使天下安定。匡，扶正，救助。

译文

管仲，名夷吾，颍上人。年轻的时候经常跟鲍叔牙交往，鲍叔牙知道他有才能。管仲家境贫困，经常欺瞒鲍叔牙，可是鲍叔牙始终友好地对待管仲，不因此说些什么。不久以后，鲍叔牙辅佐公子小白，管仲辅佐公子纠。等到小白做了齐桓公，公子纠被杀，管仲也当了囚徒。鲍叔牙于是向桓公推荐管仲。管仲被任用后，在齐国执掌政事，齐桓公因此称霸，多次召集诸侯举行盟会，安定天下，这全是管仲的谋略。

管仲曰："吾始困时，尝与鲍叔贾[1]，分财利多自与，鲍叔不以我为贪，知我贫也。吾尝为鲍叔谋事而更穷困，鲍叔不以我为愚，知时有利不利也。吾尝三仕三见逐于君[2]，鲍叔不以我为不肖，知我不遭时也。吾尝三战三走[3]，鲍叔不以我为怯，知我有老母也。公子纠败，召忽[4]死之，吾幽囚受辱，鲍叔不以我为无耻，知我不羞小节而耻功名不显于天下也。生我者父母，知我者鲍子也！"

注释

1 贾（gǔ）：经商。2 三仕三见逐：三次担任官职而三次被免职。3 三战三走：三次出战而三次败逃。4 召忽：与管仲同事公子纠，公子纠败，召忽自杀。

译文

管仲说："我起初贫困的时候，曾经同鲍叔一起经商，所得的钱财总是多分给自己，鲍叔不认为我是贪心，他知道我家里贫穷。我曾经给鲍叔出主意，反而使他更加穷困，鲍叔不认为我是愚蠢，他知道时机有利和不利。我曾经三次做官，却三次被君王免职，鲍叔不认为我不行，他知道我没有遇到时机。我曾经三次打仗，却三次败逃，鲍叔不认为我是胆怯，他知道我有位老母亲。公子纠失败，召忽为此自杀，我被囚禁忍受污辱，鲍叔不认为我是无耻，他知道我不会为小节而羞耻，而是为功名不能在天下显扬感到羞耻。生我的是父母，了解我的是鲍先生啊。”

鲍叔既进管仲，以身下之[1]。子孙世禄于齐[2]，有封邑者十余世，常为名大夫。天下不多管仲之贤而多鲍叔能知人也[3]。

注释

1 以身下之：指管仲为相，而鲍叔为大夫。2 子孙：指鲍叔子孙。世禄：世代做官。《史记索隐》认为指管仲的子孙。3 多：赞美。

译文

鲍叔牙已经推荐了管仲，自己却情愿做管仲的下属。他的子孙在齐国享受世代俸禄，十几代有封邑，常常是著名的大夫。天下的人不赞扬管仲的贤能，却赞扬鲍叔能够识别人才。

管仲既任政相齐，以区区之齐，在海滨[1]，通货积财，富国强兵，与俗同好恶。故其[2]称曰：“仓廪[3]实而知礼节，衣食足而知荣辱，上服度则六亲[4]固。四维[5]不张，国乃灭亡。下令如流水之源，令顺民心。”故论卑而易行。俗之所欲，因而予之；俗之所否，因而去之。

注释

1 海滨：齐国东面临海。2 其：《管子》。以下引文见《管子·牧民》。3 仓廪：粮食仓库。4 六亲：六种亲属。说法不一。张守节《史记正义》以外祖父母、父母、姊妹、妻兄弟之子、从母之子、女之子为六亲。汉应劭以父、母、兄、弟、妻、子为六亲。5 四维：指维系社会关系的礼、义、廉、耻。维，纲绳。

译文

管仲执掌政事做了齐相后，凭借小小的齐国临海的有利条件，流通货物，积累财富，富国强兵，与百姓同好同恶。所以他说：“仓库充实，老百姓就懂得礼节；衣食丰足，老百姓就懂得荣辱；当权者的所作所为有法度，六亲就关系坚固。礼、义、廉、耻是治国的四根纲绳，如果不大力推行，国家就要灭亡。所下的政令要像流水的源头，让它顺从民心。”所以政令简明浅显，老百姓容易实行。百姓所希望的，就顺应民意给予；百姓所厌恶的，就顺应民意废除。

其为政也，善因祸而为福，转败而为功。贵轻重[1]，慎权衡[2]。桓公实怒少姬[3]，南袭蔡，管仲因而伐楚，责包茅[4]不入贡于周室。桓公实北征山戎[5]，而管仲因而令燕修召公[6]之政。于柯[7]之会，桓公欲背曹沫之约[8]，管仲因而信之[9]，诸侯由是归齐。故曰："知与之为取，政之宝也。"[10]

注释

1 轻重：货币。今《管子》有《轻重篇》。在这里应指重视事情的轻重缓急。2 权衡：本指秤，引申为衡量、比较，权衡得失。3 桓公实怒少姬：桓公和蔡姬在船上游览，蔡姬习水，摇晃着船，惊吓了桓公，桓公怒，打发她暂回娘家。蔡国将蔡姬改嫁，桓公大怒，于是伐蔡。4 包茅：包茅是裹束成捆的青茅，祭祀时用以滤去酒中渣滓。茅，青茅。5 山戎：古族名。又称北戎。春秋时，分布在今河北北部。公元前 7 世纪颇强，侵郑、齐、燕等国。周惠王十四年（前 663），齐桓公伐山戎。6 召公：一作"邵公"。指召康公，佐武王灭商，被封于燕，为燕的始祖。成王时曾任太保。7 柯：齐桓公五年（前 681），齐鲁会盟于柯。柯地在今山东东阿。8 桓公欲背曹沫之约：齐桓公五年伐鲁，鲁庄公割地求和，会盟于柯。鲁武士曹沫持匕首要挟桓公退还侵鲁之地，桓公只好答应。后来齐桓公后悔，想不退还鲁地。9 "管仲"句：指管仲归还侵鲁的土地，因而取信于诸侯。桓公七年（前 679），桓公与诸侯会盟于鄄，开始称霸。10 "知与之为取，政之宝也"：语出《管子·牧民》。《老子》说："将欲取之，必固与之。"

译文

管仲治理政事，最会把祸事变为好事，使失败转为成功。注意事情的轻重缓急，慎重地衡量利害得失。齐桓公确实是因为蔡姬的事发怒，到南方去攻打蔡国，管仲却趁机讨伐楚国，责备楚国不向周室进贡包茅。齐桓公确实是到北方征讨山戎，管仲却趁机让燕国修复召公的善政。齐、鲁两国在柯地会盟，齐桓公想背弃和曹沫签订的归还鲁地的盟约，管仲却利用这事取得了诸侯的信任，诸侯从此归服于齐国。所以说："知道给予是为了取得，便是治理政事的法宝。"

管仲富拟于公室[1]，有三归、反坫[2]，齐人不以为侈。管仲卒，齐国遵其政，

常强于诸侯。

后百余年而有晏子焉。

注释

1 公室：诸侯。2 三归：各家的说法不一。一说是指交纳给诸侯的市租。一说是供游赏用的三座高台。一说是三姓女，古称妇女出嫁为归，所以三归就是三个妻子。反坫（diàn）：坫是放酒杯的土台，在厅堂的两根前柱之间。宴会时，宾主互相敬酒后，把酒杯放在土台上，就叫反坫。这是诸侯之间的礼节。

译文

管仲的富足比得上诸侯，有三归，有反坫，齐国人却不认为他奢侈。管仲死后，齐国遵循着他的政策，常常在诸侯中保持着强盛的地位。

管仲以后一百多年，齐国又出了个晏子。

晏平仲婴[1]者，莱之夷维人也[2]。事齐灵公、庄公、景公[3]，以节俭力行重于齐。既相齐，食不重肉[4]，妾不衣帛[5]。其在朝，君语及之，即危言[6]；语不及之，即危行[7]。国有道，即顺命；无道，即衡命[8]。以此三世显名于诸侯。

注释

1 晏平仲婴：晏婴（？—前500），字平仲，齐国大夫，历仕灵公、庄公、景公三世，轻刑薄赋，以礼治国。传世的《晏子春秋》，是战国时人搜集有关他的言行编辑而成。2 莱：古国名。公元前567年为齐所灭。今山东龙口东南有莱子城。夷维：在今山东高密。3 齐灵公：齐国君，名环。庄公：灵公之子，名光。景公：庄公异母弟杵臼。大夫崔杼杀死庄公后，立他为君。4 重（chóng）肉：两种肉食。5 妾：小妻，即后世的小老婆。帛：丝织物的总称。6 危言：直言。7 危行：正直的行为。8 衡命：权衡利害，然后行动。

译文

晏子名婴，字平仲，莱地夷维人。他辅佐齐灵公、庄公、景公三位国君，因为节俭力行，得到齐国人敬重。他担任齐相，吃饭不用两种肉菜，小妻不穿丝绸。他在朝堂上，国君同他说到的事情，便直言陈述意见；国君没有同他说到的事情，便亲自秉公办理。国君清明，就按着命令行事；国君昏乱，就衡量利害然后行动。因为这样，他在灵、庄、景三朝，都名声显赫，传遍各个诸侯国。

越石父贤，在缧绁[1]中。晏子出，遭之途[2]，解左骖[3]赎之，载归。弗谢，入闺[4]。久之，越石父请绝。晏子戄然[5]，摄[6]衣冠谢曰："婴虽不仁，免子于厄，何子求绝之速也？"石父曰："不然。吾闻君子诎于不知己而信于知己者[7]。方吾在缧绁中，彼不知我也。夫子既已感寤而赎我，是知己；知己而无礼，固不如在缧绁之中。"晏子于是延入为上客。

注释

1 缧绁（léixiè）：捆犯人的绳子，引申为囚禁。这里指监牢。2 途：路途。3 左骖：车子左边的马。4 闺：内室的小门。5 戄（jué）然：震惊的样子。6 摄：提，整顿。7 诎：委屈。信：通"伸"，伸直身体，意指得到尊重。

译文

越石父是位贤人，被关在监牢里。晏子外出，在押解的路上遇见了越石父，就解下自己车子左边的马把他赎了出来，载着他回到自己府里。越石父还没有表示感谢，晏子就进入了内室的小门。过了一段时间，越石父突然请求绝交。晏子十分震惊，整顿衣冠连忙谢罪说："我虽然没有才德，却把你从困境中救出来，为什么您这样快就要求绝交呢？"石父说："不能这样说。我听说，君子在不了解自己的人面前受到委屈，而到了知己面前却应该得到尊重。当我在监牢中的时候，人们是不了解我的。您既然已经了解我并救了我，就是我的知己了；既然是知己，却不按礼节待我，我还不如待在监牢中呢。"晏子于是延请他为上等的宾客。

晏子为齐相，出，其御之妻从门间而窥[1]其夫。其夫为相御，拥大盖[2]，策驷马[3]，意气扬扬，甚自得也。既而归，其妻请去[4]。夫问其故。妻曰："晏子长不满六尺，身相齐国，名显诸侯。今者妾观其出，志念深矣，常有以自下[5]者。今子长八尺，乃为人仆御，然子之意自以为足，妾是以求去也。"其后夫自抑损[6]。晏子怪而问之，御以实对。晏子荐以为大夫。

注释

1 窥：偷看。2 大盖：车上的伞盖。3 策：鞭策。驷马：拉车的四匹马。4 去：离开。5 自下：指谦虚之态，甘居人下。6 抑损：克制、谦逊。

译文

晏子担任齐相的时候，有一天驾车出门，他车夫的妻子从门缝里偷偷看自己的丈夫。只见她的丈夫为相国驾车，坐在伞盖下，赶着四匹马，得意扬扬，非常得意。回家后，他的妻子要求离婚。丈夫问她是什么缘故。妻子说："晏子身高不满六尺，身任齐国相国，名声传扬各国。今天我看他出门，思虑多么深远，经常表现出谦逊的样子。如今你身长八尺，做人家的车夫，但是你却自以为满足，我是因为这个要求离婚。"车夫从此以后便谦逊克制了。晏子感到奇怪，便问他是什么缘故，车夫据实回答。晏子推荐他做了齐国的大夫。

太史公曰：吾读管氏《牧民》《山高》《乘马》《轻重》《九府》[1]及《晏子春秋》，详哉其言之也。既见其著书，欲观其行事，故次[2]其传。至其书，世多有之，是以不论，论其轶事[3]。

管仲世所谓贤臣，然孔子小之[4]。岂以为周道衰微，桓公既贤，而不勉之至王[5]，乃称霸哉？语曰："将顺其美，匡救其恶，故上下能相亲也。"[6]岂管仲之谓乎？

方晏子伏庄公尸哭之，成礼然后去[7]，岂所谓"见义不为无勇"者邪[8]？至其谏说，犯君之颜，此所谓"进思尽忠，退思补过"者哉[9]！假令晏子而在，余虽为之执鞭，所忻慕焉[10]！

注释

1《牧民》等：皆《管子》一书中的篇名。2 次：编列。3 轶事：也作"逸事"。世人不太知道的事迹，多指未经史书记载的事迹。4 小：意动用法。孔子曾说："管仲之器小哉！"（《论语·八佾》）意思是说管仲的器量狭小啊。5 至王：实行王道。至，达到、实行。6 语：流行的话语。引文出自《孝经·事君》。7 去：离开。齐庄公因为荒淫被杀，晏子认为国君因私利而亡，不值得追随，将庄公的尸体放在自己腿上，伏尸痛哭一番后离去。8 见义不为无勇：见《论语·为政》。9 进思尽忠，退思补过：语出《孝经·事君》。10 忻（xīn）慕：高兴，向往。忻，同"欣"。

译文

太史公说：我读管子著的《牧民》《山高》《乘马》《轻重》《九府》等篇和《晏子春秋》。他们说的话语多详尽啊。我已经看了他们所著的书，还希望考察他们所做的事，所以编列了他们的这篇传记。至于他们的书，世上大都有，因此不在这里说，这里只陈述他们的轶事。

管仲是世人所说的贤臣，可是孔子却说他器量狭小。难道是因为周道衰微，桓公既然是贤君，管仲却没有勉励他实行王道，而只做了个霸主的原因吗？《孝经》上说："做臣子的要顺应君主的美德，匡正君主的缺失，因此君臣能够团结和睦。"难道这是说管仲吗？

当晏子伏在庄公的尸体上痛哭，完成君臣之礼后才离开，难道是所谓"遇到应该做的事而不做就是没有勇气"的人吗？至于他进言规劝时，敢于触犯国君的面子，这就是所谓"上朝想着竭尽忠心，在家想着弥补过失"的人啊！倘若晏子还活着的话，我即使给他执鞭赶车，也是很高兴而向往的！

滑稽列传 《史记》

导读

《史记·滑稽列传》记述了战国时期齐国淳于髡（kūn）、楚国优孟及秦朝优旃（zhān）的事迹。滑稽（gǔjī），是能言善辩、语言幽默的意思。淳于髡、优孟、优旃的共同特点是运用幽默的语言劝诫君主，起到了良好的政治作用。《古文观止》只节录了列传开头的短序和淳于髡传，淳于髡传记述了淳于髡运用诙谐的语言讽喻、劝谏齐威王的三个故事：一鸣惊人、豚蹄穰田、酒极则乱。这三个故事，逐节递进，入情入理，在谈笑中含劝诫，轻松中有严肃，写得十分生动活泼，幽默风趣。

孔子曰："六艺[1]于治一也：《礼》以节人[2]，《乐》以发和[3]，《书》以道事，《诗》以达意，《易》以神化，《春秋》以道义[4]。"太史公曰：天道恢恢[5]，岂不大哉！谈言微中，亦可以解纷。

注释

1 六艺：六经。2 节人：规范人的行为。3 发和：抒发和谐情感。4 道义：阐述义理。5 恢恢：广大的样子。

译文

孔子说："六艺对于治理国家的作用是一致的：《礼》用来节制人们的行为，《乐》用来抒发和谐美好的感情，《书》用来记述历史事件，《诗》用来表达思想，《易》用来通达事物的神奇变化，《春秋》用来说明君臣大义。"太史公说：天道恢弘，难道不博大吗！谈说精微中肯，也可以解除纷乱。

淳于髡[1]者，齐之赘婿[2]也。长不满七尺，滑稽多辩，数使诸侯，未尝屈辱。齐威王之时，喜隐[3]，好为淫乐长夜之饮，沉湎不治，委政卿大夫。百官荒乱，诸侯并侵，国且危亡，在于旦暮，左右莫敢谏。淳于髡说之以隐曰："国中有大鸟，止王之庭，三年不蜚[4]又不鸣，王知此鸟何也？"王曰："此鸟不蜚则已，一蜚冲天；不鸣则已，一鸣惊人。"于是乃朝诸县令长[5]七十二人，赏一人，诛一人，奋兵而出。诸侯振惊，皆还齐侵地。威行三十六年。语在《田完世家》[6]中。

注释

1 淳于髡（kūn）：淳于，复姓；髡，名。齐国的大夫。2 赘（zhuì）婿：战国、秦、汉时，家贫卖子与人为奴，三年不能赎还，主家以女子匹配之，称为赘婿。在当时是社会地位很低的人。3 隐：隐语。似现在的谜语。不把本意直接说出而借别的词语来暗示。4 蜚：通"飞"。5 县令长：指县的行政长官。大县称令，小县称长。6《田完世家》：《史记》世家之一，记载战国时代田氏齐国的历史。

译文

淳于髡是齐国一个赘婿出身的人。他身长不满七尺，口齿流利，能说会辩，多次出使诸侯，从来不曾受过屈辱。齐威王初即位的时候，爱好隐语，经常无节制地享乐，通宵达旦地饮宴，沉迷在酒色之中，不治理国家，把政事委托给卿大夫处理。于是，各级官员政事荒废混乱，诸侯都来侵略，国家处于危险的境地，随时可能灭亡，左右的人却不敢直言进谏。淳于髡就用隐语规劝齐威王，他说："国内有一只大鸟，它停栖在大王的宫庭里，三年不飞又不鸣叫，大王知道这鸟是为什么吗？"威王说："这只鸟不飞则已，一飞就要冲上天；不鸣则已，一鸣就要惊人。"于是，威王马上召集各县的长官共七十二人来朝见，当众赏了一人，杀了一人，整顿军队出去作战。诸侯十分震惊，都把所侵占的齐国土地全部归还。威王声威播扬天下，达三十六年之久。事情记在《田完世家》那篇文章中。

威王八年，楚大发兵加齐。齐王使淳于髡之赵请救兵，赍金百斤[1]，车马十驷。淳于髡仰天大笑，冠缨索[2]绝。王曰："先生少之乎？"髡曰："何敢！"王曰："笑岂有说乎？"髡曰："今者臣从东方来，见道旁有禳田[3]者，操一豚蹄，酒一盂，而祝曰：'瓯窭满篝[4]，污邪[5]满车，五谷蕃熟，穰穰[6]满家。'臣见其所持者狭而所欲者奢，故笑之。"于是齐威王乃益赍黄金千镒[7]，白璧十双，车马百驷。髡辞而行，至赵。赵王与之精兵十万，革车[8]千乘。楚闻之，夜引兵而去。

注释

1 赍（jī）：携带。金：当时以黄铜为货币。2 索：尽。3 禳（rǎng）田：就是耕种时设祭，祈求丰收。禳，一本作"穰"。4 瓯窭（ōulóu）：狭小的高地。篝（gōu）：竹笼。5 污邪（wūxié）：地势低下的渍水田。6 穰穰（rángráng）：丰盛的样子。7 镒（yì）：古代计重量的单位。二十两或二十四两为一镒。8 革车：古代的一种战车。

译文

齐威王八年，楚国大举发兵侵犯齐国。齐威王派淳于髡到赵国请求救兵，让他携带黄铜百斤，四匹马拉的车子十辆。淳于髡仰着头对天大笑，把帽子上的缨带全震落了。齐威王说："先生嫌礼物少吗？"淳于髡说："怎么敢呢！"威王问："那么，笑怎么解释呢？"淳于髡说："今天我从东方来，看见路旁一个祭祀土地祈求丰收的农夫，他拿着一只猪蹄、一壶酒，祷告说：'狭小的高地大丰收，谷物积满竹笼；渍水田中大丰收，谷物装满大车；让五谷茂盛成熟，多得装满我的仓屋。'我看他拿出的东西那样少，想要的又是这样多，所以我笑他呢。"于是，齐威王就增加礼物：黄铜千镒，白璧十对，四匹马拉的车子百辆。淳于髡辞别齐王起程，到了赵国。赵王给他精兵十万，战车一千辆。楚国听到这消息，连夜领兵撤走。

威王大说，置酒后宫，召髡赐之酒。问曰："先生能饮几何而醉？"对曰："臣饮一斗亦醉，一石亦醉。"威王曰："先生饮一斗而醉，恶[1]能饮一石哉！其说可得闻乎？"髡曰："赐酒大王之前，执法在傍，御史在后，髡恐惧俯伏而饮，

不过一斗径[2]醉矣。若亲有严客，髡帣鞲鞠䐈[3]，侍酒于前，时赐余沥，奉觞上寿[4]，数起，饮不过二斗径醉矣。若朋友交游，久不相见，卒然相睹，欢然道故，私情相语，饮可五六斗径醉矣。若乃州闾[5]之会，男女杂坐，行酒稽留，六博投壶[6]，相引为曹[7]，握手无罚，目眙[8]不禁，前有堕珥[9]，后有遗簪[10]，髡窃乐此，饮可八斗而醉二参[11]。日暮酒阑[12]，合尊促坐[13]，男女同席，履舄[14]交错，杯盘狼藉[15]，堂上烛灭，主人留髡而送客，罗襦襟解，微闻芗泽[16]。当此之时，髡心最欢，能饮一石。故曰：'酒极则乱，乐极则悲。'万事尽然。言不可极，极之而衰。"以讽谏焉。齐王曰："善。"乃罢长夜之饮。以髡为诸侯主客[17]。宗室置酒，髡尝在侧。

注释

1 恶（wū）：同"乌"，何。2 径：即，就。3 帣鞲（juàngōu）：束好衣袖。帣，通"絭"，收束。鞲，束衣袖的臂套。鞠䐈（jūjì）：躬身下跪。鞠，弯曲。䐈，同"跽"，小跪。4 觞（shāng）：古代盛酒器。寿：祝福敬酒。5 州闾：乡里。6 六博：古代的一种争胜负的游戏。共十二粒棋子，六黑六白，故名。投壶：我国古代宴会的一种游戏。以盛酒的壶口作目标，用箭投入。以投中多少决胜负，负者须饮酒。7 曹：辈。8 眙（chì）：瞪着眼直视。9 珥（ěr）：妇女的珠玉耳饰。10 簪：妇女插发髻的首饰。11 二参：指十有二三分醉。参，同"三"。12 阑：完、尽。13 尊：同"樽"，酒杯。促坐：促席而坐。促，靠近。14 履舄（lǚxì）：鞋。舄，古代的一种复底鞋，引申为鞋的通称。15 狼藉：纵横散乱。16 芗泽：同"香泽"，香气。17 主客：接待外宾的官员。

译文

威王非常高兴，就在后宫摆起酒宴，召见淳于髡，请他喝酒。威王问道："先生要饮多少酒才会醉呢？"淳于髡回答说："我喝一斗也醉，喝一石也醉。"威王说："先生喝一斗就醉了，怎能够喝一石呢！其中的缘故，能说给我听听吗？"淳于髡说："在大王面前赐我喝酒，执法的官员站在身旁，御史站在后面，我心情恐惧低着头喝，不过一斗就醉了。如果我的父亲有尊贵的客人来了，我束好衣袖，躬身下跪，在前面侍奉，他们不时把剩余的酒赐给我，我捧着杯子上前敬酒，多次起身，喝不过两斗就醉了。如果好朋友交往，很久不见面了，突然相会，欢乐地谈论往事，倾吐思念之情，这时候可以喝五六斗才醉。如果乡里举行集会，男男女女混杂坐在一起，斟酒慢慢地喝，又举行六博、投壶的游戏，互相招呼，结为同辈。握了妇女的手不受责罚，眼睛直瞪着她们不被禁止，前面有掉下的耳环，后面有丢失的簪子，我私心喜欢这种场面，可以喝八斗才有两三分醉意。等到日落西山，酒要喝完了，酒杯合在一块，身体紧紧挨着，男女同席，鞋子互相错杂，杯盘纵横散乱，堂上的蜡烛要点完了，主人留下我，把客人都送走，那陪酒的女子，解开罗衫的衣襟，我微微闻到一股香气。当这个时候，我心里最高兴，那就能够饮一石了。所以说：'饮酒过度，必定乱心性；欢乐过度，必然生悲伤。'万事都是这样。这是说什么都不可过度，过度了就会衰败。"他用这些话来委婉劝谏。威王说："好。"就停止通宵饮酒。任命淳于髡做接待诸侯的官员。每逢王族举办酒宴，淳于髡经常被邀在座。

五柳先生传 陶渊明

导读

陶渊明（365—427），字元亮，东晋亡后更名潜。浔阳柴桑（今江西九江）人。他曾先后做过江州祭酒、镇军参军、彭泽县令等小官，由于不满官场的混乱、黑暗，终于弃官归隐。他归隐之后，写了很多优美的田园诗，风格自然醇厚，成为中国最伟大的田园诗人，散文之风亦如其诗。

本文是仿照史传体写的一篇人物传记。传中的"五柳先生"是作者自身的影子。萧统《陶渊明传》中说："渊明少有高趣……尝著《五柳先生传》以自况，时人谓之实录。"本篇写作年代不详。

这篇自况之文，反映了陶渊明的生活态度及精神风貌。文章通过对居住环境和生活细节的描写，展现了一个安乐自如、不慕荣利的古代隐士形象。他爱好读书，却不死抠字眼，没有学究气；他常以文章抒情写志，却不图名利；他生活贫困，却性格爽快、胸怀磊落。作者善于以自然之笔写自然之性，往往几笔白描勾勒，就能形神兼备。原评："潇洒澹逸，一片神行之文。"

先生不知何许人也，亦不详其姓字。宅边有五柳树，因以为号焉。闲静少言，不慕荣利；好读书，不求甚解[1]，每有会意，便欣然忘食。性嗜酒，家贫，不能常得。亲旧知其如此，或置酒而招之。造饮辄尽[2]，期[3]在必醉；既醉而退，曾不吝情去留[4]。环堵萧然[5]，不蔽风日；短褐穿结[6]，箪瓢屡空[7]，晏如[8]也。常著文章自娱，颇示己志。忘怀得失，以此自终。

注释

1 甚解：过分追求一字一句的解释。2 造：往、去。辄：总是。3 期：希望，要求。4 吝情：顾惜。去留：复词偏义，即“去”，离开。5 环堵：房屋四壁。萧然：空寂貌。6 褐：粗布短衣。穿：破。结：打结，缝补。7 箪（dān）：用苇、竹编制的放置食物的器具。瓢：舀水的器具。箪瓢屡空，是说饮食经常不足。8 晏如：安然自在。

译文

五柳先生，我不知道他是什么地方的人，也不知道他的姓名字号。他的住宅旁有五棵柳树，就用“五柳”作他的名号了。先生安闲文静，沉默寡言，不渴求荣誉，不追逐利禄；他爱好读书，却不追求深入细微的理解，往往对书中意义有所体会，便高兴得忘记吃饭。他生来爱饮酒，但家中贫穷，不能经常喝到。亲朋旧友知道他这样，有的便备酒请他去喝。他一去就要喝个痛快，图个大醉；醉了就回家，毫不顾惜地离开。他的住处只有四堵墙壁，空空荡荡，不能遮蔽阳光风雨；他穿着粗布短衣，还有破洞和补丁，缺吃少喝，篮子和瓢都往往空着，却活得安然自在。他常常作文自乐，很能表达自己的志趣。他忘记了世俗得失，用这种超然的态度度过一生。

赞[1]曰：黔娄有言，不戚戚于贫贱，不汲汲于富贵。[2]其言兹若人之俦乎[3]？衔觞[4]赋诗，以乐其志。无怀氏之民欤？葛天氏之民欤？[5]

注释

1 赞：赞语。这篇文章是仿史传体写的。史传的赞语是作者对传主的评论。2 黔娄：春秋时鲁国人，不求仕进，屡次拒绝诸侯的招聘。死后，曾子去吊丧，问其妻“何以为谥”，其妻说谥“康”，并说：“彼先生者，甘天下之淡味，安天下之卑位，不戚戚于贫贱，不忻忻于富贵，求仁而得仁，求义而得义，其谥为‘康’，不亦宜乎?”（见《列女传》）戚戚：忧虑貌。汲汲：力求貌。《陶渊明集》“黔娄”作“黔娄之妻”。3 若人：此人。俦：类。《陶渊明集》“其言”作“味其言”。4 衔觞（shāng）：饮酒。觞，酒杯。5 无怀氏、葛天氏：都是传说中的上古帝王。《路史·禅通记》谓无怀氏之民，“甘其食，乐其俗……老死不相往来”；葛天氏之治“不言而自信，不化而自行”。末二句是说五柳先生像是生活在古朴淳厚的上古社会的人。

译文

评赞说：黔娄说过，不因贫贱而忧伤，不为富贵而奔走。大概说的是五柳先生这一类人物吧。他饮酒赋诗，使心灵得到安乐。他是无怀氏时代的人呢，还是葛天氏时代的人呢？

圬者王承福传　韩愈

导读

韩愈（768—824），字退之，河阳（今河南孟州南）人，祖籍河北昌黎，故世称“韩昌黎”。官至吏部侍郎，谥号“文”，故后人称他为“韩吏部”“韩文公”。他是唐朝著名散文家、古文运动领袖，也是颇有特色的诗人与思想家。韩愈的散文风格雄峻，大气磅礴，命意、布局、造句、遣词都富于变化。

《圬者王承福传》，是为泥瓦匠王承福立传。文章分三部分，第一部分略述王承福身世；第二部分记录王承福的口述；第三部分就王承福的言论加以评断。王承福的口述是本文的主要内容。王承福本来有官勋，他却弃官业圬，凭双手劳动自食其力。他虽然生活劳苦，却能独善其身，问心无愧。而那些“不择其才之称否而冒之者”，由于“多行可愧”“食焉而怠其事”，往往遭致灾患。作者以此证明，人们必须遵循社会分工，安分守己，“各致其能以相生”。

本文是传记体，也是借传记展开议论的杂文。王承福是一个实有其人的体力劳动者，但是，作者进行了艺术再塑造，寄托了独特的人生哲学。作者在文章结尾一段的评断，全面反映了自己的社会主张，写得有理有据，波澜起伏。最后以自鉴作结，实际上是规劝世人。

从文章提供的年代线索推算，本文可能作于唐德宗贞元十四年（798），时韩愈在汴州，年三十岁。

圬之为技[1]，贱且劳者也。有业之[2]，其色若自得者。听其言，约而尽[3]。问之，王其姓，承福其名，世为京兆长安[4]农夫。天宝之乱[5]，发人为兵。持弓矢十三年，有官勋[6]。弃之来归，丧其土田，手镘衣食[7]。余三十年，舍于市[8]之主人，而归其屋食之当焉[9]。视时[10]屋食之贵贱，而上下其圬之佣以偿之[11]，有余，则以与道路之废疾饿者焉。

注释

1 圬（wū）：粉刷墙壁。技：手艺，技能。2 业之：以此为职业。3 约：简约，简单扼要。尽：详尽，这里可引申为透辟、透彻。4 京兆长安：京兆，原意是地方大而人口多的地方，指京城及其郊区。京，大。兆，众多。唐时长安属京兆府，故称京兆长安。5 天宝之乱：天宝，唐玄宗（李隆基）年号。天宝十四年（755），边将安禄山、史思明起兵叛唐，史称"安史之乱"。玄宗曾命荣王（李琬）为元帅，在京师招募士兵十一万讨伐安禄山。6 官勋：官家授给的勋级。唐制，有功劳者授以没有实职的官号，叫勋官。勋官有十二级。7 手镘（màn）衣食：用手拿着镘子干活来维持生活。镘，镘子，粉刷墙壁的工具。8 市：街市。9 屋食：房租和伙食费。当：相当的价值。10 视时：根据当时。11 上下：增加或减少。佣：受雇为人劳动。这里作"工价"解。

译文

粉刷墙壁作为一种手艺，是卑贱而且辛苦的。有个人以粉刷墙壁为职业，样子却好像自在满意。听他讲的话，言词简明，意思却很透彻。问他，他说姓王，承福是他的名。他祖祖辈辈是长安的农民。天宝年间发生安史之乱，抽调百姓当兵，他被征入伍，手持弓箭战斗了十三年，有官家授给的勋级。但他却放弃官勋回到家乡，由于丧失了田地，就靠拿着镘子刷墙维持生活。此后三十年来，寄居在街上的屋主家里，付给他相当的房租、伙食费。并根据当时食宿费的高低，增减粉刷墙壁的工价，来支付费用，有钱剩余，就拿去给流落在道路上的残废的人、饥饿的人。

又曰："粟，稼[1]而生者也，若布与帛，必蚕绩而后成者也，其他所以养生之具，皆待人力而后完也，吾皆赖之。然人不可遍为，宜乎各致[2]其能以相生也。故君者，理[3]我所以生者也，而百官者，承君之化[4]者也。任有小大，惟其所能，若器皿焉。食焉而怠其事，必有天殃。故吾不敢一日舍镘以嬉。夫镘易能[5]，可力焉，又诚有功，取其直[6]，虽劳无愧，吾心安焉。夫力易强而有功也[7]，心[8]难强而有智也。用力者使于人[9]，用心者使人，亦其宜也。吾特择其易为而无愧者取焉。

注释

1 稼：种植。2 致：尽，集中心力于某个方面。3 理：治。因唐高宗名治，唐人避讳，用

“理”代“治”。4 化：教化。5 易能：容易掌握技能。6 直：同“值”，价值，这里指报酬。7 力：指干体力活。强（qiǎng）：勉力、努力。8 心：指脑力劳动。9 使：使用，驱使。于：表示被动。

译文

他又说：“粮食，是人们种植才生长出来的，如果是布匹丝绸，一定要靠养蚕、纺织才能制成，其他用来维持生活的物品，也都是靠人们劳动然后才完备的，我都离不开它们。但是，人们不可能样样都亲手去制造，最合适的做法是各人尽他的能力，相互协作来求得生存。所以，国君的责任是治理我们，使我们能够生存，而各种官吏的责任则是秉承国君的旨意来教化百姓。责任有大有小，只有各尽自己的能力去做，这就好像器皿各有各的用途。如果光吃饭不做事，一定会有天降的灾祸。所以我一天也不敢丢下我的泥镘子去游玩嬉戏。粉刷墙壁是比较容易掌握的技能，可以努力做好，又确实有成效，能取得应有的报酬，虽然辛苦，却问心无愧，因此我心里十分坦然。力气啊，容易尽量使出来而取得成效；脑子啊，却难以勉强使用而变得聪明。既然这样，干体力活的人被人使唤，用脑力的人指挥别人，也是应该的。我只是选择那种容易做而又问心无愧的职业来取得报酬。

“嘻！吾操镘以入富贵之家有年矣。有一至者焉，又往过之，则为墟[1]矣。有再至、三至者焉，而往过之，则为墟矣。问之其邻，或曰：‘噫！刑戮也。’或曰：‘身既死而其子孙不能有也。’或曰：‘死而归之官也。’吾以是观之，非所谓食焉怠其事而得天殃者邪？非强心以智而不足，不择其才之称否而冒之者邪[2]？非多行可愧，知其不可而强为之者邪？将富贵难守，薄功而厚飨之者邪？抑丰悴有时[3]，一去一来而不可常[4]者邪？吾之心悯焉，是故择其力之可能者行焉。乐富贵而悲贫贱，我岂异于人哉！”

注释

1 墟：废墟。2 称（chèn）：相当。冒：假冒。这里是勉强充任、滥竽充数的意思。3 丰悴：同“盈虚”。丰，指富足、显达、成功等。悴，指贫困、低贱、失败等。丰悴有时，即富贵贫贱有定数，有变化。4 常：经常，永远。

译文

“唉！我拿着镘子到富贵人家干活有许多年了。有的人家我只去过一次，再从那里经过，当年的房屋就成为废墟了。有的我曾去过两次，三次，后来经过那里，也成为废墟了。向他们的邻居打听，有人说：‘唉！他们家主人被判刑杀掉了。’有人说：‘原主人已经死了，他们的子孙不能守住遗产。’也有人说：‘人死了，财产都充公了。’我从这些情况来看，不正是光吃饭不做事遭到了天降的灾祸吗？不正是勉强去干才智达不到的事，不选择与自己才能相称的事却要充数干大事的结果吗？不正是多做了问心有愧的事，明知不行，却勉强去做的结果吗？也可能是，富贵难以保住，贡献得少却享受得多所造成的结果吧？也许是，富贵贫贱都有一定的时运，一来一去，不能经常保有吧？我的心怜悯这些人，所以选择力所能及的事情去做。喜爱富贵，不喜贫贱，我怎么会跟一般人不同呢！”

又曰：“功大者，其所以自奉也博，妻与子，皆养于我[1]者也。吾能薄而功小，不有之可也。又，吾所谓劳力者，若立吾家[2]而力不足，则心又劳也。一身而二任[3]焉，虽圣者不可为也。”

注释

1 养于我：被自己养育。这个“我”不是王承福的自称，而是指“功大者”自己。2 立吾家：我建立家庭。3 二任：既要劳力，又要劳心。

译文

他又说：“贡献大的人，他用来奉养自己的东西多，妻室儿女都能由自己养活。我能力小，贡献少，没有妻室儿女也是可以的。再则我是个干体力活的人，如果成家而能力不足以养活妻室儿女，那么又会使心劳累了。一个人既要劳力，又要劳心，即使是圣人也不能做到。”

愈始闻而惑之，又从而思之，盖[1]贤者也，盖所谓“独善其身”[2]者也。然吾有讥[3]焉。谓其自为也过多，其为人也过少，其学杨朱之道者邪[4]？杨之道，不肯拔我一毛而利天下。而夫人以有家为劳心，不肯一动其心以畜其妻子，其

肯劳其心以为人乎哉？虽然，其贤于世之患不得之而患失之者[5]，以济其生之欲，贪邪而亡道[6]以丧其身者，其亦远矣。又其言有可以警余者，故余为之传，而自鉴焉。

注释

1 盖：发语词，兼表推测。2 独善其身：古代社会一部分知识分子的处世哲学。当他们政治上顺利的时候，就想推行一些有益于社会的措施；当他们在政治上处于困境的时候，则力求洁身自好。这叫“达则兼济天下，穷则独善其身”。见《孟子·尽心上》。3 讥（jī）：指责，批评。4 杨朱之道：杨朱，字子居，战国时人，主张“为我”学说，与墨翟主张“兼爱”相反。《列子》《孟子》《庄子》《韩非子》都有关于他们事迹言论的片断记录。5 患不得之而患失之：指一些贪求富贵的人，当他没有得到富贵时，心中只怕得不到；当得到富贵后，又怕失掉富贵。语出《论语·阳货》。6 亡道：即无道。

译文

我刚听到这些话，感到迷惑不解，又根据他的话认真想了一下，觉得这个人大概是一个有德行的人，大概就是人们所说的“独善其身”的人啊。不过，我还要批评他。我认为他替自己想得太多，为别人想得太少，他大概是个学“杨朱之道”的人吧？杨朱的学说是不肯拔掉自己一根毫毛去造福天下。而这王承福，认为有个家是劳心，竟不肯开动脑筋去养活妻室儿女，哪还肯操劳心思去为别人呢？即便这样，他比世上那些患得患失的人，比那些只求满足自己的生活欲望而贪婪邪恶、抛弃道德以至丢掉性命的人，要好得多了。又因为他所说的话，有可使我警惕的内容，所以我给他写了这篇传记，作为自己的鉴戒。

种树郭橐驼传 柳宗元

导读

柳宗元（773—819），字子厚，祖籍河东解县（今山西运城西南）人，世称柳河东。唐德宗贞元九年（793）进士，顺宗时为礼部员外郎，积极参加王叔文集团的永贞政治革新运动，革新失败后被贬为永州司马。十年后升柳州刺史，在任所去世。柳宗元是中唐时期著名的思想家、政治改革家和文学家。他的散文风格清峻，与韩愈齐名。他与韩愈共同倡导了中唐古文运动，二人并称“韩柳”。

本文写于作者早年（德宗贞元末年）在京城任职期间。中唐时期封建统治者繁杂而又苛刻的政令，让百姓日常生活困苦不堪，甚至弄得民不聊生。作者有感于此而写了这篇文章，并特别在篇末点明写作意图：“传其事以为官戒。”

本文是一篇传记体寓言。文章采用对话形式，以记述传主的言论为主，层层推进，最后得出“吾问养树，得养人术”的结论。实际上，传主郭橐驼不过是作者的代言人，传主的话语，寄寓的是作者的社会理想、社会批评。文章一开头就写郭橐驼善于种树，因而获得成功，接着展开对话。作者通过郭橐驼之口，讲述了两种不同的种树方法，一是顺其自然，一是揠苗助长，两者形成鲜明的对照。郭橐驼所说的“顺木之天，以致其性”的植树经验，是用来说明当政者应顺民之性以养民的道理；郭橐驼所批评的违背树木天性的植树教训，是类比官吏生事扰民的烦苛政令，从而提醒当权者，必须删繁就简，才能让百姓安居乐业。

郭橐驼[1]，不知始何名。病偻[2]，隆然伏行[3]，有类橐驼者，故乡人号之“驼”。驼闻之曰：“甚善，名我固当。”因舍其名，亦自谓橐驼云。其乡曰丰乐乡，在长安西。

驼业种树，凡长安豪家富人为观游[4]及卖果者，皆争迎取养。视驼所种树，或移徙，无不活，且硕茂蚤实以蕃[5]。他植者虽窥伺效慕，莫能如也。

注释

1 橐（tuó）驼：骆驼。这里指驼背。2 偻（lóu）：背脊弯曲。3 隆然：突起的样子。形容驼背。伏行：面朝下走路。4 观游：观赏游乐的园林。5 硕：大。蚤：通“早”。实：结果实。蕃：多。

译文

郭橐驼这个人，不知道他原来叫什么名字。他患病成了驼背，背脊隆起，弯着腰走路，有点像骆驼的样子，所以同乡人叫他“橐驼”。郭某听到后说：“很好，用这个名字叫我，的确恰当。”因而放弃了原来的名字，也自称为“橐驼”。他所在的乡叫丰乐乡，在长安西面。

郭橐驼以种树为职业，凡是长安的豪富人家要培植供观赏游乐的园林，以及那些种植果树卖水果的人，都争着把他迎接到家里去供养。郭橐驼所种的树，或者所移栽的树木，没有不成活的，而且长得高大茂盛，果实结得早又很多。别的种树人即使暗中观察、效仿，也没有人能比得上他。

有问之，对曰："橐驼非能使木寿且孳[1]也，能顺木之天[2]，以致其性[3]焉尔。凡植木之性：其本[4]欲舒，其培欲平，其土欲故[5]，其筑欲密。既然已，勿动勿虑，去不复顾。其莳[6]也若子，其置也若弃，则其天者全而其性得矣。故吾不害其长而已，非有能硕茂之也；不抑耗其实而已，非有能蚤而蕃之也。他植者则不然，根拳而土易[7]，其培之也，若不过焉则不及。苟有能反是者，则又爱之太殷，忧之太勤，旦视而暮抚，已去而复顾。甚者爪其肤以验其生枯，摇其本以观其疏密，而木之性日以离[8]矣。虽曰爱之，其实害之；虽曰忧之，其实仇之。故不我若也。吾又何能为哉？"

注释

1 孳（zī）：繁殖得多。2 天：自然规律。3 性：本性。4 本：树根。5 故：旧，指原有的土。6 莳（shì）：栽种。7 根拳：根部弯曲。土易：泥土更换。8 离：违背。

译文

有人问他有什么诀窍，他回答说："我并不能使树木长寿而且繁茂，我不过顺应树木生长的自然规律，让它的本性得到发展而已。凡是植木必须顺应本性：树根要舒展，培土要平整，要用原有的土，筑土要密实。这样做了之后，就不要去动它，也不必挂在心上，离开后不要再看管。栽培的时候要像抚育自己的小孩一样细心，栽完后就要像抛弃了一样，那么，它的天性就能保全，并能按照自己的本性成长。所以说，我只是不妨害树木的生长罢了，并不是有能力使树木长得高大茂盛；只是不损伤它的果实罢了，并不是有能力使它的果实结得早而且多。别的种树的人却不是这样，栽树的时候，根是卷曲的，土是新换的，他们培土如果不是超过了限度，就是达不到要求。即使有人能反过来不这样粗略，又对树木爱得过分，担心得太多，早晨看了，晚上又去摸，已经离开了，又回去看。更过分的是，抓破它的皮，查验它是活着还是枯死了，摇动它的根株，看是栽得松还是紧，这样一来，就使树木自然生长的本性一天天背离了。虽说是爱护它，其实是害它；虽说是担心它，其实是仇视它。所以他们种树不如我。其实我又有什么本事呢？"

问者曰："以子之道，移之官理[1]，可乎？"驼曰："我知种树而已，官理，非吾业也。然吾居乡，见长人者好烦其令[2]，若甚怜焉，而卒以祸。旦暮吏来而

呼曰：‘官命促尔耕，勖[3]尔植，督尔获，蚤缫而绪[4]，蚤织而缕[5]，字[6]而幼孩，遂而鸡豚[7]。’鸣鼓而聚之，击木而召之。吾小人辍飧饔以劳吏者[8]，且不得暇，又何以蕃吾生而安吾性耶？故病且怠。若是，则与吾业者其亦有类乎？”

注释

1 官理：做官治民。唐人避高宗李治讳，以“理”代“治”。2 长（zhǎng）人者：治理人民的官吏。烦其令：烦琐地发布命令。意即乱发命令。3 勖（xù）：勉励。4 缫（sāo）：煮茧抽丝。而：同“尔”，你，你们。绪：丝头。5 缕（lǚ）：纱。指纺纱织布。6 字：抚养。7 遂：成长。豚（tún）：小猪。8 辍（chuò）：停止。飧（sūn）：晚饭。饔（yōng）：早饭。劳（lào）：慰劳。这里有招待、应付之意。

译文

问的人说：“把你栽树的道理，用于当官治民，可以吗？”郭橐驼说：“我只知道种树而已，当官治民不是我的职业。然而我住在乡里，看见那些治民的官吏，喜欢不断地发布命令，似乎很怜惜百姓，结果却给百姓带来灾祸。从早到晚，公差都来呼喊：‘长官有命，催你们快耕田，鼓励你们快种植，督促你们快收割，早些煮你们的蚕茧抽丝，早些纺完你们的纱，要抚养好你们的小孩，要繁殖好你们的家禽和牲畜。’一会儿打鼓叫人们集合，一会儿又敲梆把大家召来。我们这些小百姓停下晚饭和早饭去招待那些公差，还忙不过来，又怎么能使我们生产兴旺、生活安定呢？所以，百姓既困苦又疲乏。像这样，那就和我所从事的职业，也有相似之处吧？”

问者嘻曰：“不亦善夫！吾问养树，得养人术。”传其事以为官戒也。

译文

问的人赞叹地说：“这不是说得太好了吗！我问种树，却得到了治民的方法。”于是我把这件事记下来，作为官吏们的鉴戒。

方山子传 苏轼

导读

苏轼（1037—1101），字子瞻，号东坡居士，四川眉州眉山（今四川眉山）人。宋仁宗嘉祐二年（1057）进士。苏轼坚持自己的政治见解，跟王安石、司马光都因政见差异而发生过冲突。在神宗、哲宗新党当政的时期，他受新党中小人的迫害，一再被贬，最后被贬到天涯海角的琼州（在今海南省）。直到宋徽宗即位，他才遇赦北归，第二年死在常州。苏轼是一位文艺全才。古文方面，跟其父苏洵、其弟苏辙合称“三苏”，都是“唐宋八大家”之一；诗词方面，他是北宋诗坛的杰出代表，又以诗为词，开创豪放派一代词风；在书法、绘画方面，也都有很高的造诣。苏轼的作品，保存下来的共一百一十卷，收入《东坡全集》。苏轼散文的风格汪洋恣肆，舒卷自如。文论家曾经用“韩潮苏海”形容他跟韩愈的不同文风。

本文是作者为他的老朋友陈季常写的一篇小传，突出陈季常舍弃功名富贵而甘愿隐遁、安于贫贱的品格。文章以别人的传闻开头，概括人物自少年、壮年到老年的经历；然后再写故友重逢，补充出能突出人物精神风貌的细节。本文风格跌宕疏淡，还隐约寄托了作者自己的感慨。方山子之所以弃富贵而乐归隐，是因为“不遇”，而作者的仕途坎坷，贬于黄州，也是“不遇”。

方山子[1]，光、黄间隐人也[2]。少时慕朱家、郭解为人[3]，闾里之侠皆宗之[4]。稍壮，折节[5]读书，欲以此驰骋[6]当世，然终不遇。晚乃遁于光、黄间，曰岐亭[7]。庵[8]居蔬食，不与世相闻；弃车马，毁冠服，徒步往来山中，人莫识也。见其所著帽，方耸[9]而高，曰：“此岂古方山冠[10]之遗像乎？”因谓之方山子。

注释

1 方山子：即陈慥（zào），字季常，宋朝永嘉（今浙江永嘉）人。宋仁宗嘉祐七年（1062），其父陈希亮知凤翔府，苏轼任府判官，与陈季常结为好友。2 光、黄：即光州和黄州。光州（治所在今河南潢川）和黄州邻接，宋时同属淮南西路。3 朱家、郭解：都是西汉时的游侠。朱家，鲁（今山东曲阜）人，曾藏匿大批反朝廷的豪士和亡命之徒，在关东地区势力很大。郭解，河内轵县（今河南济源）人，字翁伯，为人以德报怨，救人性命而不夸功，因此声望很高。事见《史记·游侠列传》。4 闾（lǘ）里：乡里。宗：推崇，归附。5 折节：改变平日的志节、行为。6 驰骋（chěng）：纵马奔跑。这里的意思是放开手脚干一番事业。7 岐亭：宋代镇名，在今湖北麻城。8 庵（ān）：小草屋。9 方耸：方形突起。10 方山冠：汉代祭宗庙时乐师所戴的帽子。唐、宋时为隐士所戴的帽子。

译文

方山子，是光州、黄州之间的隐士。他小时候钦慕游侠朱家、郭解的为人，乡里的豪侠都归附他。到了壮年，改变往日志向而认真读书，想凭这个在世上做一番事业，可是始终不得志。晚年便隐居在光州和黄州之间一个叫作岐亭的地方。住的是茅草屋，吃的是粗茶淡饭，不跟世人通音信；抛弃了豪华的车马，毁掉了原先穿戴的衣帽，凭着两只脚在山里来往，山里人没有谁认识他。人们见他戴的帽子，方形而高高耸起，说："这大概是古代方山冠所遗留下来的式样吧？"因而称他方山子。

余谪[1]居于黄，过岐亭，适见焉。曰："呜呼！此吾故人陈慥季常也，何为而在此？"方山子亦矍然[2]，问余所以至此者。余告之故。俯而不答，仰而笑。呼余宿其家。环堵萧然[3]，而妻子奴婢皆有自得之意。

注释

1 谪（zhé）：降职。宋神宗元丰三年（1080），苏轼因写诗被诬陷而得祸，被捕入狱，不久被贬为黄州团练副使。2 矍（jué）然：惊视的样子。3 堵：墙。萧然：空寂的样子。

译文

我被贬谪到黄州，路过岐亭，恰巧遇见了他。我说："唉呀！这是我的老朋友陈季常啊，你为什么在这里？"方山子也惊奇地望着我，问我到这里来的缘故。我把原因告诉了他。他低着头不回答，又抬起头笑了笑。他请我去他家住宿。他的家里四壁萧条，可是他的妻子、儿女和仆人都显出安心满意的神色。

余既耸然[1]异之，独念方山子少时，使酒[2]好剑，用财如粪土。前十九年，余在岐山，见方山子从两骑，挟二矢，游西山。[3]鹊起于前，使骑逐而射之，不获；方山子怒马[4]独出，一发得之。因与余马上论用兵及古今成败，自谓一时豪士。今几日耳，精悍之色犹见于眉间[5]，而岂山中之人哉？

然方山子世有勋阀[6]，当得官；使从事于其间，今已显闻。而其家在洛阳，园宅壮丽与公侯等；河北[7]有田，岁得帛[8]千匹，亦足以富乐。皆弃不取，独来穷山中，此岂无得而然哉？

注释

1 耸然：诧异的样子。2 使酒：酗酒任性。3 前十九年，余在岐山：指宋仁宗嘉祐七年时，苏轼在凤翔府任判官。岐山，亦称天柱山，在今陕西岐山境内，宋属凤翔府。4 怒马：使马怒，即纵马向前。5 眉间：眉宇。指脸上。6 勋阀：功勋，门第高贵。7 河北：宋代路名，治所在今河北大名。8 帛：丝织物的总称。

译文

我感到非常惊奇，回想起方山子年轻的时候，喝酒任性，喜欢舞剑，花起钱来把财物看作粪土一般。十九年前，我在岐山，看见方山子后面跟着两个骑马的随从，带着两支箭，在西山游玩。有只鹊儿在前面飞起来，方山子叫随从追上去射鹊，没有射中；他便亲自纵马向前，只一箭就射中了。接着他跟我在马上谈论用兵的方法和古今成功失败的道理，自认为是一代的英雄豪杰。现在已过去多少日子了啊，那精明强悍的神色还显露在他的脸上，这难道会是山林里的隐士吗？

方山子世代有功勋，可以得个官职；如果他在这方面努力，现在已经显赫有名了。他的老家在洛阳，园林房屋雄伟富丽，如同公侯之家；在河北地方还有田庄，每年可得丝绸上千匹，也完全可以享受富有的快乐。然而，他全部抛弃不要，独独来到深山穷谷里，这难道不是心中有所感悟才肯这样做吗？

余闻光、黄间多异人[1]，往往佯狂垢污[2]，不可得而见。方山子傥[3]见之欤？

注释

1 异人：有特异才能的人。2 佯狂：假装癫狂。垢（gòu）污：污秽。3 傥（tǎng）：倘或。

译文

我听说光州和黄州地方，有很多才能特异的人，常常假装癫狂，浑身污垢，一般人不能发现这些人。方山子或许见着他们了吧？

徐文长传 袁宏道

导读

袁宏道（1568—1610），字中郎，号石公，湖广公安（今湖北公安）人。明万历二十年（1592）进士，官至吏部郎中。他与兄宗道、弟中道并称“公安三袁”。他们跟湖广桃源（今湖南桃源）的江盈科一起，掀起了晚明反复古主义的文学运动，批评前后七子摹拟、复古的主张，强调“独抒性灵，不拘格套”。其作品真率自然，编为《袁中郎全集》。

本文为徐渭立传。徐渭（1521—1593），明代著名的文艺家。他多才多艺，诗文、戏曲、书画等方面，都有突出的成就和影响，但性格狂放不羁，因而不容于世俗，潦倒一生。作者抓住徐渭这一特点，以“奇”字和“奇”（jī）字为主线，为他立传。“无之而不奇（qí），斯无之而不奇（jī）”，这是对徐渭最深切的同情与惋惜，深刻揭露了封建常规制度对特出人才的摧残。文章给徐渭以崇高评价：“先生诗文崛起，一扫近代芜秽之习，百世而下，自有定论。”表现出作者超前的文艺眼光，可惜的是，对徐渭在绘画、戏曲创作方面的巨大成就重视不够。

据崇祯刻本《钟伯敬增定袁中郎全集》卷四，本文开头尚有一段，说明作传的缘起，其文如下：“余一夕坐陶太史楼，随意抽架上书，得《阙编》诗一帙，恶楮毛书，烟煤败黑，微有字形，稍就灯间读之，读未数首，不觉惊跃，急呼周望，《阙编》何人作者？今邪？古邪？周望曰：‘此余乡徐文长先生书也。’两人跃起，灯影下，读复叫，叫复读。僮仆睡者皆惊起。盖不佞生三十年，而始知海内有文长先生。噫！是何相识之晚也。因以所闻于越人士者，略为次第，为徐文长传。”

徐渭，字文长[1]。为山阴诸生[2]，声名籍甚[3]。薛公蕙校越时[4]，奇其才，有国士之目[5]。然数奇[6]，屡试辄蹶[7]。中丞胡公宗宪闻之[8]，客诸幕[9]。文长每见，则葛衣乌巾[10]，纵谈天下事，胡公大喜。是时，公督数边兵[11]，威镇东南，介胄[12]之士，膝语蛇行[13]，不敢举头；而文长以部下一诸生傲之，议者方之刘真长、杜少陵云[14]。会得白鹿，属文长作表[15]；表上，永陵[16]喜。公以是益奇之，一切疏计[17]，皆出其手。文长自负才略，好奇计，谈兵多中，视一世事无可当意者[18]，然竟不偶[19]。

注释

1 字：别名。徐渭，初字文清，改字文长，号天池山人、青藤道士。2 山阴：今浙江绍兴。诸生：明代凡经过本省各级考试取入府、州、县学的，通称诸生或生员，俗称秀才。徐渭二十岁时为诸生，后屡应乡试不中，终生不得志。3 声名籍甚：名声很大。籍甚，亦作“藉甚”，盛大。4 薛公蕙：指薛蕙，字君采，亳（Bó）州人。明正德进士，官至吏部考功司郎中。学者称四原先生。校越：掌管越中考试。校，校考。越，今浙江省。5 国士：一国中杰出的人物。目：用作动词，看待。6 数奇（jī）：命运不好，遇事多不利。7 蹶（jué）：失败。8 中丞胡公宗宪：浙江巡抚胡宗宪。中丞，官名，指副都御史。明代常以副都御史或佥都御史任巡抚，故称巡抚为中丞。9 客诸幕：即“客之于幕”。客，做幕宾，即任参谋、秘书之类职务。幕，幕府。本指将帅在外的营帐，因军队无固定住所，将帅在营帐中处理公务，故幕府即将帅的衙署。10 葛衣乌巾：古时隐士或平民的穿戴。徐文长在胡宗宪幕下，却这种打扮，是表示不以属吏自居。11 公督数边兵：嘉靖三十二年(1553)，倭寇猖獗，朝廷议设总督大臣，总督江南、江北、浙江、山东、福建、湖广诸军。胡宗宪任总督，所以说“督数边兵”。12 介胄（zhòu）：即“甲胄”，披甲戴盔。介，甲。胄，头盔。13 膝语蛇行：跪着讲话，匍匐前进。形容十分畏惧。14 方：比。刘真长：名惔（dàn），东晋人，有名的清谈家，曾在晋简文帝司马昱的幕中当过上宾。杜少陵：即唐代大诗人杜甫，他在诗中尝自称少陵野老，故后人又称其为杜少陵。他流落四川时，曾在剑南节度使严武的幕府当节度参谋，严武很敬重他。15 表：古代奏章的一种。16 永陵：明世宗朱厚熜的陵墓。宋、元、明人都习惯用陵名称呼已死的皇帝。17 疏计：公文，奏章。计，同“记”。18 视一世事：《钟伯敬增定袁中郎全集》为“视一世士”。19 不偶：不遇时。

译文

徐渭，字文长。他是山阴县的秀才，名声很大。薛蕙先生主管浙江考试的时候，对他的才学特别赞赏，认为他是国士。可是，他命运不好，多次应乡试都失败了。巡抚胡宗宪听到他的名声，请他到幕府做幕宾。文长每次进见，总是身穿葛布衣，头裹黑纱巾，畅谈天下的大事，胡公非常高兴。当时，胡公总督几个边防地区的军队，声威镇服东南，披甲戴盔的将官们跪着跟他讲话，像蛇一样匍匐前进，不敢抬头；文长却凭着他部下一个秀才的身份毫无卑屈的态度，因此，人们谈论文长时往往把他比作刘惔、杜甫。恰好胡公得到白鹿，委托文长写一道奏表；奏表呈上去，世宗看了很是高兴。胡公因此更加赞赏他，一切公文奏章，都出自他的手笔。文长自负有雄才大略，喜欢提出奇特的计谋，谈论军事大多中肯，他看世上的事件，没有能够令自己满意的，然而自己竟不得志。

文长既已不得志于有司[1]，遂乃放浪曲蘖[2]，恣情山水，走齐、鲁、燕、赵之地，穷览朔漠[3]。其所见山奔海立，沙起云行，雨鸣树偃，幽谷大都，人物鱼

鸟，一切可惊可愕之状，一一皆达之于诗。[4] 其胸中又有勃然 [5] 不可磨灭之气，英雄失路 [6]、托足无门之悲，故其为诗，如嗔 [7]，如笑，如水鸣峡，如种出土，如寡妇之夜哭、羁人 [8] 之寒起。虽其体格 [9] 时有卑者，然匠心独出，有王者气 [10]，非彼巾帼 [11] 而事人者所敢望也。文有卓识，气沉而法严，不以模拟损才，不以议论伤格，韩、曾之流亚也 [12]。文长既雅 [13] 不与时调合，当时所谓骚坛 [14] 主盟者，文长皆叱而奴之，故其名不出于越。悲夫！

喜作书，笔意奔放如其诗，苍劲中姿媚跃出，欧阳公所谓“妖韶女老自有余态”者也 [15]。间以其余，旁溢为花鸟 [16]，皆超逸 [17] 有致。

注释

1 不得志于有司：指多次参加乡试不中。有司，古代设官分职，各有所司，所以称官吏为有司。这里是指主持乡试的官。2 曲蘖（niè）：酒母，这里指酒。3 朔漠：指北方的沙漠地带。4 山奔海立，沙起云行，雨鸣树偃：《钟伯敬增定袁中郎全集》为“山崩海立，沙起云行，风鸣树偃”。5 勃然：奋发的样子。6 失路：不得志。7 嗔（chēn）：怒。8 羁人：羁留在他乡的人。9 体格：指诗的文风词藻和格调风格。10 王者气：自成一家的高昂气派。11 巾帼：古代妇女的头巾和发饰，后来作为妇女的代称。12 韩、曾之流亚：韩愈、曾巩一流的人。流亚，同一类人物。13 雅：素常，向来。14 骚坛：诗坛，诗歌界。屈原作《离骚》，后人因称诗人为骚人，诗歌界为骚坛。15 妖韶：艳丽美好。欧阳修《水谷夜行寄子美圣俞》诗：“作诗三十年，视我犹后辈。文词愈清新，心意虽老大，譬如妖韶女，老自有余态。”16 花鸟：指花鸟画。17 超逸：高超豪放。

译文

文长已经在科举考试上不得志，于是就放肆地饮酒，尽情地游览山水，跑遍了齐、鲁、燕、赵等地方，游遍了北方的沙漠。他所见到的高山奔聚，大海壁立，沙石飞扬，乌云涌起，风雨轰鸣，树木倒伏，还有幽静的山谷，繁华的都市，各类人物、鱼鸟，这一切让人惊愕的现象，全都被他表现在诗歌里。他胸中有蓬勃奋发不可磨灭的豪气，有英雄不得志、立足无门的悲痛，所以他写诗，像愤怒，像嘻笑，像河水在峡谷中鸣响，像种子从泥土里萌发，像寡妇在夜晚哭泣，像漂泊异地的旅客在严寒中起程。虽然他诗歌的体裁格调有时也有卑下的，然而构思巧妙独特，具有高贵昂扬的王者气派，不是那些奴颜婢膝、阿谀奉承的文人所敢比拟的。他的文章有卓越的见解，气度沉静而且章法谨严，不用拙劣的模仿来损害自己的才情，不用空洞的议论来伤害自己的格调，他真是韩愈、曾巩一流的人物。但是，文长向来不能跟世俗合拍，对当时诗坛的领袖人物，他都呵叱而轻视，所以他的名声不能传出越地，可悲呀！

文长喜欢书法，笔意奔放像他的诗，苍老刚劲中显露出秀丽的姿态，正如欧阳公所说的，“艳丽的女人老了，却还保留着优美的姿态”呢。他间或用多余的精力顺便画些花鸟，都高超飘逸，别有一番情趣。

卒以疑，杀其继室[1]，下狱论死。张太史元汴力解[2]，乃得出。晚年愤益深，佯狂[3]益甚。显者[4]至门，或拒不纳；时携钱至酒肆[5]，呼下隶[6]与饮；或自持斧击破其头，血流被面，头骨皆折，揉之有声；或以利锥锥其两耳，深入寸余，竟不得死。周望[7]言：晚岁诗文益奇，无刻本，集藏于家。余同年[8]有官越者，托以钞录，今未至。余所见者，《徐文长集》《阙编》[9]二种而已。然文长竟以不得志于时，抱愤而卒。

注释

1 继室：后妻。2 张太史元汴（biàn）：张元汴，字子荩，别号阳和，浙江山阴（今浙江绍兴）人。明穆宗隆庆年间进士，官至翰林侍读。太史，史官名。修史之事归于翰林院，因此翰林也称太史。3 佯（yáng）狂：假装疯癫。徐文长晚年时，胡宗宪被下狱死。他愤慨并害怕受牵连，就假装疯癫，以后却真的发狂。4 显者：有声望有地位的人。显，高贵。5 酒肆：酒店。6 下隶：地位低下的人。7 周望：陶望龄，字周望，号石篑，会稽人。明万历十七年（1589）进士。曾任编修。袁宏道的朋友。8 同年：科举考试中在同一年考中的人。9《阙编》：残缺不全的书。这里作为书名。阙，同“缺”。

译文

文长突然因为疑心，杀了他的后妻，被关到监狱里，定了死罪。翰林侍读张元汴尽力排解，才得到保释。晚年，他愤恨更深，假装癫狂愈加厉害。显贵的人到家门口，他关门不让进；经常带了钱到酒店里，招呼地位卑贱的人跟他一道喝酒。有一次拿斧头敲破自己的脑袋，血流得满脸都是，头骨都折断了，揉着它会发出响声。有一次拿了锋利的锥子刺自己的两只耳朵，刺进去一寸多深，竟然没有死。陶周望说，文长晚年的诗文更加奇特，没有刻本，文集收藏在家里。我的同年中有个在浙江做官的人，我委托他抄录，现在还没有寄来。我所看到的，只有《徐文长集》和《阙编》两种罢了。然而，文长终究因为在当时不得志，怀着愤恨死了。

石公曰：先生数奇不已，遂为狂疾；狂疾不已，遂为囹圄[1]。古今文人，牢骚困苦未有若先生者也。虽然，胡公间世豪杰，永陵英主；幕中礼数异等[2]，是胡公知有先生矣；表[3]上，人主悦，是人主知有先生矣。独身未贵耳。先生诗文崛起[4]，一扫近代芜秽之习，百世而下，自有定论。胡为不遇哉！梅客生[5]尝寄予书曰："文长吾老友，病奇于人，人奇于诗。"余谓文长，无之而不奇者也，无之而不奇，斯无之而不奇也。[6]悲夫！

注释

1 囹圄（língyǔ）：亦作"囹圉"，牢狱。2 礼数异等：徐文长在胡宗宪幕中，始终保持宾客的地位，不以下属官吏相待，所以说"礼数异等"。礼数，礼节、礼遇。异等，超出同辈人。3 表：指前面所说的《献白鹿表》。4 崛起：特出。5 梅客生：名国祯，麻城人，万历年间进士，官至兵部右侍郎。6 无之而不奇，斯无之而不奇也：第一个"奇"是奇特的奇；第二个"奇"是数奇的奇（jī）。

译文

石公说：先生的命运一直不好，于是就得了癫狂病；癫狂病一直没有好，于是因病杀人而成了囚徒。古往今来的文人，经历的忧怨、困顿、愁苦没有谁像先生这样厉害啊。虽然这样，还是有胡公这种隔几世才出现的豪杰，以及世宗这个英明的皇帝能赏识先生；胡公在幕府中对先生的礼数跟别人不同，这是胡公了解先生；表章呈上朝廷，世宗高兴，这是皇帝了解先生。先生只不过是自身没有显贵罢了。先生的诗文独具一格，一扫近代文坛荒芜污秽的积习，百代以后，自然会有正确的论断。怎么能够说先生是不遇呢？梅客生曾经寄给我一封信，说："文长是我的老朋友，他的病比别人奇特，人比诗奇特。"我认为，文长没有一样不是奇特的呢，正因为过于奇特，所以就没有一处不是命运坎坷啊。可悲呀！

第三类

论说散文

提出并阐述某种道理的散文，叫做论说文。《尚书》中的古老文告，已经开启论说文的先河。战国时期的诸子散文，都以议论为主要内容，但往往议论与叙事互相掺杂在一起。战国中后期与西汉时期，独立名篇的论说文逐步成熟，到唐宋时期而达到鼎盛。诵读论说文，要分析文章的主要论点以及论述的层次，抓住其中的关键语句。论说文往往使用对偶句、排比句、设问句、发问句等加强论说力量，诵读时应该注意这个特点。

过秦论上 贾谊

导读

贾谊（前200—前168），洛阳（今河南洛阳）人，西汉初期著名的文学家、政治家。十八岁时就以博学能文而闻名于郡中，二十二岁被汉文帝召为博士。朝廷议事时，贾谊对答详尽，深得文帝赏识，擢为太中大夫。他提出许多政治改革的建议，引起当时权贵的不满，因而被贬为长沙王太傅。四年后，被召回京师，任梁怀王（文帝少子）太傅。不久，梁怀王不慎坠马身亡，一年后贾谊抑郁而死，年仅三十三岁。后人称其为贾长沙、贾太傅、贾生。他的著作，被后人整理成《新书》十卷。

《过秦论》是贾谊政论文的代表作。原文共有上、中、下三篇，这是上篇。“过秦”，即“言秦之过”，总结秦王朝兴盛与二世而亡的历史教训，谴责秦始皇的暴政。文章先写秦不实施仁义，用武力与权谋攻取了天下；再写秦取得天下后，仍然不施行仁义而推行暴政，终于丧失了天下；然后得出“仁义不施而攻守之势异也”的结论，为汉王朝的长治久安提供了历史经验教训。本文对汉朝乃至整个封建时代的政治决策有巨大影响。

本文在写作上具有战国纵横家的风格。作者援用史实作为依据，逐层推进，并成功地运用铺陈排比以及衬托、渲染、夸张的手法，使文章波澜起伏，气势磅礴。作者组织安排材料时，注重内在联系，前后关合照应，先扬后抑，到篇末才点明主旨，形成精妙缜密的结构。

秦孝公据殽、函之固[1]，拥雍州[2]之地，君臣固守，以窥周室[3]；有席卷天下、包举宇内、囊括四海之意[4]，并吞八荒[5]之心。当是时也，商君[6]佐之，内立法度，务[7]耕织，修守战之具，外连衡[8]而斗诸侯。于是秦人拱手而取西河之外[9]。

注释

1 秦孝公：战国时秦国国君，前361—前338年在位。他任用商鞅，推行新法，秦国富强。殽、函：指殽山（今河南洛宁北）和函谷关（今河南灵宝东北）。2 雍州：相传古代分天下为九州，雍州居一，相当于今陕西及甘肃部分地区。3 窥（kuī）：偷看。这里是暗中谋取的意思。周室：周王朝。4 席卷：像卷席子那样全部卷了去。包举：像用布包东西那样整个地裹了去。宇内：天下。囊括：像用袋子装东西那样搜刮干净。5 八荒：八方，极远的地方。6 商君：商鞅。7 务：专力，勉力从事。8 连衡：连横。衡，同“横”。西方的秦国和太行山以东的个别国家联合起来，以打击其他国家，从而分化六国使之服从秦国。这种策略名叫连横。9 拱手：拱着手，形容不费力。西河之外：魏国在黄河以西一带的土地。

译文

秦孝公凭借着殽山和函谷关的天险，拥有雍州的地盘，君臣牢固地守卫着，暗地里窥探周王朝的政权，有征服天下、统治全国、控制四海的意图，以及并吞八方的雄心。在这个时候，商鞅辅佐他，对内建立法令制度，努力发展农耕纺织，修造防守和进攻的武器，对外推行连横的策略，使六国诸侯互相争斗。于是，秦国轻而易举地取得了魏国在黄河西边的大片土地。

孝公既没[1]，惠文、武、昭蒙故业[2]，因遗策，南取汉中[3]，西举巴、蜀[4]，东割膏腴[5]之地，北收要害之郡。诸侯恐惧，会盟而谋弱秦，不爱珍器、重宝、肥饶之地，以致[6]天下之士，合从缔交，相与为一。当此之时，齐有孟尝[7]，赵有平原[8]，楚有春申[9]，魏有信陵[10]。此四君者，皆明智而忠信，宽厚而爱人，尊贤而重士，约从[11]离横，兼韩、魏、燕、楚、齐、赵、宋、卫、中山之众。于是六国之士，有宁越、徐尚、苏秦、杜赫之属为之谋[12]，齐明、周最、陈轸、召滑、楼缓、翟景、苏厉、乐毅之徒通其意[13]，吴起、孙膑、带佗、兒良、王廖、田忌、廉颇、赵奢之伦制其兵[14]。尝以什倍之地、百万之众，叩关[15]而攻秦。秦人开关而延敌，九国之师，逡巡遁[16]逃而不敢进。秦无亡矢遗镞之费[17]，而天下诸侯已困矣。于是从散约解，争割地而赂秦。秦有余力而制其弊，追亡逐北[18]，伏尸百万，流血漂橹[19]；因利乘便，宰割天下，分裂河山，强国请服，弱国入朝。

注释

1 没：通“殁”，死。2 惠文：惠文王（前337—前311年在位），秦孝公子，名驷。武：武王（前310—前307年在位），秦惠王子，名荡。昭：昭襄王（前306—前251年在位），秦武王弟，名稷，一作则。3 汉中：今陕西西南部一带。4 巴、蜀：今四川。5 膏腴（yú）：肥沃。6 致：罗致，招致。7 孟尝：齐公子孟尝君田文。8 平原：赵公子平原君赵胜。9 春申：楚春申君黄歇。10 信陵：魏公子信陵君魏无忌。11 约从：相约合纵。从，同“纵”。12 宁越：赵人。徐尚：宋人。苏秦：战国时东周洛阳人，字季子，著名的纵横家。杜赫：周人。属：一类。13 齐明：东周臣。周最：周人。陈轸：楚国人，仕秦。召（Shào）滑：楚人。楼缓：赵人。翟景：魏人。苏厉：苏秦弟，仕齐。乐毅：燕国名将。通：沟通。14 吴起：卫人，事魏文侯为将，后又事楚。孙膑：齐将，著名军事家。带佗：楚将。兒（Ní）良：越将。兒，同“倪”。王廖（liáo）、田忌：齐将。廉颇、赵奢：赵国名将。之伦：一作"之朋"。制：管理，统帅。15 叩关：进犯函谷关。叩，击，犯。16 遁（dùn）：逃走。17 矢：箭。镞：箭头。18 亡：逃跑。此处作名词用。北：军败曰北。19 漂：漂浮。橹：大的盾牌。

译文

孝公死了，惠文王、武王、昭襄王继承了原来的基业，继续奉行孝公的策略，南进占领了汉中，西进攻取了巴蜀，东进割据了肥沃的田地，北进征服了险要的郡县。六国的诸侯都恐慌害怕起来，开会结盟，谋划削弱秦国，他们不惜金玉财宝和富饶的土地，用来聘用天下的贤士，缔结条约，联合制秦，互相连成一体。当这个时候，齐国有孟尝君，赵国有平原君，楚国有春申君，魏国有信陵君。这四君，都办事明智又讲求忠信，为人宽厚又爱护百姓，尊敬贤才又重视谋士。他们相约"合纵"，拆散"连横"，聚合了韩、魏、燕、楚、齐、赵、宋、卫和中山等国的全部力量。这时，六国的贤能人士，有宁越、徐尚、苏秦、杜赫这一类人，给各国出谋划策；有齐明、周最、陈轸、召滑、楼缓、翟景、苏厉、乐毅这一些人，沟通各国的意见；有吴起、孙膑、带佗、倪良、王廖、田忌、廉颇、赵奢这一批人，指挥各国的军队。他们曾经凭借十倍于秦的土地，调集上百万的大军，去攻打函谷关进攻秦国。秦国打开关门迎击，九国的大军，退却逃跑，不敢前进。秦国没有花费一支箭、一个箭头的消耗，便已让天下的诸侯困苦不堪了。于是合纵阵线拆散，抗秦联盟瓦解，大家抢着割让土地去讨好秦国。这就让秦国有余力利用他们的弱点，追杀败退逃跑的军队，一路上躺着上百万的尸首，流的鲜血让大盾牌也浮了起来。秦国凭借有利的形势，趁着适宜的时机，像割肉那样侵占各国的土地，分裂各国的疆域，使得强国请求归服，弱国入秦朝拜。

延及孝文王、庄襄王[1]，享国之日浅，国家无事。及至始皇[2]，奋六世之余烈[3]，振长策而御宇内，吞二周[4]而亡诸侯，履至尊而制六合[5]，执敲扑以鞭笞天下[6]，威振四海。南取百越之地[7]，以为桂林、象郡[8]；百越之君，俯首系颈[9]，委命下吏。乃使蒙恬北筑长城而守藩篱[10]，却匈奴七百余里[11]，胡人不敢南下而牧马，士不敢弯弓而报怨[12]。

注释

1 孝文王：昭襄王子，在位一年（前250）。庄襄王：孝文王子，在位三年（前249—前247）。2 始皇：一本作“秦王”。3 六世：孝公、惠文王、武王、昭襄王、孝文王、庄襄王。余烈：遗留下的功业。4 二周：指战国末年（也就是周朝末年）的西周和东周。周朝末年，即周赧王时，周王朝分为二：西周都洛（今河南洛阳），灭于昭襄王五十一年（前256）；东周都巩（今河南巩义），灭于庄襄王元年（前249）。都不在秦始皇时。5 履：登上。至尊：指天子之位。公元前221年秦王政称皇帝。六合：上、下及东、南、西、北四方，指天下。6 敲扑：棍棒。短的叫敲，长的叫扑。鞭、笞（chī）：刑具，这里作鞭打讲。“执敲扑”一本作“执捶拊”。7 百越：当时散居南方各地（今浙江至越南一带）越族的总称。8 桂林：郡名，故地约相当于今广西东南部及广东西北部一带。象郡：郡名，其地约相当于今广西西部、广东西南部和贵州南部一带。9 俯首：低头听命。系颈：自己用绳子拴在颈上，表示投降。10 蒙恬（tián）：秦将。秦始皇三十三年（前214），蒙恬奉命率兵三十万，北逐匈奴，筑长城。藩篱：用竹木编成的篱笆或围栏，这里引申为屏障。11 却：击退。匈奴：秦汉时中国北部一个民族。下句“胡人”也指匈奴。12“士不敢”句：指东方六国的人不敢反叛；一说指秦法森严，人们不敢报私仇。

译文

传到孝文王和庄襄王，他们在位的日子短，国家没有发生什么重大的事。等到了秦始皇的时候，他发扬六代祖先遗留下来的功业，挥动长鞭子驾驭中原，吞并了西、东二周，灭亡了六国诸侯，登上了皇帝宝座，统一了天下，拿着棍棒驱使并奴役天下的人，威势震动四海。他在南方夺取了百越，改设为桂林郡和象郡；百越的君主低着头，脖子上系着绳子，把性命交给秦国的下级官吏摆布。又派蒙恬在北方修筑长城，固守边境，把匈奴赶退了七百多里，匈奴人不敢南下放牧战马，六国的勇士也不敢张弓来报仇怨。

于是废先王之道，燔百家之言[1]**，以愚黔首**[2]**。隳**[3]**名城，杀豪俊，收天下之兵聚之咸阳**[4]**，销锋镝**[5]**，铸以为金人十二，以弱天下之民。然后践华**[6]**为城，因河为池**[7]**，据亿丈之城，临不测**[8]**之溪以为固。良将劲弩，守要害之处；信臣精卒，陈利兵而谁何**[9]**！天下已定，始皇之心，自以为关中之固，金城**[10]**千里，子孙帝王万世之业也**[11]。

注释

1 燔（fán）：焚烧。百家之言：诸子百家的著述。2 黔首：指百姓。周朝称“黎民”，秦始皇二十六年（前221），“更名民曰黔首”。3 隳（huī）：毁坏。4 咸阳：秦都名，故城在今陕西咸阳东。5 销：熔化。锋镝（dí）：此处代指兵器。一本作“销锋铸镝”。锋，兵器尖端。镝，箭头。6 华：华山。7 河：黄河。池：城下的护城河。8 不测：不可探测，这里是说河水又深又急。9 谁何：盘查呵问。10 金城：钢铁筑的城墙，形容坚固的城防。11 “子孙”句：秦始皇曾说：“朕为始皇帝，后世以计数，二世、三世，至于万世，传之无穷。”

译文

于是秦始皇废除先王的治国之道，烧毁诸子百家的书籍，用这个办法使百姓愚昧。他拆毁著名的城池，杀掉原来六国的豪杰，收缴天下的兵器聚集到咸阳，熔化这些兵器，铸成十二个铜人，用这个办法削弱天下的百姓。然后把华山当作城墙，拿黄河当作护城河，据守着高峻的城楼，城楼面临深不可测的河流，用这个办法巩固占据的地盘。派遣优秀的将领，安排强劲的弓弩，把守着要害的地方；派出可靠的臣下和精锐兵卒，亮出锋利的武器四处查问可疑之人。这时天下已经平定，秦始皇的心中，自认为关中这样坚固，又有铜墙铁壁般的城防千里相连，这是子子孙孙称帝为王的永久基业啊。

始皇既没，余威震于殊俗[1]。然而陈涉瓮牖绳枢之子[2]，氓隶[3]之人，而迁徙[4]之徒也。材能不及中庸，非有仲尼、墨翟[5]之贤，陶朱、猗顿之富[6]，蹑足行伍之间[7]，倔起阡陌之中[8]，率罢弊[9]之卒，将数百之众，转而攻秦。斩木为兵，揭竿为旗，天下云集[10]而响应，赢粮而景从[11]。山东[12]豪俊，遂并起而亡秦族矣。

注释

1 殊俗：风俗不同的边远地区。2 陈涉：即陈胜，字涉，阳城（今河南登封）人。秦末农民起义领袖。瓮牖（yǒu）绳枢：用瓦瓮做窗户，用绳子缚着门枢。形容屋舍简陋。意指陈涉出身贫寒。3 氓（méng）隶：古代统治者对低贱者的称呼。氓、隶，都是指奴隶。4 迁徙：秦二世元年（前209）陈胜被征调去渔阳戍边。5 墨翟：墨家创始人墨子。6 陶朱：即范蠡，原越王勾践的大夫，后去官到陶地去经商，成为巨富，自称陶朱公。陶，故地在今山东定陶。猗顿：春秋时鲁人，以经营盐业致富。7 蹑（niè）足：置身。行（háng）伍：士兵的行列。8 倔起：突起。阡陌：田间小路。这里指田野。《史记·秦始皇本纪》作"倔起什佰之中"。什佰，十人长，百人长。陈胜以屯长（小队长）的身份起事。9 罢（pí）弊：一本作"罢散"。罢，通"疲"。10 云集：像密云一样集聚。11 嬴（yíng）：背负。景（yǐng）从：如影相随。景，通"影"。12 山东：指殽山、函谷关以东原来六国的广大地区。

译文

秦始皇死后，遗留下来的威风仍然震慑着风俗不同的边远地区。然而，陈涉不过是一个贫寒人家的儿子，一个地位卑贱的人，一个被征发去守卫边境的士兵。论才能，他赶不上中等人，没有孔子、墨子的德行，没有陶朱、猗顿的富裕，他走在戍边队伍的中间，突然在田野里发难起事，率领疲困不堪的士卒，带着几百个人的队伍，调转头来进攻秦军。他们砍来木棍作为兵器，举起竹竿当作旗帜，天下的百姓像云一样聚合在他周围，像回声一样响应他，自己背着粮食像影子似的跟随着他。山东的豪杰志士于是同时起事，终于灭亡了秦王朝。

且夫天下非小弱也。雍州之地，殽、函之固，自若也。陈涉之位，不尊于齐、楚、燕、赵、韩、魏、宋、卫、中山之君也；锄櫌、棘矜[1]，不铦于钩、戟、长铩也[2]；谪戍之众[3]，非抗于九国之师也；深谋远虑，行军用兵之道，非及曩时[4]之士也。然而成败异变，功业相反。试使山东之国与陈涉度长絜大[5]，比权量力，则不可同年而语矣。然秦以区区之地，致万乘之权，招八州而朝同列[6]，百有余年矣[7]，然后以六合为家，殽函为宫。一夫作难而七庙隳[8]，身死人手[9]，为天下笑者，何也？仁义不施，而攻守之势异也[10]。

注释

1 锄櫌（yōu）：锄头柄。棘矜：戟柄。棘，通"戟"。2 铦（xiān）：锋利。铩（shā）：有长刃的矛。钩、戟、长矛是泛指各种武器。3 谪戍之众：指陈胜等戍边的九百多人。4 曩（nǎng）时：从前。5 度（duó）：比。絜（xié）：较量。6 八州：天下分为九州，秦居其一（雍州），因言八州。同列：同等的诸侯国。7 百有余年：指从秦孝公至始皇，共一百三十余年。8 七庙：古代天子有七庙，供奉七代祖先。一个王朝灭亡，它的七庙也就被新王朝拆毁。所以七庙隳就是王朝灭亡的意思。9 身死人手：指秦二世为赵高所杀，子婴为项羽所杀。10 攻：进攻。指攻取天下。守：守成。指保有天下。

译文

这秦朝的天下，比以前并没有小，并没有弱。雍州这块地方，殽山和函谷关的天险，仍然像过去一样。陈涉的地位，并不比齐、楚、燕、赵、韩、魏、宋、卫、中山的国君尊贵；锄头木棒，并不比刀剑戟矛锋利；被征调去戍边的人，根本无法和九国的军队抗衡；陈涉的深谋远虑以及行军打仗的办法，也不如从前那些谋士勇将。然而，成功和失败起了变化，强大的秦王朝反而溃败，卑弱的陈涉建立了功业。假如让山东六国诸侯跟陈涉度量长短、大小，比较权势、力量，陈涉是不能跟他们相提并论的。秦国靠雍州那块小小的地盘，取得指挥万辆兵车的权力，使其他八州屈服，使地位相同的诸侯朝拜，经过一百多年，才把天下变为一家，把殽山、函谷关变成内宫。可是一个普通的陈涉发难反抗，秦国祖宗的庙宇就被毁灭，皇子皇孙都死在别人手里，成为天下的笑柄。这是什么原因呢？这是因为：不施行仁义，攻取天下和守住天下，形势不同啊。

原毁 韩愈

导读

韩愈作《原道》《原性》《原毁》《原人》《原鬼》，系统阐述自己的政治哲学观点。原毁，就是推论并探讨毁谤的由来。作者以儒家的道德观念为依据，从“律己”与“待人”两个方面展开论述，高度赞扬了理想的“古之君子”严以律己、宽以待人的精神，抨击了“今之君子”的放纵自己而苛刻待人的态度，然后分析“今之君子”喜欢毁谤别人的原因，就是“怠”与“忌”，进而呼吁社会改变“事修而谤兴，德高而毁来”的嫉贤妒能的坏风气。原评：“全用‘重周’‘轻约’‘详廉’‘怠忌’八字立说，然其中只以一‘忌’字，原出毁者之情，局法亦奇。”

文章采用比较、对照的论述方法，用理想中的“古之君子”对比“今之君子”，又以各自的“律己”与“待人”进行对比。跟这种比较、对照的论述方法相适应，文章采用了并列双行的结构方式，排比成篇，层层紧逼，处处呼应，而又活泼流转。所用排句往往是更易几个字，文意便不同，具有舍此无他的表达效果，表现出作者组织文章和驾驭语言的卓越能力。文章还成功地运用了概括式的描摹手法，增强了说理的形象性。

古之君子，其责己也重以周，其待人也轻以约。[1] **重以周，故不怠；轻以约，**

故人乐为善。[2]

闻古之人有舜者，其为人也，仁义人也。[3]求[4]其所以为舜者，责于己曰：“彼，人也；予，人也。彼能是，而我乃不能是！”[5]早夜以思，去其不如舜者，就其如舜者。[6]闻古之人有周公者，其为人也，多才与艺人也。[7]求其所以为周公者，责于己曰：“彼，人也；予，人也。彼能是，而我乃不能是！”早夜以思，去其不如周公者，就其如周公者。舜，大圣人也，后世无及焉；[8]周公，大圣人也，后世无及焉。是人也，乃曰：“不如舜，不如周公，吾之病[9]也。”是不亦责于身者重以周乎！

其于人也，曰：“彼人也，能有是，是足为良人矣；能善是，是足为艺人矣。”[10]取其一，不责其二；即其新，不究其旧；恐恐然惟惧其人之不得为善之利。[11]一善，易修也，一艺，易能也。其于人也，乃曰：“能有是，是亦足矣。”曰：“能善是，是亦足矣。”不亦待于人者轻以约乎！

注释

1 君子：指有道德和声望的人。责：要求。重以周：严格而详尽。以，连词，相当“而”。轻以约：宽容而简约。“责己”“待人”二句本《论语·卫灵公》：“子曰：‘躬自厚而薄责于人。’”2 怠：怠惰。乐为善：乐于做好事。3 舜：虞舜。仁义人：具有仁义美德的人。《孟子·离娄下》：“舜明于庶物，察于人伦，由仁义行，非行仁义也。”4 求：探求，研究。5 彼：指舜。予：同“余”，我。是：如此，这样。这几句是说以舜为标准要求自己。《孟子·离娄下》：“孟子曰：‘舜，人也，我，亦人也；舜为法于天下，可传于后世，我由未免为乡人也。’”又《孟子·滕文公上》：“颜渊曰：‘舜，何人也？予，何人也？有为者，亦若是。’”6 去：去掉。就：追求，成就。7 周公：周文王的儿子，周武王的弟弟，奠定西周礼制的政治家，也是儒家思想的先导。才：才能。艺：技艺，本领。《尚书·金縢》记周公之言：“予仁若考，能多材多艺，能事鬼神。”8 圣人：贤明圣哲的人。无及：没有谁赶得上。9 病：弱点，缺陷。10 良人：善良的人。艺人：有技艺的人。11 即：就，肯定。究：追究，要求。恐恐然：担心的样子。惟惧：只怕。不得为善之利：得不到做好事的有利条件。

译文

古时候的君子，他们要求自己严格而全面，对待别人宽容而简约。要求自己严格、全面，所以不懒惰；对待别人宽容、简约，所以别人乐于做好事。

他听说古代有个叫舜的人，是个仁爱正义的人。他便探求舜所以能够成为舜的道理，然后检查自己说："他虞舜是人，我也是人。他能这样，而我却不能这样！"于是早晚思考，去掉那些不如舜的品行，发展那些跟舜相同的品行。他又听说古代有个叫周公的人，是个多才多艺的人。他便探求周公所以成为周公的道理，然后检查自己说："他周公是人，我也是人。他能这样，我却不能这样！"于是早晚思考，去掉那些不及周公的品行，发展那些跟周公相同的品行。舜是一个伟大的圣人，后代没有谁赶得上；周公是一个伟大的圣人，后代没有谁赶得上。古时候的君子却说："不如舜，不如周公，就是我的毛病。"这不是要求自己严格而全面吗？

他对待别人，总是说："那个人能有这些优点，这就够得上是一个善良的人了；能擅长这些事情，这就够得上是一个有才艺的人了。"取别人的一点优点，不再强求别人还有第二点；只看别人新的进步，不追究别人旧的不足；只时刻担心别人得不到做好事的有利条件。本来，某一种善良品德是容易修养的，某一门技艺是容易具备的。但他对别人却说："能具有这些品德，这就足够了。"又说："能擅长这些技艺，这就足够了。"这不是要求别人宽容而简约吗！

今之君子则不然，其责人也详[1]，其待己也廉[2]。详，故人难于为善；廉，故自取也少[3]。

己未有善，曰："我善是，是亦足矣。"己未有能，曰："我能是，是亦足矣。"外以欺于人，内以欺于心[4]，未少有得而止矣，不亦待其身者已廉乎！

其于人也，曰："彼虽能是，其人不足称也[5]；彼虽善是，其用[6]不足称也。"举其一不计其十[7]，究其旧不图其新[8]；恐恐然惟惧其人之有闻[9]也。是不亦责于人者已详[10]乎！

夫是之谓不以众人待其身，而以圣人望于人。[11]吾未见其尊己[12]也！

注释

1 详：详尽，苛刻。2 廉：低。3 自取也少：自己得益就少。4 欺于心：心中自欺。5 人：指为人。称：称道。6 用：作用，指才能。7 举：偏举，抓住。计：考虑。8 究其旧：追究他过去的错误。图其新：鼓励他新的表现。9 闻（wèn）：声望，名誉。10 已详：太苛刻。11 是之谓：这就叫作。不以众人待其身：不以一般人的标准要求自己。望：期待，要求。12 尊己：尊重自己。

译文

今天的“君子”却不是这样。他们要求别人详尽苛刻，要求自己低廉简单。要求别人详尽苛刻，所以别人难以做好事；要求自己低廉简单，所以自己得益就少。

他自己本来没有什么善良品德，却说：“我有这些善良品德，这就够了。”本来自己没有什么长处，却说：“我擅长这个，这就够了。”对外以此欺骗别人，对内以此欺骗自己，还没有一点收获就停止前进了，这不是要求自己太低了吗？

他对于别人，总是说：“他虽有这个特长，但他的人品不足称道呀；他虽然有这些善良品德，但他的才能不足称道呀。”抓住别人的一个缺点，不考虑其他的十个优点；只追究别人过去的不足，不考虑别人现在的进步；时刻担心别人有了好的声誉。这不就是要求别人太详尽苛刻吗？

这样做就叫作：不用一般人的标准来要求自己，却用圣人的标准去要求别人。我看不到他是在尊重自己。

虽然[1]，为是者有本有原，怠与忌之谓也[2]。怠者不能修[3]，而忌者畏人修。

吾尝[4]试之矣。尝试语于众曰：“某良士[5]，某良士。”其应者，必其人之与也；[6]不然，则其所疏远，不与同其利者也；[7]不然，则其畏[8]也。不若是，强者必怒于言，懦者必怒于色矣。[9]又尝语于众曰：“某非良士，某非良士。”其不应者，必其人之与也；不然，则其所疏远，不与同其利者也；不然，则其畏也。不若是，强者必说[10]于言，懦者必说于色矣。

是故事修[11]而谤兴，德高而毁来。呜呼！士之处此世，而望名誉之光，道德之行，难已！[12]

注释

1 虽然：虽然这样。2 怠与忌之谓：就是懒惰和嫉妒。用虚词“之”把宾语提前。3 修：指品德和学识的进步。4 尝：曾经。5 良士：优秀人才。6 应：响应，附和。与：党与，朋友。7 不与同其利者：同他没有利害关系的人。8 畏：畏惧。指惧怕他的人。9 怒于言：在语言中表示愤怒。怒于色：在表情上流露愤怒。10 说：同“悦”，高兴。11 事修：事情办好了。修，治理。12 光：光大，昭著。行：实行，贯彻。已：同“矣”。

译文

虽然这样，今天的“君子”所以这样做是有思想根源的，那就是懒惰和嫉妒。懒惰的人不能够提高自己，嫉妒的人害怕别人进步。

我曾经做过这样的试验。曾经试着对许多人说：“某某是好人，某某是好人。”那些应和的人，一定是那个人的好朋友；不然的话，就是那个人平时所疏远的同他没有利害冲突的人；再不然的话，就是害怕那个人的人。如果不是这些关系，那么，强硬的人一定会愤怒地说出反对的话，懦弱的人也一定会表露出不满的神色。我又曾经对许多人说：“某某不是好人，某某不是好人。”那些不应和的人，一定是那个人的好朋友；不然的话，就是那个人所疏远的同他没有利害关系的人；再不然的话，就是畏惧那个人的人。如果不是这些关系，那么强硬的人一定会高兴地说出赞同的话，懦弱的人也一定会表露出高兴的神色。

正因为世俗是这样，所以事情办好了，诽谤也随着兴起；道德修养提高了，攻击的话也跟着到来。唉，士人处在这样的时代，还希望获得名誉、实行道德，真难啊！

将有作于上者[1]，得吾说而存之[2]，其国家可几而理欤[3]！

注释

1 将有作于上者：居上位而将要有所作为的人。2 存之：记住它。3 其：语气副词。几：庶几，差不多。理：治理。

译文

处在上位而想有所作为的人，得到我所说的这些道理好好记住它，那么，国家大概也差不多能治理好吧！

师说 韩愈

导读

唐德宗贞元十八年（802），韩愈时任四门博士，每天入太学授学。他有感于当世耻于从师求学的不良风气而作了《师说》一文。柳宗元在《答韦中立论师道书》中说：“今之世不闻有师，有辄哗笑之，以为狂人。独韩愈奋不顾流俗，犯笑侮，收召后学，作《师说》，因抗颜而为师。世果群怪聚骂，指目牵引，而增与为言辞，愈以是得狂名。”

本文针砭时弊，有感而发，对中国古代教育理论有重大影响。本文中的许多论点，都成为关于师道的经典名言。如：“师者，传道、受业、解惑也。”“无贵无贱，无长无少，道之所存，师之所存也。”“弟子不必不如师，师不必贤于弟子。闻道有先后，术业有专攻，如是而已。”

本文的特色是正面论述与反面针砭相互配合，思路开阔，富有雄辩的气势。文章开门见山，高屋建瓴地展开正面论述。然后，进行反面针砭，批评世俗耻于求师的不良风气。正反对比，观点鲜明。最后，又回到正面论述。在反面针砭时，还运用了描摹手法，展现世俗之态，增添了文章的表现力。

古之学者必有师。师者，所以传道、受业、解惑也[1]。人非生而知之者，孰[2]能无惑？惑而不从师，其为惑也，终不解矣。生乎吾前，其闻道也，固先乎吾，吾从而师之；生乎吾后，其闻道也，亦先乎吾，吾从而师之。[3]吾师道也，夫庸知[4]其年之先后生于吾乎？是故无[5]贵无贱，无长无少，道之所存，师之所存也。

注释

1 道：为人处世之道，主要指儒家的道。业：学业，主要指儒家的经典，即下文的“六艺经传”。惑：兼指道和业两方面的疑难问题。2 孰：谁。3 师之：“师”字与下句“师道”之“师”，同是“处动用法”，意为“把……当作老师”。4 庸知：岂知。庸，岂，难道。5 无：无论。

译文

古代求学的人，一定要有老师。老师，是传播道、讲授学业、解答疑难的人。人不是生下来就有知识的，谁能没有疑难问题呢？有问题而不去跟从老师学习，那成为疑难的问题，永远也不能解决。出生在我以前的人，他懂得“道”本来就比我早，我跟从他向他学习；出生在我以后的人，他懂得“道”如果也比我早，我也跟从他向他学习。我是学“道”呀，难道管他比我先出生还是后出生吗？因此，不论地位高低，不论年龄大小，“道”掌握在谁的手里，谁就是老师。

嗟乎！师道[1]之不传也久矣！欲人之无惑也难矣！古之圣人，其出人[2]也远矣，犹且从师而问焉；今之众人，其下圣人也亦远矣[3]，而耻学于师。是故圣益[4]圣，愚益愚。圣人之所以为圣，愚人之所以为愚，其[5]皆出于此乎？

注释

1 师道：从师学道的风尚，从师求学的道理。2 出人：超出于一般人。3 下圣人：低于圣人。下，动词。4 益：更加。5 其：表揣测语气的副词。

译文

唉！从师学道的风尚不能传承已经有太长时间了！想要人们没有疑惑也太难了！古代的圣人，他们超出一般人够远了，还跟从老师求教；现在的一般人，低于圣人也够远了，却耻于向老师学习。因此，圣人就更加圣明，愚人就更加愚蠢。圣人之所以成为圣人，愚人之所以成为愚人的原因，大概都在这一点吧？

爱其子，择师而教之。于其身[1]也，则耻师焉，惑矣！彼童子之师，授之书而习其句读[2]者也，非吾所谓传其道、解其惑者也。句读之不知，惑之不解，或师焉，或不焉，小学而大遗，吾未见其明也。[3]

注释

1 身：自己。2 句读（dòu）：指文字诵读。语意尽处，古人叫作句；语意未尽，诵读时须略作停顿处，古人叫作读，通作“逗”。3 或：不定代词，有的。不：同“否”。小：指习句读。大：指传道、解惑。遗：遗弃，废弃。

译文

人们爱自己的孩子，选择老师来教他们。对于自己，却耻于向老师学习，真是太糊涂了！那些孩子们的老师，只是教孩子写字、教孩子理解句读的人，并不是我所讲的传播道、解答疑难的老师。句读不理解，有人知道请教老师，而疑难不能解答，反而不请教老师，这是学了小的方面，而遗弃了大的方面，我看不出这是明智之举。

巫医乐师百工之人[1]，不耻相师。士大夫之族[2]，曰师曰弟子云者，则群聚

而笑之。问之，则曰："彼与彼年相若[3]也，道相似也。"位卑则足羞，官盛则近谀。呜呼！师道之不复[4]可知矣！巫医乐师百工之人，君子不齿[5]。今其智[6]乃反不能及，其可怪也欤！

注释

1 巫医：上古巫医不分，故连举。巫，古代从事降神招鬼等迷信职业的人。乐师：古代以歌唱、奏乐为职业的人。百工：各种工匠。2 族：类。3 若：似，近。4 不复：不能恢复。5 不齿：不与并列，表示鄙视。齿，并列。6 智：见识。

译文

巫医、乐师及各种工匠，他们不以互相学习为耻辱。而士大夫一类人，如果有人说起"老师""弟子"关系，那么大家就会聚在一起加以嘲笑。问他们为什么这样，就说："他与他年龄相近，学问也差不多。"以地位低的人为老师就认为是羞耻，以官职高的人为老师就认为是接近于阿谀。唉，从师学道的风尚不能够恢复，从这里就可以知道了。巫医、乐师和工匠这一类人，是士大夫们所不愿意并列的人。现在士大夫们的见识反而不如这类人，这是大可奇怪的啊！

圣人无常师，孔子师郯子、苌弘、师襄、老聃[1]。郯子之徒，其贤不及孔子。孔子曰："三人行，则必有我师。"[2]是故弟子不必不如师，师不必贤于弟子。闻道有先后，术业有专攻[3]，如是而已。

注释

1 郯（Tán）子：春秋时郯国的国君，因郯是子爵，故国君称郯子。郯子朝鲁，孔子曾向他请教过官名。事见《左传·昭公十七年》。苌（Cháng）弘：周敬王大夫，孔子至周，向他请教过音乐知识。事见《孔子家语·观周》。师襄：鲁太师（乐官），孔子曾从他学琴。事见《史记·孔子世家》。老聃（dān）：即老子，孔子曾向他问礼。事见《史记·老庄申韩列传》。2 "三人行"二句：语本《论语·述而》："三人行，必有我师焉。"作者引文稍有不同。3 专攻：专长。攻，研究。

译文

圣人没有固定的老师，孔子曾经向郯子、苌弘、师襄、老聃学习。郯子这些人，他们的道德学问当然赶不上孔子。孔子说："三个人走在一起，就一定有可以做我老师的人。”因此，学生不一定不如老师，老师也不一定比学生高明。懂得“道”有先有后，学业也各有专长，不过这样罢了。

李氏子蟠[1]，年十七，好古文，六艺经传皆通习之[2]。不拘于时[3]，学于余。余嘉其能行古道，作《师说》以贻[4]之。

注释

1 李蟠（pán）：韩愈的弟子。德宗贞元十九年（803）进士。2 六艺经传：六经的经文和传文。六艺，六经，就是《诗》《书》《礼》《乐》《易》《春秋》。传，解释经的著作。通：全部。3 不拘于时：不受时俗限制。时俗是指当时耻于从师的不良风气。4 贻：赠送。

译文

李家叫蟠的孩子，今年十七岁，爱好古文，六经的经文传文，他都全部学习了。他不受时俗的影响，向我求学。我赞赏他能行古人的正道，就作了这篇《师说》送给他。

捕蛇者说 柳宗元

导读

永贞政治革新运动失败后，柳宗元被贬为永州司马。本文写于柳宗元被贬永州期间。文章通过记叙“我”和蒋氏的对话，反映了捕蛇者一家三代冒死捕蛇以抵租税的悲惨遭遇及农村凋敝破败、民不聊生的社会现实，表达了对处于繁重盘剥下的劳动人民的深切同情。“说”是古代论文的一种，针对某个事件进行论述。

本文的写作特点有二。一是逐层深入，篇末点题。先写蛇的剧毒，再写捕蛇的危险，然后写蒋氏宁愿捕蛇而死，写乡邻因赋敛而逃亡或死掉，从而自然道出文章中心——赋敛之毒甚于蛇毒。二是成功地运用对比手法，自始至终把毒蛇和赋敛进行对照，深刻地揭示出赋敛之毒甚于蛇毒。

永州之野产异蛇，黑质而白章[1]，触草木尽死，以啮[2]人，无御之者。然得而腊之以为饵[3]，可以已大风、挛踠、瘘、疠[4]，去死肌，杀三虫[5]。其始，太医以王命聚之[6]，岁赋[7]其二。募有能捕之者，当其租[8]入。永之人争奔走焉。

注释

1 质：底子。章：花纹。2 啮（niè）：咬。3 腊（xī）：干肉。这里作动词用，晾干的意思。饵：食物。这里指药物。4 已：止，治疗好。大风：麻风病。挛踠（luánwǎn）：手足弯曲不能伸展的病。瘘（lòu）：颈部生疮。疠（lì）：恶疮。5 三虫：三尸之虫，道家把脑、胸、腹三部分叫作“三尸”，说这三处有虫，人就要生病。这里泛指人体内的寄生虫。6 太医：为帝王治病的医生，又称御医。聚：征集。7 赋：征收。8 租：赋税。

译文

永州的山野里生长一种奇异的蛇，身上黑底白纹，它碰触的草木全部枯死，如果咬了人，没有药可以医治。然而，捉到它，把它晾干做成药物，可以治好麻风、手足弯曲、各种恶疮，可以除去已经坏死的肌肉，杀死体内的各种寄生虫。开始，太医用皇帝的命令征集这种蛇，每年征收两条。官府招募能够捕捉这种蛇的人，可以用蛇充当应交的租税。永州的人都争着去干这个差事。

有蒋氏者，专其利三世矣[1]。问之，则曰：“吾祖死于是，吾父死于是，今吾嗣[2]为之十二年，几死者数矣[3]。”言之，貌若甚戚者。

余悲之，且曰：“若毒之乎[4]？余将告于莅事者[5]，更若役，复若赋，则何如？”

注释

1 专其利：专门享有这种（捕蛇抵税的）好处。2 嗣（sì）：继承，接替。3 几（jī）：几乎，差一点。数（shuò）：多次。4 若：你。毒：怨恨。5 莅（lì）事者：管这件事的官吏，指地方官。

译文

有个姓蒋的人专门享有这捕蛇利益，已有三代了。我问他，他便说：“我的祖父死在捉蛇这个差事上，我的父亲又死在这个差事上，现在我接替这个差事有十二年了，好几次差点被蛇咬死了。”说完，样子似乎很悲伤。

我很可怜他，就说：“你怨恨这个差事吗？我可以把这件事告诉主管的官吏，更换你捕蛇的差事，恢复征收你的赋税，怎么样？”

蒋氏大戚，汪然[1]出涕曰："君将哀而生之乎？则吾斯役之不幸，未若复吾赋不幸之甚也。向[2]吾不为斯役，则久已病[3]矣。自吾氏三世居是乡，积于今六十岁矣[4]，而乡邻之生日蹙[5]。殚其地之出[6]，竭其庐之入[7]，号呼而转徙，饥渴而顿踣[8]，触风雨，犯寒暑，呼嘘毒疠[9]，往往而死者相藉[10]也。曩[11]与吾祖居者，今其室十无一焉；与吾父居者，今其室十无二三焉；与吾居十二年者，今其室十无四五焉。非死则徙尔，而吾以捕蛇独存。悍吏之来吾乡，叫嚣乎东西，隳突乎南北，哗然而骇者，虽鸡狗不得宁焉。[12]吾恂恂[13]而起，视其缶[14]，而吾蛇尚存，则弛然[15]而卧。谨食[16]之，时而献焉。退而甘食其土之有，以尽吾齿[17]。盖一岁之犯死者二焉，其余则熙熙而乐，岂若吾乡邻之旦旦有是哉？今虽死乎此，比吾乡邻之死，则已后矣，又安敢毒耶？"

注释

1 汪然：眼泪满眶的样子。2 向：假使。3 病：这里意为困苦不堪。4 六十岁：从写作此文时〔唐宪宗元和元年到元和九年（806—814）〕向上推六十年，即为唐玄宗天宝年间以来的六十年，其间政治日益腐败，农民生活困苦不堪。5 蹙（cù）：迫促，困苦。6 殚（dān）：尽。出：动词用作名词，指生产的物品。7 庐：房屋。这里指家。入：收入。8 顿踣（bó）：由于困苦劳累以致倒毙。9 呼嘘：呼吸。疠（lì）：疫气。10 相藉（jiè）：一个压着一个，形容很多。11 曩（nǎng）：从前，过去。12 叫嚣（xiāo）：大叫大闹。隳（huī）突：破坏，骚扰。东西、南北：不是实指方位，而是"到处"的意思。13 恂（xún）恂：担心。14 缶（fǒu）：大肚小口的瓦罐。15 弛然：放心的样子。16 食（sì）：喂养。17 齿：这里指寿命。

译文

姓蒋的人非常悲伤，眼泪汪汪地说："你是怜悯我，想让我活下去吗？那么，我干这个差事虽然不幸，还比不上恢复赋税那样更为不幸呢。假使我不干这个差事，那就早已困苦不堪了。自从我家三代住在这个乡村，累计到现在已六十年了，乡邻的生活一天比一天困苦。他们把地里的所有的产出、家里所有的收入，全部都拿去交了赋税，他们哭喊着辗转流亡，饿得晕倒在地上，遭受着风吹雨打，冒着严寒酷暑，呼吸着有毒的疫气，死掉的人往往一个压着一个。从前和我祖父住在一起的人，现在十家剩不到一家了；和我父亲住在一起的人，现在十家剩不到两三家了；和我一起住了十二年的人，现在十家也剩不到四五家了。他们不是死了，就是逃亡到外地去了，唯独我靠着捕蛇这差事还在这活着。那些凶狠的差役来到我们村里，到处狂呼乱叫，骚扰破坏，村民们惊慌呼叫，连鸡狗也不得安宁。我呢，惶惶不安地起身，看看那个瓦罐里面，见我的蛇还活着，就放心地去睡觉。每天细心地喂养蛇，到时候就把它献上去。回家来就可以甘美地吃着自己土里出产的东西，以度过我的一生。一年之内，我冒着死亡的危险只有两次，其余的时间就快快乐乐地过日子，哪里像我的乡邻们那样天天都有死亡的威胁呢？现在我即使死在捕蛇这个差事上，但比起乡邻们来，已是在后面了，我又怎敢怨恨呢？"

余闻而愈悲。孔子曰："苛政猛于虎也[1]。"吾尝疑乎是。今以蒋氏观之，犹信。呜呼！孰知赋敛之毒有甚是蛇者乎！故为之说，以俟乎观人风者得焉[2]。

注释

1 苛政猛于虎：苛酷的税收比老虎还凶猛。政，通"征"。语出《礼记・檀弓》。一说，"政"指政令。2 观人风者：考察民情的官吏。人风，即民风。避唐太宗李世民的讳。

译文

我听了更加悲痛。孔子说："苛酷的税收比老虎还凶猛啊。"我曾经怀疑这句话。现在按照蒋氏的情况来看这句话，我认为是可信的。唉！谁知道搜括钱粮的毒害，竟比毒蛇还厉害呢！所以我写了这篇文章，等待那些考察民情的官吏能够看到。

朋党论　欧阳修

导读

欧阳修（1007—1072），字永叔，自号醉翁，晚年号六一居士，庐陵（今江西吉安）人，宋仁宗天圣八年（1030）进士。官至枢密副使、参知政事。谥号"文忠"。欧阳修早年主张革新政治，支持"庆历新政"，因此屡遭贬谪。直到晚年，仍坚持"宽简""节用"为政的观点。欧阳修为宋初文坛的领袖，是诗文革新运动倡导者。苏洵、苏轼、苏辙、曾巩皆出其门下。欧阳修散文成就很高，在"唐宋八大家"中，跟苏轼合称"欧苏"。文风明白晓畅。此外，他还是历史学家，金石家，诗、词作家。有《欧阳文忠公文集》。

宋仁宗庆历三年（1043），范仲淹、韩琦、富弼等上台执政，推行政治改革，历史上称为“庆历新政”。新政侵犯了保守派大官僚的利益，他们大造舆论，诬蔑范仲淹等人为“朋党”，阴谋陷害。于是欧阳修作《朋党论》，驳斥保守派的流言蜚语，为革新派辩诬。

本文开门见山地提出人君应辨别君子与小人的主旨，通篇采用对比论证方法。文章先从事理上阐析君子之朋与小人之朋有本质的区别，即有“同道”与“同利”之别，有“真”“伪”之别；而后以史例为证，说明君子之朋与小人之朋有历史作用的区别，即有“治”“乱”之别及“兴”“亡”之别。所以，君主任用君子之朋则国兴，斥退君子之朋则国亡。全文无一言直接为范仲淹等人辩诬，但实际上字字句句都是为革新派张言。

明代批评家茅坤称誉本文说：“破千古人君之疑。”“朋党”通常用作贬义词，本文突破词义局限，辨析有不同的朋党，这对后代政治颇有影响，如对明末“东林党”的出现乃至对近代政党的出现，都具有积极意义。本文除通篇采用对比手法外，还大量采用排比句式，显得气势非凡，雄辩有力。

臣闻朋党[1]之说，自古有之，惟幸[2]人君辨其君子小人而已。大凡君子与君子，以同道[3]为朋；小人与小人，以同利为朋。此自然之理也。

注释

1 朋党：通常是指同类的人为自私目的而互相勾结，本文指人们因某种共同的目的而结成的集团。2 幸：希望。3 同道：志同道合。

译文

我听说朋党的说法，从古时候就有了，只是希望君主能够辨别它是君子的朋党还是小人的朋党罢了。大凡君子和君子，是因为道义相同而结为朋党；小人和小人，是因为私利相同而结为朋党。这是自然的道理啊。

然臣谓小人无朋，惟君子则有之。其故何哉？小人所好者，利禄也；所贪者，货财也。当其同利之时，暂相党引以为朋者[1]，伪也；及其见利而争先，或利尽而交疏，则反相贼害[2]，虽其兄弟亲戚，不能相保。故臣谓小人无朋，其暂为朋者，伪也。君子则不然：所守[3]者道义，所行者忠信，所惜者名节[4]。以之修身，则同道而相益；以之事国，则同心而共济[5]，始终如一。此君子之朋也。故为人君者，但当退[6]小人之伪朋，用君子之真朋，则天下治矣。

注释

1 党引：结为私党，互相援引。2 贼害：伤害，残害。3 守：信奉。4 名节：名誉气节。5 共济：同心协力办事。6 退：斥退，排除，摒弃。

译文

但是，我认为小人没有朋党，只有君子才有朋党。这是什么原因呢？小人爱的是利禄，贪的是钱财。当他们私利相同的时候，暂时互相勾结作为朋党，这是假的朋党；等到他们见到利益而争先抢夺，或者利益完了交情疏远，就反而互相残害，即使是他们的兄弟亲戚，也不能彼此照顾。所以我说小人没有朋党，他们暂时结为朋党，是假的朋党。君子却不是这样：他们信奉的是道义，实行的是忠诚和信用，珍惜的是名誉和气节。他们用这些来修身，因道义相同而互相促进；他们用这些来服务国家，就能团结一致，同舟共济，始终如一。这就是君子的朋党。所以做君主的，只应当斥退小人的假朋党，重用君子的真朋党，那么天下也就治理得好了。

尧[1]之时，小人共工、驩兜等四人为一朋[2]，君子八元、八恺十六人为一朋[3]。舜佐尧，退四凶小人之朋，而进元、恺君子之朋，尧之天下大治。及舜自为天子，而皋、夔、稷、契等二十二人并立于朝[4]，更相称美，更相推让，凡二十二人为一朋，而舜皆用之，天下亦大治。《书》[5]曰："纣有臣亿万，惟亿万心；周有臣三千，惟一心。"[6]纣之时，亿万人各异心，可谓不为朋矣，然纣以亡国。周武王之臣，三千人为一大朋，而周用[7]以兴。后汉献帝时，尽取天下名士囚禁之，目为党人。[8]及黄巾贼起[9]，汉室大乱，后方悔悟，尽解党人而释之，然已无救矣。唐之晚年，渐起朋党之论。[10]及昭宗时，尽杀朝之名士，或投之黄河，曰："此辈清流，可投浊流。"[11]而唐遂亡矣。

注释

1 尧：尧和下文中的舜、周武王都是儒家推崇的古代圣君。2 共（Gōng）工、驩兜（Huāndōu）：旧传共工、驩兜、三苗、鲧（gǔn）等四人为尧时的"四凶"。《尚书·尧典》载，舜"流共工于幽州，放驩兜于崇山，窜三苗于三危，殛鲧于羽山"。3 八元、八恺（kǎi）：元，善良的人。恺，忠诚的人。上古高辛氏的八个后裔叫八元，高阳氏的八个后裔叫八恺。《左传·文公十八年》："昔高阳氏有才子八人：苍舒、隤敳（Tuí'ái）、梼戭（Táoyín）、大临、尨（máng）降、庭坚、仲容、叔达，齐圣广渊，明允笃诚。天下之民谓之八恺。高辛氏有才子八人：伯奋、仲堪、叔献、季仲、伯虎、仲熊、叔豹、季狸，忠肃共懿，宣慈惠和。天下之民谓之八元。”4 皋（Gāo）、夔（Kuí）、稷（Jì）、契（Xiè）：都是传说中帝舜时的贤臣，皋陶（yáo）掌管刑法，夔掌管音乐，稷掌管农事，契掌管教育。5《书》：《尚书》，一部收录上古时代政府文告等的书。“尚”即“上”。6“纣有臣亿万”四句：引自《尚书·泰誓上》。这是周武王伐纣会诸侯于孟津时发表的誓师词。亿，古为十万。7 用：因此。8 汉献帝：刘协，东汉最后的皇帝，189—220 年在位。尽取天下名士囚禁之，目为党人：《后汉书·党锢列传》载，桓帝（刘志，147—167 年在位）时宦官专权，一些名士如李膺、杜密等被目为党人，遭到逮捕。灵帝（刘宏，168—189 年在位）时，宦官曹节等杀死李膺、范滂等一百多人，各州郡“死、徙、废、禁者六七百人”。这就是历史上有名的东汉“党锢之祸”。本文误作为汉献帝时事。9 黄巾贼起：指东汉灵帝中平元年（184）张角领导的农民起义。起义军以头缠黄巾为标志，故称“黄巾军”。10“唐之晚年”二句：唐朝穆宗至宣宗年间，朝臣之间产生了以李德裕为首和以牛僧儒、李宗闵为首的两党互相倾轧的斗争。旧史称“牛李党争”或“朋党之争”。11 唐哀帝天祐二年（905），权臣朱全忠（朱温）在白马驿（今河南滑县北）诱杀被朝廷降职贬官的宰相裴枢、吏部尚书陆扆（yǐ）、工部尚书王溥等三十余人，诬其为朋党，被牵连致贬、死者数百人。到天祐四年（907），朱温就篡夺了帝位，改国号为梁。本文误记为昭宗时事。昭宗是哀宗前的一个皇帝。据《旧五代史·梁书·李振传》：朱温的谋士李振在咸通、乾符年间接连几次都没有考上进士，对朝廷大臣深怀不满，当朱温杀害裴枢等人时，他便献计说：“此辈自谓清流，宜投于黄河，永为浊流。”朱温笑着接受了他的意见。按：欧阳修熟悉历史，此段两处误记，可能是为了行文方便。

译文

唐尧时代，小人共工、驩兜等四个人结成一个朋党，君子八元、八恺十六个人结成一个朋党。虞舜辅佐唐尧，斥退四凶结成的小人朋党，任用八元、八恺结成的君子朋党，唐尧的天下治理得非常好。等到虞舜自己做了天子，皋陶、夔、稷、契等二十二人，一同在朝做官，互相称赞，互相推让，共二十二个人结成一个朋党，虞舜都任用他们，天下也治理得非常好。《尚书》上说：“纣王有十万万个臣子，就有十万万条心；周有三千个臣子，只有一条心。”商纣的时候，十万万个人各有不同的心思，可以说不是朋党了，然而商纣却因此亡了国。周武王的臣子，三千人结成一个大朋党，然而周朝却因此兴盛起来。东汉献帝时，把天下的名士全都拘禁起来，当作“党人”。等到黄巾军起事，汉朝大乱，后来才悔悟，释放全部在押的党人，但是局势已经无法挽救了。唐朝末年，逐渐兴起朋党的争议。到唐昭宗时，全部杀害朝廷的名士，有的人被抛到黄河里，还有人说："这些自称为清流的人，可以把他们抛到浊流里去。"而唐朝也就灭亡了。

夫前世之主，能使人人异心不为朋，莫如纣；能禁绝善人为朋，莫如汉献帝；能诛戮清流之朋，莫如唐昭宗之世。然皆乱亡其国。更相称美、推让而不自疑，莫如舜之二十二臣，舜亦不疑而皆用之。然而后世不诮[1]舜为二十二人朋党所欺，而称舜为聪明[2]之圣者，以能辨君子与小人也。周武之世，举其国之臣三千人共为一朋，自古为朋之多且大莫如周。然周用此[3]以兴者，善人虽多而不厌[4]也。

注释

1 诮（qiào）：责备。2 聪明：耳聪目明，指天资高、能力强而能洞察一切。3 用此：因此。4 厌：满足。

译文

那些前朝的君主，能够使人人各怀异心而不结成朋党的，没有谁比得上纣王；能够禁绝好人结成朋党的，没有谁比得上汉献帝；能够杀戮清流朋党的，没有哪个时代比得上唐昭宗时代。然而，这都导致他们的国家混乱而灭亡了。彼此互相称赞、互相推让，没有一点疑心，没有谁比得上虞舜的二十二个臣子，虞舜也不疑心并且都任用他们。可是后世的人不责备虞舜被二十二个人结成的朋党所欺蒙，反而称赞虞舜是智慧超群的圣人，这是因为他能够辨别君子和小人啊。周武王时候，把全国的三千臣子，共同结成一个朋党，自古以来朋党人数之多、范围之广，没有比得上周朝的。然而周朝因此兴盛起来，这是因为好人即使多也不会足够啊。

嗟呼！治乱兴亡之迹[1]，为人君者，可以鉴矣[2]！

注释

1 迹：事迹，历史经验。2 可以鉴：可以把它作为一面镜子。唐太宗曾说："以古为鉴，可知兴替。"

译文

唉！国家治乱兴亡的历史轨迹，做君主的应该作为借鉴了。

心术 苏洵

导读

苏洵（1009—1066），字明允，号老泉，眉州眉山（今四川眉山）人，宋代著名散文家，“唐宋八大家”之一。他和他的儿子苏轼、苏辙，被世人合称为“三苏”。他当过秘书省校书郎，霸州文安县（今河北文安）主簿。后参与修礼书，编成《太常因革礼》一百卷，不久就逝世。著有《嘉祐集》。苏洵擅长写议论文，切合现实，有独到见解，行文纵横开阖，老辣简奥，具有《战国策》式的雄放俊伟的风格。

苏洵有一组策论，共十篇，叫作《权书》。本文是《权书》中的一篇，逐节论述用兵的方法，分治心、尚义、养士、智愚、料敌、审势、出奇、守备等八个方面，而以治心为主脑，所以标题叫“心术”。“心术”，就是指将帅的思想与军事素养。全篇各段先后相承，井井有条，气势雄伟。

为将之道，当先治心[1]。泰山[2]崩于前而色不变，麋[3]鹿兴于左而目不瞬，然后可以制利害，可以待敌。

注释

1 治心：指集中思想、锻炼意志。2 泰山：山名。在山东省中部。古称“东岳”，一称岱山、岱宗。3 麋（mí）：鹿的一种，也称“四不像”。

译文

担任将帅的方法，应当首先集中思想、锻炼意志，做到泰山崩塌在眼前而脸色不变，麋鹿从旁边跑过而眼睛不眨。然后才能够控制利和害，可以对付敌人了。

凡兵，上[1]义；不义，虽利勿动。非一动之为利害，而他日将有所不可措手足也。夫惟义可以怒[2]士，士以义怒，可与百战。

注释

1 上：通“尚”，崇尚。2 怒：使动用法。这里引申为奋发、激发。

译文

凡是用兵，要崇尚正义；不合乎正义的事，即使有利也不要动。不是一动就有什么利害关系，而是将来可能出现无法应付的局面。只有正义能够激励士兵，士兵因为正义而受到激励，就能够使他们连续作战。

凡战之道，未战养其财，将战养其力，既战养其气，既胜养其心。谨烽燧[1]，严斥堠[2]，使耕者无所顾忌，所以养其财；丰犒而优游之[3]，所以养其力；小胜益急，小挫益厉，所以养其气；[4]用人不尽其所欲为，所以养其心。故士常蓄其怒，怀其欲而不尽。怒不尽则有余勇，欲不尽则有余贪。故虽并天下，而士不厌兵，此黄帝之所以七十战而兵不殆也[5]。不养其心，一战而胜，不可用矣。

注释

1 烽燧（suì）：即烽火，古代边防报警的信号。2 斥堠（hòu）：边防兵士居住、守望的亭堡，用来探察敌情，瞭望烽火。这里指边防要塞。3 丰犒（kào）：丰厚的犒赏。犒，用酒食慰劳士兵。优游：闲暇自得的样子。4 益急：要求更严。厉：磨炼，鼓励。5 黄帝：中原各族的共同祖先。姬姓，号轩辕氏、有熊氏。殆：危险，失败。

译文

大凡作战的规律是，没有战争的时候，要积蓄作战的财富；将要作战，要积蓄作战的力量；战争开始了，要始终保持高昂的士气；取得胜利后，就要培养士兵的心智。小心烽火，坚守边防，使耕种的人没有什么顾虑，这样就能积蓄财富；丰厚地犒赏士兵，让他们得到休息，这样就能积蓄力量；打了小胜仗，更要让士兵有危急之感，吃了小败仗，更要鼓励士兵，是为了保持高昂的士气；用人不要让他们把自己想做的都做完，是为了培养进取之心。这样，士兵就能经常积蓄昂扬的斗志，保持积极而无止境的战斗状态。斗志无止境，就会有勇气；欲望无止境，就会有贪心。所以，即使吞并了天下，士兵们也不厌倦战争，这就是黄帝经历七十次战争，士兵却不疲乏的原因。不保养士兵的思想，只打一次胜仗，军队就不能再用了。

凡将欲智而严，凡士欲愚。智则不可测，严则不可犯。故士皆委己而听命，夫安得不愚？夫惟士愚，而后可与之皆死。

凡兵之动，知敌之主，知敌之将，而后可以动于险。邓艾缒兵于蜀中[1]，非刘禅[2]之庸，则百万之师可以坐缚，彼固有所侮而动也。故古之贤将，能以兵尝[3]敌，而又以敌自尝，故去就可以决。

注释

1 邓艾缒（zhuì）兵于蜀中：邓艾，三国魏大将。魏景元四年（263），邓艾率大军从一条艰险的山路秘密进入蜀国，士兵都用绳子系着放下山去。邓艾也用毡布裹着身体，滑下山去。缒，系在绳子上放下去。2 刘禅（207—271）：三国蜀后主，小字阿斗，刘备子。炎兴元年（263），邓艾军袭击成都，刘禅投降，后被封为安乐公。3 尝（cháng）：试探，检验。

译文

凡是做将帅的，要足智多谋，号令严明；凡是做士兵的，要愚鲁一点。足智多谋，就不可测度；号令严明，就不可冒犯。所以，士兵都能委身听命，怎么能不愚鲁一点呢？只有士兵愚鲁一点，然后才可以跟他们一同去死战。

凡是军队采取行动，必须了解敌人的君主，了解敌人的将帅，然后才可以在艰险的环境里采取行动。三国时，邓艾用绳子把士兵吊下山去进攻蜀国，不是刘禅的昏庸，即使有百万大军也可能束手就缚，那邓艾自然是欺侮蜀中没有贤能的君主和将帅才敢于这样行动的。所以古代有才能的将帅，能够用小部分兵力去试探敌军，又能够利用敌人的行动来检验自己，因此，是避敌还是应战，就可以决断了。

凡主将之道，知理而后可以举兵，知势而后可以加兵，知节[1]而后可以用兵。知理则不屈，知势则不沮[2]，知节则不穷。见小利不动，见小患不避；小利小患，不足以辱吾技也[3]，夫然后有以支[4]大利大患。夫惟养技而自爱者，无敌于天下。故一忍可以支百勇，一静可以制百动。

注释

1 节：节制，即指挥适度。2 沮（jǔ）：沮丧，失败。3 辱：玷污。技：本领，才能。

4 支：支撑，对付。

译文

大凡做主帅的方法，明白事理然后才可以起兵，了解形势然后才可以交战，知道指挥适度然后才可以用兵。明白事理，就不会屈服；了解形势，就不会失败；知道指挥适度，就不会陷入困境。看见小利不行动，看见小患不躲避；小利小患，不足以玷污我的才能，然后才有可能对付大利大患。只有培养才能并且自爱的主帅，在天下才没有敌手。所以一次退让可以对付成百次的勇猛的进攻，一时的冷静可以控制住成百次的草率行动。

兵有长短，敌我一也。敢问："吾之所长，吾出而用之，彼将不与吾校[1]；吾之所短，吾蔽而置之，彼将强与吾角[2]，奈何？"曰："吾之所短，吾抗而暴[3]之，使之疑而却[4]；吾之所长，吾阴而养之，使之狎而堕其中[5]。此用长短之术也。"

注释

1 校（jiào）：较量。2 角（jué）：较量，角斗。3 暴（pù）：显露。4 却：后退。5 狎（xiá）：疏忽、麻痹。

译文

军队有长处和短处，这在敌方和我方是一样的。有人设问："我的长处，我把它发挥出来运用，敌人将不跟我较量；我的短处，我把它隐藏搁置起来，敌人却要硬逼着跟我角斗，怎么办呢？"回答说："我的短处，我正面迎战把它暴露出来，使敌人产生疑心而退却；我的长处，我暗中训练它，使敌人麻痹、疏忽而落入我的圈套。这就是运用长处、短处的方法。"

善用兵者，使之无所顾，有所恃。无所顾，则知死之不足惜；有所恃，则知不至于必败。尺棰[1]当猛虎，奋呼而操击；徒手遇蜥蜴[2]，变色而却步。人之情也。知此者，可以将[3]矣。袒裼[4]而按剑，则乌获[5]不敢逼；冠胄衣甲[6]，据兵[7]而寝，则童子弯弓杀之矣。故善用兵者以形固。夫能以形固，则力有余矣。

注释

1 尺棰（chuí）：尺来长的鞭子。2 蜥蜴（xīyì）：俗名“四脚蛇”。3 将（jiàng）：带兵。4 袒裼（tǎnxī）：脱掉衣服，裸露身体。5 乌获：战国时秦国的大力士。据说他能举千钧之重。6 冠胄（zhòu）衣甲：戴着头盔，穿着铠甲。冠、衣，都是用作动词。7 据兵：手拿着兵器。

译文

善于用兵的人，要使人无所顾忌，有所依靠。无所顾忌，就知道死亡不值得顾惜；有所依靠，就知道不会走到必定失败的境地。手中有尺来长的鞭子，遇着凶猛的老虎，便会振奋呼喊，拿起鞭子搏斗；空手遇着小小的四脚蛇，也会害怕得变了脸色而退步不前。这是人之常情啊。懂得这个道理的人，就可以带兵了。脱衣露体，紧握着剑柄，那么乌获也不敢逼近；戴着头盔，穿着铠甲，拿着武器睡觉，那么小孩也可以拉弓杀死他。所以，善于用兵的人，能够凭借形势来巩固自己。能够凭借形势来巩固自己，那么就有多余的力量了。

读《孟尝君传》 王安石

导读

王安石（1021—1086），字介甫，晚年号半山，抚州临川（今江西抚州）人。宋仁宗庆历二年（1042）进士。曾上万言书主张改革政治。宋神宗熙宁二年（1069）任参知政事（副宰相），次年任同中书门下平章事（宰相），推行熙宁变法。因遭到激烈反对，于熙宁七年（1074）被迫罢相，次年复位，两年后再次罢相。晚年居金陵，封荆国公，世称“王荆公”。王安石不仅是一位杰出的政治家、思想家，也是一位出色的文学家。其古文文字简洁，风格雄健峭拔，为“唐宋八大家”之一。其诗、词亦有成就。有《临川先生文集》。

本文是一篇读史札记。文章的中心是反驳世人都说“孟尝君能得士”的观点，指出鸡鸣狗盗之徒出其门，所以真正有雄才大略、能经世济时的士人就不会入其门，孟尝君不能算得士。这种与众不同之论，确为作者读史的新见解。然而，作者过分强调士的作用，完全否定孟尝君，也是偏颇的。

本文不足一百字，文字简洁，却既有驳，又有立，波澜起伏，层层推进，是王安石雄健峭拔文风的典型。

世皆称孟尝君[1]能得士，士以故归之，而卒赖其力以脱于虎豹之秦。

嗟乎！孟尝君特鸡鸣狗盗之雄耳[2]，岂足以言得士？不然，擅[3]齐之强，得一士焉，宜可以南面[4]而制秦，尚何取鸡鸣狗盗之力哉？鸡鸣狗盗之出其门，此士之所以不至也。

注释

1 孟尝君：战国时齐国公子，齐湣王之弟，姓田，名文，号孟尝君，曾为齐相。他招贤纳士，养食客数千人，是战国著名的“四公子”之一。《战国策·齐策》和《史记·孟尝君列传》都详细记载了这方面的事。2 鸡鸣狗盗：会学鸡叫、会装狗当小偷的人。据《史记·孟尝君列传》载，秦昭王囚禁孟尝君，打算杀害他。孟尝君有一件很贵重的狐白裘，已经献给昭王。有个门客装狗做小偷，进入秦宫偷出狐白裘，献给昭王的宠姬，宠姬于是替他说情，秦昭王就释放了孟尝君。孟尝君连夜逃到函谷关，天还没有亮。按关法规定，鸡叫后才开关放人，而秦昭王又因后悔释放孟尝君，正派人追赶，情况十分紧急。幸好门客中有个会装鸡叫的，这人一学鸡叫，附近的鸡都跟着叫了起来，关吏打开关门，孟尝君这才逃出了关。雄：头目。3 擅：依靠，据有。4 南面：泛指国君。古时国君听政和接见臣下时，坐北面南，故说“南面”。

译文

世上的人都称赞孟尝君能够收揽人才，人才因此都归附他。孟尝君终于倚靠他们的力量，从像虎豹那样残暴的秦国逃出来。

唉呀！孟尝君不过是鸡鸣狗盗者的头目罢了，难道可以谈得上收揽人才吗？如果不是这样，依仗齐国的富强，孟尝君只要得到一个人才，齐国就应该可以南面称王去制服秦国，还用得着借助鸡鸣狗盗者的力量吗？鸡鸣狗盗者充斥他的门下，这就是真正的人才不投靠他的缘故呀。

刑赏忠厚之至论 苏轼

导读

本篇是宋仁宗嘉祐二年（1057）苏轼参加进士考试的论文。文章在道义上宣扬无论惩罚或奖赏都要心存忠厚，符合儒家“重赏轻罚”的“仁政”主张，文风则一扫五代以来的浮靡艰涩，所以“文”“道”两个方面都切合当时儒学复兴与古文复兴的要求，因而得到了主考官、古文运动领袖欧阳修的赞赏。欧阳修对参评官梅尧臣说："吾当避此人出一头地。"他们想将这篇文章列为第一名，但是，又猜测这篇文章可能是欧阳修的门人曾巩所作，为了避嫌，只好列为第二。

本文的见解，不一定具有可行性，但是，论点新颖，结构严谨，论据充实，符合考试的要求。后来参加科举考试的读书人，往往模仿苏轼的文章，故而有谚语说："苏文熟，吃羊肉；苏文生，吃菜羹。"朝鲜王朝著名诗人徐居正在《东人诗话》中记载说，高丽王朝的读书人也崇拜苏轼，谁考中了，就说又出了一个苏东坡。

尧、舜、禹、汤、文、武、成、康之际[1]，何其爱民之深，忧民之切，而待天下以君子长者之道也[2]。有一善，从而赏之，又从而咏歌嗟叹之，所以乐其始而勉其终；有一不善，从而罚之，又从而哀矜惩创之，所以弃其旧而开其新。故其吁俞之声，欢休惨戚，见于虞、夏、商、周之书。[3]成、康既没[4]，穆王[5]立而周道始衰。然犹命其臣吕侯[6]，而告之以祥刑[7]。其言忧而不伤，威而不怒，慈爱而能断，恻然有哀怜无辜之心，故孔子犹有取焉。

注释

1 尧、舜、禹、汤、文、武、成、康：儒家理想的古代贤明君主。尧，唐尧，或称帝尧。舜，虞舜，或称帝舜。禹，夏禹，或称大禹。汤，商汤。文，周文王。武，周武王。成，周成王。康，周康王。成王是武王之子，康王是成王之子。史称周成王、康王之世，四十多年没有使用过刑罚，被誉为"成康之治"。2 君子长者：指施行仁德、心存忠厚的人。君子长者之道，也就是指宽仁忠厚。3 吁（xū）：叹息。俞：应允。虞、夏、商、周之书：《尚书》各篇按记事先后，分为《虞书》《夏书》《商书》和《周书》。其中君臣谈话往往使用"吁""俞"等词。4 没：同"殁"，死亡。5 穆王：即周穆王，名满，昭王之子。6 吕侯：周穆王的大臣，一作"甫侯"，任司寇。穆王听从他的意见，颁布有关刑罚的文告。7 祥刑：亦作"详刑"，强调办案要审慎。

译文

唐尧、虞舜、夏禹、商汤、周文王、周武王、周成王、周康王的时候，他们爱百姓是多么深厚，忧虑百姓的事是多么深切，而且用宽仁忠厚的方法对待天下的人。谁做了一件好事，跟着就奖赏他，接着又歌颂、赞美他，用这个来赞成他好的开头并勉励他坚持到底；有人做了一件坏事，跟着就惩罚他，接着又怜悯、警戒他，用这个使他改掉过错，并且开始新的生活。所以，那叹息或应许的声音，欢乐或悲伤的感情，在关于虞、夏、商、周的书上都能见到。成王、康王死后，穆王即位，周朝的道德传统开始衰败。然而穆王还告诫他的大臣吕侯，告诉他办案要谨慎。穆王的话忧虑而不悲伤，威严而无怒气，慈爱而果断，悲凄地流露出哀怜无罪者的心情，所以孔子还认为穆王有可取之处呢。

传[1]曰："赏疑从与，所以广恩也；罚疑从去，所以慎刑也。"[2]当尧之时，皋陶为士[3]。将杀人，皋陶曰："杀之。"三。尧曰："宥之。"三。[4]故天下畏皋陶执法之坚，而乐尧用刑之宽。四岳[5]曰："鲧[6]可用。"尧曰："不可。鲧方命圮族[7]。"既而曰："试之。"何尧之不听皋陶之杀人，而从四岳之用鲧也？然则圣人之意，盖亦可见矣。《书》曰："罪疑惟轻，功疑惟重。与其杀不辜，宁失不经。"[8]呜呼！尽之矣！可以赏可以无赏，赏之过乎仁；可以罚可以无罚，罚之过乎义。过乎仁不失为君子，过乎义则流而入于忍人，故仁可过也，义不可过也。

注释

1 传：解说经义的书传。2 疑：有疑问。与：给予。去：免除。3 皋陶：一作咎繇，传说中东夷族的首领。士：狱官。4 宥（yòu）：宽恕。据宋陆游《老学庵笔记》中说，皋陶与尧的对话，完全是苏轼杜撰的。考官欧阳修问他："见于何书？"他说："何须出处？"5 四岳：相传为尧、舜时的四方部落首领。6 鲧（Gǔn）：我国传说中原始时代的部落首领，禹的父亲。由四岳推举，奉唐尧的命令治水，九年未治平，被舜流放到羽山。7 方命：《史记》作"负命"，违抗教令。圮（pǐ）族：毁灭他的族类。此句见《尚书·尧典》。8 引文见《尚书·大禹谟》。不经，不遵守成规定法。

译文

书传上说："对奖赏虽有疑问，还是给予奖赏，这是为了广施恩德啊；对惩罚如有疑问，就免除惩罚，这是为了谨慎用刑啊。"尧当政的时候，皋陶做狱官。将要判人死刑，皋陶接连三次说："杀他。"尧却接连三次说："宽恕他。"所以天下的人都害怕皋陶执法的严厉，却喜欢尧用刑的宽大。四岳推荐鲧说："鲧可以任用。"尧回答说："不行，鲧违抗命令，损害了他的族类。"可是接着又说："试用他一下吧。"为什么尧不听从皋陶再三要杀人的主张，却采纳四岳推荐任用鲧的建议呢？从这种情况，我们大概也可以看出圣人的用意了。《书经》上说："判罪时有疑惑，只能轻判；授功时有疑惑，只能重赏。与其杀掉没有罪的人，宁愿自己承担不遵守成规的过失。”唉！赏罚必须恰当的道理全都包括在这里边了。可赏可不赏的，奖赏他是超过了仁；可罚可不罚的，惩罚他是违背了义。超过了仁，还不失为君子；违背了义，就会变为残忍的人；所以仁可以超过，义却不能偏离啊。

古者赏不以爵禄[1]，刑不以刀锯。赏之以爵禄，是赏之道行于爵禄之所加，而不行于爵禄之所不加也；刑以刀锯，是刑之威施于刀锯之所及，而不施于刀锯之所不及也。先王知天下之善不胜赏，而爵禄不足以劝也；知天下之恶不胜刑，而刀锯不足以裁也。是故疑则举而归之于仁，以君子长者之道待天下，使天下相率[2]而归于君子长者之道。故曰忠厚之至也。

《诗》曰："君子如祉，乱庶遄已""君子如怒，乱庶遄沮"。[3]夫君子之已[4]乱，岂有异术哉？时其喜怒，而无失乎仁而已矣。《春秋》之义，立法贵严，而责人贵宽。因其褒贬之义以制赏罚，亦忠厚之至也。

注释

1 爵禄：爵位和俸禄。2 相率：互相带领，也就是一个接一个的。3 "君子如祉"四句：见《诗经·巧言》，只是前后两句颠倒。祉（zhǐ），喜欢。庶，差不多。遄（chuán）已，迅速停止。沮（jǔ），终止。4 已：停止，消灭。

译文

古时候，赏赐不用官位、俸禄，惩罚不用刀、锯一类的刑具。用官位、俸禄赏赐，这种办法只对能得到官位、俸禄的人产生作用，而对得不到官位、俸禄的人就没有作用；惩罚时使用刀、锯一类的刑具，这种刑罚的威力，只对可能受到这种刑罚的人产生作用，对不会受到这种刑罚的人就没有作用。先代贤明的君王知道天下的好事赏赐不尽，不能一一用官位、俸禄来勉励；又知道天下的坏事惩罚不尽，不能一一用刀、锯来制裁。所以有了疑惑，就全都以仁爱之心来处理，用宽仁忠厚的态度对待天下的人，使天下的人都互相鼓励而回复到宽仁忠厚的大道。所以说，这是忠厚到了极点啊。

《诗经》上说："君子如果喜悦，祸乱便迅速停止""君子如果愤怒，祸乱便很快终结"。君子消除祸乱，难道有特异的法术吗？他只是喜怒切合时宜，总是离不开仁罢了。《春秋》这部书的原则是：立法从严，处罚人却从宽。依照《春秋》的褒贬原则来制订赏罚条例，也是忠厚到了极点啊。

留侯论 苏轼

导读

留侯，即张良。张良，字子房，是战国时期的韩国贵族的后代，他立志反抗秦朝，复兴韩国。他曾经叫大力士刺杀秦始皇，失败后改名换姓，逃亡到下邳，遇见一位老人传授兵书给他。秦末，豪杰并起，反抗秦王朝的暴政，张良聚众归刘邦，成为刘邦的重要谋士，辅佐刘邦推翻秦朝，打败项羽。汉朝建立后，封在留（今江苏徐州附近），故称留侯。生平详见《史记·留侯世家》。

本文以圯（yí）上老人传授兵书给张良的故事为主线，对张良发表评论。文章的主旨在于阐发“忍小忿而就大谋”“彼其能有所忍也，然后可以就大事”。作者用秦末的形势来解释圯上老人与张良的关系，破除神秘色彩，是颇有识力的。行文则能纵能收，广泛征引，浑浩流转，变化曲折。苏轼的论文，往往以新意取胜，善于推翻历史陈案，本文就是典型例子。

古之所谓豪杰之士，必有过人之节[1]，人情有所不能忍者。匹夫[2]见辱，拔剑而起，挺身而斗，此不足为勇也。天下有大勇者，卒然[3]临之而不惊，无故加[4]之而不怒。此其所挟持者甚大[5]，而其志甚远也。

注释

1 节：志节，指志向和气概。2 匹夫：普通人。3 卒（cù）然：突然。卒，同“猝”。4 加之：加以侮辱，遭受侮辱。5 所挟持者：指志向、抱负。

译文

古代被称为英雄豪杰的人，必定有超过一般人的志节，能够忍受常人根本不能忍受的事情。普通的人受了侮辱，便要拔剑而起，挺身搏斗，这不足以称为“勇敢”啊。世上称为“大勇”的人，能够突然遇到危难却不惊慌，无故遭受侮辱却不发怒。这是因为他们的抱负很大，而且志向很远啊。

夫子房受书于圯上之老人也[1]，其事甚怪，然亦安知其非秦之世，有隐君子

者，出而试之？观其所以微见其意者，皆圣贤相与警戒之义。世人不察，以为鬼物[2]，亦已过矣。

注释

1 圯（yí）：桥。据《史记·留侯世家》记载，张良刺秦始皇失败后，改名换姓，逃亡至下邳（今江苏睢宁北）。有一天在桥上遇见一位老人。老人的鞋子掉到桥下，命令张良把鞋子取上来。张良很生气，想要打人，但是看他年老，就忍着气下去取鞋。鞋取上来后，老人要张良替他穿好，张良也照办。老人很满意，说"孺子可教也"，并约定五天后黎明时在桥上相会。张良如约前往，老人早已来到，责备张良不应迟来，再约五天后相会。张良提早在鸡叫时去，还是迟到了。老人又责备他，再约五天后相会。这次张良不到半夜就去桥上等候，果然比老人先到。老人很高兴，送张良一部《太公兵法》，要他好好学习。这位圯上老人，后人说是黄石公。2 以为鬼物：认为是鬼怪。《史记·留侯世家》末段太史公评论说："学者多言无鬼神，然言有物。至如留侯所见老父予书，亦可怪矣。"东汉王充《论衡·自然》中说，张良遇圯上老人，是"天佐汉诛秦，故命令神石为鬼书授人"。

译文

张良接受桥上的老人赠书，这件事看来很怪异，然而，又怎知不是秦朝那个时代，有隐居的高士，出来故意试试张良呢？仔细考察那老人所用来略微表露出他用意的行为，都包含着圣贤给予张良警戒的意义。可是世人不仔细考察，竟然认为桥上老人是鬼怪，这也太过分了。

且其意不在书。当韩之亡、秦之方盛也，以刀锯鼎镬待天下之士[1]，其平居无事夷灭者[2]，不可胜数。虽有贲、育，无所获施。[3]夫持法太急者，其锋不可犯，而其势未可乘，子房不忍忿忿之心，以匹夫之力，而逞于一击之间。[4]当此之时，子房之不死者，其间不能容发[5]，盖亦危矣。千金之子，不死于盗贼，何哉？其身可爱，而盗贼之不足以死也。子房以盖世之才，不为伊尹、太公之谋[6]，而特出于荆轲、聂政之计[7]，以侥幸于不死，此圯上老人所为深惜者也。是故倨傲鲜腆而深折之[8]，彼其能有所忍也，然后可以就大事。故曰："孺子[9]可教也。"

注释

1 刀锯鼎镬（huò）：古代施酷刑的刑具。鼎镬，烹煮人的大锅子。2 夷：诛杀。灭：灭族，即把全族的人杀掉。3 贲（bēn）、育：战国时卫国的两个著名勇士。贲，指孟贲，传说能生拔牛角。育，指夏育，传说能举千钧。施：施展。4 忿忿：愤怒。一击之间：张良原是战国时韩国贵族的后代，祖与父相继为韩昭侯、宣惠王等五世的宰相。秦灭韩后，他结交刺客，图谋杀死秦始皇，恢复韩国。有一次，秦始皇东巡到了博浪沙（今河南原阳东南），张良指使一个使铁锤的大力士，前去行刺，误中副车（随从的车子）。秦始皇大怒，在全国大肆搜索凶手十天。5 间（jiàn）不能容发：距离很近，中间容不下一根头发，比喻到了非常危险的境地。间，间隔，距离。6 伊尹：夏末商初人，名伊，尹是官名。辅助商汤攻灭夏桀，汤死后，又为几代商王的执政大臣。太公：即吕尚，姜姓，名望，一说字子牙。辅佐周文王、武王灭商有功，封于齐，是齐的开国君主，称太公望，俗称姜太公。7 荆轲：战国末年著名刺客，卫国人。燕太子丹尊他为上卿，派他去刺杀秦王政（即秦始皇）。他带着秦国逃亡将军樊於期的头和藏有匕首的地图作为进献的礼物，拜见秦王。献图时，刺秦王不中，被杀死。聂政：战国时著名的刺客，韩国人，韩烈侯时，严遂与相国韩傀争权结怨，求他代为报仇。他进入相府刺死韩傀，然后自杀。8 鲜腆（tiǎn）：无礼。折：挫折，用作动词。9 孺子：小孩。称别人为“孺子”，是傲慢的表现。

译文

况且老人的用意并不在于赠书。当韩国已经灭亡、秦朝正是兴盛的时候，秦皇用刀、锯、鼎、镬一类刑具来对待天下的人，那平白无辜遭到杀戮灭族的人，数也数不清。即使有孟贲、夏育那样的勇敢和武艺，也没有办法施展。大凡执法十分严厉的政权，它的锋芒是不可触犯的，并且当时的形势也没有可乘之机，而张良却忍不住心中的愤怒，凭一个普通百姓的力量，想靠一次击杀获得成功。当这个时候，张良虽然没有死，但与死亡的距离已容不下一根头发了，也真是危险。富贵人家的子弟，不愿死在盗贼手里，为什么呢？因为他爱护自己的生命，认为死在盗贼手里是不值得的。张良有超出世人的才能，不使用伊尹、太公那样重大的谋略，却独独采取荆轲、聂政那种行刺的下策，因为侥幸才没有死，这是桥上老人替他深深惋惜的。因此，老人用傲慢无礼的态度狠狠地让他遭受挫折，他如果能够忍耐，然后才可以成就大事业。张良忍耐了，所以老人才说：“这孩子是可以教育的。”

楚庄王伐郑，郑伯肉袒牵羊以迎[1]。庄王曰：“其主能下人[2]，必能信用其民矣。”遂舍之。勾践之困于会稽，而归臣妾于吴者，三年而不倦。[3]且夫有报人[4]之志，而不能下人者，是匹夫之刚也。夫老人者，以为子房才有余而忧其度量之不足，故深折其少年刚锐之气，使之忍小忿而就大谋。何则？非有平生之素[5]，卒然相遇于草野之间，而命以仆妾之役，油然[6]而不怪者，此固秦皇之所不能惊，而项籍[7]之所不能怒也。

注释

1 郑伯：指春秋时郑国的君主郑襄公。肉袒：脱衣露体。表示等待对方责打或杀戮。牵羊：亲自牵羊作为进献的礼物。事见《左传》。2 下人：向别人低头。3 勾践之困于会稽：事见《左传》。归臣妾于吴：指越王勾践投降吴国后，他自己和妻子在吴国做了三年奴仆。4 报人：向人报仇。5 素：素交。即老交情。6 油然：顺从的样子。油，通“由”。7 项籍：即项羽，名籍。

译文

楚庄王攻打郑国，郑襄公脱衣露体牵着羊去迎接。庄王说：“郑国的君主能够向别人低头，必定会得到百姓的信任和拥护。”于是就放弃了灭亡郑国的计划。越王勾践被围困在会稽，归顺吴国，像臣子婢妾那样侍候吴王，度过了三年，都没有表现出厌倦的情绪。有报仇雪恨的大志，却不能向人低头，这不过是普通人的刚强啊。那桥上老人，认为张良才能有余，但担心他气量不足，所以狠狠地摧折他那年轻人刚锐的气焰，使他能够忍受小的愤恨而去成就大的事业。为什么呢？两人之间不具有多年交往的情谊，突然在野外相遇，张良被当作奴仆一样使唤，居然能顺从而不表现出怨恨，这样的人真是秦始皇所不能惊吓、楚霸王所不能激怒的人啊！

观夫高祖[1]之所以胜，项籍之所以败者，在能忍与不能忍之间而已矣。项籍唯不能忍，是以百战百胜，而轻用其锋[2]；高祖忍之，养其全锋而待其敝[3]，此子房教之也。当淮阴[4]破齐，而欲自王，高祖发怒，见于词色。由是观之，犹有刚强不能忍之气，非子房其谁全之[5]？

注释

1 高祖：即汉高祖刘邦。2 轻：轻率。锋：锐气。3 敝：疲敝。4 淮阴：指韩信。汉初大将，在和项羽的战争中立有大功。刘邦最初封他为齐王，汉朝建立改封楚王。后有人告他谋反，又降为淮阴侯，不久被杀死。5 “非子房”句：韩信破齐后，要求刘邦封他做“假王”。刘邦听了大怒。张良认为当时不能得罪韩信，从旁提醒刘邦。刘邦便派张良前往，封韩信为齐王。刘邦采纳张良的建议，联合英布、彭越，重用韩信，终于打败项羽，统一了天下。

译文

观察汉高祖取得胜利和项羽遭到失败的原因，就在于能忍和不能忍这两者之间罢了。项羽因为不能忍，所以虽然百战百胜，却轻率地消耗了自己的锐气；汉高祖能忍，能养足全部锐气等待敌人的疲敝，这是张良教给他的。当韩信灭亡了齐国，想自己做齐王的时候，汉高祖发怒，表现在言语神色上。由此看来，汉高祖还有刚强不能忍耐的脾气，如果不是张良还有谁能成全他的大业呢？

太史公疑子房以为魁梧奇伟，而其状貌乃如妇人女子，不称其志气。[1] 呜呼，此其所以为子房欤[2]！

注释

1 “太史公疑子房”句：《史记·留侯世家》末段太史公说：“余以为其人计魁梧奇伟，至见其图，状貌如妇人好女。”计，大概。称（chèn）：相当。2 “此其”句：意思是张良相貌柔弱，而志节过人，经圯上老人指点，能够忍人之所不能忍，这正是张良的长处。

译文

司马迁曾猜测张良应该是一位身材魁梧、仪表堂堂的人，而他的实际相貌却好像妇人女子，认为其相貌跟志向和气概不相称。啊！这不正是张良之所以为张良吗！

六国论 苏辙

导读

苏辙（1039—1112），字子由，苏轼之弟。宋仁宗嘉祐元年（1056）与苏轼同榜中进士，其政治态度和仕途遭遇与其兄大抵相同。在文学主张上，倡“养气”之说。其文众体兼长，尤长于记叙。虽然文章不及其兄，然汪洋淡泊，一唱三叹，能自立于“唐宋八大家”之林。有《栾城集》传世。

苏辙的父亲苏洵曾作《六国论》，读者可以把苏辙的这篇《六国论》跟苏洵的《六国论》并读，以体会同一论题的不同立意与写法。两篇《六国论》都是总结六国灭亡的历史教训，但是颇不相同而各有特色。苏洵的文章着眼于政治策略，认为“六国破灭，非兵不利，战不善，弊在赂秦（向秦屈服、纳贡）”，批评六国屈辱苟安的国策，意在针砭北宋统治者“从六国破亡之故事”而赂西夏、契丹；苏辙此文则着眼于战略形势，批评六国毫无战略眼光。苏辙指出，六国联合起来本有“五倍之地，十倍之众”，若团结抗秦，不会遭到失败；但是，六国的当权者却不了解“天下之所重者，莫如韩、魏”的形势，反而“贪疆埸尺寸之利，背盟败约，以自相屠灭”，因而被秦各个击破，自取灭亡。文章具有振聋发聩的作用。原评：“是论只在‘不知天下之势’一句。”

文章运用对比论证的方法，主要用六国若援助韩、魏共同抗秦而可能出现的胜利局面，跟“背盟败约”而遭到灭亡的悲剧进行对照，对比鲜明，具有说服力。

尝读六国世家[1]，窃[2]怪天下之诸侯，以五倍之地，十倍之众，发愤西向，以攻山西[3]千里之秦，而不免于灭亡。常为之深思远虑[4]，以为必有可以自安之计；盖未尝不咎[5]其当时之士，虑患之疏，而见利之浅，且不知天下之势也。

注释

1 六国：指齐、楚、燕、赵、魏、韩。世家：《史记》中传记的一体，主要是记叙世袭封国的诸侯的事迹。六国在《史记》里均有“世家”。2 窃：私下，用作表示个人意见的谦词。3 山西：古地区名。战国、秦、汉时期，通称崤山或华山以西为山西，与当时所称关中含义相同。4 深思远虑：形容深入而周密地思考。亦作“深思熟虑”。5 咎（jiù）：责怪。

译文

我曾经阅读《史记》中的六国世家，私下感到奇怪：天下的诸侯，用五倍的土地、十倍的兵力，全力向西进兵，去攻打关中地带只有方圆千里的秦国，却不能免除自己灭亡的命运。我常常替他们周密地思考，认为一定有能够用来保卫自己的计策；因而未尝不责怪当时的谋士，对祸患考虑得太疏忽，只看到眼前利益，目光短浅，并且不知道天下的形势。

夫秦之所与诸侯争天下者，不在齐、楚、燕、赵也，而在韩、魏之郊[1]；诸侯之所与秦争天下者，不在齐、楚、燕、赵也，而在韩、魏之野。秦之有韩、魏，譬如人之有腹心之疾也。韩、魏塞秦之冲[2]，而蔽山东之诸侯[3]。故夫天下之所重者，莫如韩、魏也。昔者范雎[4]用于秦而收韩，商鞅[5]用于秦而收魏；昭王[6]未得韩、魏之心，而出兵以攻齐之刚、寿[7]，而范雎以为忧。然则秦之所忌者可见矣。秦之用兵于燕、赵，秦之危事也。越韩过魏而攻人之国都，燕、赵拒之于前，而韩、魏乘之于后，此危道也。而秦之攻燕、赵，未尝有韩、魏之忧，则韩、魏之附秦故也。夫韩、魏，诸侯之障，而使秦人得出入于其间，此岂知天下之势耶？委区区之韩、魏[8]，以当强虎狼之秦，彼安得不折[9]而入于秦哉？韩、魏折而入于秦，然后秦人得通其兵于东诸侯，而使天下遍受其祸。

注释

1 郊：邑外为郊。周制，离都城五十里为近郊，百里为远郊。下面的“野”，也是指郊。这里是指韩、魏两国的境内。2 塞：阻挡。冲：交通要道。3 蔽：遮挡，掩护。山东：古地区名，与“山西”相对。战国、秦、汉时期，通称崤山或华山以东为山东，与当时所称的关东含义相同。这里泛指战国时秦以外的六国领土。4 范雎（jū）（？—前 255）：一作范且，战国时魏人，化名张禄入秦。秦昭王四十一年（前 266）任秦相，封于应，称应侯。主张远交近攻，歼灭敌国主力。5 商鞅（约前 390—前 338）：卫国人，公孙氏，名鞅，亦称卫鞅。入秦游说秦孝公，实行变法，奠定了秦国富强的基础。封于商，号商君，故称商鞅。秦孝公死后，被贵族诬害，车裂而死。6 昭王（前 324—前 251）：即秦昭襄王。7 齐之刚、寿：刚，即刚城，故址在今山东宁阳境内。寿，在今山东郓城境内。刚、寿，当时属齐国。8 委：委托，让。也可以释为“放弃”。区区：形容很小。这句的意思是，诸侯放弃韩、魏，不予援救。9 折：受挫折。

译文

秦跟诸侯争夺天下的地方，不在齐、楚、燕、赵，而在韩和魏的城郊；诸侯跟秦争夺天下的地方，不在齐、楚、燕、赵，而在韩和魏的野外。秦国因为有韩和魏存在，好像人有腹心的疾病一样。韩和魏阻挡了秦的交通要道，掩护了关东的诸侯。所以天下最重要的地方，没有超过韩、魏的了。从前，范雎在秦国掌权便收服了韩国，商鞅在秦国掌权便收服了魏国；秦昭襄王没有得到韩、魏两国的忠心归附，就出兵去攻打齐国的刚邑、寿邑，范雎因此担忧。根据这件事，秦国所顾忌的地方，就能够看清了。秦对燕、赵两国用兵，这对秦国来说，是危险的事情。跨越韩、魏，去攻打人家的国都，燕和赵在前面抵抗它，韩和魏在后面乘势袭击它，这是很危险的做法啊。可是，秦进攻燕、赵时，却不曾有韩、魏两国袭击的忧虑，就是因为韩、魏依附了秦的缘故。韩、魏是关东诸侯的屏障，却使秦国人能够在它们中间往来出入，这难道是懂得天下的形势吗？各国让小小的韩和魏，去抵挡虎狼一样的强大秦国，韩、魏怎么能够不遭受挫折而投入秦的怀抱呢？韩、魏受了挫折而投入秦的怀抱，然后秦国人能够率领军队顺利通过韩、魏去攻打关东的诸侯，从而使普天下都遭受它的祸害。

夫韩、魏不能独当秦，而天下之诸侯，藉[1]之以蔽其西，故莫如厚韩亲魏以摈[2]秦。秦人不敢逾韩、魏以窥齐、楚、燕、赵之国，而齐、楚、燕、赵之国，因得以自完于其间矣。以四无事之国，佐[3]当寇之韩、魏，使韩、魏无东顾之忧，而为天下出身以当秦兵。以二国委秦[4]，而四国休息于内，以阴助其急[5]。若此，可以应夫无穷，彼秦者将何为哉？不知出此，而乃贪疆埸[6]尺寸之利，背盟败约，以自相屠灭。秦兵未出，而天下诸侯已自困矣。至于秦人得伺其隙[7]，以取其国，可不悲哉？

注释

1 藉：凭借，依靠。2 摈（bìn）：排斥。3 佐：辅助。4 以二国委秦：意思是，把抵抗秦国的事托付给韩、魏。5 阴助：暗地相助。急：指秦国进攻的危急局势。6 疆埸（yì）：国界。7 伺：等待。隙：空隙，时机。

译文

韩、魏不能单独抵挡秦国，可是天下的诸侯，却要依靠它来抵挡西面的秦国，所以不如厚结韩国，亲近魏国，用来排斥秦国。秦国不敢跨越韩、魏来窥探齐、楚、燕、赵四国，齐、楚、燕、赵四国就能够在这中间保全自己了。用四个太平无事的国家，帮助面对敌人的韩、魏，使韩、魏没有东边的战事忧虑，从而替天下人挺身而出抵挡秦国的军队。让韩、魏两国抵挡秦国，齐、楚、燕、赵四国在里面休息，并暗中帮助两国解除危急，像这样，就能够应付千变万化的局面，那秦国又有什么办法呢？六国诸侯不知道定出这种策略，却去贪图国境上尺寸土地的好处，背弃盟誓，破坏信约，彼此互相屠杀、吞并。秦国的军队还没有出动，天下的诸侯早已经让自己困顿了。最终让秦国人能够等待时机，夺取了他们的国家，难道不可悲吗？

卖柑者言 刘基

导读

刘基（1311—1375），字伯温，又自号郁离子，浙江青田人。元朝末年进士，曾任浙东行省郎中、高安县丞等职。后因遭排斥而弃官归田，在青田山中隐居著书。朱元璋起兵反元，刘基被征聘为军师，辅佐朱元璋处理军机事务，成为其平定群雄、统一天下的开国元勋之一。官至御史中丞，封诚意伯，谥号文成。刘基还是元末明初的诗文大家，著有《诚意伯刘文成公文集》《郁离子》。

元朝末年，社会危机四伏，而朝廷中的文武大臣们大多尸位素餐，一派外强中干景象。作者敏锐地认识到这一切，写了这篇寓言体的杂文。

全文假借卖柑者的话，以市场比喻官场，以“金玉其外、败絮其中”的柑比喻官场上那些外表威严神圣而腹内如草莽的文臣武将。这些人坐高堂，骑大马，饮美酒，食佳肴，一个个神气十足，实际上是一群不懂用兵、不会治世的废物。作者通过讽刺这一群人，揭露元末统治集团腐朽没落的本质，表现自己满腔的愤世之情。

本文的特点是故作主客问答之词，实质上，“主”（我）与“客”（卖柑者）都是作者的代言人。卖柑者的答词层层反诘，句式齐整，词锋犀利，气势强盛，使文中的“我”，“默默无以应”。这实际上是借卖柑者之口倾吐作者自己内心的不平之气。这种主客问答的方式，比直接发议论更为生动灵活，更有说服力。

杭[1]有卖果者，善藏柑，涉寒暑不溃[2]，出之烨然[3]，玉质而金色[4]。剖其中，干若败絮。予怪而问之曰：“若所市于人者[5]，将以实笾豆[6]、奉祭祀、供宾客乎？将炫外以惑愚瞽乎[7]？甚矣哉，为欺也！”

注释

1 杭：杭州。2 涉：历经。溃：腐烂。3 烨（yè）然：光彩耀眼的样子。4 四部丛刊本《诚意伯文集》卷七在“玉质而金色”句下是：“置于市，贾十倍，人争鬻之。予贸得其一，剖之，如有烟扑口鼻，视其中，则干若败絮。”贾，“价”的古字，价格。鬻（yù），卖，这里应是购买的意思。贸，买卖，这里是买的意思。5 若：你。市：卖。6 实：充实，盛满。笾（biān）豆：古代祭祀或宴会时用来放食品的器具。笾是竹编的，豆是高脚杯盘。7 炫（xuàn）：夸耀。惑：迷惑。瞽（gǔ）：盲人。

译文

杭州有个卖水果的人，善于贮藏柑橘，经过严寒酷暑也不腐烂。拿出来光彩鲜艳，玉石般的质地，金黄的颜色。可是把它剖开来看，里面却干枯得像破烂的棉絮。我很奇怪，就责问他：“你卖给人家的柑橘，是要拿它装到器皿里去供奉神灵、招待宾客呢，还是只炫耀它的外表去迷惑傻子和瞎子呢？你这种欺骗手段太过分了！”

卖者笑曰：“吾业是有年矣[1]，吾业赖是以食吾躯[2]。吾售之，人取之，未闻有言，而独不足子所乎[3]？世之为欺者不寡矣，而独我也乎？吾子未之思也。今夫佩虎符、坐皋比者[4]，洸洸乎干城之具也[5]，果能授孙、吴之略耶[6]？峨大冠、拖长绅者[7]，昂昂乎庙堂之器也[8]，果能建伊、皋之业耶[9]？盗起而不知御[10]，民困而不知救，吏奸而不知禁，法斁而不知理[11]，坐糜廪粟而不知耻[12]。观其坐高堂、骑大马、醉醇醴而饫肥鲜者[13]，孰不巍巍乎可畏、赫赫乎可象[14]也！又何往而不金玉其外、败絮其中也哉！今子是之不察，而以察吾柑！”

注释

1 业：这里用作动词，以……为职业。是：此。有年：多年。2 食（sì）：供养。本句《诚意伯文集》作“吾赖是以食吾躯”，无“业”字。3 不足：不满意。子所：您这儿。4 虎符：虎形兵符，是古代调兵的凭证。因其形如虎，故称。皋比（pí）：虎皮。古代将帅的坐椅垫有虎皮，以示威严。5 洸洸（guāngguāng）：威武的样子。干城：捍卫国家。干，盾牌，武器名。城，城墙。这都是用来抵御外敌的。具：才具，才干。6 孙：孙武，春秋时著名的军事家，齐国人，著有《孙子兵法》。吴：吴起，战国时卫国人，军事家。7 峨：高耸。拖：下垂。绅：古代士大夫束在腰间并垂下一部分作为装饰的大带子。8 昂昂乎：气度不凡的样子。庙堂：宗庙朝堂，指朝廷。器：才能。9 伊：指商朝开国大臣伊尹。皋：指舜的法官皋陶。10 御：驾驭，控制。11 斁（dù）：败坏。理：整顿，整理。12 糜（mí）：耗费。廪粟：国家仓库里的粮食。13 醇（chún）醴：美酒。饫（yù）：饱食。肥鲜：肥美的食物。14 象：效法。

译文

卖水果的人笑着说："我干这行当已经多年了，我依靠这职业来养活我自己。我卖柑橘，人家买它，从来没有听到过闲话，怎么唯独不能满足您的需要呢？世上玩弄欺骗手段的人不少呀，难道只是我一个人吗？您没有去想想啊。现在那些身上佩着虎符、坐在虎皮交椅上的人，看那耀武扬威的样子，好像是能捍卫国家的将才呀，可当真能够传授孙武、吴起那样的谋略吗？那些高高地戴着官帽、腰上拖着长带子的人，看那气度不凡的样子，好像是能在朝廷上辅助帝王的重臣呀，可当真能够建立伊尹、皋陶那样的功业吗？盗贼兴起，他们却不知道怎样控制；百姓困苦，他们却不知道怎样解救；官吏为非作歹，他们却不知道怎样制止；法制败坏，他们却不知道怎样整顿；他们白白地耗费国家的俸禄，却不知道羞耻。看他们坐在大堂上，骑着高头大马，美酒喝得醉醺醺的，油腻美味的食物吃得饱饱的，哪一个不是看起来高不可攀而使别人敬畏，威风凛凛而值得别人效法呢？走到哪里，不是些外表像金玉、里面像破烂棉絮的人呢？今天您不考察这些，却来考察我的柑橘！"

予默默无以应。退而思其言，类东方生滑稽之流[1]。岂其忿世疾邪者耶？而托[2]于柑以讽耶？

注释

1 类：好像。东方生：即东方朔，字曼倩，汉武帝时为太中大夫。滑（gǔ）稽：能言善辩。2 托：假借。

译文

我沉默着，无话可答。回来再想想他这番话，觉得他像是东方朔那一类能言善辩的人物。难道他是个愤恨世俗、厌恶奸邪的人吗？他是假借柑橘来进行讥讽吗？

深虑论 方孝孺

导读

方孝孺（1357—1402），字希直，又字希古，人称正学先生，明初浙江宁海（今浙江象山）人。宋濂的学生。明太祖时授汉中府教授，惠帝时任侍讲学士。燕王朱棣（即明成祖）起兵攻入南京后，命他起草登极诏书，他坚决不从。朱棣不仅残酷地杀害了他，而且灭其十族（九族加上学生们），死者达八百七十余人。方孝孺以理学、文章名于世，著有《逊志斋集》。

《深虑论》分析历代君主为了巩固政权而加强防范，“思之详而备之审”，结果都不可能避免重演王朝灭亡的历史。作者列举大量史事论证了靠“私谋诡计”是不能长治久安的。作者认为，只有“积至诚、用大德以结乎天心”，才能长治久安。本文触及到封建统治不能长治久安这一大问题，虽然作者没有也不可能认识到封建制度的根本缺陷，而是委之于幽渺难测的“天道”，但是能够提出这个问题，也是难能可贵的。文章论点鲜明而新颖，论据丰富而充分，逐层论证，有条不紊。

虑天下者，常图[1]其所难而忽其所易，备其所可畏而遗[2]其所不疑。然而祸常发于所忽之中，而乱常起于不足疑之事。岂其虑之未周与[3]？盖虑之所能及者，人事之宜然；而出于智力之所不及者，天道也。[4]

注释

1 图：谋划，设法对付。2 遗：遗漏。3 与：同“欤”。4 天道：上天的意志。意即人事是由天命所决定的。

译文

考虑掌握天下的人，常常注意谋划困难的问题，却忽视了容易的问题；防备那可怕的方面，却遗漏了他不疑心的方面。然而祸患却常常在他所忽视的问题上发生，动乱却常常在他不必疑心的事情上开始。难道是他的考虑不周密吗？不是这样。因为，能够考虑得到的，是人的力量可以做得到的事；超出人的智力而无法考虑到的，却是天道啊。

当秦之世，灭诸侯，一天下，而其心以为周之亡在乎诸侯之强耳，变封建而为郡县；[1]方以为兵革[2]可不复用，天子之位可以世守，而不知汉帝起陇亩之中[3]，

而卒亡秦之社稷[4]。汉惩[5]秦之孤立，于是大建庶孽[6]而为诸侯，以为同姓之亲可以相继而无变；而七国萌篡弑之谋[7]。武、宣以后[8]，稍剖析之而分其势[9]，以为无事矣；而王莽卒移汉祚[10]。光武之惩哀、平[11]，魏之惩汉[12]，晋之惩魏[13]，各惩其所由亡而为之备；而其亡也，皆出于所备之外。

注释

1 一：统一，用作动词。变封建而为郡县：封建，指周代实行的“封国土，建诸侯”的分封制度。天子将爵位和土地赐给贵族，贵族对领地和爵位有世袭权。这些诸侯国名义上属于王室，实际上各自为政。秦始皇统一中国后，废除分封制度，将全国划分为三十六郡，郡下设县。郡、县长官均由皇帝任免，大大加强了中央集权的君主专制。2 兵革：兵器衣甲的总称。兵，兵器，军械。革，用皮革制的军服。3 汉帝：即汉高祖刘邦，汉王朝的建立者。他出身平民，所以说“起陇亩之中”。陇（lǒng）亩：田野。陇，通“垄”。4 社稷：古代帝王、诸侯所祭的土神和谷神，用来指代国家。5 惩：惩戒，以过去的失败作为教训。6 庶孽（niè）：即庶子，旧时指妾生的儿子。7 七国：汉高祖封刘姓诸侯为王，后来这些诸侯国的势力日益强大，产生野心。景帝时代，吴王刘濞、楚王刘戊等七国诸侯反叛。篡弑（shì）：杀死君主，篡夺皇位。封建时代，臣杀君、子杀父母叫弑。8 武、宣：即汉武帝（刘彻）、汉宣帝（刘询）。9 剖析：分割。之：指诸侯王的领地。汉武帝颁行“推恩令”，让诸侯王多分封子弟为侯，从而使诸侯国变小，削弱了割据势力。10 王莽：字巨君，汉元帝皇后侄。西汉末，以外戚身份掌握政权，元始五年（5）毒死平帝另立孺子婴，居摄三年（8）篡位称帝，改国号为新。十五年后被推翻。移：转移，意为夺取。祚：帝位。11 光武：即光武帝刘秀。消灭王莽，削平各地割据势力，建立东汉王朝。哀、平：即汉哀帝、汉平帝。12 魏：三国时代的曹魏，取代东汉。13 晋：司马炎取代曹魏，建立西晋王朝。

译文

当秦朝的时候，灭亡了诸侯，统一了天下，当权者心里认为周朝的灭亡就在于诸侯的强大罢了，于是就改分封制为郡县制；正当他们认为武器衣甲可以不再使用，皇帝的宝座能够世代保住的时候，却不料汉高祖在民间崛起，最终灭亡了秦朝。西汉王朝把秦中央政权的孤立作为教训，于是大封子弟做诸侯，认为同姓的亲属可以世代继承下去，不会有变乱了；可是吴、楚等七国却酝酿着篡位弑君的阴谋。武帝、宣帝以后，稍微分割了诸侯王的封地，分散了他们的势力，认为没有变故了；可是王莽却终于夺取了汉朝的帝位。东汉光武帝把哀帝和平帝的祸患作为教训，魏把汉的祸患作为教训，晋把魏的祸患作为教训，各朝都把前代灭亡的原因作为教训，并做好防止祸患的准备；然而，他们灭亡的原因，都产生在他们没有防备的地方。

唐太宗闻武氏之杀其子孙，求人于疑似之际而除之；而武氏日侍其左右而不悟。[1] **宋太祖见五代方镇之足以制其君，尽释其兵权，使力弱而易制；**[2] **而不知子孙卒困于敌国**[3]**。此其人皆有出人之智，盖世之才；其于治乱存亡之幾**[4]**，思之详而备之审**[5]**矣。虑切于此而祸兴于彼，终至乱亡者何哉？盖智可以谋人，而不可以谋天。良医之子多死于病，良巫**[6]**之子多死于鬼。彼岂工于活人而拙于活己之子哉**[7]**？乃工于谋人而拙于谋天也！**

注释

1“唐太宗闻武氏”三句：武氏，即武则天，唐高宗的皇后，后为武周皇帝。十四岁时被唐太宗选入宫中为才人，太宗死后为尼。高宗时复被召为昭仪，永徽六年（655）立为皇后，逐步掌握实权。后来废唐睿宗，自称圣神皇帝，改国号为周，史称武周。据史书记载：唐贞观二十二年（648），有一种流传于世的神秘书籍说："唐三世之后，则女主武王代有天下。"唐太宗问太史令李淳风。李淳风回答说，此人已在宫中，自今起不过三十年，当王天下，杀尽唐氏子孙。唐太宗说："疑似者尽杀之，如何？"李淳风说："天之所命，必无禳避之理。"2 宋太祖：即赵匡胤，宋朝的建立者。五代：公元907年，朱温灭唐称帝，国号梁，史称后梁，占有中国北方大部分地区。此后相继出现后唐（李存勖）、后晋（石敬瑭）、后汉（刘知远）、后周（郭威），称为五代。方镇：指五代的节度使，是镇守一方的军事长官。尽释其兵权：指宋太祖解除将领兵权的事件。建隆二年（961），太祖与赵普定策，召集禁军将领石守信、王审琦等宴饮，以高官厚禄为条件，解除了他们的兵权。开宝二年（969），又用同样手段，罢王彦超等节度使，解除了藩镇的兵权，以加强中央集权的统治，防止分裂割据。3 敌国：指契丹、辽、金等国。4 幾（jī）：指细微的迹象。5 审：周密。6 巫：以借鬼神名义替人祈祷为职业的人。7 工：善于。拙（zhuō）：笨拙，在这里与"工"相对。

译文

唐太宗听说有个姓武的女人将来要杀他的子孙，就寻找可疑和相像的人并把他们通通除掉；但是，武则天侍奉在他的身旁，他竟不能觉察。宋太祖看到五代时各方藩镇的力量能够控制君主，就全部解除藩镇的兵权，使他们力量薄弱容易控制；却不知道自己的子孙终于因兵力薄弱而被敌国困扰。这些君主都有过人的智慧，盖世的才能；他们对于国家治乱存亡的细微迹象，都考虑得很详细、防备得很周密了。但是，在这个方面考虑周全了，祸患却在那个方面产生，最终导致动乱和灭亡，这原因是什么呢？这是因为智慧只可以用来谋划人事，却不能够用来谋划天道。良医的子女大多死于疾病，良巫的子女大多死于鬼神。难道是他们善于救活别人却不善于救活自己的子女吗？这也是善于谋划人事，却不善于谋划天道啊。

古之圣人知天下后世之变，非智虑之所能周，非法术之所能制；不敢肆[1]其私谋诡计，而唯积至诚、用大德以结[2]乎天心；使天眷其德，若慈母之保赤子[3]而不忍释。故其子孙，虽有至愚不肖者足以亡国，而天卒不忍遽[4]亡之。此虑之远者也。夫苟不能自结于天，而欲以区区之智笼络当世之务，而必后世之无危亡，此理之所必无者也，而岂天道哉？

注释

1 肆：放任，放肆。2 结：紧紧连结。3 赤子：初生的婴儿。4 遽（jù）：骤然。

译文

古代的圣人懂得：天下后世的变化，那不是智慧、思虑能够完全料到的，不是刑法、权术能够控制的；所以，他们不放肆地使用自私、欺诈的计谋，只是集中最大的诚心，创建最大的功德，来沟通上天的意旨；从而，使得上天关注他们的功德，像慈母保护婴儿一样不忍舍弃他们。所以他们的子孙中虽然有极愚蠢、极不贤德而足以亡国的人，可是上天终究不忍一下子让他们灭亡。这是最有远见的考虑啊。如果不能沟通上天的意旨，却想靠小小的智谋管理当今天下的事务，又要使后世一定没有危亡，这是必然没有的道理，难道会符合天道吗？

*原君 黄宗羲

导读

黄宗羲（1610—1695），字太冲，号南雷，世称梨洲先生。浙江余姚人。明末清初著名思想家、史学家。早年领导“复社”，反对宦官专权。清兵南下，举兵抗清。失败后，隐居著书，屡次拒绝清朝廷的招聘。其文章思想锐利，说理透彻，朴实无华。著有《明夷待访录》《宋元学案》《明儒学案》《南雷文定》。

《明夷待访录》成书于清康熙二年（1663），共二十一篇，系统阐述了关于政治、经济、教育诸方面的民本思想。本文是《明夷待访录》的第一篇。“原君”，就是推测君主制度的本源。作者推测了君主制度的起源与演变，认为天下是主，君主是客，人们设立君主的目的，是为了兴办公众的利益，是为了消除公众的祸害。又透辟地分析了专制的君主制度的危害，指出：“凡天下之无地而得安宁者，为君也。”“为天下之大害者，君而已矣。”这种思想，破除了“君权神授”“君权至上”的观念，达到了中国古代民本思想的最高峰，又萌发了近代的民主思想，因而具有石破天惊、振聋发聩的力量。清末维新变法与民主革命的领袖人物，都十分推崇黄宗羲的这些思想，把它作为启发民众觉悟的工具。孙中山先生曾经说：“推到尧舜以前，更没有君权之可言，都是奉有能的人做皇帝，能够替大家谋幸福的人，才可以组织政府。”(《三民主义·民权主义第五讲》）这明显跟黄宗羲的思想相似。

本文不仅立论高远，而且论证有力。对比是本文突出的论证手段。作者既对比了古代的理想君主与后代的专制君主，又对比了专制君主取得天下时的洋洋得意与亡国破家时的凄惨可悲。本文在论证时，大量引用了历史事件，既有正面的，也有反面的。选择汉高祖刘邦、明太祖朱元璋作为反面例子，既大胆又具有典型性。选择宋顺宗与明崇祯帝的悔恨话语，具有发人深省的效果。

有生之初，人各自私也，人各自利也。[1]天下有公利，而莫或[2]兴之；有公害，而莫或除之。有人者出，不以一己之利为利，而使天下受其利；不以一己之害为害，而使天下释其害。此其人之勤劳，必千万于天下之人。夫以千万倍之勤劳，而己又不享其利，必非天下之人情所欲居[3]也。故古之人君，量而不欲入者[4]，许由、务光是也[5]；入而又去之者，尧舜是也；[6]初不欲入而不得去者，禹是也。[7]岂古之人有所异哉？好逸恶劳，亦犹夫人之情也。

注释

1 有生之初：指人类出现以后。自私：只为自己打算。自利：只为自己谋利。2 莫或：没有什么人。3 居：处。4 量：衡量，考虑。不欲入：不想做君主。5 许由、务光：上古时代高士。《庄子·让王》说，尧要把天下让给许由，许由拒绝；商汤要把天下让给务光，务光投河自沉。6 入而又去：做了君主后，又让出君主的位置。尧禅让给舜，舜禅让给禹。7 初不欲入而不得去：夏禹开始不接受舜的禅让，后来接受了；但是他死后，他的儿子启，开始了家天下。

译文

人类产生的初期，各个人都只为自己打算，各个人都只为自己谋利。天下有公共的利益，却没有谁兴办；天下有共同的祸害，却没有谁铲除。有这样的人物出现了，不把自己一人的利益当作利益，而使天下人都能享受利益；不把对自己一人有害的事视为祸害，而使天下人都能避免祸害。这种人的勤劳，必然是天下人的千万倍。付出千万倍的勤劳，自己却又不享受获得的利益，这必然不是天下一般人所情愿的。所以，对于古代的君主位置，有衡量了而不想进入的人，就是许由、务光这类人；有进入了而又离开的人，就是尧、舜这类人；有起初不想进入而最终离不开的人，就是夏禹这类人。难道古代人跟今天的人有所不同吗？没有。因为爱好安逸、厌恶劳苦，也是人的常情呢。

后之为人君者不然。以为天下利害之权皆出于我，我以天下之利尽归于己，以天下之害尽归于人，亦无不可。使天下之人不敢自私，不敢自利，以我之大私为天下之公。始而惭焉，久而安焉。视天下为莫大之产业，传之子孙，受享无穷。汉高帝所谓“某业所就，孰与仲多”者[1]**，其逐利之情，不觉溢之于辞矣**[2]。

注释

1 汉高帝：汉高祖刘邦。他年青时不从事生产劳动，受到父亲批评。夺取天下以后，大宴群臣，对父亲夸耀说：“始大人常以臣无赖，不能治产业，不如仲力。今某之业所就孰与仲多？”刘仲，是刘邦的二哥。刘邦排行第三。2 不觉：自己都没有察觉。溢：满出来。

译文

后代担任君主的人却不是这样。他们认为控制天下利害的大权都出于自己，所以把天下的利益都归自己，把天下的祸害都归别人，也没有什么不可以。他们使天下人不敢自私，不敢自利，而把自己的大私作为天下的公事。开始时还觉得惭愧，时间久了就心安了。他们把天下看成自己最大的产业，传给子孙，享受无穷的利益。汉高祖对父亲说：“我所得到的产业，跟二哥比，谁多呢？”他追逐私利的感情，不自觉地从话语中流露出来了。

此无他。古者以天下为主，君为客；凡君之所毕世而经营者，为天下也。今也以君为主，天下为客；凡天下之无地而得安宁者，为君也。是以其未得之也，屠毒[1]天下之肝脑，离散天下之子女，以博我一人之产业，曾不惨然[2]。曰："我固为子孙创业也。"其既得之也，敲剥天下之骨髓，离散天下之子女，以奉我一人之淫乐，视为当然。曰："此我产业之花息[3]也。"然则，为天下之大害者，君而已矣。向使无君，人各得自私也，人各得自利也。呜呼！岂设君之道固如是乎？

注释

1 屠毒：宰割、毒害。2 曾不：一点儿也不。惨然：悲伤的样子。3 花息：利息。

译文

形成这种情况不是别的原因。而是因为：古时以天下人为主人，以君主为客人；凡君主一生所经营的事情，都是为了天下人。今天呢，以君主为主人，以天下人为客人；凡是使得天下没有什么地方能够安宁的事情，都是为了君主。因此，君主们没有得到天下时，就残害天下的生命，离散天下的子女，用来博取自己一人的产业，从不顾惜百姓的苦难。他们说："我这样做，本来是为子孙创业。"君主们已经得到天下后，就榨取天下的财富，离散天下的子女，来供奉自己一人的淫乐，而且看作是当然的事。他们说："这是我产业的利息。"这样看来，成为天下大害的人，就是君主了。如果没有君主，各个人都能为自己打算，各个人都能为自己谋利。啊！难道设立君主的道理本来是如此吗？

古者，天下之人爱戴其君，比之如父，拟之如天，诚不为过也。今也，天下之人怨恶其君，视之如寇仇，名之为独夫，固其所也。[1]而小儒规规焉以君臣之义无所逃于天地之间[2]，至桀、纣之暴[3]，犹谓汤、武不当诛之[4]，而妄传伯夷、叔齐无稽之事[5]。乃兆人万姓崩溃之血肉，曾不异夫腐鼠[6]。岂天地之大，于兆人万姓之中，独私其一人一姓乎？是故武王，圣人也；孟子之言，圣人之言也。后世之君，欲以如父如天之空名，禁人之窥伺者，皆不便于其言，至废孟子而不立[7]，非导源于小儒乎？

注释

1 恶：厌恶，痛恨。寇仇：强盗，仇敌。《孟子·离娄下》："君之视臣如土芥，则臣视君如寇仇。"独夫：众叛亲离的暴君，又称"一夫"。《尚书·泰誓下》批判商纣王说"独夫受"。《孟子·梁惠王下》："残贼之人，谓之一夫。"所：所宜，应该得到的。2 小儒：见识狭小的儒生，死守教条而不通大道理的儒生。规规：拘泥、死板。3 桀：夏朝亡国暴君。纣：商朝亡国暴君。4 汤：商朝开国君主。武：周武王。5 伯夷、叔齐：孤竹国君主的两个儿子，兄弟两人为了谦让君主继承权而离开本国，投奔周文王。武王伐纣时，相传他们拦住大军，极力劝阻。无稽：无法考察证实。6 腐鼠：腐烂的老鼠。《庄子》曾经把天下的禄位比作腐鼠。7 废孟子而不立：明太祖朱元璋，看到《孟子》中有"民贵君轻"的观点，就下诏废除孟子从祀孔庙；后来，又命令御用文人修改《孟子》，删除书中有民本思想的章句。

译文

古代，天下的人爱戴他们的君主，比作父亲，比作上天，确实不是过分。当今，天下的人怨恨他们的君主，看作强盗和仇敌，称他们为"独夫"，本来应该是这样的。可是，有些见识狭小的儒生，却死板地认为天地之间的君臣关系是永远不能违背的，甚至连夏桀、商纣这样的暴君也不可违背，还说商汤、周武王不应该诛灭他们，而且胡乱传播伯夷、叔齐反对讨伐商纣这样无法考察的故事。竟然把牺牲在暴政下的千万百姓的血肉，看得跟腐烂的老鼠没有什么差异。难道天地这么广大，在千万人中，唯独包庇其中的某一人、某一姓吗？所以，我认为周武王是圣人，孟子的话语是圣人的话语。后世的君主，想用君主如父如天的虚伪名义，禁止别人窥伺君主的权力，都认为孟子的话语对自己不利，甚至废除孟子从祀孔庙，这种举动，难道不是来源于小儒的理论吗？

虽然，使后之为君者，果能保此产业，传之无穷，亦无怪乎其私之也。既以产业视之，人之欲得产业，谁不如我？摄缄縢，固扃鐍，一人之智力，不能胜天下欲得之者之众。[1] 远者数世，近者及身，其血肉之崩溃，在其子孙矣。昔人愿世世无生帝王家，而毅宗之语公主，亦曰："若何为生我家？"[2] 痛哉斯言！回思创业时，其欲得天下之心，有不废然摧沮者乎[3]？是故，明乎为君之职分，则唐、虞之世[4]，人人能让，许由、务光非绝尘[5]也；不明乎为君之职分，则市井之间，人人可欲，许由、务光所以旷[6]后世而不闻也。然君之职分难明，以俄

顷淫乐，不易[7]无穷之悲，虽愚者亦明之矣。

注释

1 摄：收紧。缄縢：捆扎东西的绳索。固：加固。扃：关钮。鐍（jué）：锁钥。《庄子·胠箧》："将为胠箧、探囊、发匮之盗而为守备，则必摄缄縢，固扃鐍。此世俗之所谓知也。然而巨盗至，则负匮、揭箧、担囊而趋，唯恐缄縢、扃鐍之不固也。" 2 昔人：指南朝刘宋王朝的末代皇帝宋顺帝。《南史·王敬则传》记载，宋顺帝被逼出宫时，哭泣感叹着说："唯愿后身生生世世不复天王作因缘。" 毅宗：明朝的末代皇帝崇祯皇帝的谥号。《明史·公主列传》记载，李闯王进入北京，崇祯自杀前，亲自用剑砍伤女儿长平公主，说："汝何故生我家？"《原君》写在《明史》编成之前，可以看成直接引用崇祯的话，不一定跟《明史》字句相同。3 废然：心灰意冷的样子。摧沮：精神崩溃沮丧。4 唐、虞之世：唐尧、虞舜时代。5 绝尘：超尘绝俗。远远超过别人。6 旷：空，绝。7 易：交换。

译文

即使是这样，如果后代取得君主位置的人，果然能永远保持他的这份产业，传给子孙，没有尽头，那对他们自私的举动也就不必奇怪了。但是，他既然把天下看作自己的产业，那么，别的人想得到这份产业的欲望，又有谁比不上他呢？他维护产业，虽然捆紧绳索，加固锁钥，但是一个人的智力，终究不能胜过天下众多的想得到产业的人。所以，长远的可以传几代，短促的自身就遭灾，他们的子孙一定会血肉崩溃。从前有个亡国君主说："希望世世不要出生在帝王家。"明朝亡国时，毅宗皇帝对公主也说："你为什么生在我们家啊？"这话语多么悲痛啊！到了这时，反思君主创业时那想取得天下的野心，有不灰心丧气的吗？所以，明白担任君主的职分，在唐尧、虞舜的时代，人人都能谦让，许由、务光那样的人并不是远远超过众人的人；不明白担任君主的职分，在普通街市上，人人都想做君主，这就是后代再没有出现许由、务光那类人物的原因。这么看来，君主的职分很难弄明白，不想因为贪图短暂的淫乐而换来无穷的悲痛，这一点即使是愚蠢的人也应该明白了。

*少年中国说 梁启超

导读

梁启超（1873—1929），字卓如，号任公，别号“饮冰室主人”。广东新会（今江门新会区）人。师从康有为，倡导维新变法，师徒二人为戊戌变法的领袖，被并称为“康梁”。著作编为《饮冰室合集》。他的散文宣传新思想，明白畅达，热情奔放，影响巨大，号称“新文体”。这种“新文体”，实际上开了“五四”白话文的先河。梁启超还提出了“文界革命”的口号，也启发了“五四”白话文运动。

1898 年戊戌变法失败后，梁启超逃亡日本，创办了《清议报》（1902 年改名《新民丛报》）。《少年中国说》于光绪二十六年（1900）发表于《清议报》。文章的主旨是希望打破古老中国死气沉沉的局面，希望中国恢复青春，希望青年一代能够创造一个繁荣富强、充满生气的“少年中国”。文章的风格跟主旨相契合，信笔直书，纵横议论，热情洋溢；大量使用比喻，使形象鲜明；大量使用排比、层递、顶真的句式，使气势充沛。我们入选时，删节了某些段落。文中的“少年”这个词，含义相当于现代汉语中的“青少年”。

日本人之称我中国也，一则曰老大帝国，再则曰老大帝国。是语也，盖袭译欧西人之言也[1]。呜呼！我中国其果老大矣乎？梁启超曰：恶[2]！是何言？是何言？吾心目中有一少年中国在。

注释

1 袭译：抄袭、翻译。欧西：西欧各国。2 恶（wū）：叹词，表示惊讶、不满。

译文

日本人称呼我们中国啊，一次说“老大帝国”，二次说“老大帝国”。日本人的这个称呼，大概是抄袭翻译西欧各国人的说法。哎呀！我们中国果然老大了吗？梁启超说：唉！这是什么话？这是什么话？我的心目中有一个少年中国存在。

欲言国之老少，请先言人之老少。

老年人常思既往，少年人常思将来。惟思既往也，故生留恋心；惟思将来也，故生希望心。惟留恋也，故保守；惟希望也，故进取。惟保守也，故永旧；惟进取也，故日新。惟思既往也，事事皆其所已经者，故惟知照例；惟思将来

也，事事皆其所未经者，故常敢破格。

老年人常多忧虑，少年人常好行乐。惟多忧也，故灰心；惟行乐也，故盛气。惟灰心也，故怯懦；惟盛气也，故豪壮。惟怯懦也，故苟且；惟豪壮也，故冒险。惟苟且也，故能灭世界；惟冒险也，故能造世界。

老年人常厌事，少年人常喜事。惟厌事也，故常觉一切事无可为者；惟好事也，故常觉一切事无不可为者。

老年人如夕照，少年人如朝阳。老年人如瘠牛，少年人如乳虎[1]。老年人如僧，少年人如侠。老年人如字典，少年人如戏文。老年人如鸦片烟，少年人如泼兰地[2]酒。老年人如别行星之陨石，少年人如大洋海之珊瑚岛。老年人如埃及沙漠之金字塔，少年人如西比利亚之铁路。老年人如秋后之柳，少年人如春前之草。老年人如死海之潴为泽[3]，少年人如长江之初发源。

此老年与少年性格不同之大略也。梁启超曰：人固有之，国亦宜然。

注释

1 乳虎：初出生的老虎。2 泼兰地：今译“白兰地”。3 死海：亚洲西部著名的大咸湖，湖水含盐量达百分之二十五左右，生物不能生存，故名“死海”。可泛指跟大洋隔绝而逐渐干涸的内海。潴（zhū）：水积聚不流。泽：浅水的沼泽或湖泊。

译文

想要讨论国家的老少，请先讨论人的老少。

老年人常怀念过去，少年人常考虑将来。只要常思过去，就因此产生留恋之心；只要常思将来，就因此产生希望之心。只要有留恋之心，就因此保守；只要有希望之心，就因此进取。只要保守，就因此永远陈旧；只要进取也，就因此一天天创新。只要思念过去，事事都是他们所已经经历的，所以只知道照常规办事；只要思念将来，事事都是他们所从未经历的，所以常常敢于打破常规。

老年人常有许多忧虑，少年人常喜欢做快乐的事。只要忧虑多，所以就灰心；只要好快乐，所以就气魄旺盛。只要灰心，所以就怯懦；只要气魄旺盛，所以就豪壮。只要怯懦，所以就苟且；只要豪壮，所以就敢冒险。只要苟且，所以就能毁灭世界；只要敢冒险，所以就能创造世界。

老年人常厌弃办事，少年人常喜欢办事。只要厌弃办事，所以就经常觉得一切事都不可做；只要喜欢办事，所以就经常觉得一切事没有不可做的。

老年人像夕阳，少年人像朝阳。老年人像瘦弱的牛，少年人像初生的虎。老年人像和尚，少年人像侠客。老年人像字典，少年人像戏剧。老年人像鸦片烟，少年人像白兰地酒。老年人像其他行星上来的陨石，少年人像大洋大海中的珊瑚岛。老年人像埃及沙漠中的金字塔，少年人像西伯利亚的铁路。老年人像晚秋的柳树，少年人像早春的野草。老年人像隔绝在内陆无法流动而逐渐干涸的沼泽，少年人像刚刚发源而汹涌澎湃的长江。

这就是老年与少年性格不同的大略状况。梁启超说：人本来有这种状况，国家也应该是这样。

……

梁启超曰：造成今日之老大中国者，则中国老朽之冤业[1]也；制出将来之少年中国者，则中国少年之责任也。彼老朽者何足道？彼与此世界作别之日不远矣，而我少年乃新来而与世界为缘。……使举国之少年而果为少年也，则吾中国为未来之国，其进步未可量也。使举国之少年而亦为老大也，则吾中国为过去之国，其澌亡可翘足而待也[2]。

故今日之责任，不在他人，而全在我少年。少年智则国智，少年富则国富，少年强则国强，少年独立则国独立，少年自由则国自由，少年进步则国进步。少年胜于欧洲，则国胜于欧洲；少年雄于地球，则国雄于地球。

注释

1 冤业：佛教用语，指可以造成恶果的思想言行。2 澌亡：消失灭亡。翘足：举起脚，形容时间极短。

译文

……

梁启超说：造成今日老大中国的原因，就是中国老朽们的思想言行；创造出将来的少年中国，就是中国少年们的责任。那些老朽们哪里值得称道呢？他们跟这个世界告别的日子不远了，而我们少年却是刚来这个世界，跟这个新世界结缘。……如果全国的少年果真都有少年人的气概，那么，我们中国就会成为具有光辉未来的国家，它的进步是不能估量的。如果全国的少年也都成为老大的人，那么，我们中国就会成为没有前途的过去之国，它就会在极短的时间内消亡啊。

所以，今天的责任，不在其他人，而全在我们少年人。少年有智慧则国家有智慧，少年富有则国家富有，少年强壮则国家强盛，少年能独立则国家独立，少年有自由则国家有自由，少年进步则国家进步。少年人胜过欧洲，则国家胜过欧洲；少年能在地球上称雄，则国家能在地球上称雄。

红日初升，其道大光；河出伏流，一泻汪洋；潜龙腾渊[1]，鳞爪飞扬；乳虎啸谷，百兽震惶；鹰隼[2]试翼，风尘吸张[3]；奇花初胎[4]，矞矞皇皇[5]；干将发硎[6]，有作其芒[7]。天戴其苍，地履其黄；[8]纵有千古[9]，横有八荒[10]。前途似海，来日方长。美哉！我少年中国，与天不老。壮哉！我中国少年，与国无疆。

注释

1 潜龙腾渊：潜藏的龙，从深渊中飞腾而起。典故来源于《周易》的“乾”卦爻辞。2 隼（sǔn）：长翼锐爪的凶猛的鹰。3 吸张：被吸起飞扬。4 初胎：含苞待放。5 矞矞（yùyù）皇皇：美丽而充满生机的样子。6 干将：古代名剑，其铸造者是春秋时期吴国的名匠干将。发硎（xíng）：从磨刀石上刚磨好。7 有作其芒：光芒闪烁。8 苍：天空的颜色。黄：大地的颜色。这两句形容中华屹立于天地之间，也有顶天立地的意思。9 千古：指悠久的历史。10 八荒：形容辽远的国土。

译文

红日刚刚升起，大放光芒；河水从地下涌出，汹涌壮阔；潜藏的龙从深渊中飞腾，鳞爪飞动张扬；初生的老虎在山谷咆哮，百兽震撼恐慌；鹰隼试翼鼓风，尘土被吸起飞扬；奇花含苞待放，美艳灿烂；干将刚刚磨好，闪烁着锋芒。头顶苍天，脚踏黄土地；纵有千古历史，横有辽阔疆域。前途似海，未来的日子正长。美丽啊！我少年的中国，与天不老。雄壮啊！我中国的少年，国运无疆。

第四类

写景散文

写景散文在《古文观止》中占有很大比例。这类散文通过描写自然风景与社会风习，表现作者的人生体验、审美情趣或社会理想，往往把写景、抒情、说理熔为一炉。在先秦两汉的文章中，已经有写景的片断，但是没有独立的写景文。六朝时期，随着人们审美情趣的进一步对象化，随着文学的自觉（跟哲学、史学分离），写景文（包括写景散文与写景骈文）与山水诗一道走向独立成熟，自此成为中国传统文章的一个重要类别。描写物件，在某种意义上，也是写景。因此描写物件的散文，可以看作是写景散文的一种分支形态。诵读写景文，既要注意空间的转换，也要注意时间的推移，还要涵泳其中的理趣，对于文中脍炙人口的语句与段落更要反复诵读。

桃花源记 陶渊明

导读

《桃花源记》是陶渊明的代表作，本是《桃花源诗》(五言古诗）的序言。创作时间大约是南朝宋武帝永初二年（421）。此时，陶渊明归隐田园已经十余年了。他躬耕僻野，仍然关心世事，但是无法改变充满战乱、尔虞我诈的黑暗现实，于是构想出一个与污浊社会相对立的理想世界——桃花源。桃花源中的环境美好，没有压迫，没有战乱，人人过着自耕自食的富裕宁静生活。这种构想，是对当时社会黑暗现实的否定和批判，也反映了广大民众追求安定生活的愿望。它对后世影响很大，成为动乱年代人们的精神寄托。

《桃花源记》构思奇特，想象丰富，充满浪漫主义色彩。它以一个渔人的奇遇为线索展开描述，虚实结合、曲折新奇。首尾点明真实的地点、真实的年代、真实的人物，以增强文章的可信度，这是采用了史传笔法。文中所描述的世外桃源的情景，则完全是作者的想象和虚构。但是，虚构也以现实为基础，桃花源中人们的居住、劳动、衣着、交往等“悉如外人”，就是太平时代农村常见的景象。本文采用白描手法，无论是叙事，还是写人，都毫无雕饰痕迹，体现了陶渊明作品冲淡自然的风格。

晋太原[1]中，武陵[2]人捕鱼为业。缘[3]溪行，忘路之远近。忽逢桃花林，夹岸数百步，中无杂树，芳草鲜美，落英缤纷[4]。渔人甚异之。复前行，欲穷[5]其林。林尽水源[6]，便得一山。山有小口，仿佛若有光。便舍船[7]，从口入。

注释

1 太原：应作“太元”。东晋孝武帝司马曜（yào）的年号（376—396）。2 武陵：郡名，治所在今湖南常德。3 缘：沿路上行。4 落英：落花。一说为“初开的花”。缤纷：繁多的样子。5 穷：走尽。6 林尽水源：桃林的尽处就是溪水的源头。7 舍船：离船上岸。

译文

晋朝太元年间，有个武陵人，靠捕鱼为职业。有一次，他划船沿溪而上，忘记了路程远近。忽然碰上一片桃花林，夹着山溪两岸，绵延几百步，当中没有一棵其他的树，芳香的野草鲜嫩美丽，飘落的花朵撒满树林。渔人觉得惊异。他继续前进，想走尽那片桃林。桃林尽处，正是溪水的源头，源头有一座山。山下面有个小洞，隐隐约约像有亮光。渔人离船上岸，从洞口摸进去。

初极狭，才通人[1]。复行数十步，豁然开朗。土地平旷，屋舍俨然[2]。有良

田、美池、桑竹之属[3]。阡陌[4]交通，鸡犬相闻。其中往来种作，男女衣着，悉如外人。黄发垂髫[5]，并怡然自乐。见渔人，乃大惊。问所从来，具答之。便要[6]还家，设酒杀鸡作食。村中闻有此人，咸[7]来问讯。自云先世避秦时乱[8]，率妻子邑人[9]，来此绝境，不复出焉，遂与外人间隔[10]。问今是何世，乃不知有汉，无论魏晋。此人一一为具言所闻，皆叹惋。余人各复延至其家，皆出酒食。停数日，辞去。此中人语[11]云："不足为外人道也。"

注释

1 才通人：仅能容一人行走。2 俨然：整齐的样子。3 之属：之类。4 阡陌（qiānmò）：田间小路；南北叫阡，东西叫陌。5 黄发：指老人。据说年老了头发白后转黄。垂髫（tiáo）：指小孩。小孩头上下垂的短发叫髫。6 要（yāo）：同"邀"。7 咸：都，皆。8 云：说。先世：前代祖先。秦时乱：秦朝时的战乱。9 邑人：同乡的人。10 间（jiàn）隔：隔离而不相往来。11 语（yù）：告诉。

译文

洞口起初极狭窄，仅能容一人行走。走了几十步，眼前变得开阔明朗。土地平坦宽广，房屋整齐排列。有肥沃的田地，幽美的池塘，生长着桑树、竹林等。田间小路交错相通，鸡鸣狗叫彼此呼应。里面人们来来往往，耕种劳作，男女的衣服打扮，完全和外边的人一模一样。老人和小孩，也个个无忧无虑，欢乐愉快。他们看到渔人，竟然十分惊奇。他们问渔人从哪里来的，渔人一一作了回答，就有人邀请渔人到家里去，摆酒、杀鸡、做饭招待他。村子里的人听说来了这么个客人，都赶来探问消息。他们自己说：祖先躲避秦时祸乱，率领妻子儿女和乡邻们来到这块与世隔绝的地方，没有再出去，和外边的人断了来往。他们问渔人当今是什么朝代，竟然不知道有个汉朝，更不必说曹魏、晋朝了。渔人把所听到的一一给他们说了，他们听到这些，都惊叹惋惜。其余的人又各自邀请渔人到自己家里去，拿出酒菜饭食招待他。渔人逗留了几天，才辞别离开。桃花源中的人告诉他说："用不着向外边的人讲起啊。"

既出，得其船，便扶向路[1]，处处志[2]之。及郡下[3]，诣太守[4]，说如此。太守即遣人随其往，寻向所志，遂迷，不复得路。南阳刘子骥[5]，高尚士也，闻之，欣然亲往[6]，未果，寻[7]病终。后遂无问津者[8]。

注释

1 扶：沿着。向路：先前来的路。2 志：用作动词，做标记。3 郡下：指武陵城下。4 诣（yì）：往见。太守：郡的行政长官。5 南阳：郡名，治所在今河南南阳。刘子骥（jì）：名麟之，字子骥，晋代南阳人，有名的隐士，《晋书》有他的传记。6 亲往：一本作“规往”。7 寻：不久。8 问津者：访求的人。津，原指渡口。

译文

渔人出了洞，找到了他的小船，就沿着原先的来路，一处处做上标志。到了武陵郡城，便去拜见太守，说了自己所经历的一切。太守马上派人随着他前往，寻找先前做的标志，竟然迷失了方向，再也找不到原来的路径。南阳的刘子骥，是位清高的隐士，听到这消息，很高兴地亲自去寻找桃花源，没有找到，不久生病去世。从此以后，就再没有寻找桃花源的人。

钴鉧潭西小丘记 柳宗元

导读

柳宗元因参与王叔文集团政治革新而被贬永州，且久贬不迁。在永州十年，他徜徉于山水之间，以寄托自己的情怀，排解内心的烦闷。在漫游山水、搜奇探胜的同时，他写下了不少山水游记，其中最著名的称为“永州八记”，所写的八个景点，都在今湖南永州芝山区潇水西岸。“八记”各自独立而又连贯，其共同特点是把作者的思想情感融会到山水之中。

本篇叙述了作者买小丘、修小丘和游小丘的经过，着力描绘了小丘奇特优美的风景，并借小丘抒发自己的人生感慨。小丘景致奇特，但处于人迹罕至的僻远之地，又为秽草恶木所蔽，故遭人轻视，贱价也久未售出，正如自己虽怀经世济民的抱负，却被无辜贬在荒远小州，遭小人诽谤，也为常人所轻视。最后，作者对小丘能遇到赏识它的人表示祝贺，也隐然表现了自己希望能被人发现而重新获得重用的渴望。全篇以乐言忧，寄慨深远。作者将自己强烈的主观感情完全倾注在对自然景物描绘之中，使客观景物具有作者的性格特点，达到了一种物我为一的境界。这不仅是本篇的突出特色，也是柳宗元其他山水游记的共同特色。

得西山后八日[1]，寻[2]山口西北道二百步，又得钴鉧潭[3]。西二十五步，当湍而浚者为鱼梁[4]。梁之上有丘焉，生竹树。其石之突怒偃蹇[5]、负土而出、争

为奇状者，殆不可数。其嵚然[6]相累而下者，若牛马之饮于溪；其冲然角列而上者，若熊罴[7]之登于山。

注释

1 得西山后八日：此记之前还有一篇《始得西山宴游记》，所记时间为元和四年（809）九月二十八日。2 寻：沿着。3 钴鉧（gǔmǔ）潭：潭名，在西山之西，因潭形如钴鉧（熨斗）而得名。4 湍（tuān）：水势激急。浚（jùn）：深。鱼梁：横跨水面捕鱼的小堤堰。堰中留有缺口，安上捕鱼的竹篓。5 突怒：岩石突出，好像发怒。偃蹇（yǎnjiǎn）：高耸。6 嵚（qīn）：高峻。7 罴（pí）：熊的一种，即马熊，能直立，故又叫人熊。

译文

发现西山后的第八天，我沿着山口向西北的小路走了两百步，又发现了钴鉧潭。潭西二十五步远，正当流急水深的地方是一道鱼梁。鱼梁上面有个小山丘，长着竹子、树木。那小丘上的石头像发怒一样高高地耸立，拱开泥土冲出地面，争着展现出各种奇形怪状，几乎多得数不清。有的石头突出地面，一个挨一个挤着向下，好像牛马下到溪边去喝水；有的石头像角一样排列着向上冲，好像熊罴在向山上爬。

丘之小不能一亩，可以笼而有之。问其主，曰："唐氏之弃地，货而不售。"问其价，曰："止四百。"余怜而售之[1]。李深源、元克己时同游，皆大喜，出自意外。即更取器用，铲刈[2]秽草，伐去恶木，烈火[3]而焚之，嘉木立，美竹露，奇石显。由其中以望，则山之高，云之浮，溪之流，鸟兽之遨游[4]，举熙熙然回巧献技[5]，以效[6]兹丘之下。枕席而卧，则清泠[7]之状与目谋，瀯瀯[8]之声与耳谋，悠然而虚者与神谋，渊然而静者与心谋。不匝旬而得异地者二[9]，虽古好事之士[10]，或未能至焉。

注释

1 怜：在这里带有两种感情：一是喜爱，一是同情。同情是因其地荒废，虽价廉却售不出去。售："货而不售"的"售"，意思是"卖出手"；"余怜而售之"的"售"，意思是"买"。2 刈（yì）：割除。3 烈火：放大火。4 遨（áo）游：游玩。5 举：全部。熙熙然：欢乐的样子。回巧：指山水环绕回旋，好像在表现它们的奇巧。献技：指浮云鸟兽飘浮嬉游，好像在表演它们的技艺。6 效：呈献。7 泠（líng）：明净。8 瀯瀯（yíngyíng）：水流声。9 匝（zā）旬：满十天。异地者二：指西山和钴鉧潭边这座小丘。10 好（hào）事之士：喜欢多事的人。这里是指喜欢游历的人。

译文

小丘小得不到一亩，可以全部买下。我问它的主人是谁，有人说，这是唐姓的荒地，早想卖出去却没人买。问它的价钱，说："只要四百文钱。"我很喜爱它并且同情它的遭遇，就买下了它。李深源、元克己跟我一起游览，都非常高兴，因为出乎意料之外。我们立即轮流拿起锄头柴刀，铲除、割掉杂乱的野草，砍去不好的树木，并点火把它们烧掉。于是，好的树木挺立出来了，秀美的竹子显露出来了，奇形怪状的石头显现出来了。从小丘中向远处眺望，山的高峻，云的飘浮，溪水的流动，鸟兽的自由自在的飞翔奔走，这一切都欢乐地在小丘下呈现它们的奇巧，表演它们的技艺。我们铺了席子躺下，那清幽明净的景物收入眼底，叮咚的水声进入耳中，悠闲而虚静的境界融入心神，深沉而闲适的意趣潜入脑际。我不到十天就发现两处奇妙的地方，即使是古代喜欢游历的人，也或许不能做到。

噫！以兹丘之胜，致之沣、镐、鄠、杜[1]，则贵游之士争买者，日增千金而愈不可得。今弃是州也，农夫渔父过而陋之，价四百，连岁不能售，而我与深源、克己独喜得之，是其果有遭乎？书于石，所以贺兹丘之遭也。

注释

1 沣（Fēng）、镐（Hào）、鄠（Hù）、杜：均为唐代京都长安（今陕西西安）附近的地名，多为贵族府第、园林所在。

译文

唉！凭着这个小丘的优美风景，如果它处在沣、镐、鄠、杜，那么，爱好游乐的人一定争着购买，即使天天增加很多金钱却总是不能够得到。现在它被遗弃在这个永州，农夫渔人走过，都看不起它，售价只四百文，竟然多年卖不出手，可是我和深源、克己偏偏喜欢它并得到了它，这是它真正碰上了机遇吗？我把这些写在石头上，用来祝贺这小丘的机遇啊！

黄冈竹楼记 王禹偁

导读

王禹偁（954—1001），字元之，济州巨野（今山东巨野）人。曾任右拾遗，以刚直敢言著称，在政治上屡遭贬谪。他反对宋初沿袭自五代的浮靡文风，提倡平易朴素，为后来诗文革新运动开辟了道路。于诗推崇杜甫、白居易；于文推崇韩愈、柳宗元。有《小畜集》传世。

本文是王禹偁被贬为黄州知州时写的，又名《黄州新建小竹楼记》。王禹偁以简洁而富有情韵的文笔，描写出竹楼的特殊风光与自己的独特感受，反映出轻视富贵、潇洒淡泊、随遇而安的思想情怀。文章风格潇洒疏淡。特别是第二段写竹楼的雨声、雪声、鼓琴声、咏诗声、下棋声、投壶声，写得各具特色，共同烘托出一个清幽宜人的境界。原评："冷淡萧疏，无意于安排措置，而自得之于景象之外。可以上追柳州（柳宗元）得意诸记。起结摇曳生情，更觉蕴藉。"

黄冈[1]之地多竹。大者如椽[2]，竹工破之，刳[3]去其节，用代陶瓦；比屋[4]皆然，以其价廉而工省也。

注释

1 黄冈：地名，今湖北黄冈。2 椽（chuán）：屋顶上支架瓦片的木条。3 刳（kū）：剖、挖空。4 比屋：家家户户。比，并，连。

译文

黄冈这个地方竹子很多。大的竹子像椽条那么大，竹工把它破开，挖空它的节，用来代替瓦；各家各户都是这样，因为它的价格便宜，而且省工。

子城西北隅[1]，雉堞圮毁[2]，蓁莽荒秽[3]。因作小楼二间，与月波楼[4]通。远吞山光，平挹江濑。[5]幽阒辽夐[6]，不可具状[7]。夏宜急雨，有瀑布声；冬宜密雪，有碎玉声。宜鼓琴，琴调和畅；宜咏诗，诗韵清绝；宜围棋，子声丁丁然[8]；宜投壶[9]，矢声铮铮然。皆竹楼之所助也。

注释

1 子城：附属于大城外面的小套城。隅（yú）：角。2 雉堞（zhìdié）：城墙上的矮墙。圮

(pǐ)：倾塌。3 蓁（zhēn）莽：密集的荆棘与野草。荒秽（huì）：荒芜。4 月波楼：黄冈城西北角的一座城楼。王禹偁《月波楼咏怀诗序》："月波之名，不知得于谁氏。"5 "远吞"二句：远望可以把山光尽收眼底，平视可以看到沙滩上的流水。挹（yì），汲取，舀，此处意为看到。濑（lài），沙滩上的浅水。6 幽阒（qù）：清幽寂静。辽夐（xiòng）：辽阔遥远。7 具：全部。状：描述出它的情态。8 丁丁（旧读 zhēngzhēng）：象声词。9 投壶：古代的一种游艺。向长颈壶中投箭，按投中多少分胜负。《礼记》有《投壶》篇。

译文

黄州子城的西北角，上面的矮墙已经倾塌毁坏，长满荆棘野草，荒芜杂乱。我就势修建了两间小竹楼，与月波楼互相连接。从楼上远望，群山的风光尽收眼底；平视过去，可以看到江滩上的浅水流沙。清幽寂静，辽阔遥远，不能把它的情状一一描绘出来。夏天，最宜听急雨，好像瀑布的声音；冬天，最宜听密雪，好像撒下碎玉的声音。这里适宜鼓琴，琴声和谐流畅；适宜吟诗，诗歌音韵清幽；适宜下棋，棋子落在棋盘上发出丁丁的声音；适宜投壶，箭投入壶中发出铮铮的声音。这都是竹楼所给予的。

公退[1]之暇，被鹤氅衣[2]，戴华阳巾[3]，手执《周易》[4]一卷，焚香默坐，消遣世虑[5]。江山之外，第[6]见风帆沙鸟、烟云竹树而已。待其酒力醒，茶烟歇[7]，送夕阳，迎素月，亦谪居之胜概[8]也。

彼齐云、落星[9]，高则高矣！井幹、丽谯[10]，华则华矣！止于贮妓女，藏歌舞，非骚人[11]之事，吾所不取。

注释

1 公退：指办完公务以后。2 被：通"披"。鹤氅（chǎng）：鸟羽制成的外衣。3 华阳巾：道士戴的一种帽子。4《周易》：儒家六经之一，先秦的哲学著作，主要是讲阴阳变化。5 消遣：排除。世虑：世俗的各种杂念。6 第：但，只。7 茶烟歇：品茶完毕，香炉中的香料焚尽。8 胜概：佳境。概，状况。9 齐云：楼名，古名月华楼，在江苏吴县，唐代恭王所造。落星：楼名，在南京落星山，三国时吴帝孙权所造，高三层。10 井幹（hán）：楼名，在长安，汉武帝所造，高五十余丈。丽谯（qiáo）：楼名，魏武帝曹操所建（丽谯本泛指高楼）。11 骚人：文人，诗人。

译文

我在办完公务以后的空闲时间，披着羽毛制成的外衣，戴着华阳巾，手里拿着一本《周易》，焚上一炉香，默默地坐着，消除世俗的各种杂念。放眼长江高山之外，只看到乘风前进的帆船，在沙洲上飞翔的水鸟，烟雾云霞笼罩的竹林树木。等到酒醒了，茶品完了，香炉里的香料烧尽了，便目送夕阳下山，迎来一轮明月，这真是贬官后居住的佳境啊。

那齐云楼、落星楼，高是很高啊！井幹楼、丽谯楼，华丽是华丽啊！但是，它们只是用来贮藏卖艺的女子，贮藏能歌善舞的人，这不是文人应该做的事，我不喜欢这些。

吾闻竹工云："竹之为瓦，仅十稔[1]；若重覆之，得二十稔。"噫！吾以至道乙未岁自翰林出滁上[2]，丙申移广陵[3]，丁酉又入西掖[4]，戊戌岁除日有齐安之命[5]，己亥闰三月到郡[6]。四年之间，奔走不暇。未知明年又在何处。岂惧竹楼之易朽乎？后之人与我同志[7]，嗣而葺之[8]，庶斯楼之不朽也[9]。

注释

1 十稔（rěn）：十年。谷熟叫稔，古代一年收获一次庄稼，故一年叫一稔。2 至道：宋太宗年号（995—997）。至道元年（995）的干支纪年是乙未。这一年，孝章皇后死，朝廷不用后礼举丧，王禹偁提出应该用后礼，因此获罪，从翰林学士被贬官滁州。出：贬出京城。滁上：指滁州，今安徽滁州。3 丙申：至道二年（996）的干支纪年。这年，有人诬告王禹偁买马舞弊，幸亏宋太宗不相信，将他从滁州调往广陵。广陵：即扬州。4 丁酉：至道三年（997）的干支纪年。这一年朝廷将王禹偁调回中央，任知制诰（替皇帝起草诏书）。西掖：中书省，中央的行政机构。因在皇宫西边，故称西掖，又称右曹。5 戊戌：宋真宗咸平元年（998）的干支纪年。除日：除夕，大年三十。齐安：即黄州，郡治在今湖北黄冈。齐安是南齐时旧名。这年，王禹偁编写《太祖实录》，因直书史事获罪，被贬官知黄州。6 己亥：咸平二年（999）。到郡：抵达任所。7 同志：志向相同。

8 嗣（sì）：继续。葺（qì）：修理。9 庶（shù）：表示希望与揣测的虚词，又写作"庶几"。斯：此，这个。原文下面还有写作年月："咸平二年八月十五日记。"

译文

我听竹工说："用竹子作瓦，只能管十年；如果盖两层，可以管二十年。"唉！我在至道年间乙未那一年，从翰林院贬出京城到了滁州；第二年丙申，调到广陵；第三年丁酉，又被召到中书省担任职务；第四年戊戌的大年三十，又命令我到黄州来，直到今年闰三月才到任所。四年里面，到处奔波，没有空闲。不知明年又在什么地方。我难道还怕竹楼容易朽坏吗！后来的人如果与我志向相同，继续修理这座楼，那么这座楼也许可以不朽呢。

严先生祠堂记 范仲淹

导读

范仲淹（989—1052），字希文，苏州吴县（今江苏苏州）人。北宋政治家、文学家。少年贫困力学，宋真宗大中祥符八年（1015）中进士。仁宗景祐年间知开封府，上《百官图》，讥刺守旧的宰相吕夷简，被贬饶州。仁宗庆历年间，力主改革，是"庆历新政"的积极倡导者、参与者。历官至陕西经略安抚副使、枢密院副使、参知政事等。范仲淹关心国计民生，工于诗、词、散文。有《范文正公集》。

本文写于明道二年（1033）。当时，范仲淹担任睦州知州。睦州为东汉著名高士严子陵建祠堂，范于是写了这篇文章。本文又名《桐庐郡严先生祠堂记》。

全文以"相尚以道"为核心，这是对严子陵和汉光武帝交谊的高度概括。文章既赞扬严子陵不慕富贵而归隐江湖的高风亮节，也高度评价了汉光武帝以贵下贱、包容志向不同者的广阔胸襟。两者互相映衬，而重点突出了严子陵的高风亮节。作者认为，"相尚以道"的交往能大有功于名教，即能够产生良好的社会教化作用，能够创造一种宽松的政治气氛。文章最后以歌词作结，不仅造语精警、音韵铿锵，而且意境开阔，旨趣深远。

先生[1]，光武之故人也[2]。相尚以道。及帝握赤符[3]，乘六龙[4]，得圣人之时[5]，臣妾亿兆[6]，天下孰加焉？惟先生以节高之。既而动星象[7]，归江湖[8]，得圣人之清，泥涂轩冕[9]，天下孰加焉？惟光武以礼下之。在《蛊》之上九，众方有为，而独"不事王侯，高尚其事"，先生以之。[10]在《屯》之初九，阳德方亨，而能"以贵下贱，大得民也"，光武以之。[11]盖先生之心，出乎日月之上；光武之量，包乎天地之外。微[12]先生，不能成光武之大；微光武，岂能遂先生之高哉？而使贪夫廉，懦夫立，是大有功于名教也。

注释

1 先生：指严光，字子陵。东汉初会稽余姚（今属浙江）人。他曾与刘秀同学。刘秀即位后，他改名隐居。后被召到京师洛阳，刘秀任命他为谏议大夫，他不肯接受，归隐于富春山（在今浙江桐庐）。2 光武：即刘秀（前 5—57），东汉王朝的建立者。3 握赤符：光武到达鄗（Hào），有微贱时长安同舍儒生强华，从关中前来，奉上《赤伏符》，那符是三个七字句："刘秀发兵捕不道，四夷云集龙斗野，四七之际火为主。"意思是刘秀应该即皇帝位。鄗地在今河北柏乡。4 乘六龙：古代天子之车驾六马，因以"六龙"作为天子车驾的代称（上古传说六龙为太阳驾车）。5 圣人之时：适合时代潮流的圣人。《孟子·万章下》："伯夷，圣之清者也；伊尹，圣之任者也；柳下惠，圣之和者也；孔子，圣之时者也。"6 臣妾亿兆：统治天下成千上万的民众。7 动星象：传说光武与严子陵共卧，子陵把脚放在光武腹上。次日，太史奏客星犯帝座甚急，光武笑道："我不过与故人严子陵同卧而已。"8 归江湖：严子陵不接受谏议大夫的官职，回家耕钓于富春山。9 泥涂轩冕：把轩冕看得像泥巴一样。泥涂，比喻污浊。轩冕，显贵者的冠服。10《蛊（gǔ）》：《易》卦名。该卦的上九爻辞是："不事王侯，高尚其事。"11《屯》：《易》卦名。该卦的初九爻辞是："以贵下贱，大得民也。"12 微：无，没有。

译文

严先生是光武皇帝的老朋友，彼此都用道义来结交。当光武帝握了赤符，即了帝位，成为适应时代的圣人，统治着亿兆的民众，天下还有谁能胜过他呢？只有严先生能够凭气节在他面前显示自己的高尚。后来他和光武同睡，动了星象，返回江湖，成为保持清高的圣人，把富贵看得像泥土一样，天下又有谁能胜过他呢？只有光武能够用故人的礼节来敬重先生。《蛊》卦的上九爻辞说：众人正在积极行动，有人独独"不去侍奉王侯，保持了高尚的身份"，严先生的节操，配得上这几句话。《屯》卦的初九爻辞说：阳德正在亨通，却能"降低尊贵的身份去敬重贫贱，是大得民心的"，光武的礼贤下士，也很合这几句话。原来严先生的思想，能高出日月；光武的气量，能包举天地。如果没有严先生，便不能成就光武的伟大；没有光武，又怎能成就严先生的高节呢？他们可以使得贪婪的人变得清廉，懦弱的人发奋自立，这真是对名教大有功劳啊。

仲淹来守是邦[1]，始构堂而奠焉。乃复为其后者四家[2]，以奉祠事。又从而歌曰："云山苍苍，江水泱泱；先生之风，山高水长！"

注释

1 是邦：这个地方。指睦州，后改为严州。睦州，辖今浙江桐庐等县。2 复：免除其赋役。免除了严光后代中四户人家的赋役。

译文

我仲淹来到这里做官，才建造了祠堂祭祀严先生，又免除了他后代子孙四家的赋役，让他们管理祭祀的事。我还因此作了一首歌："云山郁郁苍苍，江水浩浩荡荡；先生的亮节高风，像山一样高，像水一样长。"

岳阳楼记 范仲淹

导读

岳阳楼是唐朝岳州巴陵县（今湖南岳阳）的城门西楼，相传建于唐初。此文作于庆历六年（1046）。庆历三年（1043），范仲淹、韩琦等掌权，推行"庆历新政"。新政引起某些官僚的不满，范仲淹被贬为陕西巡抚，次年再贬邠州知州，改往邓州。庆历四年（1044），滕子京贬为岳州知州。范公偁《过庭录》云："滕子京负大才，为众忌嫉。自庆帅谪巴陵，愤郁颇见辞色。文正（范仲淹）与之同年，友善，爱其才。"滕子京修缮岳阳楼后，范仲淹应滕子京之请写了这篇记。

《岳阳楼记》境界广阔，立意高远。作者在交代作记的缘起后，略写人们所反复写过的、共同看到的"巴陵胜状"，然后浓墨重彩地描写有差异的"览物之情"。无论写阴森的景色或者明丽的景色，无论写悲伤情怀或者喜悦之情，都历历如画，真切感人，相互映衬，相互对照。文章最后提出理想化的"古仁人"的形象，借此抒发作者自己"不以物喜""不以己悲""先天下之忧而忧，后天下之乐而乐"的人生理想。这既勉励了滕子京，也鞭策了自己，并且为后世的志士仁人提供了修身敬业的准绳。

本文把叙事、写景、抒情、议论融为一体，叙事简明，写景如画，抒情真切，议论高远，水到渠成，不露痕迹。本文吸收了赋的四字句式和用韵特点，又骈散相间，排比对偶，朗朗上口，语言工整而富有变化。

庆历四年[1]春，滕子京谪守巴陵郡[2]。越明年，政通人和，百废具兴。乃重修岳阳楼，增其旧制，刻唐贤、今人诗赋于其上。属[3]予作文以记之。

注释

1 庆历四年：公元1044年。庆历是宋仁宗（赵祯）的年号。2 滕子京：名宗谅，河南洛阳人，与范仲淹同时中进士。因被人诬告"枉费公用钱"而被贬为岳州（治所在今湖南岳阳）知州。巴陵郡：岳州的古称，辖境相当于今洞庭湖东、南、北沿岸各县。下文的巴陵，则指巴陵县（今湖南岳阳）。3 属：同“嘱”，嘱托。

译文

庆历四年的春天，滕子京被贬谪到巴陵郡。到了第二年，政事通畅，上下和谐，各种废置的事都兴办起来了。于是重修岳阳楼，扩大原来的规模，把唐朝贤士和当代名人的诗赋刻在上面。他托我写一篇文章把这件事记下来。

予观夫巴陵胜状，在洞庭一湖。衔远山[1]，吞长江，浩浩汤汤[2]，横无际涯。朝晖夕阴，气象万千。此则岳阳楼之大观也，前人之述备矣。

注释

1 衔（xián）：包含。远山：指洞庭湖中的君山。2 浩浩汤汤（shāngshāng）：水势浩大的样子。

译文

我观察巴陵出色的美景，集中在一个洞庭湖上。洞庭湖包含着远处的山，吞吐长江的水，水势浩大，宽广无边。一早一晚，或雨或晴，气象千变万化。这就是在岳阳楼上看到的雄伟壮阔的景象，从前的人已经描述得很详尽了。

然则，北通巫峡[1]，南极潇湘[2]，迁客骚人[3]，多会于此，览物之情，得无异乎？

若夫霪雨霏霏[4]，连月不开；阴风怒号，浊浪排空；日星隐曜，山岳潜形；商旅不行，樯倾楫摧[5]；薄暮冥冥[6]，虎啸猿啼。登斯楼也，则有去国[7]怀乡，忧谗畏讥，满目萧然，感极而悲者矣。

注释

1 巫峡：长江三峡之一，在湖北巴东西与重庆巫山境内。2 潇湘：水名。潇水在湖南零陵境内流入湘江。这里指湖南南部。3 迁客：被贬谪的官吏。骚人：善于作诗文的人。因为《离骚》是中国诗歌中最享盛名的作品，所以用“骚人”指诗人、文人。4 若夫：与下文的“至若”，都是另起一段的发语词。霪（yín）雨：久雨，过多的雨。5 樯（qiáng）：桅杆。楫（jí）：划船用的桨。6 薄：挨近。冥冥：昏暗。7 去国：离开京城。

译文

然而，这里往北通到巫峡，向南通到潇湘，降职远调的官吏，游览路过的诗人，大多来这里聚会，他们观览景物以后的心情，难道会没有差异吗？

若是久雨不停，一连几个月不放晴；阴冷的风怒吼，浑浊的浪头腾空而起；太阳和星星都隐没了光辉，高山都掩藏了外形；船上的桅杆倾斜，船桨折断，商人和旅客们不能赶路；一到傍晚，天色昏暗，老虎吼叫，猿猴哀啼。登上这座楼，他们就会触发离开国都、怀念家乡、担心受谤、怕人讥笑的情怀，因为满目凄凉，感慨无限而心生悲伤了。

至若春和景明，波澜不惊；上下天光[1]，一碧万顷；沙鸥翔集[2]，锦鳞游泳[3]；岸芷汀兰[4]，郁郁[5]青青；而或长烟一空，皓月千里；浮光跃[6]金，静影沉璧[7]；渔歌互答，此乐何极！登斯楼也，则有心旷神怡，宠辱皆忘，把酒临风，其喜洋洋者矣！

注释

1 上下天光：明净的天空倒映在水里，天和水融为一色。上指天，下指水。2 翔集：飞翔与停集。3 锦鳞：鱼类。鱼鳞闪映着光彩，故称。游泳：浮水为游，潜水为泳。4 芷（zhǐ）：香草名。汀（tīng）：小洲。5 郁郁：香气浓郁。6 跃：一本作“耀”。7 璧：玉璧。

译文

到了春光晴和、景物鲜明的时候，湖上风平浪静；水天一色，碧绿万顷；沙鸥时而飞翔，时而停聚，美丽的鱼儿时而浮出水面，时而潜入水底；岸上的香芷和小洲上的兰草，香气浓郁，青翠茂密；夜晚长空中的烟雾散尽，明月照耀着千里的大地；浮动在水波上的月光闪耀着金色的光彩，倒映在湖水中的平静月影像一块沉在水中的玉璧；渔人的歌声此唱彼和，这乐趣哪有止境！他们登上这座楼，就会心情舒畅，精神愉快，得失荣辱全都忘掉，端着酒杯临风畅饮，快乐得意气扬扬了。

嗟夫[1]！予尝求古仁人之心[2]，或异二者之为。何哉？不以物[3]喜，不以己悲。居庙堂[4]之高，则忧其民；处江湖之远，则忧其君。是进亦忧，退亦忧。

然则何时而乐耶？其必曰“先天下之忧而忧，后天下之乐而乐”欤？噫！微斯人[5]，吾谁与归[6]！

注释

1 嗟夫：感叹词，相当于现在的“唉”。2 仁人：有高尚道德修养的人。心：这里指思想感情。3 物：身外之物，环境遭遇。4 庙堂：朝廷。5 微：非，没有。斯人：这种人，指“古仁人”。6《范文正公集》中本文最后还有“时六年九月十五日”一句，标明写作时间。六年，即庆历六年（1046）。

译文

唉！我曾经探求古代仁人的心境，或许跟上面说的两种情绪不同。为什么呢？他们不因外物和个人的得失而高兴，也不因外物和个人的得失而悲哀。他们在朝廷上做大官，就替百姓担忧；在偏远的江湖居住，就替国君担忧。这种人在朝也担忧，在野也担忧。那么什么时候才会快乐呢？他们一定会说“忧在天下人遇到忧患之先，乐在天下人得到安乐之后”吧？唉！没有这样的人，我能跟从谁呢！

醉翁亭记 欧阳修

导读

宋仁宗庆历三年（1043），范仲淹、韩琦、富弼等推行改革，实施“庆历新政”，保守派大官僚诬蔑范仲淹等人为“朋党”，阴谋陷害。欧阳修作《朋党论》替范仲淹等人辩护，也被诬为范仲淹的同党，于庆历六年（1046）被贬为滁州（今安徽滁州）知州。滁州地僻事简，欧阳修常放情诗酒山水，以求自娱，并自号“醉翁”。

本文极写醉翁亭四时景色之美和自己感受到的山水之乐，极写游人之乐，众宾之乐，以及自己“醉能同其乐”的和谐场面，委婉地表达了自己治滁的政绩，但是，最重要的，一是抒发自己面对逆境泰然处之的旷达风度，二是表达自己“与民同乐”的政治理想。

本文景物描写细密生动，动静结合，呈现出一幅幅色彩鲜明的图画，而且景物都带有作者强烈的感情色彩，情景交融。全文处处写亭，笔笔写乐，而亭与乐又以太守为中心。这种写法如金线串珠，层次分明，散而不乱。

本文风格从容不迫，虚词运用也富有特色。文中一连使用二十个“也”字，神贯气畅，形成一种咏叹的情调。原评赞叹道：“通篇共用二十个‘也’字，逐层脱卸，逐步顿跌，句句是记山水，却句句是记亭，句句是记太守。似散非散，似排非排，文家之创调也。”

环滁皆山也[1]。其西南诸峰，林壑[2]尤美。望之蔚然而深秀者[3]，琅琊[4]也。山行六七里，渐闻水声潺潺，而泻出于两峰之间者，酿泉[5]也。峰回路转[6]，有亭翼然临于泉上者[7]，醉翁亭也。作亭者谁？山之僧智仙也。名之者谁？太守自谓也[8]。太守与客来饮于此，饮少辄醉，而年又最高，故自号曰醉翁也。醉翁之意不在酒，在乎山水之间也。[9]山水之乐，得之心而寓之酒也。[10]

注释

1 环：环绕，围绕。滁（Chú）：即滁州。2 林壑（hè）：森林山谷。3 蔚然：树木茂盛的样子。深秀：幽深秀丽。4 琅琊（Lángyá）：山名，在滁州西南十里。相传东晋元帝为琅琊王时，曾居此山，故名。5 酿泉：泉水名，在琅琊山内。6 峰回路转：山势回环，路也跟着拐弯。回，转弯。7 有亭翼然：有个亭子四角翘起，像鸟展翅的样子。8 太守：即郡太守，这是袭用秦、汉时郡的行政长官的称号。宋代有州无郡，州长官叫知州。古人习惯沿用汉朝的职官名称，这里作者把知州说成太守，作为自称。9“醉翁之意”两句：“醉翁”二字的意思，并不是因酒而醉，而是因山水之美而陶醉。意，本意。10“山水之乐”两句：欣赏山水的乐趣，是心领神会的，喝酒只是一种寄托而已。寓，寄托。

译文

环绕着滁州城的都是山啊。其中西南面的各个山峰，树林和山谷特别优美。一眼望去，那树木茂盛、幽深秀丽的，就是琅琊山啊。沿山路走六七里，渐渐地听到淙淙的流水声，从两座山峰之间奔泻出来的，便是酿泉啊。绕着山峰，道路转折，便有一座四角翘起，像鸟儿张开翅膀一样的亭子，靠近酿泉边，那就是醉翁亭啊。建造亭子的人是谁？是这山里的智仙和尚啊。给亭子命名的是谁？是太守用自己的名字来称呼它啊。太守同宾客到这里来游宴，稍许喝一点酒就醉了，而且年纪又最大，所以给自己取个名号叫“醉翁”啊。醉翁的本意并不在酒上面，而在于游览山水的乐趣。游山玩水的乐趣，是心领神会的，喝酒只是一种寄托啊。

若夫日出而林霏开[1]，云归而岩穴暝[2]，晦明变化者[3]，山间之朝暮也。野芳

发而幽香，佳木秀而繁阴，风霜高洁，水落而石出者，山间之四时也。朝而往，暮而归，四时之景不同，而乐亦无穷也。

注释

1 若夫：另起一段的发语词。林霏（fēi）：森林里的雾气。2 云归：云气聚拢。暝（míng）：昏暗（指夜色降临）。3 晦明变化：或暗或明，变化不一。

译文

且说那醉翁亭的风光罢。早晨太阳出来，树林里的雾气就散开了；傍晚烟云聚拢，山石洞穴都模糊起来。这种明暗变化，就是山里早晚不同的风光啊。春天野花开放，散发清幽的香味；夏天美好的树木枝繁叶茂，形成一片浓密的绿荫；秋天，天高气爽，霜色洁白；冬天溪水浅了，石头显露出来，这就是山间一年四季的不同景象啊。早晨进山，傍晚回来，看到的风光不同；四季进山，看到的景象又不同，因而游览醉翁亭的乐趣也没有穷尽啊。

至于负者歌于途，行者休于树，前者呼，后者应，伛偻提携，往来而不绝者，滁人游也。[1] 临溪而渔，溪深而鱼肥；酿泉为酒，泉香而酒洌[2]；山肴野蔌[3]，杂然而前陈者，太守宴也。宴酣之乐，非丝非竹[4]；射者中[5]，弈者胜[6]，觥筹交错[7]，坐起[8]而喧哗者，众宾欢也。苍颜白发，颓乎其中者[9]，太守醉也。

注释

1 至于：表示段落转折的发语词。伛偻（yǔlǚ）：腰弯背曲的样子，这里指老年人。提携：搀手领着走，这里指小孩。2 洌（liè）：清。3 山肴（yáo）：指山里得来的野味。蔌（sù）：野菜。4 丝、竹：弦乐器和管乐器，泛指音乐。5 射者中（zhòng）：投壶的人投中了。射，指投壶。这是古代宴会的一种礼制，也是一种游戏。用箭投向壶里，以投中多少决胜负。一说指射覆，即宴会中猜谜。6 弈（yì）者胜：下棋的赢了。弈，下棋。7 觥（gōng）：用犀牛角制成的酒杯。筹：这里指酒筹，用来计算饮酒数量的筹码。交错：杂乱。8 坐起：另一种版本作“起坐”。9 颓乎其中者：另一种版本作“颓然乎其间者”。颓，倒。乎，同“于”。

译文

再说游人罢。背负东西的人在路上唱着歌，走路的人在树下休息，前面的人大声呼唤，后面的人随即应和，老年人弯着腰行走，小孩子由大人搀扶，来来往往，络绎不绝，这都是来游山的滁州人啊。到溪水里捕鱼，溪水深，鱼儿肥；用泉水酿酒，泉水香甜，酒色清亮；野味野菜，纷纷摆在桌前，这就是太守的宴席啊。沉浸在宴席中的乐趣，不在于音乐；投壶的人投中了，下棋的人取得了胜利，酒杯和酒筹交互错杂，一时坐着，一时站起，大声喧闹，是太守的宾客在尽情地欢乐啊。苍老的容颜，花白的头发，醉醺醺地倒在他们中间的，就是醉了的太守啊。

已而夕阳在山，人影散乱，太守归而宾客从也。树林阴翳[1]，鸣声上下[2]，游人去而禽鸟乐也。然而禽鸟知山林之乐，而不知人之乐；人知从太守游而乐，而不知太守之乐其乐也[3]。醉能同其乐，醒能述以文者，太守也。太守谓[4]谁？庐陵欧阳修也。

注释

1 阴翳（yì）：树荫遮盖着。翳，遮盖。2 鸣声上下：鸟叫的声音上上下下到处都是。3 而不知太守之乐其乐也：可是不知道太守为他们的快乐而感到快乐。其，指滁人、众宾。4 谓：同“为”。

译文

不久，夕阳正在落山，游人纷纷散去，太守也要回去了，宾客在后面跟随着。树荫越来越暗，树上树下鸟声一片，游人离开这里，鸟儿们就更快乐啊。可是，鸟儿只知道山林的快乐，却不知道游人的快乐；游人只知道跟随太守游赏的快乐，却不知道太守为他们的快乐而感到快乐。酣醉时同大家一起快乐，酒醒后用文章记叙这快乐的人，就是太守啊。太守是谁？就是庐陵的欧阳修啊。

游褒禅山记 王安石

导读

宋仁宗至和元年（1054），王安石在舒州（今安徽安庆）担任通判，时年三十四岁。他游览褒禅山（在今安徽含山北十五里），写了这篇游记。文章前半部分记游山，后半部分发议论，重点在议论部分。故本文虽然名为游记，实质上是一篇以议论为主的文章，被人称为游记中的“别体”。

本篇的议论分两个方面。一是“深思”，说明任何人如果要在事业上、学问上有所成就，就要具备“志”“力”“物”三个条件。作者分析了“志”“力”“物”三者的关系，强调首先必须有坚定的志向，并充分发挥主观努力和利用客观条件，切不可半途而废、浅尝辄止。二是“慎取”，说明应该注意调查研究，慎重取舍，反对道听途说，以讹传讹。

本文结构谨严缜密。前面的记述为后面的议论作准备，后面的议论以前面的记述为基础，前后两个部分相互呼应，脉络清晰，转折自然，不枝不蔓。

褒禅山亦谓之华山。唐浮图慧褒始舍于其址[1]，而卒葬之；以故其后名之曰“褒禅”。今所谓慧空禅院[2]者，褒之庐冢[3]也。距其院东五里，所谓华山洞[4]者，以其乃华山之阳名之也。距洞百余步，有碑仆[5]道，其文漫灭[6]，独其为文犹可识[7]，曰“花山”。今言“华”如“华实”之“华”者，盖音谬[8]也。

注释

1 浮图：僧人，也指佛塔。是梵语（古代印度语）的音译，也写作“浮屠”或“佛图”。舍（shè）：房屋。这里用作动词，意思是筑舍定居。2 禅院：佛寺。3 庐冢（zhǒng）：庐，庐舍。冢，坟墓。4 华山洞：有的版本作“华阳洞”。从下句“华山之阳”看，应是。5 仆（pū，又读 fù）：跌倒。不是“奴仆”的“仆（pú）”。6 其文：这个“文”指整篇碑文。漫灭：磨灭，模糊不清。7 其为文：这个“文”指碑上残存的字。8 谬（miù）：错。

译文

褒禅山也叫华山。唐朝和尚慧褒当初在这地方筑屋定居，最后又葬在这里；因为这个缘故，后来就把这座山叫作“褒禅”。现在所说的慧空禅院，就是慧褒生前住的庐舍和死后葬的坟墓。离开禅院东面五里，有个洞叫作华阳洞，因为它在华山的南面，所以就这样称呼它。离开洞一百多步，有块石碑倒在路上，它上面的碑文模糊不清，只是残存的字还可以认出，说这座山名叫“花山”。现在把“华”字读成“华实”的“华”，那是字音读错了。

其下平旷，有泉侧出，而记游者甚众，所谓“前洞”也。由山以上五六里，有穴窈然[1]，入之甚寒，问其深，则其好游者不能穷也，谓之“后洞”。予与四人拥火以入，入之愈深，其进愈难，而其见愈奇。有怠而欲出者，曰：“不出，火且尽。”遂与之俱出。盖予所至，比好游者尚不能十一，然视其左右，来而记之者已少。盖其又深，则其至又加少矣。方是时，予之力尚足以入，火尚足以明也。既其出，则或咎[2]其欲出者，而予亦悔其随之，而不得极乎游之乐也。

注释

1 窈（yǎo）然：幽暗深远。2 咎（jiù）：责怪。

译文

山下平整开阔，有股泉水从旁边涌出来，曾经来这里游览并题字留念的人很多，这就是所说的“前洞”。从山脚爬上去五六里，有个山洞深远幽暗，走进去十分寒冷，问这个洞的深度，就是那些爱好游览的人也没有谁能走到它的尽头，人们叫它“后洞”。我和四个人打着火把走进这洞，进去越深，前进就越困难，可是看到的景色就越奇妙。有个人疲累了，想退出去，说：“还不出去，火把快要熄灭了。”我就跟他们一道出来了。大约我们所到的地方，跟那些爱好游览的人比起来，还不到十分之一，然而看洞的左右两边，到达那里并且题字留念的已经很少了。看来洞更深，到的人就更少了。在这个时候，我的体力还足够继续前进，火把还足够用来照明。已经出洞之后，就有人责怪那主张退出来的人，而我也后悔跟着他们出来，没能尽情享受游洞的快乐。

于是予有叹焉。古人之观于天地、山川、草木、虫鱼、鸟兽，往往有得[1]，以其求思之深而无不在也[2]。夫夷以近[3]，则游者众；险以远，则至者少。而世之奇伟瑰怪非常之观[4]，常在于险远，而人之所罕至焉，故非有志者，不能至也。有志矣，不随以止也，然力不足者，亦不能至也。有志与力，而又不随以怠，至于幽暗昏惑[5]，而无物以相之[6]，亦不能至也。然力足以至焉[7]，于人为可讥，而在己为有悔；尽吾志也而不能至者，可以无悔矣，其孰能讥之乎？此予之所得也。

予于仆碑，又有悲夫古书之不存，后世之谬其传而莫能名者[8]，何可胜[9]道也哉！

此所以学者不可以不深思而慎取之也。

注释

1 有得：心有所得，有心得。2 无不在：无所不在，有广泛、周密之意。3 夷：平坦。以：连词，等于说“而”。4 瑰（guī）：壮丽。观：可观的景象。这是动词用作名词。5 幽暗昏惑：幽暗，深远黑暗，指客观情况。昏惑，迷糊困惑，就主观感受而言。6 物：外力。这里是指火把。相（xiàng）：帮助。7 然力足以至焉：句意未完，下边应添上“而不至”。8 莫能名：无法说明。9 胜（旧读 shēng）：尽，完。

译文

我对这件事有些感慨。古人对天地、山川、草木、虫鱼、鸟兽进行观察，常常有收获，这是因为他们思考得深入而且广泛周密。平坦、距离近的地方，游览的人就多；艰险、偏远的地方，去的人就少。可是，世界上奇妙雄伟壮丽怪异的不同寻常的景象，常常在那艰险偏远、人们很少到的地方，所以不是有志向的人是不能到达的。有了志向，又不盲目跟着别人而中途停止，但是体力不够，也不能够到达。有了志向和体力，又不盲目跟从别人而怠惰，到了那幽深黑暗、令人迷糊困惑的地方，如果没有外物帮助他，也不能够到达。然而，力量能够达到却没有达到，在别人看来是可笑的，在自己看来是应该悔恨的；如果尽了我的努力还是不能到达，便可以没有悔恨了，那谁又能够来讥笑呢？这就是我的心得。

我对于倒在路上的石碑也有感叹：我痛惜古代有些书籍不能保存，使得后代以讹传讹竟致无法说明的情况，哪里能讲得完呢！

这就是做学问的人对所学的东西不能够不深刻地思考、谨慎地选取的原因啊。

四人者，庐陵萧君圭君玉[1]，长乐王回深父[2]，予弟安国平父、安上纯父[3]。

注释

1 庐陵：今江西吉安。萧君圭君玉：萧君圭，字君玉。2 长乐：今福建长乐。王回深父：

王回，字深父，宋朝著名的理学家。3 安国平父：王安国，字平父，安石弟。安上纯父：王安上，字纯父，安石最幼弟。

译文

同游的四个人是：庐陵人萧君圭，字君玉；长乐人王回，字深父；我的弟弟安国，字平父，安上，字纯父。

石钟山记 苏轼

导读

石钟山位于江西湖口鄱阳湖与长江的汇流之处。有南、北二山，在县城南边的称上钟山，在县城北边的称下钟山。宋神宗元丰七年（1084）四月，苏轼由黄州团练副使调任汝州团练副使，其长子苏迈将赴任饶州德兴县尉，于是苏轼从水路绕道江西，送苏迈到湖口。父子同游石钟山后，苏轼写下了这篇著名的游记。

这篇游记不同于一般山水游记的特点是它带有科学考察性质。全文以探访石钟山命名由来为中心，脉络清晰，结构严谨。文章先写考察的起因，再写考察的经过，最后得出反对盲从前人和主观臆断作风的结论，层层逼进，水到渠成。本文叙事与议论、描写、抒情相结合，笔法灵活，各具特色。如夜泊绝壁的一段景物描写，淡淡几笔便点染出一种阴森逼人的境界。

按：现代经过全面考察，认为石钟山命名的由来，是既有钟之形（山形如覆盖之钟），又有钟之声（山体中空可发声）。虽然苏轼的考察不如现代全面，但是本文所阐明的道理仍是富有启发意义的。

《水经》[1]云：“彭蠡[2]之口有石钟山焉。”郦元[3]以为下临深潭，微风鼓浪，水石相搏[4]，声如洪钟。是说也，人常疑之。今以钟磬[5]置水中，虽大风浪不能鸣也，而况石乎！至唐李渤始访其遗踪[6]，得双石于潭上，扣而聆[7]之，南声函胡[8]，北音清越[9]，枹止响腾[10]，余韵[11]徐歇。自以为得之矣。然是说也，余尤疑之。石之铿然[12]有声者，所在皆是也，而此独以钟名，何哉？

注释

1《水经》：我国古代的一部地理书，记述江水河道的分布情况。相传为汉代桑钦所著，也有人说是晋朝人郭璞所著。北魏郦道元为之作注，叫作《水经注》。2 彭蠡（lǐ）：湖名，即今鄱阳湖，在江西北部。3 郦元：即郦道元，北魏范阳（今河北涿州）人，著有《水经注》四十卷，是注释《水经》的地理学名著，也有很高的文学价值。4 搏：撞击。5 磬（qìng）：古代用玉或石制成的一种打击乐器。后来寺庙里拜神时用来敲击的一种铁或铜制的器物，也叫磬。6 李渤：唐朝洛阳人，宪宗元和年间，做过江州（治所在今江西九江）刺史。他写过一篇《辨石钟山记》，对石钟山的命名作过解释。遗踪：旧迹。指郦道元考察过的地方。7 聆（líng）：听。8 函胡：同“含糊”。模糊不清。9 清越：清脆响亮。10 枹（fú）：鼓槌。腾：扬起，传播。11 余韵：未尽的乐音。12 铿（kēng）然：敲击金石所发出的声响。

译文

《水经》说：“鄱阳湖与长江的交汇口上，有一座石钟山。”郦道元认为石钟山下面接近深潭，微风鼓动着波浪，流水和石头互相碰撞，发出的声音像大钟一样洪亮，所以叫石钟山。这种说法，人们常常怀疑它。现在把钟和磬放到水里，即使有大风大浪也不能使它发出声音来，何况是石头呢！到了唐朝，李渤才去访寻郦道元考察过的旧迹。他在潭上找到两块石头，敲着听它的声音，南边那块的声音模糊不清，北边那块的声音清脆响亮，槌子停止敲打，响声仍在飞扬，余音缭绕，慢慢地消失。李渤自己以为得到石钟山命名的缘由了。然而这种说法，我更加怀疑它。能够发出铿锵声音的石头，到处都是，唯独这座山用钟来命名，为什么呢？

元丰七年六月丁丑[1]，余自齐安舟行适临汝[2]，而长子迈将赴饶之德兴尉[3]，送之至湖口[4]，因得观所谓石钟者。寺僧使小童持斧，于乱石间择其一二扣之，硿硿然[5]。余固笑而不信也。

注释

1 元丰七年六月丁丑：公元 1084 年阴历六月初九日。元丰，宋神宗年号。2 齐安：即黄州，治所在今湖北黄冈。临汝：即汝州，治所在今河南汝州。当时苏轼由黄州团练副使调任知汝州。3 迈：苏轼的长子苏迈。饶：饶州，治所在今江西鄱阳。德兴：县名。尉：县尉，主管一县治安的官吏。4 湖口：今江西湖口，石钟山就在此县。5 硿硿（kōngkōng）然：敲击石头发出的响声。

译文

元丰七年六月初九日，我从齐安乘船到临汝去，而大儿子苏迈将要到饶州德兴县去做县尉，我送他到湖口，因此有机会能够看到所说的石钟山。寺里的和尚叫小童拿着斧头，在乱石中间挑选了其中的一两块，敲起来铿铿作响。我只是笑着并不相信。

至其夜月明，独与迈乘小舟至绝壁下。大石侧立千尺，如猛兽奇鬼，森然[1]欲搏人；而山上栖鹘，闻人声亦惊起，磔磔云霄间；[2]又有若老人欬且笑于山谷中者，或曰此鹳鹤也。[3]余方心动欲还，而大声发于水上，噌吰[4]如钟鼓不绝。舟人大恐。徐而察之，则山下皆石穴罅[5]，不知其浅深，微波入焉，涵澹澎湃而为此也[6]。舟回至两山间，将入港口，有大石当中流，可坐百人，空中而多窍[7]，与风水相吞吐，有窾坎镗鞳之声[8]，与向之噌吰者相应，如乐作焉。因笑谓迈曰："汝识之乎？噌吰者，周景王之无射也[9]；窾坎镗鞳者，魏献子之歌钟也[10]。古之人不余欺也[11]！"

注释

1 森然：阴森恐怖的样子。2 鹘（hú）：一种凶猛的鸟。磔磔（zhézhé）：鹘的鸣叫声。3 欬：同"咳"。鹳（guàn）鹤：一种像鹤的水鸟，顶部不红，颈和嘴都较长。4 噌吰（cēnghóng）：形容宏大沉重的钟声。5 罅（xià）：裂缝。6 涵澹（dàn）澎湃：形容波浪激荡。涵澹，江水激荡的样子。澎湃，波涛冲击的样子。7 空中：即"中空"。窍（qiào）：窟窿。8 窾坎（kuǎnkǎn）：击物声。镗鞳（tāngtà）：钟鼓声。9 周景王：春秋时的周天子，公元前 544—前 520 年在位。无射（yì）：钟名。据《国语》记载，周景王二十四年（前 521），铸成无射钟。10 魏献子：应为魏庄子之误。魏献子，名魏舒，是魏庄子的儿子。据《左传》记载，鲁襄公十一年（前 562），晋侯（晋悼公）把郑人献来的歌钟和其他乐器的一半，赐给魏庄子（魏绛）。歌钟：一种古代乐器。11 不余欺：否定句中宾语前置，即"不欺余"。

译文

到了那天夜里，月光明亮，我单独和苏迈乘着小船，来到陡峭的山崖下面。只见巨大的石头倾斜矗立着，高约千尺，那样子好像猛兽恶鬼，阴森森地就要向人扑过来；而栖息在山上的鹘鸟，听到人的声音也吓得飞了起来，在高空中磔磔地叫着；又有一种像老年人在山谷里又咳又笑的声音，有的人说，这是鹳鹤的叫声。我正心里有点害怕想回去，忽然有一种巨大的声响从水面上发出来，轰轰作响，就像钟鼓声连续不断。驾船的人非常害怕。我慢慢地观察，原来山下边都是石洞和石缝，也不知道它们的深浅，微小的水波灌进去，动荡冲击，便形成了这种声音。船回转到南北两座山之间，将要进入港口的时候，有一块巨大的石头挡在水流的中央，上面可坐百来个人，大石的中间是空的，而且有许多小窟窿，不断地把江风水浪吞进吐出，发出如钟鼓的声音，与先前听到的轰鸣声互相应和着，好像演奏音乐一样呢。我因而笑着对苏迈说："你知道了吗？发出轰鸣声音的，是周景王的无射钟；发出窾坎镗鞳声音的，是魏献子的歌钟。古代的人没有欺骗我们啊！"

事不目见耳闻，而臆断[1]其有无，可乎？郦元之所见闻，殆[2]与余同，而言之不详；士大夫终不肯以小舟夜泊绝壁之下，故莫能知；而渔工水师[3]，虽知而不能言。此世所以不传也。而陋者乃以斧斤考击而求之[4]，自以为得其实。余是以记之，盖叹郦元之简，而笑李渤之陋也。

注释

1 臆（yì）断：主观推测。2 殆（dài）：大概，差不多。3 渔工水师：渔夫、船工。4 陋者：知识浅薄的人，指李渤。斧斤：斧头。考击：敲打。

译文

事物不经过自己眼见耳闻，却凭主观想象来推断它的有还是无，这能行吗？郦道元的所见所闻大概和我相同，但是说得不详细；那些读书做官的人，终究不肯乘着小船夜晚停泊在陡峭的崖壁下面考察，所以不可能了解情况；而渔民船夫虽然知道，却讲不出来。这就是真相不能在世上流传的原因。可是知识浅薄的人竟然用斧头敲打石头去探求石钟山命名的缘由，还自以为得到了它的真相。我因此把这次经历记下来，为的是叹惜郦道元记事的简略，并且讥笑李渤的浅薄啊。

沧浪亭记 归有光

导读

归有光（1507—1571），字熙甫，号震川，又号项脊生，明代昆山（今江苏昆山）人。三十五岁才中举人，以后八次考进士都未被录取，于是迁居嘉定（今上海嘉定区）安亭江上讲学，人称震川先生。六十岁时中进士，授浙江长兴县令，官至南京太仆寺丞。归有光是明朝“唐宋派”散文的代表作家，极力反对当时文坛上“文必秦汉”的复古倾向。他的散文风格清淡，具有悠远的风神。特别是家庭纪事文，描写家人、朋友间的琐屑之事，而充满真挚的情感，著作编为《震川文集》，共四十卷。

沧浪亭是苏舜钦所建筑。苏舜钦（1008—1049），北宋著名的文学家，因主张革新政治，被排挤罢官，长期退居苏州。庆历五年（1045），他在原五代吴越广陵王的花园内建亭，名曰沧浪，并写了一篇《沧浪亭记》。“沧浪”取义于古代民歌“沧浪之水清兮，可以濯我缨；沧浪之水浊兮，可以濯我足”，寓有政治污浊则隐退闲居的意思。

归有光从沧浪亭的变迁和古迹的兴衰中，得出一个结论：使人永垂不朽的东西不是经不起时代风雨的纪念物，而是人的品德、文章。

浮图文瑛居大云庵[1]，环[2]水，即苏子美[3]沧浪亭之地也。亟[4]求余作《沧浪亭记》，曰：“昔子美之记，记亭之胜也；请子记吾所以为亭者。”

注释

1 浮图：僧人。大云庵：又名结草庵。2 环：环绕。3 苏子美：苏舜钦，字子美，宋代梓州铜山（今四川中江）人。著有《苏学士文集》。4 亟（qì）：屡次。

译文

僧人文瑛居住的大云庵，四面环水，就是苏子美筑沧浪亭的地方。他多次求我写一篇《沧浪亭记》，说：“从前苏子美写的《沧浪亭记》，记的是沧浪亭的优美风景；请你为我写一篇记说明再次筑亭的原因。”

余曰：“昔吴越[1]有国时，广陵王镇吴中[2]，治园于子城[3]之西南；其外戚[4]孙承佑，亦治园于其偏。迨淮南纳土[5]，此园不废，苏子美始建沧浪亭，最后禅者[6]居之。此沧浪亭为大云庵也。有庵以来二百年，文瑛寻古遗事，复子美之构于荒残灭没之余。此大云庵为沧浪亭也。

注释

1 吴越：五代时十国之一，据有今浙江及江苏的部分地区。2 广陵王：钱元璙，钱镠的儿子。吴中：旧时对吴郡或苏州府的别称，这里指苏州。3 子城：大城所属的小城。4 外戚：指帝王的母族或妻族。5 淮南纳土：指吴越于公元978年向北宋投降。淮南，指吴越。纳土，交出领土，意即投降。6 禅（chán）者：即僧人，俗称和尚。

译文

我说："从前吴越国存在的时候，广陵王钱元璙镇守苏州，在小城的西南面建造园林；吴越王的外戚孙承佑也在它的旁边建造园林。到后来吴越降宋，把土地交给宋朝，这座园林仍旧没有废弃。苏子美开始在园林中筑沧浪亭，最后僧人居住在这里。这沧浪亭就成了大云庵。有大云庵以来已经两百年，僧人文瑛寻访古代的遗迹，在荒芜残破的废墟上，恢复苏子美的建筑。这大云庵又变成沧浪亭了。

"夫古今之变，朝市改易。尝登姑苏之台[1]，望五湖[2]之渺茫，群山之苍翠。太伯、虞仲之所建[3]，阖闾、夫差之所争[4]，子胥、种、蠡之所经营[5]，今皆无有矣。庵与亭何为者哉？虽然，钱镠因乱攘窃[6]，保有吴越，国富兵强，垂及四世[7]，诸子姻戚，乘时奢僭[8]，宫馆苑囿[9]，极一时之盛；而子美之亭，乃为释子[10]所钦重如此。可以见士之欲垂名于千载，不与澌然[11]而俱尽者，则有在矣。"

注释

1 姑苏之台：姑苏台，在吴县西南的姑苏山上，又名胥台。春秋时吴王阖闾所筑，后夫差于台上立春宵宫，为长夜之饮。2 五湖：指太湖。先秦古籍常提到吴越地区有五湖，但具体何所指，说法不一。从《国语·越语》和《史记·河渠书》的记载推测，五湖的原意当泛指太湖流域的所有湖泊。3 太伯、虞仲：周文王祖父太王的两个儿子。太王欲立幼子季历，依次传位给季历子姬昌（即周文王），其长子太伯（一作泰伯）遂与弟虞仲（一作仲雍）同避江南，改从南方民族风俗，成为该地君长。太伯死后虞仲继位，其后人建立了吴国。4 阖闾（Hélǘ）、夫（Fū）差：均春秋末年吴国国君。阖闾名光，刺杀吴王僚自立。后被越王勾践打败，重伤而死。其子夫差继位，发誓为阖闾报仇，结果打败了越国，迫使越王勾践屈服。后来骄横不听忠言，被勾践打败，自杀。5 子胥：人名。即伍子胥，名员。春秋时吴国大夫。楚大夫伍奢之子。伍奢被杀后，他逃出楚国，投奔吴国。后帮助公子光（即阖闾）刺杀吴王僚，夺得王位，整军经武，国势日盛。到夫差朝时，他劝吴王拒绝越王勾践的求和，停止伐齐。夫差不听，渐渐疏远他。最后夫差赐剑命他自杀。种（zhǒng）、蠡（lǐ）：文种和范蠡，两人都是越王勾践的大夫。越王勾践被吴击败，困守会稽（今浙江绍兴）。文种向越王献计，到吴贿赂太宰嚭（pǐ），得免亡国，范蠡则随同勾践到吴国做人质。勾践归国后，以文种治国政，范蠡治兵甲，君臣发愤图强，终于灭掉吴国。后勾践听信谗言，赐剑命文种自杀；范蠡主动离开越王经商致富，号陶朱公。6 钱镠（liú）：五代时吴越国的建立者。临安（今浙江杭州）人。唐末任镇海节度使。唐亡后，后梁开平元年（907）封为吴越王，不久自立，定都杭州。攘窃：窃取帝位。7 垂及四世：传到四代。吴越从钱镠建国（907）至公元 978 年降于北宋，共历五主，传国四代，七十二年。8 奢僭（jiàn）：奢侈僭越。僭，超越本分，指冒用上一级的名义与器物。9 苑囿（yuànyòu）：畜养禽兽并种植林木的园林。10 释子：和尚的另称，取释迦牟尼弟子的意思。11 澌（sī）然：消失。

译文

“古今不断变迁，朝廷、都市常常更改。我曾经登上姑苏山的姑苏台，眺望烟波辽阔的五湖，树木苍翠的群山。太伯、虞仲所建立的，阖闾、夫差所争夺的，子胥、文种、范蠡所经营的，这一切现在都没有了。大云庵和沧浪亭算什么呢？虽然这样，钱镠趁着乱世窃取王位，占有吴越，国富兵强，传到四代，他的许多子孙和姻戚，趁着这机会，奢侈僭越，修筑的宫馆园林在当时非常华美；然而只有苏子美的沧浪亭，却被佛教僧人钦佩敬重到这个地步。由此可见，士人要传留美名到千年之后，不跟形体一同消失，那是有其他原因存在啊。”

文瑛读书喜诗，与吾徒[1]游，呼之为沧浪僧云。

注释

1 吾徒：即吾辈，指读书人。

译文

文瑛爱读书，喜欢诗，跟我们读书人交游，我们叫他沧浪僧。

*登泰山记 姚鼐

导读

姚鼐（1732—1815），字姬传，因书斋名惜抱轩，人称“惜抱先生”，安徽桐城人。乾隆年间进士，官至刑部郎中。辞官后，先后在梅花、敬敷、紫阳、钟山等书院主讲四十多年，培养了方东树、管同、梅曾亮、姚莹等著名古文弟子。他继承方苞的“义法”、刘大櫆的“神气”等古文理论，又提出“义理”“考据”“词章”三者并重的文章标准，成为清朝桐城派古文家的重要首领。著作有《惜抱轩全集》。

《登泰山记》是姚鼐的代表作之一。这篇游记以观日出为中心，紧扣时令，注重考证，结构严谨，文风简洁，体现了桐城派的文章理论。

泰山之阳，汶水西流；其阴，济水东流。[1]阳谷皆入汶，阴谷皆入济。当其南北分者，古长城[2]也。最高日观峰，在长城南十五里。

注释

1 阳：山的南面。汶水：俗称大汶河。阴：山的北面。济水：发源于河南济源的王屋山，经山东省入海，是古代中原地区的大河流。但是，后来它的下游河道被黄河吞并。2 古长城：战国时期齐国修筑的古长城。

译文

泰山的南面，汶河向西流；它的北面，济河向东流。南面山谷的水都流入汶河，北面山谷的水都流入济河。处在泰山南北分界的建筑，就是古长城。最高的日观峰，在长城南面十五里。

余以乾隆三十九年十二月[1]，自京师乘风雪，历齐河、长清，穿泰山西北谷，越长城之限，至于泰安。[2]是月丁未[3]，与知府朱孝纯子颍由南麓登[4]。四十五里，道皆砌石为磴，其级七千有余。泰山正南面有三谷，中谷绕泰安城下，郦道元[5]所谓环水也。余始循以入，道少半，越中岭，复循西谷，遂至其巅。古时登山，循东谷入，道有天门。东谷者，古谓之天门溪水，余所不至也。今所经中岭及山巅崖限当道者，世皆谓之天门云。道中迷雾冰滑，磴几不可登。及既上，苍山负雪，明烛[6]天南，望晚日照城郭、汶水、徂徕[7]如画，而半山居雾若带然。

注释

1 乾隆三十九年：公元 1774 年。2 齐河、长清、泰安：皆山东地名。长城之限：古长城横过泰山，像一道门槛。限，门槛。3 丁未：当年十二月二十八日的干支纪日。4 朱孝纯：字子颍，泰安知府，作者的挚友。5 郦道元：北魏时代著名作家，《水经注》的作者。6 烛：像烛光一样照耀。7 徂徕：山名，在泰安东南数十里。

译文

我在乾隆三十九年十二月，从京城冒着风雪出发，经过齐河、长清，穿过泰山的西北谷，翻越长城界限，达到泰安。这个月的丁未日，跟知府朱孝纯子颍由南麓登山。四十五里的山路，都砌了石磴，有七千多级台阶。泰山正南面有三条山谷，中谷环绕至泰安城下，就是郦道元所说的环水。我们开始沿着中谷进山，走了小半段路，越过中岭，再沿西谷前进，于是登上山顶。古时登山，是沿着东谷进山，路上有天门。东谷，古代叫作天门溪水，我们没有到那里去。如今所经过的中谷山岭以及山巅上，那些挡在路上像门户一样的山崖，世人都把它叫作天门。道路中雾气弥漫，水雾凝结成冰，石磴滑溜，几乎不可攀登。等我们爬到了山上，只见苍翠的山峰顶端积着雪，雪光照亮了南方的天空，远望那夕阳照耀在城郭、汶河、徂徕山上，好像图画，而半山上停留的云雾好像带子绕在山间。

戊申晦[1]，五鼓[2]，与子颍坐日观亭[3]待日出。大风扬积雪击面，亭东自足下皆云漫。稍见云中白若樗蒱[4]数十立者，山也。极天，云一线异色，须臾成五采。日上，正赤如丹，下有红光，动摇承之。或[5]曰：“此东海[6]也。”回视日观以西峰，或得日，或否，绛皜驳色[7]，而皆若偻[8]。

注释

1 戊申：当年十二月二十九日的干支纪日。晦：农历每月的最后一天。2 五鼓：五更，黎明前。3 日观亭：日观峰上供观日出的亭子。4 樗蒱（chūpú）：赌具，俗名色子。5 或：有的。此句中指“有的人”，下句指“有的山峰”。6 东海：东方的大海。7 绛：大红色。皜：即“皓”，白色。驳色：颜色夹杂。8 偻：弯腰。

译文

这个月最后一天是戊申日，五更天，我和子颍就坐在日观亭等待日出。大风扬起积雪扑打着我们的脸，日观亭东从我们脚下开始都云海弥漫。略微瞧见云海中立着几十枚像白色樗蒱的东西，那是山峰。天空的尽头，云彩有一线呈现出不同的颜色，一会儿变成五彩颜色。太阳升上来了，赤红得好像朱砂，下面有摇动的红光托着它。有人说："这是东海。"回头看日观亭以西的山峰，有的被太阳照着，有的没有，或红或白的颜色夹杂在一起，都像是弯着腰一样。

亭西有岱祠，又有碧霞元君祠，皇帝行宫在碧霞元君祠东。[1]是日，观道中石刻，自唐显庆以来。其远古刻尽漫失。[2]僻不当道者，皆不及往。

山多石，少土，石苍黑色，多平方，少圜。少杂树，多松，生石罅，皆平顶。冰雪，无瀑水，无鸟兽音迹。至日观，数里内无树，而雪与人膝齐。

桐城姚鼐记。

注释

1 岱祠：供奉泰山主神东岳大帝。泰山又称"岱宗"。碧霞元君：女神，据说是东岳大帝的女儿。行宫：皇帝出行时居住的宫殿。2 显庆：唐高宗年号，公元656年至661年。漫失：模糊或散失。另一种断句是："是日观道中石刻。自唐显庆以来，其远古刻尽漫失。"

译文

日观亭西有岱祠，又有碧霞元君祠，皇帝行宫在碧霞元君祠的东面。当天，我们观看道路中的石刻，都是唐朝显庆以来的石刻。那些远古的石刻全部模糊或散失了。偏僻的不在路边的，我们都来不及前往。

山上多石，少土。石头苍黑色，多方形，少圆形。山上少杂树，多松，根长在石缝里，都是平顶。到处是冰雪，没有瀑布流水，没有鸟兽的叫声和足迹。距离日观亭数里以内没有树木，积雪有人的膝盖深。

桐城姚鼐记。

*洗月轩记 陶澍

导读

陶澍（1779—1839），字子霖，号云汀，自号“髯樵”“桃花渔者”，清朝湖南省长沙府安化县人。官至两江总督，兼理两淮盐政。陶澍是杰出的经济改革家，在改革盐政、改良漕运、创办海运、整顿吏治、赈济灾民、兴修水利、兴办教育、建设文化、严禁鸦片等方面都颇有建树。他是清朝中叶传统经世派的政治领袖，又是近代洋务运动的先行者。陶澍也是清朝中期最重要的诗人与散文家之一。陶澍的散文，内容广博，切合实际，风格疏朗，语言平易畅达，文质兼美。又受“桐城派”影响，熔“义理”“考证”“词章”为一炉。

《洗月轩记》，又名《采石矶洗月轩记》。安徽当涂西北约二十里，有一座牛渚山，面临长江东南岸，其突出到江面的山脚，叫作“采石矶”。东晋时期镇西将军谢尚，曾经镇守此地，有次月夜泛舟，听到袁宏朗诵诗作，大加赞赏。到了唐朝，诗人李白经过这里，写下了《夜泊牛渚怀古》：“登舟望秋月，空忆谢将军。”清朝，当涂名士张宝荣在此地重修李白的祠墓，又在山下修了自己读书的书房——洗月轩。道光三年（1823），陶澍任安徽巡抚，巡视这里，张宝荣陪同陶澍游览了采石矶，请求陶澍为书房“洗月轩”题词，陶澍于是写了这篇《洗月轩记》。

《洗月轩记》前半篇写景怀古，后半篇阐发“洗月”二字，是重点所在。文章借景说理，由世俗入佛，又由佛入儒，从月的圆缺领悟人生的进退之理，鼓励读书人应该自强不息，守约不疲。文章又把进退之理与读书之法联系在一起，紧扣了张宝荣对书房题词的要求。全文有画意，有诗情，有哲理，收纵自如，一气呵成。古代写月的诗文，汗牛充栋，但是有特色者，如《洗月轩记》这样的作品，是寥寥可数的。

大江自当涂[1]而东，洲渚渐多，翠螺[2]亭亭然。立采石矶上，引首西向，不知吞云梦者几许[3]？余尝过其下，泊舟登太白楼，徘徊瞻眺，想见谪仙人[4]昔日同崔宗之乘月泛舟，其风流宛在目前。因集旧句一联，大书于楼云：“偶呼明月问千古，恰对青山似故人。”时同游为张生宝荣，尝承余言，重修青山太白祠墓者[5]。

注释

1 当涂：县名，在安徽，西临长江。2 翠螺：颜色翠绿而形状似螺，形容江中的洲、渚。3 吞云梦：吞吐云梦泽，形容长江浩瀚西来的气势。4 谪仙人：李白。《新唐书·李白传》：“往见贺知章，知章见其文，叹曰：‘子，谪仙也。’”后专指李白。当涂采石矶有李白捉月溺水的传说。5 青山太白祠墓：青山又名青林山，在今安徽当涂东南。南齐诗人谢朓曾筑室山南，唐天宝中因改名谢公山。李白原葬于县境的龙山，后宣歙观察使范传正据李白生前“悦谢家青山”的遗愿，于唐元和十二年（公元817）迁葬于此山。

译文

长江从当涂县往东，洲渚逐渐增多，颜色苍翠，远远望去像一个个螺壳。站在采石矶上，抬头向西望，江水浩荡的气势不知能够吞下多少个云梦泽？我曾经经过山下，停船登上太白楼，徘徊留恋，观赏眺望，想象谪仙人李白昔日同崔崇之一起乘着月夜在这里泛舟的情境，他的风采好像还在眼前。我因而采集从前诗歌中的句子构成一副对联，用大字书写在楼上：“偶呼明月问千古，恰对青山似故人。”当时陪同我游览的人是书生张宝荣，他曾经接受我的意见，重修了青山的太白祠墓。

已乃乘兴登绝顶，南望望夫山头风雨，如闻语应。北望慈姥[1]，箫干所生，知王子渊赋语不虚[2]。东望牛渚，则袁宏、谢尚月夜讽咏[3]，相遇运船之所，与太白泛舟故事，先后辉映。何古人之赏月，独宜于此地耶？张生因指其下曰：“是生读书处，轩名洗月，愿得一言为法[4]，且使续故事于前人。”

注释

1 慈姥：山名，在当涂北，因山上有慈姥庙而得名。相传山上产竹，可为箫管，故又称鼓吹山。2 王子渊：王褒，生卒年不详，字子渊，西汉辞赋家，蜀郡资中（今四川资阳）人。其代表作《洞箫赋》描写了慈姥山竹。3 袁宏：东晋阳夏（今河南太康）人，有文才。年轻时贫寒，以驾船运公粮为生。谢尚：晋朝镇西将军。某个秋天的月夜，谢尚恰好泛舟牛渚赏月。他听到袁宏在运公粮的船上独自吟诗，非常赏识，任命其为参军。4 法：标准，法式。北宋苏轼《潮州韩文公庙碑》：“匹夫而为百世师，一言而为天下法。”

译文

过了一会儿，我们乘兴登上最高的山顶，向南眺望那望夫山头的风雨，似乎听到有人说话回应。向北眺望慈姥山，山上生长的竹子，可做箫管，证实王子渊《洞箫赋》的描写不是虚假的。向东望牛渚，是袁宏月夜在运粮船上咏诗时偶遇将军谢尚的所在。这个故事跟李太白月夜泛舟的故事，先后辉映。为什么古人赏月，唯独觉得这个地方适宜呢？张生顺势指着山下面说：“这是我的读书处，名叫洗月轩。希望得到您写的话语作为我的行为准则，而且让它能够与前人赏月的雅事衔接。”

余曰：“生寓书于月，可谓善言月者哉！夫月随波上下，冉冉腾腾[1]，天空气爽，万里一碧。此目中之月，人人有之。若乃濯冰壶，流玉液[2]，炯灵台兮四照[3]，证慧业于前身[4]；吾心有月，非探根蹑窟者[5]，不能知其妙也。故夫自朔至望，三五而盈，日新又新，如盘之浴[6]，此进者机[7]也；澡身[8]之君子以之。自望至晦，三五而缩，知白守黑[9]，如关之扃[10]，此退者密也；洗心[11]之君子以之。惟君子能以退为进，故虚受[12]而明自生；能以进为退，故守约[13]而照不疲。山之峙也，川之流也，形上形下[14]，无非是者。洗月之义，非即读书之法乎？袁、谢诸人，固不足以语此，即太白眼高四海，笔落千秋，于此义尚隔数尘[15]。生其勉之。”

注释

1 冉冉腾腾：形容月亮徐徐升起。2 玉液：美酒。3 炯（jiǒng）：明亮，光明。灵台：星名，又指心。4 证慧业：指具有智慧，能够觉悟前世、今生的因果关系。证，印证。佛教把造成后果的思想言行叫作“业”，善业生善果，恶业生恶果。5 探根蹑窟：比喻深入探究事物的原委。6 盘之浴：像商汤的浴盘一样。《礼记·大学》说：“汤之盘铭曰：苟日新，日日新，又日新。”7 机：机要。8 澡身：指纯洁自己的身心。《礼记·儒行》：“儒者有澡身而浴德。”孔颖达疏：“澡身，谓能澡洁其身，不染浊也。浴德，谓浴于德，以德自清也。”9 知白守黑：知道什么是光彩，却自己愿意处在默默无闻的地位。《老子》第二十八章：“知其白，守其黑，为天下式。”道家主无为，主张处于低下地位。10 关：门栓。扃（jiōng）：关闭。11 洗心：洗涤心中的邪恶、杂念。《易·系辞上》：“圣人以此洗心，退藏于密。”12 虚受：谦虚地吸收。13 守约：处于穷困境地而能保持节操。14 形上：无形的东西。形下：有形的物体。15 尚隔数尘：形容还有遥远的距离。尘，道家称一世为一尘。

译文

我说：“您把读书寄托在月亮中，可说是一个善于讲月亮的人啊！那月亮随波上下，冉冉上升，天高气爽，万里一片碧蓝。这是人们眼中的月亮，人人都能看到它。至于赏月把月看作洗得像冰一样透明的玉壶，把月光看作倾流而下的美酒，照耀四方的月光也照亮人心，使人产生智慧而觉悟前世、今生的因果关系；这是人们心中的月亮，如果不是致力于深入探究事物原委的人，就不能了解它的玄妙。那月亮自初一到十五日，共一十五天就圆满了，每天都更新了又更新，就像经过浴盘洗涤，这是进取者的机要；洁身自好的君子，以它为榜样。月亮从十五日到月底，共一十五天就缩小了，知道什么是光彩，却自己退守黑暗，就好像把门关上，这是退隐者的秘密；洗涤心中杂念的君子，以它为榜样。只有君子能够以退为进，所以谦虚地接受一切，自然产生贤明；只有君子能够以进为退，所以能顺应困境，以自身节操不知疲倦地照耀大地。山峰的耸立，河水的奔流，无论无形的东西，还是有形的物体，没有什么不是这样。‘洗月’的含义，不就是读书的方法吗？袁宏、谢尚这些人，本来就不足以领悟这个道理；即使李太白那样眼高四海、笔落千秋的人物，在领悟这个道理方面还隔着几代呢。希望你努力吧。”

*病梅馆记　龚自珍

导读

龚自珍（1792—1841），号定盦，浙江仁和（今杭州）人。道光年间进士，曾经担任国史馆校对、礼部主事等职务。他讲求经世之学，擅长诗文，是清朝中期重要的文学家。

《病梅馆记》描写梅的被压抑、被束缚、被扭曲，影射人才的被压抑、被束缚、被扭曲；疗梅，为梅解除束缚，则反映了封建社会末期首先觉醒的知识分子追求个性解放的心声。全文以描写、叙事为主，而融议论于描写、叙事之中。

本文风格诡奇，句式也颇为独特。如：“梅之欹、之疏、之曲，又非蠢蠢求钱之民，能以其智力为也。”其中的“之欹、之疏、之曲”，把助词“之”紧贴在中心语之前，就跟现代汉语的用法迥然不同。现代汉语中的助词“的”，紧贴在修饰语后，不能离开修饰语而放在中心语的前面。诵读时，应该注意这个特点。

江宁之龙蟠[1]，苏州之邓尉[2]，杭州之西谿[3]，皆产梅。或[4]曰：“梅以曲为美，直则无姿；以欹[5]为美，正则无景[6]；梅以疏为美，密则无态。”固也，此文人画士，心知其意，未可明诏大号[7]，以绳[8]天下之梅也；又不可以使天下之民，斫直、删密、锄正，以夭[9]梅、病梅为业，以求钱也。梅之欹、之疏、之曲，又非蠢蠢[10]求钱之民，能以其智力为也。有以文人画士孤癖之隐，明告鬻[11]梅者：斫[12]其正，养其旁条；删其密，夭[13]其稚枝；锄其直，遏[14]其生气。以求重价，

而江、浙之梅皆病。文人画士之祸之烈至此哉！

注释

1 江宁：今南京。龙蟠：里名，在南京清凉山下。2 邓尉：在苏州西南。3 西谿：在杭州灵隐山西北。4 或：有的人。5 欹（qī）：偏斜。6 景：通“影”。林逋《梅花》诗：“疏影横斜水清浅，暗香浮动月黄昏。”7 明诏：明白宣布。大号：大力呼号。8 绳：衡量，要求。9 夭：使夭折，扼杀。10 蠢蠢：蠢动，活动者众多而无明确目标的样子。11 鬻：卖。12 斫：砍伐。13 夭：弯曲。14 遏：阻碍，遏制。

译文

江宁的龙蟠，苏州的邓尉，杭州的西谿，都出产梅。有人说：“梅树以弯曲为美，直了就没有风姿；梅树以倾斜为美，正了就没有倩影；梅树以稀疏为美，密了就没有神态。”本来嘛，这只是文人、画士们心中的意图，不可能明白地宣布、大声地号召，用来衡量天下所有的梅树；又不可能使天下的民众，把挺直的梅树砍伤，把茂密的梅枝删减，把端正的梅树干锄伤，以让梅树夭折、生病为职业，从而获得金钱。梅树的倾斜、稀疏、弯曲，也不是为追求金钱而奔走的普通民众，能够凭自己的智力办得到的。有人把文人、画士们孤癖的爱好，明白地告诉买卖梅树的商人：砍伤端正的梅树，培养伸到旁边的枝条；删除茂密的梅枝，让稚嫩的新枝弯曲；锄伤挺直的梅树，抑制它的生机。他们凭这种做法追求高价，从而使江、浙的梅树都成为病树。文人、画士所造成的祸害之惨烈竟然达到了这种程度啊！

予购三百盆，皆病者，无一完者。既泣之三日，乃誓疗之，纵之，顺之。毁其盆，悉埋于地，解其棕缚。[1] 以五年为期，必复之，全之。予本非文人画士，甘受诟厉[2]。辟病梅之馆以贮之。呜呼！安得使予多暇日，又多闲田，以广贮江宁、杭州、苏州之病梅，穷予生之光阴以疗梅也哉？

注释

1 悉：全部。棕缚：束缚梅的棕绳。2 甘：情愿。诟厉：辱骂和憎恶。

译文

我购买了三百盆梅树，都是病树，没有一棵是完好的树。我对着它们哭了三天，于是发誓要治疗它们，放开它们，顺应它们。我毁了树盆，把它们都栽到地里，解开了束缚它们的棕绳。以五年作为期限，一定要恢复它们，保全它们。我本来不是文人画士，甘愿受到辱骂。我设置了一所病梅馆来贮藏病梅。哎！怎么能够让我有较多的闲暇时间，又有较多的闲田，用来广泛贮藏江宁、杭州、苏州的病梅，用尽我毕生的光阴来治疗病梅啊？

*观巴黎油画记　薛福成

导读

薛福成（1838—1894），字叔耘，号庸盦，江苏无锡人。光绪年间入曾国藩幕府，后随李鸿章办外交，曾经出使英吉利、法兰西、意大利、比利时等国。1884 年中法战争期间，在镇海参与击退法国军舰的战斗。薛福成讲求经世之学，是洋务派中具有改良思想的代表人物之一。他又是桐城派重要作家，为文讲究桐城义法。其政论文挥洒自如，雄辩有力；其记叙文善于用简洁雅润的文字记述亲身经历与见闻，既真实又生动，往往兼有文学价值和史料价值。有《庸盦全集》。

本文选自《庸盦全集》第三种《庸盦文外编》卷四。1890 年，作者在法国参观了巴黎蜡人馆和油画馆，写下了这篇观感。文章以参观并赞叹蜡人馆为引子，然后细腻生动地描绘了巨幅油画《普法交战图》中惊心动魄、传神逼真的战争场景。本文立意高远，在结尾处借译员之口，指出法国人自绘败状，是为了“昭炯戒，激众愤，图报复”，这也是本文的深远意义所在。全文虽只有四百来字，却能熔记叙、描写、议论于一炉，既写得波澜起伏，跌宕多姿，又主次分明，层次清楚。

光绪十六年春闰二月甲子[1]，余游巴黎蜡人馆[2]。见所制蜡人，悉仿生人[3]，形体态度，发肤颜色，长短丰瘠[4]，无不毕肖[5]。自王公卿相以至工艺杂流，凡有名者，往往留像于馆。或立或卧，或坐或俯，或笑或哭，或饮或博。骤视之，无不惊为生人者。余亟叹其技之奇妙[6]。

注释

1 光绪十六年：公元 1890 年。当年农历是闰二月。甲子：当年闰二月二十四日的干支纪日。2 蜡人馆：蜡塑人像的展览馆。3 悉：全，尽。生人：活人。4 丰：丰满。瘠：瘦。

5 肖：相像。6 亟：极，非常。叹：赞叹。

译文

光绪十六年春天闰二月的甲子日，我游览巴黎的蜡人馆。我看到蜡人馆所制作的蜡人，都是仿照活人的样子，形体、姿态、风度，头发和皮肤的颜色，高矮、胖瘦，没有一处不完全相似。从王公卿相到从事工艺等各类职业的人，凡是有名的人物，大都有蜡像留在馆中。有人站立，有人躺着，有人坐着，有人低头，有人笑，有人哭，有人喝酒，有人游戏。猛地一看，没有谁不惊奇地认为是活人。我非常赞叹那技艺的奇妙。

译者称："西人绝技，尤莫逾[1]油画。盍驰往油画院，一观《普法交战图》乎？[2]"

注释

1 逾：超越。2 盍：兼词，何不。《普法交战图》：巴黎油画院著名作品。普法战争指发生于公元 1870 年的普鲁士和法国之间的战争。这次战争法国大败，法帝拿破仑三世被俘。次年，法临时政府投降，割地赔款。

译文

翻译人员说："西方人的绝技，没有能超过油画的。先生何不开车到油画院，看一看《普法交战图》呢？"

其法：为一大圜[1]室，以巨幅悬之四壁，由屋顶放光明入室。人在室中，极目四望，则见城堡、冈峦、溪涧、树林，森然布列。两军人马杂遝[2]：驰者、伏者、奔者、追者、开枪者、燃炮者、搴[3]大旗者、挽炮车者，络绎相属[4]。每一巨弹堕地，则火光迸裂，烟焰迷漫。其被轰击者，则断壁危楼，或黔其庐[5]，或赭其垣[6]。而军士之折臂断足、血流殷[7]地、偃仰僵仆者，令人目不忍睹。仰视天，则明月斜挂，云霞掩映；俯视地，则绿草如茵，川原无际。几自疑身外即战场，而忘其在一室中者。迨以手扪之[8]，始知其为壁也，画也，皆幻也。

注释

1 圜：同“圆”。2 杂遝（tà）：纷乱的样子。3 搴（qiān）：举，扛。4 属：连接。5 黔其庐：使房屋变成黑色。6 赭（zhě）其垣：使墙壁变成赤色。7 殷（yān）：赤黑色。作动词用。8 迨（dài）：等到。扪（mén）：摸，触碰。

译文

油画院的设计是：建造一座大的圆形房屋，把巨幅油画悬挂在四壁，由屋顶放光亮进入室内。人在室内，放眼四望，就会看到城堡、冈峦、溪涧、树林，整齐排列。两支开战的军队，双方人马纷乱交错：骑马的、趴在地上的、奔跑的、追赶的、开枪的、燃炮的、举大旗的、拉炮车的，络绎相连。每一发巨弹落地，就火光四射，烟火迷漫。遭受轰击的地方，到处是断壁危楼，有的房屋被烧黑了，有的墙壁被烧红了。遭受轰击的军士，折臂断脚，鲜血染红大地，有的仰天倒地，有的僵仆在地，令人目不忍睹。我仰视天空，只见明月斜挂，云霞掩映；俯看地面，只见绿草如茵，河流、原野没有边际。我几乎怀疑自己的身边就是战场，而忘记了是在一间房屋中。等到用手触摸，才知道这是墙壁，是画，看到的一切都是虚幻的。

余闻法人好胜，何以自绘败状，令人丧气若此？译者曰：“所以昭炯戒[1]，激众愤，图报复也。”则其意深长矣！

注释

1 炯（jiǒng）戒：明白的警戒。

译文

我听说法国人好胜，为什么要自己描绘战败的状况，令人这样丧气呢？翻译人员说：“这是为了显示警戒，激起民众的愤慨，以图报仇。”这么看来，油画的意义是深远的了！

第五类

书表

书表，就是书信。吴讷《文章辨体序说》："昔臣僚敷奏、朋旧往复，皆总曰书。近世臣僚上言，名为表奏；惟朋旧之间，则曰书而已。"先秦至西汉，臣下写给君主的书信，也跟亲戚、朋友间的书信一样，都叫作"书"。如：《古文观止》所选的乐毅《报燕王书》、李斯《谏逐客书》、路温舒《尚德缓刑书》。西汉时期，开始有人把臣下写给君主的书信叫作"疏"，如：晁错《论贵粟疏》。东汉、三国以后，"书"与"表""疏"基本分工使用，"书"用于亲朋之间，"表""疏"特指臣下写给君主的书信。但写给亲友的书信也偶尔称为疏，如陶潜的《与子俨等疏》。"表""疏"可以是散文，如：诸葛亮的《出师表》；然而，更多的是骈文，如：李密《陈情表》、魏徵《谏太宗十思疏》。

书信是使用最广泛的应用文体，可以言事，可以抒情，可以议论。诵读时，要因篇而异。

谏逐客书 李斯

导读

李斯（？—前208），秦国政治家。他积极辅佐秦始皇统一中国，建立君主专制制度。又建议改大篆为小篆，统一全国的文字。他是秦国唯一有文采的散文作家，代表作即《谏逐客书》。秦王政九年（前238），嬴政平定嫪毐（Lào'ǎi）之乱，废黜了来自赵国的丞相吕不韦，不久又发现韩国派水利专家郑国来秦劝谏大修水利是为了消耗秦国的国力。于是，秦国守旧的宗室大臣群起反对重用客卿（外国籍官员）。秦王政十年（前237），下令驱逐所有客卿。李斯出生于楚国的上蔡（今河南上蔡），也在被驱逐之列。李斯便写了这封书信，劝阻秦王。秦王看信后醒悟，取消逐客令，为秦的统一储备了大量人才。

秦王已经下令逐客，李斯这封书信竟然能够扭转局面，靠的是充分透辟的说理，靠的是语言的巨大感染力。文章开门见山提出论点，指出逐客是错误的。接着分三层展开说理：第一层是用历史事实证明客卿对秦国富强的巨大推动作用，而且论据就近取材，令秦王政不得不信服。第二层是用取物与取人相对比。取物不拘一格而取人却排斥客卿，这是重物轻人，本末倒置，缺乏政治远见。第三层是从国家兴亡的理论高度，阐明任用客卿之利与驱逐客卿之害。文章指出，不拘一格任用人才，就可以像五帝三王一样无敌于天下，成为天下的共主。这正跟秦王政所希望达到的目的相吻合，抓住了要害。本文大量运用比喻手法，又大量运用排比句式，既形象生动，又铿锵有力。相传李斯是荀子的学生，他又是一位著名的游说之士。这篇文章颇有荀子文章善用比喻与整齐句式的厚重风格，同时也具有《战国策》中策士言论的善于铺排、讲究气势的特点。

秦宗室[1]大臣皆言秦王曰："诸侯人来事秦者，大抵为其主游间[2]于秦耳，请一切逐客[3]。"李斯议亦在逐中。

斯乃上书曰："臣闻吏议逐客，窃以为过矣。

注释

1 宗室：与国君同一祖宗的贵族。2 游间：游说离间。3 客：指当时在秦国做官的外籍人。

译文

秦国的宗室大臣们都对秦王说："来服侍秦国的各诸侯国的人，大都是在替他们的君主进行游说、离间，请驱逐所有的客籍人。"李斯也是他们建议中要驱逐的。

李斯于是写信给秦王说："我听说官吏们建议驱逐客籍人，私下认为这样做是错误的。

“昔穆公[1]求士，西取由余于戎[2]，东得百里奚于宛[3]，迎蹇叔[4]于宋，求丕豹、公孙支于晋[5]。此五子者，不产于秦，而穆公用之，并国二十，遂霸西戎。孝公用商鞅[6]之法，移风易俗，民以殷盛，国以富强，百姓乐用[7]，诸侯亲服，获楚、魏之师[8]，举[9]地千里，至今治强。惠王用张仪[10]之计，拔三川之地[11]，西并巴、蜀，北收上郡[12]，南取汉中，包九夷[13]，制鄢、郢[14]，东据成皋[15]之险，割膏腴之壤，遂散六国之从[16]，使之西面事秦，功施[17]到今。昭王得范雎，废穰侯[18]，逐华阳[19]，强公室，杜私门，蚕食诸侯，使秦成帝业。此四君者，皆以客之功。由此观之，客何负于秦哉？向使四君却客而不内[20]，疏士而不用，是使国无富利之实，而秦无强大之名也。

注释

1 穆公：即秦穆公。春秋时五霸之一。2 由余：春秋时晋人，逃亡到戎地，奉戎王命使秦，秦穆公慕其才，遂离间戎王和由余的关系，迫使由余降秦。后来秦用由余计伐戎，开地千里，遂霸西戎。戎：我国古代西部的民族。3 百里奚：姓百里，名奚。他本是虞国大夫，晋灭虞，他被俘，作为晋献公女儿的陪嫁奴仆入秦。后逃入楚，被楚人捉住。穆公听说他很有能力，便用五张羊皮赎出了他，并任用为大夫。宛（Yuān）：楚地，今河南南阳。4 蹇（Jiǎn）叔：百里奚的朋友，住在宋国，经百里奚推荐入秦，封为上大夫。5 求：一本作“来”，招来。丕豹：晋大夫丕郑的儿子，丕郑被杀，豹奔秦，穆公任用为将，助秦攻晋。公孙支：又名子桑，先游晋，后归秦，为穆公谋臣。6 商鞅：战国时卫人，姓公孙，名鞅，又称卫鞅。佐秦孝公变法，使秦富强，孝公以商於之地封鞅，号为商君。7 乐用：乐于被使用，即肯为国出力。8 获楚、魏之师：楚宣王三十年（前340），秦封卫鞅于商，南侵楚。秦孝公二十二年（前340），商鞅击败魏军，俘魏公子卬（áng），得魏河西之地。9 举：攻取，占领。10 张仪：魏人，惠王用为相，为秦定连横之计，游说诸侯侍奉秦国。11 三川之地：约今河南洛阳一带。这个地区有黄河、伊水、洛水三条河，所以称三川。12 上郡：本魏地，在今陕西榆林一带。13 九夷：泛指当时楚国管辖的夷族地区。九，不是实数，意为众多。14 鄢（Yān）、郢（Yǐng）：楚地。鄢，在今湖北宜城一带。郢，楚的国都，在今湖北江陵。15 成皋（gāo）：即今河南荥阳虎牢关，古代是一个军事要地。16 六国之从：指韩、魏、赵、齐、燕、楚联合抗秦的合纵政策。从，同“纵”。17 施（yì）：延续。18 穰（Rǎng）侯：即魏冉，秦昭王母宣太后的异父弟，曾为秦相，封于穰，专朝政三十余年。19 华阳：即华阳君，名芈（Mǐ）戎，宣太后同父弟，封于华阳。也因宣太后的关系专权。20 向使：假使。却：拒绝。内：同“纳”。

译文

"过去，穆公访求贤才，西边从戎族那里选取了由余，东面从楚国的宛县得到了百里奚，从宋国迎来了蹇叔，从晋国请来了丕豹和公孙支。这五个人，不出生在秦国，可是穆公重用他们，从而吞并了二十个小国，于是称霸西戎。孝公采用商鞅变法的主张，移风易俗，百姓因此兴旺富足，国家因此富裕强大，百姓都乐意为国出力，各国都对秦国亲善归服，从而战胜了楚、魏的军队，占领了方圆千里的土地，使得国家至今还保持安定强盛。惠王采用张仪的计策，攻取了三川一带，向西并吞了巴、蜀，向北收得了上郡，向南夺取了汉中，囊括了广大夷族地区，控制着楚国的鄢、郢，向东占据了成皋的天险，取得了大片肥沃的土地，从而拆散了六国的合纵联盟，迫使他们面向西方侍奉秦国，功效一直延续到今天。昭王得到范雎，罢黜穰侯，放逐华阳君，加强王室的权力，限制豪门贵族，蚕食各国的疆土，使得秦国完成了帝王的基业。这四位君主，都是凭借着客籍人的功劳。从这些事例看来，客籍人有什么对不起秦国的呢？假使当时四位君主拒绝客籍人不肯接纳，疏远人才不肯任用，那就使国家不会收到富足的效果，秦国也不会有强大的名声了。

"今陛下致昆山[1]之玉，有随、和之宝[2]，垂明月之珠，服太阿之剑[3]，乘纤离[4]之马，建翠凤之旗[5]，树灵鼍之鼓[6]。此数宝者，秦不生一焉，而陛下说之，何也？必秦国之所生然后可，则是夜光之璧，不饰朝廷；犀象之器[7]，不为玩好；郑、卫之女，不充后宫；而骏马駃騠[8]，不实外厩；江南金锡不为用，西蜀丹青[9]不为采。所以饰后宫，充下陈，娱心意，说耳目者，必出于秦然后可，则是宛珠之簪，傅玑之珥，阿缟之衣，锦绣之饰，不进于前，而随俗雅化、佳冶窈窕，赵女不立于侧也。[10]夫击瓮叩缶，弹筝搏髀，而歌呼呜呜快耳目者，真秦之声也；[11]郑、卫桑间，韶虞、武象者，异国之乐也。[12]今弃击瓮而就郑卫，退弹筝而取韶虞，若是者何也？快意当前，适观而已矣。今取人则不然，不问可否，不论曲直，非秦者去，为客者逐。然则，是所重者在乎色、乐、珠、玉，而所轻者在乎人民也。此非所以跨海内、制诸侯之术也。

注释

1 昆山：在今新疆和田，以产玉著称。2 随、和之宝：指随侯之珠与和氏之璧。相传随侯曾救过一条大蛇，后来这条蛇在夜间衔来一颗宝珠谢他，被称为“随侯珠”。又，楚人和氏（一作“卞和”）曾在荆山得一块玉璞，献给厉王。厉王令玉工鉴定，玉工认为是石头，厉王怒，砍去和氏一只脚。武王即位，和氏再献玉璞，玉工仍说是石头，又砍去和氏一只脚。等到文王即位，和氏抱玉璞痛哭，文王听说后，令玉工剖开玉璞得到绝世美玉，雕琢成璧，称为“和氏璧”。3 太阿之剑：即太阿剑。“之”是语助词。相传是春秋时吴国名匠欧冶子、干将所铸的名剑。4 纤离：骏马名。5 翠凤之旗：装饰有翠羽的凤形旗帜。6 灵鼍（tuó）之鼓：用鼍皮蒙的鼓。鼍是鳄鱼的一种。7 犀象之器：用犀牛角和象牙制作的器具。8 駃騠（juétí）：良马名。9 丹青：颜料。丹，丹砂。青，一种青黑色矿石。10 宛（Yuān）珠：宛地的珠。傅玑之珥：镶着小珠的耳环。阿缟（gǎo）：齐国东阿所产的缟。缟，白色的薄绸。东阿在今山东。随俗雅化：俗，世俗。雅，优雅。指随着时尚修饰打扮。佳冶：美好艳丽。11 瓮（wèng）：乐器名，形状像盛水的坛。缶（fǒu）：乐器名，形如瓦钵。筝：竹制乐器名。髀（bì）：大腿。12 桑间：卫国地名，在濮水上。当时那里的地方音乐很出名。韶虞：相传为虞舜的韶乐。武象：相传是周朝的剑舞。

译文

“如今陛下得到了昆山的宝玉，拥有了随侯珠、和氏璧，悬挂着光如明月的珍珠，佩带着太阿宝剑，骑着名叫纤离的骏马，竖立着用翠凤作装饰的彩旗，安放着鳄鱼皮蒙的大鼓。这几种宝物，秦国一种也不能出产，可是陛下却非常喜爱它们，这是为什么呢？如果一定要秦国土生土长的才能用，那么，夜光的玉璧就不该装饰朝廷，犀角象牙的器具就不该做玩赏的东西，郑卫两国的美女就不该住满后宫，駃騠之类的骏马就不该养在外面的马栏，江南地区的铜、锡不该用作器物，西蜀一带的丹青不该用于彩饰。凡是用来装饰后宫、摆满朝廷、娱乐心意、悦人耳目的东西，如果一定要生产在秦国的才可用，那么，嵌着宛珠的簪子，镶着小珠的耳环，东阿丝绸做的衣服，锦绣的边饰，就不该进呈到您的面前，还有那些打扮时兴、姿态优雅、妖艳苗条的赵国姑娘就不该站立在您的身边。只有那敲打瓦瓮瓦钵、弹着竹筝、拍着大腿、哇哇地歌唱呼喊，以让耳目感到快乐的，才真是秦国的音乐；郑国、卫国的民间歌曲，虞舜的韶乐，周朝的剑舞，这些都是外国的音乐。如今秦抛弃敲打瓦器而欣赏郑卫的音乐，撤走竹筝而选择虞舜的韶乐，这样做是为什么呢？是为了眼前的称心快意、适合观赏罢了。如今用人却不肯这样，不问适宜不适宜，不论正确不正确，只要不是秦国人就要他离开，只要是客籍人就驱逐。那么，这就说明，秦所重视的是女色、音乐、珍珠、宝玉，而所轻视的则是人才了。这可不是统一天下、制服诸侯的策略啊。

“臣闻地广者粟多，国大者人众，兵强则士勇。是以泰山不让[1]土壤，故能成其大；河海不择细流，故能就其深；王者不却众庶，故能明其德。是以地无四方，民无异国，四时充美，鬼神降福，此五帝三王之所以无敌也。今乃弃黔首[2]以资敌国，却宾客以业[3]诸侯，使天下之士退而不敢西向，裹足不入秦，此所谓藉寇兵而赍[4]盗粮者也。

“夫物不产于秦，可宝者多；士不产于秦，而愿忠者众。今逐客以资敌国，损民以益仇，内自虚而外树怨于诸侯[5]，求国之无危，不可得也。”

秦王乃除逐客之令，复李斯官。

注释

1 让：舍弃，拒绝。2 黔首：秦称百姓为黔首。黔，黑色。3 业：使动用法，促成其事业。4 赍（jī）：给予，赠送。5 外树怨于诸侯：秦如果把客籍人赶回各国，这些人会怨恨秦国，下死力辅佐诸侯攻秦。这等于秦王自己在外部树立了众多的仇敌。

译文

“我听说，土地广阔就粮食丰富，国家大就人口众多，武器精良就兵士勇敢。因此，泰山不拒绝土壤，所以能够形成它的高大；河海不挑剔细流，所以能够形成它的深广；帝王不排斥普通人，所以能够光大他的道德。因此，地不分东西南北，才能够四季都富庶美好；民众不分本国外籍，才能够得到鬼神保佑，这就是五帝、三王无敌于天下的根本原因。如今秦却抛弃百姓去资助敌国，驱逐客籍人去辅助敌对的诸侯，这就使得天下有才能的人都退缩畏惧，不敢向西，停住脚步，不进入秦国。这种做法就叫作送给敌寇武器、送给强盗粮食啊。

“物资不出产在秦国，其中值得当作珍宝的很多；人才不出生在秦国，其中愿意为秦国效忠的不少。现在如果驱逐客籍人去帮助敌国，损害百姓去增加对手的力量，就会对内使得国家空虚，对外在诸侯各国树立仇怨，这样做，却想求得国家没有危险，是办不到的啊。”

秦王看了李斯的书信，便撤销逐客的命令，恢复了李斯的官职。

报任安书 司马迁

导读

本文载于《汉书·司马迁传》和《昭明文选》，是司马迁写给朋友任安的一封回信。元封三年（前108），司马迁三十八岁，继承父亲的职务，担任太史令，四年后开始编纂《史记》。天汉二年（前99），司马迁四十六岁，因替被迫投降匈奴的李陵辩解，得罪下狱，被判死刑。当时法律规定，要免除死刑，一是出巨额赎金，二是接受宫刑。司马迁家贫，为了完成《史记》，只好接受屈辱的宫刑。出狱后，被任命为中书令，主管传达皇帝的诏书命令。表面上看，这是宫中的机要职务，实际上是以宦者的身份在内廷侍候皇帝。因他接近皇帝，所以任安写信给他，希望他尽"推贤进士"的责任。司马迁觉得难以按任安的话去做，就一直未予回信。后来，任安以重罪下狱，司马迁担心任安一旦被处死，就会因没有回信给他而终生抱恨；同时，自己也永远失去了对老朋友一吐胸中悲愤的机会，于是写下此文。这篇文章，为后人研究司马迁的生平、思想及写作《史记》的动机等，提供了极为宝贵的资料。

本文结构严谨，内蕴深厚。紧扣任安书中要求他"推贤进士"这一话题展开陈述，将蓄积已久的对黑暗现实的深刻认识和内心的强烈悲愤，凝聚于笔端，告白于天下。文章先言自己已经是"刀锯之余""身残处秽""动而见尤"，无面目荐天下之贤。接着叙述因李陵之祸蒙受腐刑而痛不欲生的实情。进而表明为了完成《史记》的著述，决心向先贤学习，忍辱负重，成就事业。最后归结全文，再次申述无力"推贤进士"的苦衷。文章首尾呼应，迂徐曲折，真切地表现了作者复杂的内心世界与坚韧不拔的精神。

本文语言瑰丽，文气壮伟。作者大量运用排比手法，或两句、三句组合，或五句、六句甚至九句相连，势如排山倒海，旁征博引，上下驰骋，酣畅淋漓，慷慨激昂。一字一句都是灵魂的呐喊、愤怒的抗争，具有撼人心魄的艺术力量。所以，古代评论家称《报任安书》为"天下奇文"。原评赞叹说："此书反复曲折，首尾相续，叙事明白，豪气逼人。其感慨啸歌，大有燕赵烈士之风；忧愁幽思，则又直与《离骚》对垒。文情至此极矣。"

太史公牛马走司马迁再拜言[1]。少卿足下[2]：曩[3]者辱赐书，教以慎于接物[4]，推贤进士为务，意气[5]勤勤恳恳，若望仆不相师[6]，而用流俗人之言。仆非敢如此也。仆虽罢驽[7]，亦尝侧闻[8]长者之遗风矣。顾自以为身残[9]处秽，动而见尤[10]，欲益反损，是以独抑郁[11]而谁与语。谚曰："谁为为之？孰令听之？"盖钟子期死，伯牙终身不复鼓琴。[12]何则？士为知己者用，女为说[13]己者容。若仆大质[14]已亏缺矣，虽才怀随、和[15]，行若由、夷[16]，终不可以为荣，适足以见笑而自点[17]耳。

注释

1 太史公：即太史令。司马迁的父亲司马谈曾任太史令，司马迁继承其职。牛马走：司马迁自称的谦词，意思是像牛马一样供驱使的仆人。再拜：两次作揖，表示恭敬。2 少卿：任安，字少卿，荥阳人。曾任郎中、益州刺史、北军使者护军等官，是司马迁的好友。足下：书信中对人的尊称。3 曩（nǎng）：从前，过去。4 接物：待人接物。古人称自己以外的人和物都叫物。5 意气：指情意和语气。6 望：抱怨。仆：自称的谦词，代“我”。7 罢：通“疲”。驽：劣马。自喻驽马，表示才能低下。8 侧闻：私下听过。是自谦之词。9 身残：指受了腐刑。10 尤：过，这里是指责、责备的意思。11 抑郁：一本作“郁悒（yì）”，苦闷。12 钟子期、伯牙：都是春秋时楚人。伯牙善弹琴，钟子期是最能欣赏、了解他琴音的人。两人成了知己。后来钟子期死了，伯牙破琴绝弦，终身不再弹琴，因为世无知音。13 说：同“悦”，喜欢，爱慕。14 大质：指身体。15 随、和：指随侯珠、和氏璧。都是非常宝贵的东西。16 由、夷：指许由、伯夷。都是品德高尚的典型人物。17 点：污辱。

译文

我太史公、您的仆人司马迁，恭敬地向您陈述。少卿足下：不久前，承您降低身份写信给我，教导我待人接物要谨慎，担负起向朝廷举荐贤士的责任，情意和语气热诚恳切，好像是您抱怨我不遵照您的劝告，却奉行世上俗人所说的主张。我是不敢这样的。我虽然才能低劣，也还是偶尔听说过长者的风范。只是自己认为身体残废，处在污秽的地位，一行动就受到指责，想做一些有益的事，反而招来损害，因此独自忧愁烦闷，又能跟谁诉说。俗语说：“为谁去做？教谁来听？”钟子期死了以后，伯牙终身不再弹琴。这是为什么呢？贤士替了解自己的人效力，女子为喜欢自己的人打扮。像我身体已遭受到了摧残，即使才能像随侯珠、和氏璧一样珍贵，品德像许由、伯夷一样高尚，终究不能拿这个当作荣耀，恰好只会遭受耻笑而自取污辱。

书辞宜答，会东从上来[1]，又迫贱事，相见日浅，卒卒[2]无须臾之闲，得竭志意。今少卿抱不测之罪[3]，涉旬月[4]，迫季冬[5]，仆又薄从上雍[6]，恐卒然不可为讳[7]，是仆终已不得舒愤懑以晓左右[8]，则长逝者魂魄，私恨无穷。请略陈固陋。阙然久不报[9]，幸勿为过。

注释

1 会：适逢。上：指汉武帝。2 卒卒：同“猝猝”，仓促。3 少卿抱不测之罪：指任安被判处腰斩。汉武帝晚年宠信江充，江充诬太子谋反，太子起兵讨江。时任安为北军使者护军，太子命其发兵，任安受命，入营后却闭门不出，按兵观望。太子败后，被人告发，武帝以任安坐观成败，下狱判腰斩。4 旬月：满一个月。5 季冬：冬季最后一月，即农历十二月。汉律，十二月处决犯人。6 薄：迫近。雍：西汉县名，在今陕西凤翔南。雍有祭五帝的灵坛，汉武帝常到这里祭神。7 不可为讳：指任安将受死刑。这是委婉的措辞。8 左右：指任安。不直称对方，而称对方左右的人，是为了表示尊敬。9 阙然：相隔得久。报：回答。

译文

您的信本应该及时答复，但我刚好跟随皇上从东方回来，又被烦琐的事务逼迫，跟您见面的时间很短促，匆匆忙忙没有片刻的空闲，能够让我向您倾吐自己的心怀。现在您遭到意外的罪祸，再过一月，到了冬末十二月，我又必须跟随皇帝去雍县，因此担心您骤然离开人世，这样我将最终不能够向您抒发满腔的悲愤，使您辞世的灵魂抱怨无穷。请让我向您简略地陈述闭塞浅陋的意见。隔了这么久没有答复，希望不要责怪。

仆闻之：修身者，智之符[1]也；爱施[2]者，仁之端也；取予[3]者，义之表也；耻辱者，勇之决也；立名者，行之极也。士有此五者，然后可以托于世，而列于君子之林矣。故祸莫憯于欲利[4]，悲莫痛于伤心，行莫丑于辱先，诟莫大于宫刑[5]。刑余之人，无所比数，非一世也，所从来远矣。昔卫灵公与雍渠同载，孔子适陈；[6]商鞅因景监见，赵良寒心；[7]同子参乘，袁丝变色：自古而耻之！[8]夫中材之人，事有关于宦竖[9]，莫不伤气，而况于慷慨之士乎？如今朝廷虽乏人，奈何令刀锯之余[10]，荐天下之豪俊哉！

注释

1 符：符信，凭证。这里有标志的意思。一本“符”作“府”。2 施：施舍。3 取予：指收受别人的财物和给予别人财物。4 憯（cǎn）：同“惨”。欲利：贪欲。5 宫刑：残坏男子生殖器的酷刑。又称腐刑。6“卫灵公”二句：卫灵公与夫人同车出游，叫宦官雍渠坐在旁边，使孔子坐在后面的车上，孔子感到耻辱，便离开卫国到陈国去。7“商鞅”二句：商鞅凭秦孝公宠信的宦官景监的荐引而得官，当时秦的贤者赵良感到担心。8“同子”二句：汉文帝让宦官赵谈坐在车子的右边，袁丝见了，脸色骤变。同子，代指赵谈，司马迁父名谈，为避父讳，改称他为同子。袁丝，名盎，汉文帝时官至太常。9 宦竖：宫廷供役使的小臣，主要指宦官。10 刀锯之余：指受过刑的人，司马迁自称。

译文

我听说：善于修身，是智的标志；施恩与人，是仁的起点；不随便拿取和给予，是义的表现；懂得耻辱，是勇的决断；树立名声，是行的顶峰。士子有了这五种品德，然后可以立身在世上，排列在君子的中间。所以祸患没有比贪欲私利更惨的了，悲痛没有比心灵受伤更痛苦的了，行为没有比污辱祖先更卑劣的了，耻辱没有比遭受宫刑更重大的了。受过宫刑的人，地位是不能同任何人相比的，这种看法并非只在今天，而是由来已久了。从前卫灵公和宦官雍渠同坐一辆车，孔子就离开卫国前往陈国；商鞅依靠太监景监的推荐而被召见，赵良心存戒惧；太监赵谈陪坐在汉文帝的车上，袁丝看到了就脸色骤变：自古以来都瞧不起受过宫刑的人。有着中等才能的人，事情关系到宦官，没有谁不觉得丧气，何况抱负远大、意志刚毅的人呢？如今朝廷即使缺乏人才，怎么会要受过宫刑的人去推荐天下的英豪俊杰呢！

仆赖先人绪业，得待罪辇毂下二十余年矣[1]。所以自惟：上之不能纳忠效信，有奇策材力之誉，自结明主；次之又不能拾遗补阙，招贤进能，显岩穴之士；外之不能备行伍[2]，攻城野战，有斩将搴旗[3]之功；下之不能积日累劳，取尊官厚禄，以为宗族交游光宠。四者无一，遂苟合取容[4]，无所短长之效，可见于此矣。向者，仆亦尝厕下大夫之列[5]，陪奉外廷末议[6]。不以此时引纲维[7]，尽思虑。今已亏形为扫除之隶[8]，在阘茸[9]之中，乃欲仰首伸眉，论列是非，不亦轻朝廷、羞当世之士邪？嗟乎！嗟乎！如仆尚何言哉！尚何言哉！且事本末未易明也。仆少负不羁之才，长无乡曲之誉。主上幸以先人之故，使得奏薄技，出入周卫[10]之中。仆以为戴盆何以望天[11]，故绝宾客之知，亡室家之业，日夜思竭其不肖之才力，务一心营职，以求亲媚于主上。而事乃有大谬不然者。

注释

1 辇毂（niǎngǔ）下：代指皇帝身边。辇毂，皇帝乘坐的车子。2 行（háng）伍：军队。古时军队编制，五人为伍，二十五人为行。3 搴（qiān）旗：拔取敌人的军旗。4 取容：

讨好，取得别人的喜欢。5 厕（cè）：参与。下大夫：汉太史令官禄六百石，级位是下大夫。6 外廷：皇帝与大臣议事的朝堂。末议：微末的议论。自谦之辞。一本无“奉”字。7 以：在。引：正，整顿。纲维：纲常法纪。8 扫除之隶：打扫污秽的奴隶。比喻地位低下。9 阘茸（tàrǒng）：阘是小户，茸是小草，比喻细小，卑贱。10 周卫：指皇帝的宫禁。周，环绕。卫，宿卫。11 戴盆何以望天：当时谚语，言不可兼顾。比喻自己专心职务，无暇应酬。

译文

我依赖祖先留下的事业，能够在皇帝身边做事，到现在二十多年了。自己思考了一下：对上不能对皇帝尽忠直言，获得策略卓越、能力突出的声誉，从而得到皇帝的信任；其次又不能替皇帝拾取遗漏、补正过失，招贤进能，发现有才德的隐士；对外不能在军队中充数，攻城野战，建立斩将夺旗的战功；对下不能每天积累功劳，取得高官厚禄，替宗族朋友争光。这四项，我没有一项，只能随声附和而取得人家的喜欢，从这种情况可以看出我没有多少功业了。从前，我也曾加入下大夫的行列，陪着大家奉命在朝堂上参加讨论。我没有利用这个时机整顿纲常法纪，竭尽自己的思虑。现在已经身体残废，成为扫除污秽的差役，处在地位卑贱者的行列中，还想抬头扬眉，评论是非，这不也太轻视朝廷，侮辱当世的君子了吗？唉呀，唉呀！像我这样的人，还有什么可说的呢！还有什么可说的呢！而且，事情的前因后果是不容易说明白的。我年轻时没有卓越不羁的才能，成年后也没有乡里的称誉。幸亏皇上由于我父亲的缘故，使我能得到进献自己微薄才能的机会，允许我在宫禁中进进出出。我觉得头上戴了盆子怎么能望得见天，所以断绝了和宾客的交往，忘掉了家事，黑夜白天都想着全部献出自己的微薄才力，务必专心尽职，以求得皇上的亲近信任。然而，事情却与愿望大相违背。

夫仆与李陵俱居门下[1]，素非能相善也。趋舍异路[2]，未尝衔杯酒，接殷勤之余欢。然仆观其为人，自守奇士：事亲孝，与士信，临财廉，取与义，分别有让，恭俭下人，常思奋不顾身，以殉国家之急。其素所蓄积也，仆以为有国士[3]之风。夫人臣出万死不顾一生之计，赴公家之难，斯已奇矣。今举事一不当，而全躯保妻子之臣，随而媒糵[4]其短，仆诚私心痛之。且李陵提步卒不满五千，深践戎马之地，足历王庭[5]，垂饵虎口，横挑强胡，仰[6]亿万之师，与单

于[7]连战十有余日，所杀过当[8]。虏救死扶伤不给，旃裘[9]之君长咸震怖，乃悉征其左、右贤王[10]，举引弓之人，一国共攻而围之。转斗千里，矢尽道穷，救兵不至，士卒死伤如积，然陵一呼劳军，士无不起，躬自流涕，沬血[11]饮泣，更张空拳[12]，冒白刃，北向争死敌者。陵未没[13]时，使有来报，汉公卿王侯皆奉觞上寿。后数日，陵败书闻，主上为之食不甘味，听朝不怡，大臣忧惧，不知所出。仆窃不自料其卑贱，见主上惨怆怛悼[14]，诚欲效其款款[15]之愚，以为李陵素与士大夫[16]绝甘分少，能得人之死力，虽古之名将，不能过也。身虽陷败，彼观其意，且欲得其当而报于汉。事已无可奈何，其所摧败，功亦足以暴于天下矣。

注释

1 俱居门下：李陵曾任侍中，司马迁当时任太史令，都是可以出入宫门的官，所以说俱居门下。2 趋：向前走。舍：停止。3 国士：国中才能出众的人。4 媒蘖（niè）：也作“媒孽”。酒母。比喻挑拨是非，陷人于罪。5 王庭：匈奴首领住的地方。6 仰：面临。《汉书》作“卬”。一说，仰，仰攻。汉军向北，北方地高，所以说“仰”。7 单（chán）于：古代匈奴对其君主的称呼。8 所杀过当：所杀的敌人超过了自己士兵的人数。当，相当。9 旃裘：匈奴人穿的衣服。旃，同“毡”。10 左、右贤王：匈奴封号最高的贵族。11 沬（huì）血：满脸是血。沬，通“颒”，洗面。12 拳（quān）：弩弓。《文选》作“拳”，拳头。13 没：指军队覆没。14 惨怆怛（dá）悼：悲伤、哀戚之意。15 款款：忠实的样子。16 士大夫：指士兵、军官。

译文

我和李陵，都在宫廷做官，平常并没有什么来往。走的道路彼此不同，不曾一起饮过酒，倾诉过友好的感情。然而，我观察李陵的为人，是个要求自己严格的杰出人才：他侍奉父母非常孝顺，同朋友交往很讲信用，遇到钱财很廉洁，或取或与讲究道义，能分别长幼尊卑，谦让有礼，尊重地位比自己低的人，经常想着奋不顾身，为了国家的急难不惜牺牲。他平素所积累的品德，我以为有国士的风度。做人臣的，能够出于即使死一万次也不顾虑一次偷生的考虑，奔赴国家的急难，这已经是个杰出人才了。如今他行事一有不当，那些只知保全自己和妻子儿女的大臣们，随即诬陷夸大李陵的过失，我真是私下替李陵感到悲痛。况且李陵带的士兵不满五千，深入战场，到达匈奴单于居住的地方，像悬挂在老虎嘴边的钓饵，向强悍的胡兵勇敢挑战，面对着众多的敌人，同单于连续作战十多天，杀掉的敌人超过了自己兵士的数量。敌人救死扶伤也忙不过来，匈奴的君长都震惊恐怖，于是全部征调他们的左、右贤王，发动所有能开弓射箭的人，用一国的兵力共同进攻并包围李陵。李陵转战千里，箭射完了，道路断绝了，救兵不到，士兵死伤严重，尸体成堆，然而只要李陵扬起臂膀一声号召，鼓舞士兵，士兵就无不奋起，激动得人人流泪，脸上沾满血污，咽下泪水，又拉开没有箭的空弓弦，冒着白光闪闪的刀口，奔向北方跟敌人拼命。当李陵的军队没有覆没时，有使者送来捷报，汉朝的公卿王侯都举杯向皇上祝贺。过了几天，李陵战败的书信传来，皇上因此饮食没滋味，上朝没有喜悦的神色，大臣们忧虑恐惧，不知如何是好。我私下不考虑自己的卑贱，见主上悲伤哀戚，实在想进献自己的一片忠心。我认为李陵平素能跟士兵军官们同甘共苦，所以能够得到士兵军官的拼死效力，即使是古代的名将，也不能超过他。他虽然败降匈奴，看他的意思，还想找到适当的时期报答汉朝。战事已经无可奈何，他还大量杀伤敌人，功劳也足够向天下表白了。

仆怀欲陈之而未有路，适会召问，即以此指推言陵之功，欲以广主上之意，塞睚眦之辞[1]。未能尽明，明主不深晓，以为仆沮贰师[2]，而为李陵游说，遂下于理[3]。拳拳[4]之忠，终不能自列[5]，因为诬上[6]，卒从吏议[7]。家贫，货赂[8]不足以自赎；交游莫救视[9]；左右亲近[10]，不为一言。身非木石，独与法吏为伍，深幽囹圄[11]之中，谁可告诉者！此正少卿所亲见，仆行事岂不然乎？李陵既生降，颓其家声，而仆又佴之蚕室[12]，重[13]为天下观笑。

悲夫！悲夫！事未易一二[14]为俗人言也。

注释

1 睚眦（yázì）：怒目相视的样子。睚眦之辞指诋毁诬陷的言语。2 贰师：贰师将军，指李广利。李广利是汉武帝宠妃李夫人的兄弟。汉武帝派李广利为征匈奴的主力军，令李陵为助。李陵被围，李广利按兵不动，没有什么战绩。汉武帝原想借征匈奴使李广利立功封侯，因此疑心司马迁为李陵辩护是攻击李广利。3 理：指掌管刑狱的官。4 拳拳：忠诚恭谨的样子。5 自列：自陈，自我辩解。6 因为：因而被判决为。7 吏议：狱吏的意见。8 货赂：钱财。9 交游：朋友。“莫救视”一本作“莫救”。10 左右亲近：皇帝身边亲近之臣。11 囹圄（língyǔ）：监狱。12 佴（èr）：次，指罪居李陵之次。一说，安放。蚕室：指初受宫刑的人（受宫刑后畏风）所居温暖密封的房子，犹如养蚕的房子。13 重（chóng）：

又，更。14 一二：逐一地。

译文

我怀着这个看法，想上奏皇上，却没有得到机会，恰好碰上皇上召问，就说出了这个看法，讲了李陵的功劳，试图用这个来宽慰皇上的胸怀，堵塞那些诋毁诬陷的言语。我没说清楚，皇上不了解，以为我有意攻击贰师将军李广利，替李陵游说，就把我交给狱官。于是，忠谨恳切的心，终于不能自我表白出来，我因此被定为诬上之罪，最后天子听从了狱官的意见，判处宫刑。我家境贫寒，钱财不够拿来赎罪；朋友都不出来援救看望；皇帝左右的亲近大臣，不给我说一句好话。人身不是木石，单独面对执法的狱吏，深深囚禁在监狱之中，这痛苦能向谁诉说呢！这正是少卿亲眼看到的，我的遭遇难道不是这样吗？李陵既已生降匈奴，败坏了他家族的声誉，我又跟着被关进蚕室，更加被天下人耻笑。

可悲啊！可悲啊！事情不容易逐一地跟俗人说清啊！

仆之先，非有剖符丹书之功[1]，文史星历[2]，近乎卜祝[3]之间，固主上所戏弄，倡优[4]所畜，流俗之所轻也。假令仆伏法受诛，若九牛亡一毛，与蝼蚁何以异？而世俗又不能与死节者次比[5]，特以为智穷罪极，不能自免，卒就死耳。何也？素所自树立使然也。

注释

1 剖符：古代帝王分封诸侯或功臣，把符节剖分为二，双方各执其半，作为信守的证件。丹书：帝王发给功臣的文书，凭着它可减免罪刑。2 文史星历：历史、天文、历法等，都是太史令掌管的事。3 卜祝：管占卜和祭祀的官，即卜官和巫祝。4 倡优：优伶，旧时对演员的统称。倡、优在封建社会，地位极低。5 次比：比较，即相提并论。

译文

我的祖先，没有立下拜爵封侯的功勋，担任掌管文史星历的太史令，职位接近卜官和巫祝，这本是被皇上所戏弄、当作乐师优伶来畜养、被流俗的人所轻视的职务。即使我伏法被杀，也只像九头牛身上失掉一根毛，同蝼蛄蚂蚁有什么区别？而且世俗的人又不能把我同死节的人相提并论，只会认为我愚蠢犯了大罪，不能够自己避免，终于走向死路。这是什么缘故呢？这是平素自己所从事的职务和所处的地位造成的。

人固有一死，死[1]，或重于泰山，或轻于鸿毛，用之所趋异也[2]。太上不辱先，其次不辱身，其次不辱理色[3]，其次不辱辞令，其次诎体[4]受辱，其次易服[5]受辱，其次关木索、被棰楚受辱[6]，其次剔毛发、婴金铁受辱[7]，其次毁肌肤、断肢体受辱，最下腐刑极矣！传曰："刑不上大夫。"[8]此言士节不可不勉励也。猛虎在深山，百兽震恐，及在槛阱之中[9]，摇尾而求食，积威约[10]之渐也。故士有画地为牢，势不可入；削木为吏，议不可对，定计于鲜也。今交手足，受木索，暴肌肤，受榜棰，幽于圜墙之中。当此之时，见狱吏则头抢地，视徒隶则心惕息。[11]何者？积威约之势也。及以[12]至是，言不辱者，所谓强颜[13]耳，曷[14]足贵乎？

注释

1 死：一本无此"死"字。2 用：发挥作用。趋：趋向，方向。异：不同。3 理色：脸色。4 诎体：长跪。诎，同"屈"。5 易服：改穿赭色的囚服。古时犯人穿赭红色的衣服。6 关：关锁。木索：刑具。木指木枷，索指绳索。棰：杖。楚：荆条。7 剔毛发：剃去头发，指髡刑。婴金铁：铁索束颈。指钳刑。婴，缠绕。8 引文见《礼记·曲礼上》。9 槛（jiàn）：关兽的栅栏。阱（jǐng）：陷阱。10 威约：指人对虎所加的威力和约束。11 抢：触。惕息：惧怕喘息。12 以：同"已"。13 强颜：即厚着脸皮。14 曷：何。

译文

人本来都有一个死，死，有的人重如泰山，有的人轻如鸿毛，发挥的作用不相同。最好的情况是不污辱祖先，其次是不污辱自身，再次是不受脸色污辱，再次是不受言语污辱，再次是长久跪在地上受辱，再次是换穿囚服进监牢受辱，再次是戴脚镣手铐、遭拷打受辱，再次是剃光头发、颈戴枷锁受辱，再次是毁坏肌肤、断截肢体受辱，最下等的是腐刑，污辱到极点了。古书上说："刑不上大夫。"这句话的意思是，士的节操不可不加以勉励。猛虎在深山的时候，所有的野兽都害怕，等到它被关在栅栏和陷阱里面，就摇着尾巴讨求食物了，这是长期受威力和约束而使它逐渐屈服。所以，有的士即使看见画地为牢，也绝不进入；面对木头削成的狱吏，也决不接受审判。这都是受到法律制裁之前早有定见。如今手脚被捆，戴着镣铐，脱掉衣服，接受拷打，被幽禁在监牢之中。

当这个时候，见了狱吏就要触地叩头，见了狱卒就心里害怕。这是什么缘故呢？就是被狱吏的威风、约束所造成的态势。等到已经到这个地步还说不受辱，就是厚着脸皮了，有什么值得尊贵呢？

且西伯[1]，伯也，拘于羑里；李斯[2]，相也，具于五刑[3]；淮阴[4]，王也，受械[5]于陈；彭越、张敖[6]，南面称孤[7]，系狱抵罪；绛侯[8]诛诸吕，权倾五伯[9]，囚于请室[10]；魏其[11]，大将也，衣赭衣，关三木[12]；季布为朱家钳奴[13]；灌夫受辱于居室[14]。此人皆身至王侯将相，声闻邻国，及罪至罔加[15]，不能引决自裁[16]，在尘埃之中。古今一体，安在其不辱也？由此言之，勇怯，势也；强弱，形也。审矣，何足怪乎？夫人不能早自裁绳墨之外，以稍陵迟，至于鞭棰之间，乃欲引节，斯不亦远乎！古人所以重施刑于大夫者，殆为此也。

注释

1 西伯：周文王在商朝末年是西方诸侯的首领，称为西伯。他曾经被纣王拘禁在羑（yǒu）里。2 李斯：李斯是秦始皇丞相，后被赵高治罪，施五刑，腰斩于咸阳。3 五刑：包括刺字割鼻（黥劓）、斩左右趾、笞杀、枭首、菹（zū，剁成肉酱）骨肉于市。4 淮阴：淮阴侯韩信。他被封为楚王，有人诬告他谋反。高祖用陈平的计策，南游到陈，韩信来见，便被捆绑起来。5 械：刑具，类似手铐脚镣之类。6 彭越、张敖：梁王彭越和赵王张敖，都被人诬告谋反，刘邦把他们关进监狱。后彭越被夷三族。7 南面称孤：古时王侯坐北向南，自称为孤。8 绛侯：绛侯周勃，刘邦的功臣，曾与陈平共诛诸吕，拥立文帝。后被人诬告，一度下狱。9 五伯：五霸。10 请室：请罪之室。11 魏其：魏其侯窦婴，他在平定七国之乱中为大将，立有大功。后因与丞相田蚡（fén）不和，被治罪下狱，遭杀害。12 三木：手、足和颈上的刑具。13 季布：项羽的将领。项羽既败，刘邦缉捕季布，季布便剃发变服，自卖身于朱家为奴。钳：以铁束颈。14 灌夫：灌夫平吴楚七国之乱有战功，后因得罪田蚡而灭族。居室：官署名，属少府，拘押犯罪贵族和高级官员的地方。15 罔加：法网加身，即受到法律的制裁。罔，同“网”，即刑法。16 引决自裁：自杀。

译文

并且西伯姬昌，是个诸侯的领袖，却曾被拘在羑里；李斯，是个丞相，却受尽五刑；淮阴侯韩信，是一国之王，却曾在陈地被捆绑；彭越、张敖，都是南面称孤的人，却被下狱定罪；绛侯周勃，曾诛杀诸吕，权力之大超过了春秋五霸，却曾经被囚禁在请罪之室；魏其侯窦婴，是员大将，却穿上囚衣，手、脚和颈上都套上刑具；季布，曾经卖身给朱家做戴枷的奴隶；灌夫，受辱被拘禁在少府狱中。这些人都身为王侯将相，名声传扬到邻国，但是等到犯了罪，刑罚加身，不能自杀，都关在监牢里。这情景古今都一样，哪能说不受污辱呢？照这样说来，所谓勇还是怯，强还是弱，都是形势造成的。明白了这一点，还有什么值得奇怪呢？人不能在刑罚的制裁之前早早自杀，从而逐渐志气衰微，等到挨鞭打杖责，再想保全气节自杀，这不是远远来不及了吗？古时候的人之所以对大夫施刑很慎重，大概就是因为这样。

夫人情莫不贪生恶死，念父母，顾妻子。至激于义理者不然，乃有所不得已也。今仆不幸，早失父母，无兄弟之亲，独身孤立，少卿视仆于妻子何如哉？且勇者不必死节，怯夫慕义，何处不勉焉？仆虽怯懦，欲苟活，亦颇识去就之分矣[1]，何至自沉溺缧绁[2]之辱哉！且夫臧获[3]婢妾，犹能引决，况仆之不得已乎？所以隐忍苟活，幽于粪土[4]之中而不辞者，恨私心[5]有所不尽，鄙陋没世而文采不表于后世也。

注释

1 识去就之分：识别去生就死的分界，即受辱不如自杀。2 缧绁（léixiè）：捆绑囚犯的绳索，引申为囚禁。3 臧获：泛指奴隶。4 粪土：指污浊的环境。5 私心：指著述《史记》的宿愿。

译文

人的常情，没有谁不贪恋生厌恶死，怀念父母，顾念妻子儿女。至于为正义公理所激发的人就不是这样，这里有不得已的缘故啊。如今我不幸，过早地失去父母，没有兄弟，一个人孤单在世，少卿你看我对于妻子儿女还有什么眷恋吗？勇敢的人并不一定能够为气节而死，怯懦的人仰慕节义，也往往能勉励自己不怕牺牲。我虽然怯懦，想苟活在世上，但也稍微能够识别死节和苟活的区别，何至于让自己陷入坐监牢的屈辱呢！而且，奴隶婢妾还能够自杀，何况我已到了不得已的地步呢？我之所以忍辱苟活，被拘禁在污浊的环境而不肯死的原因，是恨我的志愿还没有实现，如果随便死了，文章便不能留传给后世。

古者富贵而名磨灭，不可胜记，唯倜傥[1]非常之人称焉。盖文王拘而演《周易》[2]；仲尼厄而作《春秋》；屈原放逐，乃赋《离骚》；左丘失明，厥有《国语》；[3]孙子膑脚[4]，兵法修列[5]；不韦迁蜀[6]，世传《吕览》[7]；韩非囚秦，《说难》《孤愤》；[8]《诗》三百篇，大底[9]圣贤发愤之所为作也。此人皆意有所郁结，不得通其道，故述往事，思来者。乃如左丘无目，孙子断足，终不可用，退而论书策，以舒其愤，思垂空文以自见[10]。

注释

1 倜傥（tìtǎng）：潇洒不拘，才德卓异。2 文王：周文王。相传他被商纣王囚于羑里时，将八卦推演为六十四卦，成为《周易》一书的基础。演：推演。3 左丘：左丘明。相传他眼睛失明，却写了《国语》。4 孙子：孙膑，战国时齐人。他的同学魏将庞涓嫉妒他的才能，加以陷害，使他受膑刑（剔除膝盖的酷刑）。孙子逃到齐国，为齐军师。后来，在围魏救赵的战争中，用计消灭庞涓。因他受过膑刑，故人称为孙膑，著有《孙膑兵法》。人们称孙武为“吴孙子”，称孙膑为“齐孙子”。5 修列：编著。6 不韦：吕不韦，秦丞相，后被秦始皇免职，贬谪到蜀地，自杀。7《吕览》：即《吕氏春秋》，是吕不韦任丞相时命令门下宾客编纂的。8 韩非：战国末年韩人，著名法家代表人物，他在入秦前，写了《说难》《孤愤》两篇文章，后收入《韩非子》一书中。9 大底：大抵，大都。10 空文：指著作。见：同“现”。

译文

自古以来，身虽富贵而默默无闻地死去的人，多得不可胜数，只有卓异非常的人才被后世称颂。文王被拘禁在羑里，而推演《周易》；仲尼被围困在陈、蔡，而作了《春秋》；屈原被放逐，写下《离骚》；左丘明双目失明，作了一部《国语》；孙膑被截去膝盖骨，编著了一部兵法；吕不韦被贬谪到蜀地，有《吕览》一书传世；韩非被囚禁在秦国，著了《说难》《孤愤》；《诗经》三百篇，大都是圣贤发愤而创作的。这些人都是思想被压抑，不能实行他的主张，因此叙述已往的事迹，想使将来的人作为鉴戒。就像左丘失明，孙膑断脚，终究不能为世所用，便退而著书立说来抒发胸中的怨愤，想通过留下著作来表现自己的才智。

仆窃不逊，近自托于无能之辞，网罗天下放失[1]旧闻，略考其事[2]，综其

终始，稽其成败兴坏之理，上计轩辕[3]，下至于兹[4]，为十表，本纪十二，书八章，世家三十，列传七十，凡百三十篇。亦欲以究天人之际[5]，通古今之变，成一家之言。草创未就，会遭此祸，惜其不成，是以就极刑而无愠色。仆诚已著此书，藏之名山，传之其人，通邑大都，则仆偿前辱之责，虽万被戮，岂有悔哉！然此可为智者道，难为俗人言也！

注释

1 放失：散失。2 略考其事：一本作“略考其行事”。3 轩辕：即黄帝。传说黄帝居于轩辕丘，所以又称轩辕。 4 兹：此，指作者生活的时代。5 天人之际：自然现象与政治社会的关系。

译文

我也不自量力，近来把自己寄托在简陋的文辞中，搜罗天下散失的传闻，略为考核它的事迹，综合它的前后始末，考察它成功失败的原因，上从黄帝开始，下到今天，写了十篇表，十二篇本纪，八篇书，三十篇世家，七十篇列传，共一百三十篇。我也想用来探求自然与社会的关系，通晓古往今来的变化，形成独立的一家见解。草稿还没有完成，恰恰遭遇这场大祸，我恐怕这书不能完成，因此身受最重的刑罚也没有怒色。我写完这部书，就把它藏到名山，留给可传的人，使它传播到通都大邑，那么，我就可以抵偿以前受到的侮辱，即使碎身万段又有什么悔恨呢！可是这话只可以对聪明人讲，很难能同庸人说啊！

且负下[1]未易居，下流[2]多谤议。仆以口语遇遭此祸，重为乡党所戮笑[3]，以污辱先人，亦何面目复上父母之丘墓乎？虽累百世，垢弥甚耳！是以肠一日而九回，居则忽忽若有所亡，出则不知其所往。每念斯耻，汗未尝不发背沾衣也。身直为闺阁之臣[4]，宁得自引深藏于岩穴邪？故且从俗浮沉，与时俯仰，以通其狂惑。今少卿乃教以推贤进士，无乃与仆私心剌谬[5]乎？今虽欲自雕琢，曼辞以自饰，无益于俗，不信，适足取辱耳。要之死日，然后是非乃定。书不能悉意，略陈固陋。谨再拜。

注释

1 负下：背负污辱的声名。2 下流：处在低下的地位。3 所戮笑：一本无“戮”字。戮，羞辱。4 闺阁之臣：指宦官。当时司马迁任中书令，在西汉，这个职务是由宦官担任的。闺阁，妇女住所，这里指皇帝的后宫。后宫的臣子，即宦官。5 剌（là）谬：违背，相反。

译文

况且，负罪受辱的情况下不易安身，地位低贱的人容易受到诽谤议论。我因为说了几句话遭遇这场横祸，更被乡里耻笑，又污辱了祖宗，还有什么脸面再去父母的坟墓祭扫呢？即使过了百代，污垢也越发加重。所以我极端痛苦，每天肠子要在腹中多次搅动，坐在家里恍惚迷离，好像丢了什么，出外则不知道要往哪里去。每想到这件耻辱的事，汗便从背脊上冒出，湿透衣裳。身体已成了宦官，又怎能自行引退隐居到深山岩穴中呢？所以只好跟着世俗沉浮，随着时势上下，表现出狂放迷惑的模样。现在您竟然教导我举荐贤士，这不是和我的思想相违背吗？现在虽然想用美好的言辞自我妆饰，却对世俗没有益处，人们不会相信，反而更加换来污辱。总而言之，人到死了，然后是非才能论定。这封信说不完我的心意，只不过简略地陈述我闭塞浅陋的意见罢了。我恭谨地再次拜谢你。

诫兄子严敦书　马援

导读

马援（前 14—49），字文渊，东汉扶风茂陵（今陕西兴平东北）人。先仕王莽，后归刘秀，历任陇西太守、伏波将军等，封新息侯。平生多豪言壮语，如：“丈夫为志，穷当益坚，老当益壮。”“男儿要当死于边野，以马革裹尸还葬耳，何能卧床上在儿女子手中邪？”六十二岁时，他请求带兵出征，病逝军中。

中华民族素以严谨治家著称，尤其重视对后代的人品培养。马援领兵在辽远的交趾打仗，却没有忘记对晚辈的教育，他给侄儿马严、马敦写信，告诫他们应该诚恳、谨慎、谦逊、节俭，不要议论别人的过失，不要成为一个轻薄的人。据说光武帝刘秀看到这封信后，深受感动，即提拔马援为零陵太守。马严、马敦接受教育，后来都以德行学问有名于时。长辈对晚辈的殷殷厚望与严格要求，对于今天的家庭教育仍有借鉴作用。原评：“谆谆以黜浮返朴为计，其关系世教不浅。”

本文写作特点：一是开门见山，针对侄儿们的毛病，进行规劝，谆谆教诲，语重心长。二是援引名人的行为，对照比较，表明自己的态度，言简意赅，褒贬分明。三是运用比喻，寓理于形象之中。

援兄子严、敦，并喜讥议，而通轻侠客。援前在交趾，还书诫之曰：

“吾欲汝曹[1]闻人过失，如闻父母之名，耳可得闻，口不可得言也。好议论人长短，妄是非正法[2]，此吾所大恶也，宁死不愿闻子孙有此行也。汝曹知吾恶之甚矣，所以复言者，施衿结缡[3]，申父母之戒，欲使汝曹不忘之耳。

“龙伯高[4]敦厚周慎，口无择[5]言，谦约节俭，廉公有威。吾爱之、重之，愿汝曹效之。杜季良[6]豪侠好义，忧人之忧，乐人之乐，清浊无所失[7]。父丧致客，数郡毕至。吾爱之、重之，不愿汝曹效也。效伯高不得，犹为谨敕[8]之士，所谓刻鹄不成尚类鹜者也[9]；效季良不得，陷为天下轻薄子，所谓画虎不成反类狗者也。讫今季良尚未可知，郡将下车[10]辄切齿，州郡以为言，吾常为寒心，是以不愿子孙效也。”

注释

1 汝曹：你辈。2 是非：褒贬，评论。正法：正常的法制。3 施衿结缡：古代女子出嫁，母亲把带巾结在女儿身上。衿，佩带。缡，佩巾。4 龙伯高：东汉京兆（今陕西西安）人，名述。当时为山都长。5 择：通“殬（dù）”，败坏。6 杜季良：东汉京兆人，名保。当时为越骑司马。7 清：指品行好的人。浊：指品行不好的人。8 谨敕（chì）：谨慎，能约束自己的言行。也作“谨饬”。9 鹄（hú）：天鹅。鹜（wù）：野鸭。10 下车：指官吏到任。

译文

我哥哥的儿子马严和马敦，都喜欢议论，又结交轻薄的侠客。我以前在交趾的时候，寄回书信告诫他们说：

“我希望你们听到人家的过失，就像听到父母的名字一样，耳朵可以听，嘴里却不可以说。喜欢议论人家的长短，胡乱评论正常的法制，这是我最痛恨的事，宁愿死也不愿听到子孙有这种行为。你们已知道我最痛恨这事，今天所以又讲，就犹如父母送女出嫁时亲自为她结上佩带佩巾，重申训诫一样，想使你们不要忘记这个。

“龙伯高这个人，厚道谨慎，不说败坏别人的话，谦虚节俭，廉洁奉公而有威望。我喜爱他，敬重他，希望你们学他。杜季良这个人，豪侠好义，把别人的忧愁当作自己的忧愁，把别人的快乐当作自己的快乐，不管好人坏人都交结。他父亲死了，请客人来吊丧，有好几个郡的人都来了。我喜爱他、敬重他，却不愿你们学他。学龙伯高不成，还能做个谨慎的人，这就是俗话说的刻天鹅不成，还能像只野鸭；学杜季良不成，就会堕落为天下的轻薄子弟，这就是俗话说的画虎不成，反而像只狗了。至今季良的结局还说不定，但郡将到任总是对他咬牙切齿，州郡的人把这事说给我听，我常常替他担忧，因此不希望子孙学他的样。”

前出师表　诸葛亮

导读

诸葛亮（181—234），字孔明，琅邪阳都（今山东沂南南）人，三国时期著名的政治家和军事家。年轻时随叔父逃避战乱隐居南阳隆中（今湖北襄阳西），刻苦研读史书，常以管仲、乐毅自比。公元 207 年，刘备“三顾草庐”，登门求教。他接受刘备的邀请，担任刘备的军师，帮助刘备建立了蜀汉政权，任丞相。后受刘备遗诏，辅佐后主刘禅。他亲自带兵，六出祁山，北伐中原，想完成统一全国的大业，但未成功。最后病逝于北伐军中，终年五十四岁，谥“忠武”。

本文选自《诸葛亮集》。表是古代臣下对君主所上奏章的一种。诸葛亮为实现刘备复兴汉室、统一天下的遗愿，多次出师北伐，留下前后两篇《出师表》。《前出师表》写于公元 227 年。诸葛亮在出师北伐前给后主刘禅上了这篇表文，阐述君主要广开言路、赏罚公平、亲贤远佞。这是诸葛亮继《隆中对》之后又一篇阐明治国方略的重要文章。

本文议论与叙事结合，结构严谨，层次分明。前半部分是临行前的进谏，分析形势，开导君主。后半部分阐述北伐的意义，表明“兴复汉室，还于旧都”的决心。

《前出师表》说理含蓄委婉，语言非常得体。诸葛亮与刘禅有着“君臣”与“托孤”的双重关系，上表既不宜用训斥的口吻，又不便用卑下的语气，不卑不亢，最为得体。作者在六百三十余字的表文中，有十三处提到“先帝”。借“先帝”之口陈述建议，更容易打动刘禅，激励他继承遗志，发愤图强。

臣亮言：先帝[1]创业未半，而中道崩殂[2]。今天下三分[3]，益州[4]疲敝，此诚危急存亡之秋[5]也。然侍卫之臣不懈于内，忠志之士忘身于外者，盖追先帝之

殊遇[6]，欲报之于陛下也。诚宜开张圣听[7]，以光[8]先帝遗德，恢宏[9]志士之气；不宜妄自菲薄，引喻失义[10]，以塞忠谏之路也。

注释

1 先帝：指刘备。先，指已经去世的尊长。2 崩殂（cú）：死。3 三分：指魏、蜀、吴三国分立，形成割据局势。4 益州：蜀国所在地。汉置益州，大约相当于现在四川及贵州、云南等地的一部分地区。5 秋：指代年岁、时代。6 追：追念。殊遇：特殊的待遇。7 开张圣听：扩大您圣明的听闻。意为广泛听取群臣的意见。8 光：发扬光大。9 恢宏：鼓舞。一本作“恢弘”。10 引喻失义：言谈不合大义。引，称引。喻，譬喻。

译文

臣诸葛亮向您进言：先帝开创大业还没完成一半，就中途去世了。现在天下分成三国，我们益州人力疲困，物资缺乏，这确实是到了十分危急、关系存亡的年代啊。但是，侍卫大臣们在朝廷里不敢懈怠，忠诚有志的将士们在疆场上不怕牺牲，这是由于大家追念先帝的厚恩，想要在陛下身上来报答啊。圣明的陛下应该广泛听取意见，发扬先帝遗留下来的美德，鼓舞志士们的志气；不应该过分地看轻自己，说话离开正道，从而堵塞大家尽忠进谏的道路。

宫中、府中[1]，俱为一体，陟罚臧否[2]，不宜异同[3]。若有作奸犯科[4]及为忠善者，宜付有司[5]，论其刑赏，以昭陛下平明之治，不宜偏私，使内外异法也。

注释

1 宫中：皇宫之中，指宫中侍奉皇帝的近臣。府中：丞相府中，指丞相府里的官员。2 陟（zhì）：提升。臧（zāng）：善。否（pǐ）：恶，坏。3 异同：偏于“异”。4 作奸犯科：营私舞弊，违法乱纪。5 有司：有专职的官吏。各有专司，故叫有司。司，管理。

译文

皇宫中的侍臣和丞相府的官员，都是一个整体，对他们的提升、惩罚、表扬、批评，不应该有所不同。倘若有人舞弊违法，或者有人忠诚善良，都应该交付给执法的官吏，评定对他们的赏罚，用来表明陛下治理国家是公平清明的，不应该有偏袒，使宫中、府中实行不同的赏罚办法。

侍中、侍郎郭攸之、费祎、董允等[1]，此皆良实，志虑忠纯，是以先帝简拔以遗陛下。愚以为宫中之事，事无大小，悉以咨之，然后施行，必能裨补阙漏，有所广益。将军向宠[2]，性行淑均[3]，晓畅军事，试用于昔日，先帝称之曰能，是以众议举宠以为督。愚以为营中之事，事无大小，悉以咨之，必能使行阵和穆，优劣得所也。亲贤臣，远小人，此先汉所以兴隆也；亲小人，远贤臣，此后汉所以倾颓也。[4]先帝在时，每与臣论此事，未尝不叹息痛恨于桓、灵也[5]。侍中、尚书、长史、参军[6]，此悉贞亮死节之臣也，愿陛下亲之信之，则汉室之隆，可计日而待也。

注释

1 侍中、侍郎：都是官名，皇帝亲近的侍臣。郭攸之：南阳（今河南南阳）人。费祎（yī）：字文伟，江夏鄳（Méng）县（今河南罗山西）人。董允：字休昭，南郡枝江（今湖北枝江东北）人。三人都是当时具有德才的人，为诸葛亮所识拔。当时郭、费任侍中，董允任黄门侍郎。2 向宠：襄阳宜城（今属湖北）人。为中部督，典宿卫兵，后主刘禅时封都亭侯。3 淑：和善。均：公平。4 先汉、后汉：应分别指汉朝的兴旺时期与衰败时期。或认为指西汉与东汉。5 桓、灵：指后汉时的桓帝、灵帝。这两个皇帝昏庸无能，宠信宦官，政治腐败，造成东汉末年的天下大乱。6 侍中：指郭攸之、费祎。尚书：指陈震。长史：指张裔。参军：指蒋琬。

译文

侍中、侍郎郭攸之、费祎、董允等人，他们都是贤良诚实的人，志向忠贞，思想纯正，所以先帝把他们选拔出来，留给陛下。我以为宫廷里的事务，不论大小，都去跟他们商量，然后再施行，那就一定能够防止缺失，弥补漏洞，获得更大的成效。将军向宠，性格和善，办事公平，熟悉军事，从前试用过，先帝称赞他有才能，所以大家建议任命他为都督。我认为军营里的事情，无论大小，都去跟他商量，那就一定能够使军队和睦团结，让才能不同的人都各得其所。亲近贤臣，疏远小人，这是汉朝前期兴旺发达的原因；亲近小人，疏远贤臣，这是汉朝后期覆亡衰败的原因。先帝健在的时候，每当跟我谈论到这些事情，没有一次不对桓帝、灵帝时期的所作所为感到叹息和痛心的。侍中郭攸之、费祎，尚书陈震，长史张裔，参军蒋琬，这些都是坚贞忠良、能以死报国的大臣，希望陛下亲近他们，信任他们，那么汉家的兴隆，就可以数着日子等到了。

臣本布衣[1]，躬耕于南阳[2]，苟全性命于乱世，不求闻达于诸侯。先帝不以臣卑鄙[3]，猥自枉屈[4]，三顾臣于草庐之中，咨臣以当世之事。由是感激，遂许先帝以驱驰[5]。后值倾覆[6]，受任[7]于败军之际，奉命于危难之间，尔来二十有一年矣[8]。先帝知臣谨慎，故临崩寄臣以大事也[9]。受命以来，夙夜忧叹，恐托付不效，以伤先帝之明。故五月渡泸[10]，深入不毛[11]。今南方已定，兵甲已足，当奖率三军，北定中原。庶竭驽钝[12]，攘除奸凶，兴复汉室，还于旧都[13]。此臣所以报先帝而忠陛下之职分也。至于斟酌损益[14]，进尽忠言，则攸之、祎、允之任也。愿陛下托臣以讨贼兴复之效，不效则治臣之罪，以告先帝之灵。若无兴德之言，则责攸之、祎、允之咎[15]，以彰其慢[16]。陛下亦宜自谋，以咨诹[17]善道，察纳雅言[18]，深追先帝遗诏。臣不胜受恩感激。

今当远离，临表涕泣，不知所云。

注释

1 布衣：平民。2 躬耕：亲自耕种。南阳：郡名，郡治在今河南南阳。诸葛亮隐居的隆中（今湖北襄阳西），当时属南阳郡。3 卑鄙：见识浅陋，地位低下。4 猥自枉屈：指刘备自己降低身份。猥，谦词，犹言“辱”。枉屈，屈就。5 驱驰：奔走效劳。6 倾覆：指汉献帝建安十三年（208），刘备在当阳长坂被曹操击败。7 受任：奉命。指刘备败后，亮奉命使吴，联合孙权，共御曹操。8 二十有一年：这是从刘备三顾草庐访诸葛亮的那年算起。9 临崩寄臣以大事：指刘备病危时，曾召见诸葛亮，托他辅佐刘禅，又对刘禅说，要听从诸葛亮的话，“事之如父”。10 渡泸：指后主建兴三年（225）诸葛亮南征孟获事。泸，泸水，金沙江的支流。11 不毛：即“不苗”，不生粮食，未经开发的地方。12 驽钝：比喻才能平庸。驽，劣马。钝，刀刃不锋利。13 旧都：指长安和洛阳，两汉的都城。蜀汉以继汉统自承，故把攻取二地叫作还旧都。14 斟酌损益：衡量得失，掌握分寸。损，减少。益，增加。15 咎：过错。16 彰：揭露。慢：怠慢。17 咨诹（zīzōu）：询问。18 雅言：正确的建议。

译文

臣本来是一个平民，在南阳亲自耕种田地，只想在乱世中暂且保全性命，不想在诸侯中求得显赫名声。先帝不因为我见识浅陋、身世低微，反而降低身份，三次到我的茅屋里拜访我，向我征询当时的天下大事。我因此受到感动和鼓舞，就答应为先帝奔走效劳。后来碰上军事失利，我在失败的时候接受了重任，在危急艰难的时候奉命出使，从那时候到如今已经有二十一个年头了。先帝知道我遇事谨慎，所以在临终时把国家大事托付给我。自从接受遗命以来，我早晚忧虑，唯恐托付的事情不能办好，因而损伤先帝的英明。所以，前两年的五月，我率领军队渡过泸水，深入到草木不生的荒凉地区。现在，南方已经平定，刀箭铠甲都已经备足，应当奖励并率领三军，北上平定中原。这也许能够竭尽我的平庸鲁钝的才能，铲除奸邪凶恶的曹魏，复兴汉家的天下，返回原来的国都。这是我用来报答先帝，向陛下尽忠心的分内职责啊！至于对政事的斟酌处理，掌握分寸，提出忠实恳切的意见，那是郭攸之、费祎、董允等人的责任。希望陛下把讨伐曹贼、兴复汉室的任务交付给我，如果不见成效就治我的罪，并且告知先帝的英灵。如果没有向您提出发扬德行的意见，就要责问攸之、费祎、董允等人的过错，揭露他们的怠慢。陛下自己也应该多多考虑国家大事，征询治国的好办法，审察采纳人们的正确意见，深切地追念先帝的遗言。这样我就受陛下的恩德而感激不尽了。

现在要离开陛下远行了，对着这篇表文流泪哭泣，不知道说了些什么。

报刘一丈书 宗臣

导读

宗臣（1525—1560），字子相，扬州兴化人，明代嘉靖进士。在福建布政使参议任内，曾率众击退倭寇。其诗文主张复古，为明代复古派的“后七子”之一。有《宗子相集》传世。

明嘉靖年间，严嵩父子专权，前后达二十年之久。他们结党营私，贪污受贿，飞扬跋扈，杀害忠良。大批趋炎附势之徒，争相奔走于其门下，社会政治一片黑暗。这封书信中所说的“权者”，就暗指严嵩。宗臣因此触犯严嵩，由吏部员外郎贬为福建布政使参议。

本文采用漫画式的手法，描绘了一幅干谒权贵、以媚词钻营的群丑图，生动地讽刺了上层权贵社会的污浊和丑恶，同时，也表明了自己不同流合污、保持自己高洁人格的决心。文章刻画人物惟妙惟肖、入木三分，如：权贵的煊赫气焰、倨傲做作和贪污纳贿，守门人的狐假虎威、敲诈勒索，钻营者的降低人格、阿谀逢迎，都刻画得淋漓尽致，绘声绘色。

数千里外，得长者[1]**时赐一书，以慰长想，即亦甚幸矣，何至更辱馈遗**[2]**，**

则不才[3]益将何以报焉！书中情意甚殷[4]，即长者之不忘老父，知老父之念长者深也。至以“上下相孚，才德称位”语不才[5]，则不才有深感焉。夫才德不称，固自知之矣；至于不孚之病，则尤不才为甚。

注释

1 长者：对长辈或年高德重的人的尊称。这里是称刘一丈。刘名玠，字国珍，号墀石，是宗臣父辈的世交。“一”是排行；“丈”是对老人的尊称。2 馈遗（kuìwèi）：赠送礼物。3 不才：不成才的人。自谦之词。4 殷：深厚。5 上下相孚，才德称位：刘一丈给宗臣信中的话。孚，信任。称，适应，相称。

译文

在几千里以外，得到您老人家时常赐给的信，安慰我长久的思念，已经很荣幸了，哪至于又承蒙您赠送东西，那我越发不知道该用什么报答您啊！信里的情意非常深厚，就说明您没有忘记我的老父，也明白了我的老父为什么会深深怀念您。至于您在信中用“上下互相信任，才德和官位相称”的话开导我，我却有很深的感慨。才德和官位不相称，本来我自己知道这点；至于上下互不信任的弊病，在我尤其显得突出。

且今之所谓“孚”者何哉？

日夕策马候权者之门[1]，门者[2]故不入，则甘言媚词作妇人状，袖金以私[3]之。即门者持刺[4]入，而主人又不即出见，立厩中仆马之间[5]，恶气袭衣袖，即饥寒毒热不可忍，不去也。抵暮，则前所受赠金者出，报客曰：“相公倦，谢客矣。[6]客请明日来。”即明日又不敢不来。夜披衣坐，闻鸡鸣即起盥栉[7]，走马抵门。门者怒曰：“为谁？”则曰：“昨日之客来。”则又怒曰：“何客之勤也！岂有相公此时出见客乎？”客心耻之，强忍而与言曰：“亡奈何矣，姑容我入。”门者又得所赠金，则起而入之，又立向[8]所立厩中。幸主者出，南面召见，则惊走匍匐[9]阶下。主者曰：“进！”则再拜，故迟不起。起则上所上寿金[10]。主者故不受，则固请；主者故固不受，则又固请。然后命吏纳之，则又再拜，又故迟不起，起则五六揖，始出。出，揖门者曰：“官人幸顾我[11]！他日来，幸无阻我也！”门者答揖。大喜，奔出。马上遇所交识，即扬鞭语曰：“适自相公家来，相公厚我，厚我！”且虚言状，即所交识，亦心畏相公厚之矣。相公又稍稍语人曰：“某也贤，

某也贤。”闻者亦心计[12]交赞之。此世所谓“上下相孚”也，长者谓仆能之乎？

注释

1 策：马鞭，这里作动词用。权者：掌权的人。这里暗指当时权臣严嵩、严世蕃父子。2 门者：守门的人。3 私：贿赂。4 刺：名帖。古时官场谒见，把姓名写在削制好的木片上，叫“刺”。到明、清时，改用红纸，上写官衔、姓名，叫“名帖”。5 厩（jiù）：马棚。仆：仆人。6 相公：古代称宰相为“相公”。谢客：谢绝宾客。意即不见宾客。7 盥（guàn）：洗手、洗脸。栉（zhì，旧读 jié）：梳头。8 向：以前。这里指前一天。9 匍匐：身子伏倒在地。10 寿金：祝寿的贺礼。因不便明言贿赂，故说寿金。11 官人：称相公。一说，对守门人奉承的称呼。幸：表态副词，含有请求、希望之意。下句“幸”字同。顾：照顾。12 心计：花费心机，挖空心思。

译文

而且，现在人们所说的“信任”是什么呢？

一天到晚赶着马恭候在权贵的门口，守门的人故意不进去通报，他就甜言蜜语，作出女人的媚态，把藏在衣袖里的钱拿出贿赂守门人。等到守门人拿了名帖进去，可是主人又不立刻出来接见，他站在马棚里，跟马夫和马在一起，臭恶的气味侵袭衣裳，即使饥饿、寒冷、毒热到了不能忍受的地步，也不离开。到天快黑了，那先前受贿的守门人出来，回答客人说：“相公疲倦了，不见客了。请客人明天来。”到了第二天，又不敢不来。夜里披了衣服坐着，听到鸡叫就起来洗脸梳头，骑上快马去到门前。守门人发怒说：“是哪个？”回答说：“昨天的客人来了。”守门人又怒气冲冲地说：“客人为什么来得这样勤快呢？难道相公会在这个时候出来见客吗？”客人心里感到受了羞辱，勉强忍耐着对守门人说：“无可奈何了，暂且让我进门吧。”守门人又得了客人贿赂的钱，就起身让他进去，他又站在昨天站过的马棚里。幸亏主人出来，朝南坐着召见他，他就胆战心惊地跑上去，趴在台阶下。主人说：“进来！”他就拜了两拜，故意迟迟不起来。起来后献上祝寿进见的金银。主人故意不接受，就再三请求；主人故意坚持不接受，便又再三请求。然后主人叫手下的人收下了，他就又拜了两拜，又故意迟迟不起来，起来后又作了五六个揖，才出来。出来后，他对守门人作揖说：“幸亏官人照顾我！以后再来，请不要阻拦我啊！”守门人回了他一个揖，他兴高采烈地跑了出来。在马上碰到认识的人，就挥挥鞭子得意地说：“刚才从相公家里来，相公很看重我，很看重我！”并且虚构宰相厚待他的情状，就是向来熟悉他的人，也真以为宰相看重他而害怕他了。宰相又偶然对人家说："某人很好！某人很好！"听到的人便挖空心思交口称赞他。这就是世上所说的"上下互相信任"吧。您老人家认为我能这样做么？

前所谓权门者，自岁时伏腊一刺之外[1]，即经年不往也。间[2]道经其门，则亦掩耳闭目，跃马疾走过之，若有所追逐者。斯则仆之褊衷[3]，以此长不见悦于长吏[4]，仆则愈益不顾也。每大言曰："人生有命，吾惟守分而已。"长者闻之，得无厌其为迂乎[5]？

注释

1 岁时伏腊：岁，过年。时，每季的节日。伏，夏天的伏日。腊，冬天的腊日。2 间（jiàn）：间或，偶然。3 褊（biǎn）：褊急，气量狭隘。衷：内心。4 长（zhǎng）吏：地位较高的官员。5 据明刻本《宗子相集》，在"得无厌其为迂乎"句后有如下一段文字："乡园多故，不能不动客子之愁。至于长者之抱才而困，则又令我怆然有感。天之与先生者甚厚，亡论长者不欲轻弃之，即天意亦不欲长者之轻弃之也，幸宁心哉！"

译文

前面提到的权贵人家，我除了过年过节投一个名帖以外，就整年不去。平时偶然路过他的门前，便捂了耳朵，闭上眼睛，加鞭催马迅速地过去，好像有什么东西追赶一样。这就是我的气量狭隘，因为这样，长久不为长官所喜欢，我也就更加不巴结他们了。我常常大声说："人生在世，自有命运安排，我只知道安分守己罢了！"您老人家听了这番话，莫非要责怪我迂阔不通人情吗？

*谕曾纪鸿书 曾国藩

导读

曾国藩（1811—1872），湖南湘乡（今属双峰）人。字伯涵，号涤生，谥文正。近代理学家、军事家、政治家、文学家。道光十八年（1838）中进士。他组建湘军，镇压太平天国，官至两江总督、直隶总督、武英殿大学士，封一等毅勇侯。又兴办洋务，倡议建造了中国第一艘轮船，建立了第一所兵工学堂，印刷翻译了第一批西方书籍，安排了第一批赴美留学生。他的散文效法桐城派而自成一派，号湘乡派，重要成员有吴汝纶、黎庶昌、张裕钊、薛福成、郭嵩焘、李元度等。

《曾国藩家书》是曾国藩散文中影响最深远的部分。《曾国藩家书》是曾国藩写给儿子纪泽、纪鸿以及诸弟的书信，思想真实，行文从容自如，内容包括致学、修身、做官等方面的真知良言，具有丰富的家庭教育思想。这些书信，直接培养了曾纪泽、曾纪鸿等一批著名的外交家、科学家、教育家，也广泛影响了社会。本篇是写给曾纪鸿的信，写于咸丰六年（1856）九月二十九日的夜晚，当时曾国藩在江西抚州指挥军事。信中有许多朴素的至理名言，如："余不愿为大官，但愿为读书明理之君子。""由俭入奢易，由奢返俭难。"曾纪鸿（1848—1881），曾国藩次子，数学家。

字谕纪鸿儿：

家中人来营者，多称尔举止大方，余为少慰。凡人多望子孙为大官，余不愿为大官，但愿为读书明理之君子。勤俭自持[1]，习劳习苦，可以处乐，可以处约[2]。此君子也。余服官二十年，不敢稍染官宦气习，饮食起居，尚守寒素家风，极俭也可，略丰也可，太丰则吾不敢也。凡仕宦之家，由俭入奢易，由奢返俭难。尔年尚幼，切不可贪爱奢华，不可惯习懒惰。无论大家小家、士农工商，勤苦俭约，未有不兴；骄奢倦怠，未有不败。尔读书写字不可间断，早晨要早起，莫坠高曾祖考以来相传之家风[3]。吾父吾叔，皆黎明即起，尔之所知也。

凡富贵功名，皆有命定，半由人力，半由天事[4]。惟学作圣贤，全由自己作主，不与天命相干涉。吾有志学为圣贤，少时欠居敬[5]工夫，至今犹不免偶有戏言戏动[6]。尔宜举止端庄，言不妄发，则入德之基也。

手谕。时在江西抚州门外。

注释

1 自持：要求自己，约束自己。2 处约：处于不顺利的状况。约，困窘。3 高：高祖。曾：曾祖。祖：祖父。考：父亲。4 天事：自然形势，客观形势。5 居敬：心存恭敬、严肃、谨慎。语出《论语·雍也》，后来成为程朱派理学家的重要修养方法。6 戏言戏动：随意的言行，不慎重的言行。

译文

我写这些话语告诫纪鸿我儿：

家中来军营的人，大多称赞你举止大方，我因此略感安慰。大凡一般人大多希望子孙做大官，我不希望你们做大官，只希望你们成为读书明理的君子。勤劳节俭，严格约束自己，习惯吃苦耐劳，就既可以面对快乐顺利的状况，又可以面对不顺利的状况，这就是君子了。我担任官职二十年，不敢稍微染上官宦习气，饮食起居还是保持着贫寒百姓的家风，极俭朴也可，略微丰盛也可，太丰盛了我就不敢领受。凡是官员家庭，由节俭进入奢侈容易，由奢侈返回到节俭就困难。你年纪还小，切不可贪恋奢华，不可习惯懒惰。无论大户人家还是小户人家，无论读书、务农、做工、经商，勤苦节俭，约束自己，没有不兴旺的；骄傲、奢侈、懒惰，没有不败坏的。你读书写字不可间断，早晨要早起，莫败坏了高祖、曾祖、祖父、父亲以来相传的家风。我父亲、我叔辈，都是黎明就起床，这是你知道的。

凡是富贵功名，都由命运决定，一半由于人的努力，一半由于自然形势。只有学习做圣贤，是完全由自己做主，不跟天命有关系。我有志学习做圣贤，但是年轻时缺乏居敬功夫，到今天还不免偶尔有随便的言语和行动。你应该举止端庄，不胡乱发言，这是进入道德修养的基础。

我亲手写了这些话语。写信时在江西省抚州城门外。

*与妻书 林觉民

导读

1911 年 4 月 27 日（农历辛亥年三月二十九日），革命党人发动广州起义，这是林觉民烈士在起义前三天深夜写给妻子的绝笔信。林觉民（1887—1911），字意洞，号抖飞，福建闽县（今福州）人。十四岁进福建高等学堂，毕业后，于 1905 年到日本留学，参加了同盟会。1911 年回国参加广州起义，不幸受伤被捕。受审时，慷慨陈词，宣传革命思想。后从容就义，年仅二十五岁。被安葬在黄花岗，是黄花岗七十二烈士之一。

信中阐明，没有全民的幸福就没有个人的幸福，为了全民幸福就必须进行推翻黑暗制度的革命，就必须扩充爱心，舍小我而为大我。文章字里行间透露出对妻子的关怀体贴，无论是对以往的深情回忆，还是对牺牲后的种种设想，都从心底流出，催人泪下。

意映卿卿如晤[1]：

吾今以此书与汝永别矣！吾作此书时，尚为世中一人；汝看此书时，吾已

成为阴间一鬼。吾作此书，泪珠和笔墨齐下，不能竟书[2]，而欲搁笔。又恐汝不察吾衷[3]，谓吾忍舍汝而死，谓吾不知汝之不欲吾死也，故遂忍悲为汝言之。

注释

1 意映：作者的妻子，姓陈，名意映。林觉民在起义前三天夜间写下此信，他牺牲后才由朋友转给陈意映。卿卿：对妻子的爱称。如晤：书信中的常用语。意思是好像见面一样。2 竟书：把信写完。3 衷：内心想法。

译文

意映卿卿如晤：

我今天写这封信跟你永别了！我写这封信时，还是世界中的一个人；你看到这封信时，我已成为阴间的一个鬼。我写这封信，是泪珠和笔墨同时落下，几乎无法写完，就想搁笔。但是，我又恐怕你不能体察我的内心，认为我是忍心舍弃你而死，认为我是不知道你不想我死去，所以，我就忍着悲痛写完信，对你说清楚。

吾至爱汝！即此爱汝一念，使吾勇于就死也！吾自遇汝以来，常愿天下有情人都成眷属[1]。然遍地腥云，满街狼犬，称心快意，几家能彀[2]？司马青衫[3]，吾不能学太上之忘情也[4]。语云，仁者“老吾老以及人之老，幼吾幼以及人之幼”[5]。吾充[6]吾爱汝之心，助天下人爱其所爱，所以敢先汝而死，不顾汝也。汝体[7]吾此心，于啼泣之余，亦以天下人为念，当亦乐牺牲吾身与汝身之福利，为天下人谋永福也。汝其勿悲。

注释

1 愿天下有情人都成眷属：语出《西厢记》第五本第四折。2 能彀：今写作“能够”。3 司马青衫：比喻流泪伤心。唐白居易被贬为江州司马时，所作的《琵琶行》中有“座中泣下谁最多，江州司马青衫湿”之句。4 太上：最上，指思想最超脱的圣人。《世说新语·伤逝》：“圣人忘情，最下不及情。情之所钟，正在我辈。”5“老吾老”二句：语出《孟子·梁惠王上》。意为尊重、赡养自己家的老人，推广到对别人家的老人尊重、赡养；爱护、抚养自己家的小孩，推广到对别人家的小孩也爱护、抚养。及，达到。6 充：扩充，推广。7 体：体谅，领悟。

译文

我非常爱你！就凭借着这爱你的念头，使我能勇敢地走向死亡！我自遇上你以来，经常希望天下有情人都成为眷属。然而，现在遍地是血腥气，满街是狼犬，有几家能够称心快意呢？我的眼泪沾湿了青衫，不能达到最上等的忘情境界。古人说，仁爱的人应该“尊敬自己家的老人而推广到尊敬别人家的老人，爱护自己家的孩子推广到爱护别人家的孩子”。我推广我爱你的心，要帮助天下人都能爱他们所爱的人，所以，我才敢于在你之前牺牲，不能再照顾你了。希望你能体察我的这种思想，在哭泣之余，也以天下人为念，那就会乐于牺牲我和你自身的幸福，为天下人谋求永远的幸福。希望你不要悲痛。

汝忆否？四五年前某夕，吾尝语曰：“与使吾先死也，无宁汝先吾而死。”汝初闻言而怒，后经吾婉解[1]，虽不谓[2]吾言为是，而亦无辞相答。吾之意盖谓以汝之弱，必不能禁失吾之悲；吾先死留苦与汝，吾心不忍，故宁请汝先死，吾担悲也。嗟夫，谁知吾卒先汝而死乎！吾真真不能忘汝也！回忆后街之屋，入门穿廊，过前后厅，又三四折有小厅，厅旁一室为吾与汝双栖之所[3]。初婚三四个月，适冬之望日前后，窗外疏梅筛月影，依稀掩映，吾与［汝］并肩携手，低低切切，何事不语，何情不诉？[4]及今思之，空余泪痕！又回忆六七年前，吾之逃家复归也，汝泣告我：“望今后有远行，必以告妾，妾愿随君行。”吾亦既许汝矣。前十余日回家，即欲乘便以此行之事语汝，及与汝相对，又不能启口；且以汝之有身[5]也，更恐不胜悲，故惟日日呼酒买醉。嗟夫！当时余心之悲，盖不能以寸管[6]形容之。

注释

1 婉解：委婉劝解。2 谓：以为，认为。3 双栖之所：夫妻同居的地方。4 望日：农历每月十五日。吾与［汝］：原文缺“汝”字，据文意补。5 有身：怀孕。6 寸管：指毛笔。

译文

你还记得吗？四五年前的某晚，我曾经对你说：“与其使我先死，不如你死在我之前。”你刚听到这话就发怒了，后来经过我婉转劝解，你虽然不认为我的话对，却也没有话回答。我的意思是说，凭你的柔弱，必定不能忍受失去我的悲痛；如果我先死，把痛苦留给你，我心不忍，所以宁愿你先死，我担负悲痛。

唉，谁知我最终死在你之前啊！我真不能忘记你啊！回忆后街的房屋，入门后穿过走廊，经过前后厅，又三四次转弯，有一间小厅，厅旁的一间卧室是我与你双双栖息的地方。初婚三四个月，遇上冬季的农历十五日前后，到了夜晚，月光透过窗外稀疏的梅花树照射进来，影子依稀掩映，我与你肩并肩，手携手，低声细语，没有什么事不说，没有什么情感不倾诉。到今天想起这情境，只空留泪痕！又回忆六七年前，我逃离家庭又回家了，你哭着对我说："希望今后你有远行，一定要告诉我，我愿随你远行。"我也已经答应你的要求了。十多天前我回家，就想乘方便时把这次行动的事告诉你，但是等到跟你见面时，我又不能开口；而且，因为你已经怀孕了，更担心你不能忍受悲痛，所以我只是天天喝酒买醉。唉！当时我心里的悲痛，是不能用笔形容出来的。

吾诚愿与汝相守以死。第[1]以今日事势观之，天灾可以死，盗贼可以死，瓜分之日可以死，奸官污吏虐民可以死。吾辈处今日之中国，国中无地无时不可以死。到那时使吾眼睁睁看汝死，或使汝眼睁睁看我死，吾能之乎？抑汝能之乎？即可不死，而离散不相见，徒使两地眼成穿而骨化石[2]。试问古来几曾见破镜能重圆[3]？则较死为苦也，将奈之何！今日吾与汝幸双健。天下人人不当死而死，与不愿离而离者，不可数计。钟情如我辈者，能忍之乎？此吾所以敢率性就死不顾汝也[4]。

吾今死无余憾，国事成不成，自有同志者在。依新[5]岁已五，转眼成人，汝其善抚之，使之肖[6]我。汝腹中之物，吾疑其女也，女必象汝，吾心甚慰；或又是男，则亦教其以父志为志，则我死后尚有二意洞在也。甚幸甚幸！吾家后日当甚贫，贫无所苦，清静过日而已。

注释

1 第：但。2 眼成穿：望穿双眼。骨化石：古代传说。有一女子，丈夫服役，长久不归，她每天登山盼望，以致身体变化为石头，人称望夫石。3 破镜能重圆：比喻夫妻分离后又能团圆。《本事诗·情感》载，南朝陈朝灭亡时，驸马徐德言担心妻子乐昌公主被人掠走，就剖开一面铜镜，两人各拿一半，约定在失散之后，每年正月十五日到街市上卖镜，以通音信。后来，乐昌公主流落入隋朝贵族杨素家，徐德言通过卖镜，得到妻子的消息，杨素成全了他们。4 率性：遵循自己的性情，遵循自己的志向。就死：赴死，不怕牺牲。5 依新：作者长子。6 肖：相似。

译文

我真诚希望跟你相伴到死。但是，从今天的形势看来，天灾可以让人死，盗贼可以让人死，国家被瓜分的日子可以让人死，奸官污吏虐待民众可以让人死。我们这一辈人，处在今天的中国，在国家中没有什么地方、没有什么时间不可以让人死。到了那时，让我眼睁睁看着你死，或者让你眼睁睁看着我死，我能够这样吗？或者你能够这样吗？即使可能不死，而离散不能相见，也会空空使得处在两地的你我，眼睛望穿，身体化成石头。试问自古以来，什么时候见过破镜能够重圆？这种情况比死更加痛苦，将怎么办呢！今天，我与你侥幸双双活着，而天下不应当死的却死了、不愿分离的却分离了的人，无法计算出来。像我们这样具有丰富情感的人，能够忍受这种情况吗？这就是我敢于遵循自己的意愿慷慨赴死而不能顾及你的原因啊。

我今天死了没有遗憾，国家大事成功或不成功，自然还有我的同志存在。儿子依新已经五岁，转眼就成人了，希望你好好抚养他，使他跟我相似。你腹中所怀的孩子，我猜疑她是女儿。女儿必定像你，我心里很欣慰；或许又是儿子，你也教他把父亲的志向作为自己的志向，那么，我死后还有两个我存在。很幸运，很幸运！我家后来的日子可能很贫穷，贫穷不是什么痛苦，清静过日子而已。

吾今与汝无言矣！吾居九泉之下[1]，遥闻汝哭声，当哭相和也。吾平日不信有鬼，今则又望其真有。今人又言心电感应有道[2]，吾亦望其言是实。则吾之死，吾灵尚依依旁[3]汝也，汝不必以无侣悲！

注释

1 九泉之下：地下。2 心电感应：当时，人们认为亲人之间有心电可以互相感应。3 旁：通“傍”，靠近，陪伴。

译文

我今天对你再没有话说了！我处在九泉之下，远远听到你的哭声，我会哭着应和。我平常不信有鬼，今天却又希望真有鬼。现在人们又说亲人之间有心电可以互相感应，我也希望这说法是真实的。那么，我死了，我的灵魂还依依不舍地陪伴着你，你不必因为没有伴侣而悲痛！

吾生平未尝以吾所志语汝，是吾不是处。然语之，又恐汝日日为吾担忧。吾牺牲百死而不辞，而使汝担忧，的的[1]非吾所忍。吾爱汝至，所以为汝谋者惟恐未尽。汝幸而偶我，又何不幸而生今日之中国！吾幸而得汝，又何不幸而生今日之中国，卒不忍独善其身！嗟夫！巾短情长，所未尽者尚有万千，汝可摹拟[2]得之。吾今不能见汝矣！汝不能舍吾，其时时于梦中得我乎？一恸！

注释

1 的的：的的确确。2 摹拟：仿效，按照前面所讲的一切推想。

译文

我生平没有把我的志向告诉你，这是我不对的地方。然而，如果告诉你，又恐怕你天天为我担忧。我为志向牺牲，即使死一百次也不推辞，但是使你担忧，的的确确不是我忍心的。我爱你到极点，所以为你谋划唯恐不周到。你幸而成为我的配偶，又多么不幸而生在今天的中国！我幸而得到你，又多么不幸而生在今天的中国，终于不忍心独善其身！唉！信短情长，所没有说完的话还有万千，你可以想象出来。我现在不能看到你了！你不能忘记我，大概时时会在梦中找到我吧？多么悲痛啊！

辛（未）[亥]三月念六夜四鼓[1]，意洞手书。

家中诸母皆通文[2]，有不解处，望请其指教，当尽吾意为幸！

注释

1 辛未：当为“辛亥”，作者匆忙中笔误。念六：二十六日。四鼓：四更天。半夜以后，天亮之前。2 诸母：指伯母、叔母辈。

译文

辛亥年三月二十六日，夜晚四更天，意洞手书。

家中伯母、叔母辈都通晓文字，你有看不懂的地方，希望你请她们指教，希望完全了解我的意愿！

第六类

序言

序言，古代称“序”或“叙”。《尔雅》：“序，绪也。”序言的作用是，在一本或一篇著作之前，揭示写作意图或加以评论。中国最早的序言，大概是《诗经》的大序与小序，大序是揭示整部《诗经》的写作意图，小序是说明每篇的意旨。司马迁作《史记》，全书有《太史公自序》，具体篇章也往往有序，对后代影响很大。

序言或侧重于抒情，或侧重于评论。诵读侧重于抒情的序言，要注重其感情色彩；诵读侧重于评论的序言，跟诵读论说文一样，要理解其论点、论据与论证方法。

货殖列传序 《史记》

导读

本文是《史记·货殖列传》的序。货殖，即货财的生产蓄息，也就是指发展生产和贸易，多多积累财富。司马迁在《货殖列传》里详细介绍了汉代和汉代以前有关货殖的各种情况，并为计然、范蠡、子贡、白圭、卓氏等致富名人立传。

在这篇为《货殖列传》写的序文里，司马迁以前瞻的眼光，精辟地论述了经济是社会生活的物质基础，是礼节等上层建筑的基础，只有奖励社会分工，努力发展生产和流通，才能积累财富，改善人民生活，形成良好的社会风气，巩固国家的统治。文章否定《老子》所设想的“老死不相往来”的社会思想，主张发挥人民才干，促进货物流通。这是符合社会发展规律的卓越的经济思想。这篇关于古代社会经济的文献，具有重要的研究参考价值。

本文据事论理，逻辑严密，有破有立，具有很强的说服力量。引用、比喻、排比、反问等多种手法的运用，更增添了文章的雄辩色彩。

《老子》曰：“至治之极，邻国相望，鸡狗之声相闻，民各甘其食，美其服，安其俗，乐其业，至老死不相往来。”[1]必用此为务，挽近世涂民耳目[2]，则几无行矣。

太史公曰：夫神农[3]以前，吾不知已[4]。至若《诗》《书》所述虞、夏以来，耳目欲极声色之好，口欲穷刍豢[5]之味，身安逸乐，而心夸矜势能之荣[6]，使俗之渐[7]民久矣，虽户说以眇论[8]，终不能化。故善者因[9]之，其次利道[10]之，其次教诲之，其次整齐之，最下者与之争。

注释

1《老子》：又称《道德经》，道家经典，相传为春秋末老聃著。引文见该书第八十章（王弼本），文字稍有出入。2挽：挽回，扭转。近世涂民耳目：近代普通百姓的爱好、习惯。涂，道路。涂民即路上行走的人群。《荀子·性恶》：“涂之人可以为禹。”3神农：传说中上古时代的帝王，教民耕作。4已：同“矣”。5刍豢（chúhuàn）：指牲畜的肉。刍，食草的动物，如牛、羊。豢，食谷类的动物，如猪、狗。6夸矜：夸耀、骄傲。势能：权势和能力。7渐（jiān）：逐渐沾染。8眇（miǎo）论：微妙的道理。指老子的言论。9因：因顺，适应其发展。10道：通“导”，引导。

译文

《老子》说："天下治理得最好的状态，是邻国之间互相能望见，鸡鸣狗吠的声音互相能听到，老百姓各自满足于自己的饮食，喜欢自己的穿着，安于自己的风俗，乐于自己的职业，到老到死却不相互来往。"如果一定要实现老子的想法，企图扭转近世老百姓的爱好，那么几乎是没法实行的。

太史公说：神农以前的事，我不知道。至于《诗》《书》上所记述的，从虞、夏以来，人们的耳目都想尽量享受声色的美好，口里都想尽量享受各种肉类的滋味，身体都贪图安逸快乐，心里都夸耀权势和能力带来的光荣，这个习俗深入民心很久了，即使用老子讲的微妙道理去挨家挨户地劝说，也终究不能改变。因此，最好的办法是顺应形势的发展，其次是用利益去引导他们，再次是教育他们，再次就是制定法规去约束他们，最下等的办法是和他们争利。

夫山西饶材、竹、榖、纑、旄、玉石[1]；山东多鱼、盐、漆、丝、声色[2]；江南出楠、梓、姜、桂、金、锡、连、丹沙、犀、玳瑁、珠玑、齿、革[3]；龙门、碣石北多马、牛、羊、旃裘、筋角[4]；铜、铁则千里往往山出棋置：此其大较也[5]。皆中国人民所喜好，谣俗[6]被服、饮食、奉生、送死之具也。故待农而食之，虞[7]而出之，工而成之，商而通之。此宁有政教发征期会哉？人各任其能，竭其力，以得所欲。故物贱之征贵，贵之征贱。[8]各劝其业，乐其事，若水之趋下，日夜无休时，不召而自来，不求而民出之。岂非道之所符，而自然之验耶？

注释

1 山西：指太行山以西，包括今山西、陕西、甘肃等地。榖（gǔ）：楮树，树皮可以造纸。纑（lú）：山中野麻，可以织布。旄（máo）：牦牛尾，可以做旗杆上的装饰品。2 山东：指太行山以东地区。声色：指音乐、美女。3 江南：指长江以南。连：通"链"，未炼过的铅。丹沙：即朱砂，矿物名。玳瑁（dàimào）：海中动物，外形像龟，其甲壳可制装饰品。玑（jī）：不圆的珠。齿、革：指象牙和犀牛皮。4 龙门：山名，在今山西河津西北和陕北韩城东北。碣石：山名，地在今河北乐亭西南，一说即今河北昌黎西北的碣石山。旃：同"毡"。裘：皮衣。筋角：制弓的材料。5 大较：大概，大略。6 谣俗：风俗习惯。7 虞：掌管山林川泽的官。8 征：征兆。"贱之"二句的意思是，贱是贵的先兆，贵是贱的征兆，即贵贱是相互转换的。

译文

太行山以西多产木材、竹子、楮树、野麻、牦牛尾、玉石；太行山以东多产鱼、盐、漆、丝，音乐繁荣，美女众多；长江以南出产楠树、梓树、姜、桂、金、锡、铅矿、丹砂、犀牛角、玳瑁、珠玑、象牙、皮革；龙门、碣石以北多出产马、牛、羊、毡裘、筋角；出产铜铁的山，往往相距不出千里，像棋子那样密布：这是大概情况。所有这些，都是中原百姓所喜欢的，百姓都习惯用来吃穿，作为奉生送死的东西。所以说，靠农夫耕作，才有得吃；靠管山林川泽的人，才能把物品采集出来；靠工匠做工，才能制成器物；靠商贾贩卖，物资才能流通。这难道有政令教化去征调而限期会集吗？人们各自发挥自己的能力，尽自己的力气，去得到所想要的东西。所以，物价贱是贵的征兆，物价贵是贱的征兆。人们各自努力而快乐地从事他们的职业，就像水向低处流，日日夜夜没有停止的时候，不用召唤就自己到来，不用要求百姓就自动产出物资。这难道不符合规律，不是顺应自然的验证吗？

《周书》曰："农不出则乏其食，工不出则乏其事，商不出则三宝绝，虞不出则财匮少，财匮少而山泽不辟矣。"[1]此四者，民所衣食之原也。原大则饶，原小则鲜[2]。上则富国，下则富家。贫富之道，莫之夺予，而巧者有余，拙者不足。故太公望封于营丘[3]，地潟卤[4]，人民寡，于是太公劝其女功[5]，极技巧，通鱼盐，则人物归之，繦至而辐凑[6]。故齐冠带衣履天下，海岱之间敛袂而往朝焉[7]。其后齐中衰，管子[8]修之，设轻重九府[9]，则桓公以霸，九合诸侯[10]，一匡天下。而管氏亦有三归[11]，位在陪臣[12]，富于列国之君。是以齐富强至于威、宣也[13]。

注释

1《周书》：周朝的文诰。三宝：指食、事、财。这段引文今本《尚书》中没有，已失传。2 鲜：少。3 太公望：姓姜名望，尊称太公。他辅佐周武王伐纣灭商，建立周朝。被封于营丘（今山东昌乐东南），为齐国始祖。4 潟卤（xìlǔ）：盐碱地。5 女功：指有关妇女纺织的事。6 繦（qiǎng）至：形容百姓像绳子穿钱一样涌来。繦，穿钱的绳子。辐凑：形容百姓像辐条向中心聚集一样奔来。辐，车轮中的辐条。7 海岱之间：指渤海和泰山之间的诸侯国。敛袂（mèi）：整敛衣袖（表示肃敬）。8 管子：管仲。见《管晏列传》。9 轻重：《管子》有《轻重篇》，轻重是指在各地贮积货币来调节谷价贵贱的办法。九府：周代掌管钱币的官有九类，包括大府、玉府、内府、外府、泉府、天府、职内、职金、职币。10 九合诸侯：齐桓公多次会盟诸侯。11 三归：见《管晏列传》注。12 陪臣：诸侯的大夫，对天子自称陪臣。13 威、宣：指齐威王和齐宣王。

译文

《周书》上说："农夫不拿出粮食就缺少食物，工匠不制出器物就缺少用具，商人不出来经营，食物、用具、钱财就不能流通，虞人不开采出物产就财源缺乏，财源缺乏山林泽地就不能开发。"这四个方面，是老百姓衣食的源泉。源泉广大就财富多，源泉窄小就财富少。这些东西，对上能使国家富足，对下能使家庭富裕。贫富全由自己，没有人能够夺走或者赐予，不过机智的人会得到更多，笨拙的人就不够。从前太公望被封在营丘，地处海滨，土质盐碱，人口稀少，于是太公勉励百姓努力养蚕纺织，极力钻研技术，贩运鱼盐，于是四方的人纷纷投奔齐国，像绳子穿钱一样涌来，也好像车轮中辐条凑集到车毂上一样。因此，齐国的冠带衣履传遍天下，渤海和泰山之间的诸侯，都敛起衣袖，恭敬地来齐国朝拜。这以后，齐国中途衰弱，管仲修复太公的遗业，设立轻重九府管理财政，齐桓公因而称霸，多次会盟诸侯，匡正天下。而且，管仲自己也有三归，虽然他的地位不过是诸侯下面的大夫，但他的财富比得上诸侯国的君主。因此齐国富强的局面，一直延续到齐威王、齐宣王的时代。

故曰："仓廪实而知礼节，衣食足而知荣辱。"[1]礼生于有而废于无[2]。故君子富，好行其德；小人富，以适其力。渊深而鱼生之，山深而兽往之，人富而仁义附焉。富者得势益彰，失势则客无所之[3]，以而不乐[4]。谚曰："千金之子，不死于市。"此非空言也。

故曰："天下熙熙，皆为利来；天下壤壤，皆为利往。"[5]夫千乘之王[6]，万家之侯[7]，百室之君[8]，尚犹患贫，而况匹夫编户之民乎[9]！

注释

1 "仓廪"二句：语见《管子·牧民篇》。2 有：富有。无：贫穷。3 之：前往。4 以而不乐：因失势而不快乐。中华书局标点本《史记》原文在这句下有"夷狄益甚"一句。5 熙熙、壤壤：都是形容人来人往、喧闹纷杂的样子。壤，今多写为"攘"。6 千乘之王：指分封的诸侯王。7 万家之侯：指列侯，享受万户的赋税。8 百室之君：指大夫。9 匹夫：平民。编户之民：编入户口册的老百姓。

译文

所以说："仓库充实了才讲究礼节，衣食充足了才重视荣辱。"礼节产生于富有，废弛于贫穷。所以君子富有，好行仁义；小人富有，能够尽力。潭深，鱼就自然生长在那里；山深，野兽就自然去到那里；人富了，仁义就自然依附在他身上。富贵的人得到权势就更加显赫；失掉权势，门客都不再去，因而不会愉快。谚语说："家有千金的人士，不会犯法受刑而死在街市。"这并不是空话啊。

所以说："天下熙熙攘攘的人群，都是为利益奔走来往。"有兵车千乘的王，食邑万家的侯，食邑百户的大夫，尚且还担心贫穷，何况是编入户口册的平民百姓呢。

兰亭集序 王羲之

导读

王羲之（321—379），字逸少，琅邪临沂（今属山东）人，东晋著名的书法家，其笔势"飘若浮云，矫若惊龙"(《晋书·王羲之传》)，后世称为"书圣"。为人胸怀旷达，喜爱自然山水。曾任右军将军、会稽内史，世称"王右军"。王羲之的散文亦疏朗简洁，优美动人。

东晋穆帝永和九年（353）三月上巳（sì）日，时任会稽内史（相当于郡太守）的王羲之，邀集谢安、孙绰等四十一人在兰亭举行盛大的文人宴会，临流赋诗，当日所作的三十七首诗被编为《兰亭集》，由王羲之写了这篇序言。这篇序言又名《兰亭序》或《兰亭宴集序》，既是东晋散文的佳作，又是中国书法史上的杰作。

本文主旨是抒发欢乐有尽、人生短暂的感慨，表现出对人生的热爱。文章的前半部分写兰亭盛会，贯穿并突出一个"乐"字。文章的后半部分则紧承上文"仰观""俯察"，抒发感触：情随事迁，老之将至，由"信可乐也"转到"岂不痛哉"。最后，把人生感慨提升到一定的理论高度。全篇写景抒怀，结构井然，景语、情语，浑然一体。文笔隽永清新，句式灵活，洒脱无拘。抒情显而不露，深而不晦。在骈文盛行的东晋时期，是独具一格的佳作。

永和九年[1]，岁在癸丑[2]，暮春之初[3]，会于会稽山阴之兰亭[4]，修禊[5]事也。群贤毕至[6]，少长咸[7]集。此地有崇山峻岭，茂林修[8]竹，又有清流激湍[9]，映带[10]左右，引以为流觞曲水[11]。列坐其次[12]，虽无丝竹管弦之盛[13]，一觞一咏[14]，亦

足以畅叙幽情[15]。是日也，天朗气清，惠风和畅，仰观宇宙之大，俯察品类[16]之盛，所以游目骋怀[17]，足以极[18]视听之娱，信可乐也。

注释

1 永和九年：公元353年。永和，晋穆帝年号。2 岁在癸丑：这年按干支纪年属于癸丑年。3 暮春之初：具体指三月上巳日。4 会（kuài）稽：郡名，郡治设在山阴（今浙江绍兴）。兰亭：在今绍兴西南二十七里的兰渚山麓。5 修禊（xì）：古代习俗，在三月上旬的巳日（魏以后始固定为三月三日），到水边嬉游，以消除不祥，叫修禊。禊，是古人消除不祥的祭礼。6 毕至：都到了。7 咸：全，都。8 修：高，长。9 激湍（tuān）：急流。10 映带：景物互相衬托，彼此相连。11 流觞（shāng）：把漆制酒杯盛酒放在曲水上，循流而下，杯子停在某人前，某人就取杯饮酒，称为流觞。觞，酒杯。曲水：环曲的小流。12 列坐其次：在曲水边依次就座。次，处所，地方。13 丝、弦：指琴瑟一类弦乐器。竹、管：指箫笛一类管乐器。14 一觞一咏：指饮酒和咏诗。15 幽情：深远的内心感情。16 品类：指天地万物。17 游目：目光由远及近，随意观望。骋（chěng）怀：开畅胸怀。骋，奔驰，放任。18 极：达到极致。

译文

永和九年是癸丑年，晚春三月开初，友人们聚会在会稽山阴县的兰亭，到水边嬉游以除去不祥。各位贤人都到了，老老少少都齐了。这地方有高山峻岭，茂盛的树木，修长的竹子，还有清水急流，交相辉映，环绕兰亭两侧，我们利用溪流作为漂动酒杯的曲水。大家在溪流旁排列就座，虽然没有琴瑟箫笛演奏的繁盛场面，但饮几杯酒，吟几首诗，也足以欢畅地表述幽雅的情意。这一天啊，天气晴朗清新，和风温暖舒适，抬头纵观宇宙的广大，低头审察万物的繁盛，借以放开眼界，舒畅胸怀，足以尽情地享受眼观和耳听的乐趣，真是高兴啊。

夫人之相与[1]，俯仰[2]一世。或取诸怀抱[3]，晤言[4]一室之内；或因寄所托，放浪形骸之外[5]。虽取舍万殊，静躁不同，当其欣于所遇，暂得于己，快然自足，曾不知老之将至。[6]及其所之既倦[7]，情随事迁，感慨系之矣。向之所欣，俯仰之间[8]，已为陈迹，犹不能不以之兴怀[9]。况修短随化[10]，终期于尽。古人云："死生亦大矣。"[11]岂不痛哉！

注释

1 相与：互相交往。2 俯仰：低头和抬头。这里有交往的意思。一说形容时间短。3 诸：之于。怀抱：思想抱负。4 晤（wù）言：对面谈话。5 放浪：放纵。形骸：身体。6 殊：不同。静躁：静，指“晤言一室之内”；躁，指“放浪形骸之外”。7 所之既倦：对于追求的东西已经厌倦。之，动词。8 俯仰之间：低头抬头之间，形容时间极短。9 以之兴怀：因它而心中引起感触。10 化：造化，指天地、自然。11 死生亦大矣：语出《庄子·德充符》，是庄子假托孔子说的话。

译文

人们聚居在天地间，互相往来，度过一生。有的倾吐胸中抱负，喜欢在室内面对面畅谈；有的把思想感情寄托在爱好的事情上，喜欢不受约束，放纵游乐。虽然人们追求或舍弃的千差万别，安静或急躁的性情相反，但当他们对于所接触的事情感到高兴，自己有所领悟，欢快地感到满足，就竟然能忘记衰老即将到来。等到对于向往的东西已经厌倦，情绪随着事物和环境的变迁而改变，接着就产生感慨了。原先喜爱的，转眼之间成为陈旧的遗迹，还不能不因为它而激起心中的感触。何况是人生长短，完全听凭造化安排，终归要走到尽头呢。古人说：“生死也是人生一件大事啊。”难道不令人悲痛吗！

每览昔人兴感之由，若合一契[1]，未尝不临文嗟悼，不能喻之于怀[2]。固知一死生为虚诞，齐彭殇为妄作。[3]后之视今，亦犹今之视昔。悲夫！故列叙时人，录其所述，虽世殊事异，所以兴怀，其致[4]一也。后之览者，亦将有感于斯文。

注释

1 契：古代一种合同文书，左右二份，中间切断，双方各执其一，作为凭信。后人常以“契”比喻极相符合。2 喻之于怀：从心里理解明白它。3 一、齐：均作动词，是看成一样、视为等同的意思。彭：指彭祖，传说他生活在虞、夏、商三代，活了八百岁（一说七百岁）。殇（shāng）：未成年而死。“一死生”“齐彭殇”，见《庄子·齐物论》。庄子认为，“死”和“生”、“寿（长寿）”和“夭（短命）”都没有差别。4 致：情致。

译文

我每每观察古人发生感慨的原因，都像符契一样相合，面对古人那些文章，我总是感叹悲伤，自己也不明白是什么原因。本来知道，把死和生看成一样是荒诞的，把长寿和短命等同起来是虚妄的。后代的人看我们今天的人，就如同我们看古代的人一样。真悲痛啊！所以，我逐一记下此次参加集会的人，抄录他们所作的诗赋，即使将来与现在时代不同，世事有别，但是人们因死生而产生感慨，情致则是相同的。后人读了这个集子，也将对我这篇文章产生感慨吧。

《五代史·伶官传》序 欧阳修

导读

五代，是公元907年唐朝灭亡之后相继更迭的五个历史短暂的王朝：后梁、后唐、后晋、后汉、后周。公元960年，赵匡胤逼迫后周恭帝禅位，建立了北宋王朝。北宋初，薛居正奉诏修《五代史》。后来，欧阳修强调历史的借鉴作用，不满于薛居正等修的《五代史》，于是撰写了新《五代史》。

新《五代史》的《伶官传》记载了后唐庄宗李存勖（xù）因为宠幸伶官而最后死于作乱的伶官郭门高之手的史实。伶官，是帝王宫廷中的乐官，专为帝王服务。

这篇序文是一篇历史评论，作者感慨很深。他强调：一个王朝的兴亡不仅在于天命，还在于人事。并从中总结历史的经验教训，说明苟安享乐的危害："忧劳可以兴国，逸豫可以亡身""祸患常积于忽微，而智勇多困于所溺"。文章所总结的经验教训，无论在当时还是在后世，无论对于治国还是对于修身，都是很有意义的。

本文的特色：一是文笔严谨，起、承、转、合，结构鲜明。文章一开头就提出主要论点，第二段从正面论述，第三段转为反面论述，第四段收束上文，得出结论。二是成功运用对比与抑扬的手法。文章总结后唐灭亡的历史教训，却花了不少笔墨写其兴盛。这样写，既可以造成兴与亡的强烈对比，说明教训的深刻；又可以使文笔曲折婉转，形成抑扬顿挫的气势。明代古文家茅坤评价说："此等文章，千年绝调。"

呜呼！盛衰之理，虽曰天命[1]，岂非人事哉！原庄宗之所以得天下[2]，与其所以失之者，可以知之矣。

注释

1 天命：上天所决定的命运，先天的因素。2 原：推究。庄宗：后唐庄宗李存勖。他是后唐王朝的建立者。

译文

唉！国家兴盛和衰败的道理，虽说是由于天命，难道不也是由于人事吗！推究后唐庄宗取得天下和失掉天下的原因，就可以知道这个道理了。

世言晋王[1]之将终也，以三矢赐庄宗而告之曰："梁，吾仇也。[2]燕王，吾所立。[3]契丹，与吾约为兄弟。[4]而皆背晋以归梁。此三者，吾遗恨也。与尔三矢，尔其无忘乃[5]父之志！"庄宗受而藏之于庙[6]。其后用兵，则遣从事以一少牢告庙[7]，请其矢，盛以锦囊，负而前驱，及凯旋而纳之[8]。方其系燕父子以组[9]，函梁君臣之首[10]，入于太庙，还矢先王[11]，而告以成功，其意气之盛，可谓壮哉！

注释

1 晋王：即李克用，沙陀族，因帮助唐朝镇压黄巢起义有功，封晋王。后来，他的儿子李存勖继承王位，消灭后梁，建立后唐，追谥李克用为武皇帝，庙号太祖。2 梁，吾仇也：后梁太祖朱温，原是黄巢起义军的将领，叛变降唐，唐僖宗赐名全忠，封为梁王。唐僖宗时，他企图谋杀李克用，李克用也屡次上表请求讨伐他。后来朱温篡夺了唐朝的政权，建立后梁。两人结仇很深。3 燕王，吾所立：燕王，指刘仁恭之子刘守光。李克用曾向唐朝保荐刘仁恭为卢龙节度使，后来刘仁恭不听李克用调遣，发生武装冲突，打败李克用，依附于后梁。刘仁恭的儿子刘守光兵力渐强，被朱温封为燕王，公元 911 年，又自称大燕皇帝。4 契丹，与吾约为兄弟：公元 907 年，李克用与契丹族首领耶律（姓）阿保机（名）结拜为兄弟，结成军事同盟，希望共同举兵攻打朱温。后来阿保机背约，遣使和朱温通好。5 乃：你的。6 庙：宗庙。7 从事：原指州刺史（地方长官）辖下地位较低的僚属，这里泛指一般属官。少牢：用猪、羊二牲祭祀。牢，本为养牲畜的圈，这里指祭祀用的牲畜。8 纳之：放回原处。9 方其系燕父子以组：系，捆绑。组，绳索。刘守光自称大燕皇帝的第二年，晋王李存勖遣周德威攻打刘守光，刘守光及其子被俘，用绳索捆绑，献于晋王的太庙。10 函梁君臣之首：函，木匣。这里用作动词，装入木匣。公元 923 年，李存勖（这时他已即皇帝位）带兵攻梁。朱友贞（朱温的儿子，即梁末帝）为避免死在仇人手里，命部将皇甫麟杀了他。杀死朱友贞后，皇甫麟也刎颈自杀。11 先王：指晋王李克用。

译文

世人传说晋王李克用临死的时候，拿了三支箭赐给庄宗，并告诉他说："梁，是我的仇敌。燕王，是我扶植起来的。契丹，跟我结拜为兄弟。可是他们都背叛了我去归附梁。这三桩事，是我死后留下的愤恨。给你三支箭，你切莫忘记你父亲的意愿！”庄宗接过这三支箭，把它保存在祖庙里。后来统兵打仗，就派官员用整羊整猪作祭品，到祖庙里去祷告，恭敬地请出这三支箭，用锦囊装了，背在身上在前面开路，等到得胜回朝，又把它放进祖庙里。当庄宗用绳索绑着燕王刘守光父子，用木匣装着梁君臣的头颅，进入祖庙，把箭还给先王，禀报大功告成的时候，他的意气多么旺盛，可以说豪壮极了！

及仇雠[1]已灭，天下已定。一夫夜呼，乱者四应。[2]仓皇东出，未见贼而士卒离散，君臣相顾，不知所归，至于誓天断发，泣下沾襟。[3]何其衰也！

注释

1 仇雠（chóu）：敌人。2 一夫夜呼，乱者四应：一夫，指皇甫晖。公元926年，屯驻在贝州（今河北清河）的军人皇甫晖勾结党羽作乱，拥指挥使赵在礼为帅，攻入邺都（今河北大名东北）。邢州（今河北邢台）、沧州（今河北沧州）的驻军也相继作乱。3“仓皇东出”数句：皇甫晖作乱以后，李存勖派李嗣源（李克用的养子）去征讨。不料李嗣源的部下趁机拥护李嗣源做皇帝，并联合邺都乱兵，向后唐的京都洛阳进军。李存勖仓促率军去镇压，到了万胜镇（在今河南中牟境内），听说李嗣源已占据大梁（今河南开封）。李存勖神色沮丧，下令把军队开回去。出发时，扈从兵二万五千，一路上叛变逃亡，损失了一万余人。至石桥（在今洛阳东）西，置酒痛哭，向诸将说：“你们跟着我以来，同患难，共富贵，今天到了这个地步，难道没有一点办法解救吗？”诸将百余人都割下头发向天发誓，表示忠于后唐，君臣相对大哭。

译文

等到仇敌已经消灭，天下已经平定。一个普通人在黑夜里一声呼喊，叛乱的人就四处响应。庄宗仓促向东方出兵，还没遇到叛军，可是兵士就逃跑溃散了，他和臣子们面面相觑，不知道往哪里去，以至于剪断头发，对天发誓，痛哭得泪水沾湿了衣襟。这是何等的衰败啊！

岂得之难而失之易欤？抑本其成败之迹[1]，而皆自[2]于人欤？《书》[3]曰：“满招损，谦得益。”[4]忧劳可以兴国，逸豫[5]可以亡身，自然之理也。故方其盛也，举[6]天下之豪杰，莫[7]能与之争；及其衰也，数十伶人困之，而身死国灭，

为天下笑。[8] 夫祸患常积于忽微[9]，而智勇多困于所溺，岂独伶人也哉！

注释

1 抑：还是，表示选择的连词。本：考究原因。迹：轨迹，这里引申为道理。2 自：来自。3《书》：指《尚书》，又叫《书经》，是一部收录上古时代政治文告等的书。4 满招损，谦得益：见《尚书·大禹谟》。原作"谦受益"。意思是，自满就要遭到损失，谦虚便能得到益处。5 逸豫：安逸舒适。6 举：全，所有。7 莫：没有谁。8 数十伶人困之，而身死国灭：李存勖灭梁以后，骄傲自满，纵情声色，宠信乐工、宦官。等到李嗣源反，李存勖得不到文武大臣的支持。公元926年，从马直（皇帝的近卫军）指挥使郭从谦（本系伶人，艺名"郭门高"）乘李嗣源攻占大梁之机，起兵作乱，李存勖中流矢而死。李存勖死后，李嗣源正式继皇帝位。由于李嗣源是李克用的养子，和李存勖不是同一血统的兄弟，等于换了王朝，所以说"国灭"。9 忽微：形容极细小。"忽"是寸的十万分之一；"微"是寸的百万分之一。

译文

难道是取得天下困难而丢失天下却很容易吗？或者，推究他成功和失败的轨迹，都是由于人的作为呢？《尚书》说："满招损，谦得益。"忧虑劳苦可以使国家兴盛，安逸享乐可以使自己灭亡，这是自然的道理啊。因此当庄宗在兴盛的时候，天下所有的英雄好汉，没有一个人能够跟他竞争；等到他衰败了，几十个伶官围困着他，便导致他自身死亡、国家破灭，被天下的人讥笑。那祸患啊，经常是从极细小的事情积累发展起来的，聪明勇敢的人大多被自己溺爱的人或事物所围困，难道仅仅是伶官吗！

《梅圣俞诗集》序 欧阳修

导读

梅尧臣（1002—1060），字圣俞，北宋著名的现实主义诗人，欧阳修的好友。梅死后，欧阳修将《梅圣俞诗集》扩编为十五卷。

这篇序言，分两次写成。主要部分作于梅圣俞生前，当时谢景初编了梅尧臣的十卷诗集；补充部分作于梅圣俞逝世之后，欧阳修编了完整的诗集。序言极力赞赏梅尧臣的诗才，深切地同情梅尧臣的贫困处境，低昂顿挫，一往情深。序中提出的"穷而后工"的理论，概括了封建社会很多优秀作家的生活与创作道路，是一句有影响的文学评论警句。原评："穷而后工四字，是欧公独创之言，实为千古不易之论。通篇写来，低昂顿折，一往情深。"

予闻世谓诗人少达而多穷[1]。夫岂然哉[2]？盖世所传诗者，多出于古穷人之辞也。凡士之蕴其所有[3]，而不得施于世者，多喜自放于山巅水涯之外[4]，见虫鱼草木、风云鸟兽之状类，往往探其奇怪；内有忧思感愤之郁积，其兴于怨刺[5]，以道羁臣寡妇之所叹[6]，而写人情之难言。盖愈穷则愈工。然则非诗之能穷人，殆[7]穷者而后工也。

注释

1 少达而多穷：意思是说，作诗的人在功名富贵或事业上得意的少，穷困不得志的多。达，显达。穷，穷困不得志。2 夫岂然哉：难道真是这样吗？3 蕴（yùn）其所有：胸中怀藏他所有的才学、抱负。蕴，藏蓄，积聚。4 "多喜"句：大多喜欢在山水之间放浪。5 兴于怨刺：兴起怨恨、讽刺的念头。6 道：表达出。羁（jī）臣：羁旅之臣，即在外地宦游的官吏，也可泛指贬谪在外的官员。7 殆（dài）：大概，几乎。

译文

我听见世上的人说：诗人显贵得意的少，穷困潦倒的多。难道真是这样吗？大概世上流传下来的诗，大多是古代穷困不得意的诗人的作品。大凡读书人胸中怀藏他的学问、抱负，却无法在当世施展的，大都喜欢游山玩水，过着隐居的生活，看见虫鱼、草木、风云、鸟兽这一类东西，往往探索它们的神奇怪异之处而描述出来；他们心里充满着忧虑、愤慨的情绪，于是发泄怨恨、讽刺，倾诉出类似被贬官吏和独居妇女的哀叹，因而能写出人们难以表达出的情感。大概诗人越是穷困，写出来的诗就越是技巧高明。既然这样，那么就不是诗能够使人穷困，大概是诗人穷困了然后才写出技巧高明的诗吧。

予友梅圣俞，少以荫补为吏[1]，累举进士[2]，辄抑于有司[3]，困于州县[4]，凡十余年。年今五十，犹从辟书，为人之佐，郁其所蓄，不得奋见于事业。[5]其家宛陵[6]，幼习于诗。自为童子，出语已惊其长老[7]。既长，学乎六经仁义之说。其为文章，简古纯粹，不求苟说于世[8]，世之人徒知其诗而已。然时无贤愚，语诗者必求之圣俞；圣俞亦自以其不得志者，乐于诗而发之；故其平生所作，于

诗尤多。世既知之矣，而未有荐于上者。昔王文康公尝见而叹曰：“二百年无此作矣！”[9] 虽知之深，亦不果荐也。若使其幸得用于朝廷，作为雅颂，以歌咏大宋之功德，荐之清庙，而追商、周、鲁颂之作者，岂不伟欤？[10] 奈何使其老不得志，而为穷者之诗，乃徒发于虫鱼物类、羁愁感叹之言？世徒喜其工，不知其穷之久而将老也，可不惜哉？

注释

1 荫（yìn）补为吏：梅圣俞由于他叔父的官勋做了河南主簿。荫，指因前辈功勋而得官。补，指官吏有缺额，选人授职。2 累举进士：屡次参加进士考试。3 辄（zhé）抑于有司：每次都受到主考官的压制。有司，负有专职的官吏，这里指主考官。4 困于州县：只在州县做小官。5 今：通“近”。辟（bì）书：聘请书。辟，召。为人之佐：做人家的幕宾。佐，辅佐，指郡县的副长官。“郁其所蓄”二句：压抑着胸中所怀藏的本领，不能在事业上发挥出来。郁，压抑。6 宛陵：即今安徽宣城。7 长（zhǎng）老：年老的人。8 不求苟说于世：不以苟且迎合来求得世人的欢心。说，通“悦”。9 王文康公：王曙，字晦叔，文康是他的谥号，宋仁宗（赵祯）时的丞相。宋代曾敏行《独醒杂志》卷一载，王曙曾对梅圣俞说：“子之诗有晋宋遗风，自杜子美没后二百余年不见此作。”10 雅颂：指歌咏国家大政的诗歌。《诗经》分《风》《雅》《颂》三类。荐：奉献。清庙：宗庙，帝王的祖庙。追：赶上。商、周、鲁颂：指《诗经》中的《商颂》《周颂》《鲁颂》。

译文

我的朋友梅圣俞，年轻时凭借先辈的功勋做了小官，但屡次参加进士考试，每次都被主考官压制了，只能在州县做小官，总共有十多年。他年纪快五十了，还接受聘书，只能做人家的幕宾，他压抑着胸中怀藏的本领，不能够在事业上施展出来。他的家在宛陵县，小时候就学习写诗。从还是孩童的时候起，他所写的诗就使年长的人惊叹。长大后，致力于六经仁义学说的研究。他写的文章，简洁古雅精粹，不想苟且迎合来博得世人的欢心，世上的人也只知道他的诗罢了。然而，当时不论是贤能还是庸愚的人，谈到作诗的，一定要推崇圣俞；圣俞自己也喜欢把他不得志的心情在诗里表现出来；所以他平生所写的作品，以诗最多。世上的人已经知道他了，可是却没有人向朝廷推荐。从前王文康公曾经见到他的诗，叹息说：“两百年来没有这样的作品了！”王公虽然深深了解他，但终究没有推荐他。如果能够使他在朝廷发挥作用，作出《雅》《颂》一类的诗，来歌颂大宋王朝的功业和德泽，把它奉献到宗庙里去，就如同《诗经》中的

《商颂》《周颂》和《鲁颂》一样，难道不是伟大的事业吗？怎么使他到老也不能得志，却只能写些穷困者的诗，只能借虫、鱼一类的东西来发抒羁旅、愁闷的感叹？世人只是喜欢他诗作的技巧，却不知道他长期穷困潦倒并且将要衰老了，这难道不可惜吗？

圣俞诗既多，不自收拾。其妻之兄子谢景初[1]，惧其多而易失也，取其自洛阳至于吴兴以来所作[2]，次[3]为十卷。予尝嗜[4]圣俞诗，而患不能尽得之；遽喜谢氏之能类次也[5]，辄序而藏之。

注释

1 妻之兄子：今称内侄。2 洛阳：今河南洛阳。吴兴：县名，在今浙江嘉兴境内。3 次：编。4 嗜（shì）：特别爱好。5 遽（jù）喜：突然欢喜，喜出望外。类次：分类编排。

译文

圣俞写了很多诗，不肯自己整理。他的内侄谢景初，担心他的诗多了容易散失，就拿了他从洛阳到吴兴居留期间所写的诗，编成十卷。我曾经喜欢圣俞的诗，却担心不能全部得到它；现在看到谢景初能够替他分类编排，我立刻高兴起来，就写了这篇序，把诗集珍藏起来。

其后十五年[1]，圣俞以疾卒于京师。余既哭而铭之[2]，因索于其家，得其遗稿千余篇，并旧所藏，掇其尤者六百七十七篇[3]，为一十五卷。

呜呼！吾于圣俞诗论之详矣[4]，故不复云。

注释

1 其后十五年：本文前面的部分作于梅圣俞生前，以下的部分是十五年后补写的。补充的具体时间是梅圣俞逝世的那年，即宋仁宗嘉祐五年（1060）。2 铭之：给他作了一篇墓志铭。3 掇（duō）其尤者：选取其中最好的。4 于圣俞诗论之详：欧阳修在他的《书梅圣俞稿后》及《六一诗话》中，都曾论及梅尧臣的诗歌成就。

译文

我写序以后十五年，圣俞因为患病在京城去世。我痛哭之后替他写了一篇墓志铭，趁便在他家里寻找诗稿，得到他的一千多篇遗作，跟原先收藏的合在一起，从其中选择最好的六百七十七篇，编成为一十五卷。

唉！我对圣俞的诗已经论述得很详细了，就不再说了。

*《海国图志》叙 魏源

导读

魏源（1794—1857），原名远达，字默深，湖南邵阳人。近代学者、思想家。早年先后担任江苏布政使贺长龄、两江总督陶澍的幕僚，参与改革漕运、水利、盐政，讲究经世致用，并受贺长龄之托，主编了《皇清经世文编》。道光二十一年（1841）鸦片战争期间，曾经在裕谦幕下参与定海的防御。定海失守后，在镇江会见遣戍伊犁的林则徐，林则徐把自己主持编译的《四洲志》交给魏源，嘱托他以此为基础编写《海国图志》。道光二十二年（1842），魏源完成《海国图志》初稿。道光二十五年（1845），魏源才中进士，历任知县、知州。晚年好佛，法名承贯。

《海国图志》初稿五十卷。道光二十七年（1847），增加到六十卷。咸丰二年（1852），又增加到一百卷。《海国图志》全面介绍世界地理知识，介绍欧洲列强的政治、经济制度，介绍西方先进的科学技术，特别是战舰、火炮的生产。建议清政府重视商业，设船厂，置炮舰，加强海防。全书除了文字，还有插图。此书不仅影响了中国的改革派，而且传到日本，产生巨大反响。

《〈海国图志〉叙》中提及“六十卷”，因此可以确定是在道光二十七年所作。这篇叙言，概括了《海国图志》的写作缘起、写作特点、写作目的，明确提出“以夷攻夷”“以夷款夷”“师夷长技以制夷”的洋务思想，开了洋务运动、维新变法的先河。文章见解卓绝，观点鲜明。文章的论证有一个显著特色：从古典文献《诗经》《周易》中吸取思想资料，引申、发挥出革新人心、变革现实的新理论。这种做法，是今文经学家的传统。今文经学家讲究“微言大义”，使古老的经学为现实政治服务。魏源及其好友龚自珍都是今文经学家。

《海国图志》六十卷，何所据？一据前两广总督林尚书所译西夷之《四洲志》[1]。再据历代史志[2]，及明以来岛志[3]，及近日夷图、夷语[4]。钩稽[5]贯串，创榛辟莽[6]，前驱先路[7]。大都东南洋、西南洋增于原书者十之八[8]；大小西洋、北洋、外大西洋[9]，增于原书者十之六。又图以经之，表以纬之，博参群议以发挥之。[10]

注释

1 前两广总督林尚书：林则徐。林则徐去广州查禁鸦片，被任命为两广总督，有兵部尚书衔。第一次鸦片战争失败后，被遣戍伊犁，故称“前”。《四洲志》：林则徐在广东禁烟时，为了了解世界特别是了解西方列强的形势，组织人员翻译外国资料并编写了这本书。书中介绍了亚洲、欧洲、非洲、美洲的情况。林则徐在镇江会见魏源，把《四洲志》及所搜集的外国情报资料，都交给魏源。2 历代史志：我国历代正史中都有《地理志》，其中有介绍外国的专门篇章。3 岛志：关于海外岛屿的记载。4 夷图：外国人所绘地图。夷语：外国人所写的资料。5 钩稽：搜集、考查。6 创榛辟莽：开辟荒地。榛（zhēn），树木丛生。莽，杂草丛生。7 前驱先路：在前面引路。8 大都：大致。东南洋：指东太平洋、南太平洋各国。西南洋：指印度及中亚各国。于：比。9 大小西洋：大西洋指欧洲各国，小西洋指非洲各国。北洋：指北欧、俄罗斯。外大西洋：指美洲各国。10 图：地图。表：表格。经、纬：织布的纵线称经线，织布的横线称纬线，这里比喻书的组织结构。

译文

《海国图志》六十卷，是根据什么写作的呢？一是根据前两广总督林则徐尚书所编译的西方国家的《四洲志》。二是根据历代史书中的地理志，以及明朝以来的岛屿志，还有最近外国人传来的地图和资料。搜集考查，加以整理，开辟荒地，为后来者作前驱。大致说来，关于东南洋、西南洋的部分比《四洲志》原书的内容增加了十分之八；对于大小西洋、北洋、外大西洋的部分比原书的内容增加了十分之六。又用地图作经线，用表格作纬线，广泛参考大家的意见加以发挥。

何以异于昔人海图之书？曰：彼皆以中土人谈西洋，此则以西洋人谈西洋也。[1]

是书何以作？曰：为以夷攻夷而作，为以夷款夷而作，为师夷长技以制夷而作。[2]

注释

1 彼：那些书。中土：中国。2 夷：中国古代中原地区的人，把东方的异族称为“夷”。此处指西方列强。款：接待，联络。师：以之为师，学习。制：制服。

译文

这本书跟前人的海图书有什么差异呢？回答说：那些海图书是以中国人的眼光谈西洋，这本书是以西洋人的眼光谈西洋。

这本书是为了什么目的写作的呢？回答说：是为了用外族的办法进攻外族而作，是为了利用外族的办法接待外族而作，是为了学习外族的先进技术从而制服外族而作。

《易》[1]曰："爱恶相攻而吉凶生，远近相取而悔吝生，情伪相感而利害生。"[2]故同一御敌，而知其形与不知其形，利害相百焉；同一款敌，而知其情与不知其情，利害相百焉。[3]古之驭外夷者，诹以敌形，形同几席；诹以敌情，情同寝馈。[4]

注释

1《易》：《周易》。2"爱恶"三句：出自《周易·系辞下》。吉、凶、悔、吝、利、害：这是《周易》表示情况好或者坏的占断之词。吉，吉利。凶，凶恶，不吉利，有祸殃。悔，悔恨，困顿。吝，艰难。利，获得利益。害，遭受祸害。情，通"诚"，真实。伪，虚假。第一句的大意是：阴阳调和，相求相爱，就吉利；阴阳不和，相敌相恶，就凶恶。第二句的大意是：远近应该相求而不求，就产生悔恨、困顿；远近不应该相求而相求，就产生艰难。第三句的大意是：相互真实感应，就产生利益；相互虚假感应，就产生祸害。3形：形势。相百：相差百倍。情：真实情况。4驭：驾驭。诹（zōu）：商议，询问。几席：摆在面前的茶几、座席。寝馈：睡觉、吃饭。

译文

《易经》说："相互爱护就产生吉利，相互憎恨就产生凶险；远近相互吸取不恰当，就产生悔恨或产生艰难；相互真诚感应就产生利益，相互虚假感应就产生祸害。"所以，同样是抵御敌人，了解敌人的形势和不了解敌人的形势，造成的利害也要相差百倍呢；同样是接待敌人，了解敌人的真实情况和不了解敌人的真实情况，造成的利害也要相差百倍呢。古代驾驭外族的成功人士，询问敌人的形势，熟悉得如同摆在茶几和座席上一样；询问敌人的真实情况，熟悉得如睡觉、吃饭一样。

然则执此书即可驭外夷乎？曰：唯唯，否否。[1] 此兵机[2] 也，非兵本[3] 也；有形之兵[4] 也，非无形之兵[5] 也。明臣有言："欲平海上之倭患[6]，先平人心之积患[7]。"人心之积患如之何？非水，非火，非刃，非金，非沿海之奸民，非吸烟贩烟之莠民[8]。故君子读《云汉》《车攻》，先于《常武》《江汉》，而知二雅诗人之所发愤；[9] 玩卦爻内外消息，而知大《易》作者之所忧患。[10] 愤与忧，天道所以倾否而之泰也，人心所以违寐而之觉也，人才所以革虚而之实也。[11]……

……叙《海国图志》。

注释

1 唯唯：应答语，表示同意。否否：应答语，表示不同意。2 兵机：用兵的机宜，即战术、策略之类。3 兵本：用兵的根本，即人心，广大民众的思想状况。4 有形之兵：军事方面的一切可见的情况。5 无形之兵：影响军事的政治、经济、思想等。6 倭患：倭寇的祸患。明朝时，日本国内南北混战，溃败的军人与亡命之徒成为海盗，在我国沿海地区掠夺作恶，叫作"倭寇"。经过名将戚继光、俞大猷等的多年奋斗，才平定了倭寇之患。7 积患：由长期习惯而形成的祸患。8 烟：鸦片。莠（yǒu）民：不好的人，败类。9《云汉》《车攻》《常武》《江汉》：都是《诗经》中赞美周宣王的诗篇名。其中，《云汉》《车攻》赞美平定淮夷叛乱的军事胜利，《常武》《江汉》赞美修明内政的措施。二雅：《诗经》分国风、雅、颂三类，雅又分大雅、小雅。《云汉》《常武》《江汉》是大雅中的诗篇，《车攻》是小雅中的诗篇。发愤：心中有郁结而抒发出来。司马迁《报任安书》："《诗》三百篇，大底圣贤发愤之所为作也。"10 玩：研习，体会。卦爻内外消息：指《周易》通过内部的卦与爻的变化，显示外部的吉凶。消息：消减与增长，即发生变化。《周易·系辞下》："爻象动乎内，吉凶见乎外。"忧患：一种居安思危的意识。《周易·系辞下》："作《易》者，其有忧患乎！"11"愤与忧"四句：意思是说，只要具有忧患意思，并且能够发愤，那么，天道就可以通畅，人的思想就可以觉醒，人的才干就可以务实。倾，倾覆，摆脱。否（pǐ），闭塞不通，《易》卦名。之，前往，变化成。泰，通畅、安宁，《易》卦名。违，违背、离开。寐，睡着。觉，醒来。革，革除。虚，虚浮。

译文

那么，拿上这本书就可以驾驭外族了吗？回答说：对也不对。这本书讲的是用兵的机宜，不是讲的用兵的根本；讲的是有形的军事状况，不是讲的无形的却能决定胜负的因素。明朝抵御倭寇的大臣说过："想平定海上的倭患，先要平定人心的积患。"人心的积患是什么？不是水，不是火，不是刀刃，不是金钱，不是沿海的奸民，也不是吸鸦片和贩鸦片的败类。所以，君子读《诗经》，先读《云汉》《车攻》，后读《常武》《江汉》，从而了解写作大、小雅诗歌的诗人所抒发的愤慨；君子研究体会《周易》的卦辞、爻辞所显示的信息，从而了解《周易》作者所表露的忧患。只要具有愤慨与忧患意识，天道就可以由闭塞变成通顺，人心就可以由昏睡而变成觉醒，人才就可以革除虚浮而走向务实。……

……这就是为《海国图志》作的叙言。

*《民报》发刊词 孙中山

导读

孙中山（1866—1925），名文，字德明，号逸仙。广东香山（今中山）人。1892年毕业于香港西医书院，曾经行医，转而从事政治。1894年6月上书李鸿章，陈述变法自强的主张，遭受拒绝后，由改良转向革命，是年冬天，在檀香山成立兴中会。1905年8月，兴中会与华兴会、光复会于东京共同组成中国同盟会，孙中山被推举为总理。同盟会确立了革命纲领："驱除鞑虏，恢复中华，建立民国，平均地权。"1911年武昌起义成功，孙中山被推举为临时大总统。1912年，为了争取国内和平，将总统职位让给袁世凯，将同盟会改组为国民党。袁世凯窃国称帝后，又领导反对袁世凯与军阀的斗争。1917年，在广州成立军政府，任大元帅。1924年实行第一次国共合作。次年，病逝于北京。

《民报》是中国同盟会的机关刊物，月刊，宗旨是宣传革命。《民报》创刊于1905年11月26日，本文是为《民报》写的发刊词。本文最早阐述了三民主义学说，是一篇重要的政治思想文献。文章见解自成体系，纵横论述世界与中国的历史经验，层层推进，说理透彻，风格雄健。

近时杂志之作者亦夥矣[1]。姱[2]词以为美，嚣听而无所终[3]，擿埴索涂[4]不获，则反覆其词而自惑。求其斟时弊以立言，如古人所谓对症发药者，已不可见，而况夫孤怀宏识、远瞩将来者乎[5]？

夫缮群[6]之道，与群俱进，而择别[7]取舍，惟其最宜。此群之历史既与彼群殊，则所以掖而进之之阶级[8]，不无后先、进止之别。由之不贰[9]，此所以为舆论之母也。

注释

1 作：兴起，兴办。夥（huǒ）：多。2 姱（kuā）：美丽，漂亮。3 嚣（xiāo）听：喧闹聒耳。所终：终止，结果。4 擿（zhì）埴（zhí）索涂：盲人用手杖触摸地面，以探求道路。擿，搔摸。埴，土地。索，探求。涂，同“途”，道路。5 孤怀：独特的抱负。宏识：宏大的见解。瞩：注视。6 缮群：管理群体。缮，治理，管理。7 择别：选择。8 掖：扶持，扶助。进之：使他们（群体）进步。阶级：台阶。9 由：按照道路走。贰：背离。

译文

最近兴办杂志的人也很多了。他们都以漂亮的言辞为美，吵吵嚷嚷毫不停歇，像盲人用手杖探路一样没有什么收获，反反复复说一套老话而自己欺骗自己。想从这些杂志中寻求研究时代弊病的话语，像古人所说的对症下药的话语，已经找不到，何况是具有独特抱负、宏大见解而能够远远注视将来的话语呢？

治理群体的方法，是跟群体同时进步的，而选择取舍时，只有选取最适宜群体的方法。这个群体的历史既然跟那个群体的历史有差别，那么，扶助群体进步的台阶，就不能没有先后、进退的差别。遵循这个道理而不背离，这才是舆论的根本。

余维欧美之进化，凡以三大主义：曰民族，曰民权，曰民生。罗马之亡，民族主义兴，而欧洲各国以独立。[1]洎自帝其国[2]，威行专制，在下者不堪其苦，则民权主义起。十八世纪之末，十九世纪之初，专制仆而立宪政体殖焉[3]。世界开化，人智益蒸[4]，物质发舒[5]，百年锐于千载[6]。经济问题继政治问题之后，则民生主义跃跃然动，二十世纪不得不为民生主义之擅场[7]时代也。是三大主义皆基本于民，递嬗[8]变易，而欧美之人种胥冶化焉[9]。其他旋维于小己、大群之间而成为故说者[10]，皆此三者之充满发挥而旁及者耳。

注释

1 罗马：指西罗马帝国。公元 476 年，西罗马被日耳曼蛮族灭亡后，欧洲出现了许多小王国，它们后来逐步演变为欧洲近代各国。2 洎（jì）：等到。帝其国：把自己的国家建成封建帝国。3 仆：倒下。殖：繁殖，发育。4 蒸：上升，进步。5 发舒：发达。6 锐：锐利，急速。7 擅场：占据主要场面。8 递嬗（dìshàn）：更替，演变。9 胥：皆，都。冶化：陶冶教化。10 旋维：周旋、围绕。故说：一种能流传于后世的学说。

译文

我思考欧美的进化，总的来说是三大主义：叫作民族主义，民权主义，民生主义。罗马帝国的灭亡，是由于民族主义兴起，欧洲各国因此独立。等到各国自己称帝，靠威力实行专制，下面的人群不能忍受那痛苦，于是民权主义兴起。十八世纪末十九世纪初，专制政体垮台，立宪政体发达。世界开化了，人的智慧更加上升，物质繁荣，一百年的进步比古代一千年还要迅速。但是，经济问题跟在政治问题之后产生了，于是民生主义活跃起来，二十世纪不得不成为民生主义占据主要舞台的时代。这三大主义都是以民众为根本，更替演变，于是欧美的人种都受到陶冶教化了。其他围绕小我、大群之间的关系所形成的能流传后世的学说，都只是对这三大主义的阐述发挥而产生的分支而已。

今者中国以千年专制之毒而不解，异种[1]残之，外邦[2]逼之，民族主义、民权主义殆不可以须臾缓[3]。而民生主义，欧美所虑积重难返者，中国独受病未深，而去之易。是故，或于人为既往之陈迹，或于我为方来之大患，要为缮吾群所有事，则不可不并时而弛张[4]之。

注释

1 异种：指清朝统治者。民主革命家站在反清立场，故有此说。2 外邦：指侵略中国的列强。3 殆：几乎。须臾：极短的时间。4 弛张：放松与拉紧，即斟酌取舍，认真处理。

译文

今天，中国因为受千年专制的毒害没有解脱，异种残害我们，外国逼迫我们，实行民族主义、民权主义几乎不可以放缓一刻。而实行民生主义，消除欧美各国所担心的积重难返的社会问题，只有我们中国受病还不深，因而去掉容易。所以，或许对于别国是已往的老问题，而对于我国是正要到来的大患，关键是在谋划我们群体的所有事情时，不可不同时斟酌处理。

嗟夫！所陟卑者其所视不远[1]。游五都之市[2]，见美服而求之，忘其身之未称[3]也，又但[4]以当前者为至美。近时志士舌敝唇枯，惟企[5]强中国以比欧美。然而欧美强矣，其民实困，观大同盟罢工与无政府党、社会党之日炽，社会

革命其将不远。[6]吾国纵能媲迹[7]于欧美，犹不能免于第二次之革命，而况追逐于人已然之末轨者之终无成耶[8]！夫欧美社会之祸，伏之数十年，及今而后发见之，又不能使之遽[9]去。吾国治民生主义者，发达最先，睹其祸害于未萌，诚可举政治革命、社会革命毕其功于一役[10]。还视欧美，彼且瞠乎后也[11]。

注释

1 所陟：所登上的地方。卑：低下。2 五都：五大繁华城市，历代所指不同。泛指最繁华的城市。市：市场。3 称：称身，适合。4 但：只。5 企：企望，盼望。6 无政府党：无政府主义的党派。社会党：信奉马克思主义的社会民主党。日炽：一天天兴旺。社会革命：指社会主义革命。俄国的十月革命，即发生在写此文之后的十二年。7 媲（pì）迹：赶上别人的步伐。8 已然：已经做过的。末轨：细微末节的地方。9 遽：快速。10 毕其功于一役：在一次行动中同时完成所有的目的，即同时完成三大主义。11 瞠（chēng）乎后：落在后面而睁大眼睛看。瞠，瞪着眼睛。乎，通"于"，在。

译文

唉！所登上的地方低下，那么所看到的范围就不远。就像游览各种繁华都市，看见美丽的衣服就想得到它，忘记了自己的身体跟这衣服不相称，又只以眼前看到的为最美。近代中国的志士说得舌敝唇枯，只是企图使中国强大而能够比得上欧美。然而，欧美虽然强大，他们的普通民众却实在穷困，只要看看大同盟罢工与无政府党、社会党的一天天兴旺，就可预料社会革命可能不久就要发生了。我国即使能够赶上欧美的步伐，还是不能免除第二次的社会革命，何况是追逐别国已经做了的细微末节的事情，最终不会有什么成就呢！那欧美社会的灾祸，已经潜伏了几十年，到今天才发现它，又不能使灾祸迅速消除。我国研究民生主义的情况，发达得最早，如果能够在没有萌芽前就看到这个灾祸，那就果真能够在一次行动中同时完成政治革命和社会革命了。我们回头看欧美，他们将要落在后面而瞪着眼睛看我们了。

翳[1]我祖国，以最大之民族，聪明强力，超绝等伦[2]，而沉梦不起，万事堕坏[3]。幸为风潮所激，醒其渴睡，旦夕之间，奋发振强，励精不已，则半事倍功[4]，良非夸嫚[5]。惟夫一群之中，有少数最良之心理，能策其群而进之[6]，使最宜之治法适应于吾群，吾群之进步适应于世界。此先知先觉之天职[7]，而吾《民

报》所为作也。抑非常革新之学说，其理想输灌于人心而化为常识，则其去实行也近。吾于《民报》之出世觇[8]之。

注释

1 翳（yì）：发语词。2 超绝：超越。等伦：同辈。3 堕坏：败坏。4 半事倍功：花一半的力气，可以取得成倍的功效。5 良：真正。夸嫚：夸大说谎。6 策：鞭策，鼓励。进之：使他们进步。7 先知先觉：首先觉悟的人。《孟子·万章下》："使先知觉后知，使先觉觉后觉。"8 觇（chān）：等着看，观察效果。

译文

我们祖国啊，以最大的民族，聪明和强大都超越同等的国家，却沉睡不起，万事都败坏了。幸好被世界的风潮所激励，从沉睡中醒来，早晚之间，我们就会奋发振作，集中精神，不断进步，那么，付出一半努力就可以获得加倍的功效，真不是夸大说谎。只有一个群体中，少数具有最优良的心智与思想的人，能够鞭策群体进步，选择最适宜的治世之法适应我们群体，使我们群体适应世界。这是先知先觉者的天职，也是我们《民报》兴办的原因。而且，那些不同寻常的革新的学说，只要其理想灌输进人心而且转化为人的常识，那么，距离实行革新、实现理想也就近了。吾从《民报》的出世来等着观察效果。

第七类

赠序

赠序，古代跟序言一样称为“序”，因为它是从序言中分化出来的文体。在古文作家中，最擅长写赠序的是韩愈。赠序，也就是临别赠言，或追述友情，或祝福成功，或宽慰，或劝勉。赠序用来祝寿，就叫寿序。赠序往往具有浓郁的抒情色彩，诵读时应该注意。

送孟东野序 韩愈

导读

孟郊（751—814），字东野，是唐朝著名诗人。孟郊年长于韩愈，二人过从甚密，常有诗文来往，是很好的朋友。孟郊一生穷愁潦倒，屡试不第。四十六岁始中进士，五十岁始任溧阳县尉，年老而位卑。对孟郊的坎坷遭遇，韩愈充满感慨与同情，于是作了这篇赠序，对前往溧阳上任的朋友表示劝勉和宽慰。

本文以“物不得其平则鸣”与“择其善鸣者而假之鸣”立论，从自然现象推及人类社会现象，从古说到今，运用大量事实，说明古今的好作品都是“不得其平则鸣”的产物，古今杰出的著作家都是“善鸣者”。全篇紧扣一个“鸣”字，上下千古，广征博引。从草木金石之鸣，论及上古《诗经》《尚书》之鸣，再到先秦诸子、屈原、司马迁，再到唐代作家，层层推论，条理清晰。最后感慨善鸣者有幸与不幸之分，表达对孟东野的关切与劝慰，并希望当权者能够爱惜人才。全篇文笔纵横，波澜起伏，感情强烈，一气贯注，充分体现了韩文“气盛”如潮的特点。

本文在文学批评史上颇有地位。“不得其平则鸣”，突出了文学与社会环境的密切关系，强调了有真情实感才能写出有价值的作品；“择其善鸣者而假之鸣”，说明杰出人物是时代先进价值观念的代表者：这都是颇有创见的。

大凡物不得其平则鸣[1]。草木之无声，风挠[2]之鸣；水之无声，风荡之鸣。其跃也，或激之；其趋也，或梗之；其沸也，或炙之。[3]金石之无声，或击之鸣。人之于言也亦然。有不得已者而后言，其歌也有思，其哭也有怀。凡出乎口而为声者，其皆有弗平者乎。

注释

1 平：含有平衡、公平、安定、顺畅等意思。鸣：本意是发出声音，这里还含有表现、抒发、传扬思想感情以及志趣等的意思。2 挠：搅动。3 或：有人，有外物。

译文

大体上，凡是事物得不到平衡，就会发出声音。草木没有声音，风吹动它们就发出声音；水没有声音，风激荡它们就发出声音。水花飞溅，是有外物冲激它；水流得更快，是有外物阻塞它；水沸腾，是有人用火煮它。金石没有声音，有人敲击它就发出鸣声。人们发表言论，也是这样。有不得已的原因，然后才说话；他歌唱，是有所思念；他哭泣，是有所伤怀。凡是出于口而成为声音的，大概都有不平吧。

乐也者，郁于中而泄于外者也，择其善鸣者而假[1]之鸣。金、石、丝、竹、匏、土、革、木八者[2]，物之善鸣者也。维天之于时也亦然，择其善鸣者而假之鸣。是故以鸟鸣春，以雷鸣夏，以虫鸣秋，以风鸣冬。四时之相推敚[3]，其必有不得其平者乎！

注释

1 假：借，凭借。2 金、石、丝、竹、匏（páo）、土、革、木：八种物质都能制作乐器，古人称为八音，故以此作为古代乐器的代词。金，如钟。石，如磬。丝，如琴、瑟。竹，如箫、管。匏，如笙。土，如埙（xūn），形如秤锤，六孔。革，如鼓。木，如柷（zhù）、敔（yǔ）。奏雅乐时开始击柷，止乐击敔。3 推敚：推移变化。敚，同“夺”。

译文

音乐嘛，是人们将郁结在内心的思想感情向外发泄形成的声音，往往选择那些善于发声的东西借着它们来发声。金属的钟、石头的磬、有丝弦的琴瑟、竹制的箫管、用葫芦共鸣的笙、土质的埙、蒙着皮的鼓、木质的柷，这八类东西，都是物品中善于发出鸣声的。自然对于时令的变化也是这样，选择善于发声的事物借着它们来发声。所以用鸟为春天发声，用雷为夏天发声，用虫为秋天发声，用风为冬天发声。四季的互相推移变化，那必定也是由于得不到平衡吧！

其于人也亦然。人声之精者为言，文辞之于言，又其精也，尤择其善鸣者而假之鸣。其在唐、虞，咎陶、禹，其善鸣者也，而假以鸣。[1]夔[2]弗能以文辞鸣，又自假于《韶》[3]以鸣。夏之时，五子以其歌鸣[4]。伊尹鸣殷[5]，周公鸣周。凡载于《诗》《书》六艺[6]，皆鸣之善者也。

注释

1 唐：帝尧的国号。虞：帝舜的国号。咎陶（Gāoyáo）：人名，相传是唐虞时代制定、掌管法律等典章制度的人。禹：人名，治水有功，舜让位于禹，国号夏。2 夔（Kuí）：人名，相传为虞舜时的乐官。3《韶》：相传为夔在舜时所作的乐曲名。4 五子：指夏代帝启的五个儿子，即太康的五个弟弟。夏代国君太康游荡失国，他的五个弟弟作《五子之歌》，表示怨愤和进行劝诫。5 伊尹：商朝初年的宰相。先辅佐汤伐桀，平定天下，后又辅佐汤的孙子太甲。太甲无道，伊尹把他放逐，后来太甲悔过，又把他接回来继续统治国家。殷：即商朝。6《诗》：《诗经》。《书》：《书经》。六艺：本文所指的是《诗经》《尚书》《易》《礼》《乐》《春秋》等六经。

译文

对于人来说，也是这样。人声音的精华是语言，文辞对于语言来说，又是语言的精华，尤其要选择那些善鸣的人，通过他们发出鸣声。在唐尧、虞舜时代，咎陶、禹是当时善鸣的人，人们就通过他们来发声。夔不能用文辞来鸣，就借着自己制作的《韶》乐来鸣。夏朝的时候，太康的五个兄弟用他们的歌来发出鸣声。伊尹代表商朝发出鸣声，周公代表西周发出鸣声。凡是记载在《诗经》《尚书》等六部经书上的，都是鸣声最好的。

周之衰，孔子之徒鸣之，其声大而远。传曰："天将以夫子为木铎。"[1]其弗信矣乎？其末也，庄周以其荒唐之词鸣[2]。楚，大国也，其亡也，以屈原鸣。臧孙辰、孟轲、荀卿[3]，以道鸣者也。杨朱、墨翟、管夷吾、晏婴、老聃、申不害、韩非、慎到、田骈、邹衍、尸佼、孙武、张仪、苏秦之属[4]，皆以其术鸣。秦之兴，李斯鸣之。汉之时，司马迁、相如、扬雄[5]，最其善鸣者也。其下魏、晋氏，鸣者不及于古，然亦未尝绝也。就其善者，其声清以浮，其节数以急[6]，其辞淫[7]以哀，其志弛以肆[8]，其为言也，乱杂而无章。将天丑[9]其德莫之顾邪？何为乎不鸣其善鸣者也？

注释

1 木铎：是一种安有木舌的金属铃。古代当权者发布政令，常摇木铎以号召百姓。这里是比喻孔子著书授徒，影响深远。这句话见于《论语·八佾（yì）》。2 庄周：战国时思想家，著有《庄子》。荒唐：夸张奇特、广大无边的样子。与通常所说"荒唐"的意思不同。3 臧孙辰：复姓臧孙，名辰，即春秋时鲁国大夫臧文仲。《左传》《国语》上载有他的一些言论。孟轲：战国时期儒家大师，与孔子并称"孔孟"，今存《孟子》七篇。荀卿：战国时期儒家大师，著有《荀子》。4 杨朱：战国时思想家，其言论散见于《孟子》《列子》等书。墨翟（dí）：墨家的创立者，今存《墨子》五十三篇。老聃（dān）：老子，道家创始人，著有《老子》上、下篇。申不害：战国时思想家，著有《申子》。韩非：战国时思想家，法家集大成者，著有《韩非子》。慎到：战国时思想家，著有《慎子》。田骈（pián）：战国时思想家。邹衍：战国时齐人，阴阳家，著有《终始》《大圣》，燕昭王曾师事之。尸佼（jiǎo）：鲁人，杂家，曾做商鞅门客，著有《尸子》。孙武：春秋时期大军事家，著有《孙子》。张仪：战国时魏人，后为秦相，主张"连横"，游说六国单独和秦讲和，破坏了苏秦主张"合纵"抗秦的联盟。5 扬雄：西汉成都人，信奉儒家学说的思想家兼辞赋家。6 节：节奏。数：密集。7 淫：过度。8 弛：松弛。肆：放肆。9 丑：以之为丑，憎恶。

译文

当周朝衰微了，有孔子和他的学生一班人善鸣，他们的言论影响大，流传得久远。所以《论语》上说："上天是要把孔夫子作为晓谕众人的木舌金铃。"这能不相信吗？到周朝末年，庄周以他气势宏大的文章鸣。楚是大国，在它灭亡的时候，有屈原来鸣。臧孙辰、孟轲、荀卿，都是凭儒家的主张发出鸣声。杨朱、墨翟、管夷吾、晏婴、老聃、申不害、韩非、慎到、田骈、邹衍、尸佼、孙武、张仪、苏秦这些人，都以他们的学说、主张鸣于当世。秦兴起，李斯为它鸣。汉朝时候，司马迁、司马相如、扬雄是最善于以文辞鸣的人。以后到了魏晋时代，善于鸣的人赶不上古代，然而也未曾断绝。就那些善鸣的人看，他们的文辞，声音清丽而浮夸，节拍繁密而急促，语言放荡而悲凉，思想感情颓唐而放纵，这样的文辞，杂乱而没有系统。这大概是上天认为那个时代德行丑恶而不顾念它吧？不然，为什么不叫那些善鸣的人来鸣呢？

唐之有天下，陈子昂、苏源明、元结、李白、杜甫、李观[1]，皆以其所能鸣。其存而在下者，孟郊东野始以其诗鸣。其高出魏晋，不懈而及于古，其他浸淫[2]乎汉氏矣。从吾游者，李翱、张籍其尤也[3]。三子者之鸣信善矣，抑不知天将和其声而使鸣国家之盛耶？抑将穷饿其身，思愁其心肠，而使自鸣其不幸耶？三子者之命，则悬乎天矣。其在上也奚以喜？其在下也奚以悲？东野之役于江南也[4]，有若不释然者，故吾道其命于天者以解之。

注释

1 陈子昂：初唐著名诗人。苏源明：唐代文学家。元结：唐代著名诗人，有《次山集》。李白：唐代大诗人，有《李太白集》。杜甫：唐代大诗人，曾为检校工部员外郎等官，有《杜工部集》。李观：唐代文学家，有《李元宾集》。2 浸淫：渐渐沁入。这里有逐步赶上的意思。3 李翱：思想家、古文家，著有《李文公集》。张籍：诗人，擅古体诗，尤擅乐府。4 役于江南：指孟郊就任溧阳县尉，溧阳在唐朝属江南道。

译文

唐代有天下以来，陈子昂、苏源明、元结、李白、杜甫、李观，都以他们的才能发出鸣声。现在还活着而处在下位的，有个孟东野，开始用他的诗发出鸣声。他的诗高出魏晋诗文之上，不懈怠地追求上古的风韵，其他美妙之处，可以渐渐比得上汉代的诗文了。跟我交往的人，李翱、张籍是其中杰出之士。他们三个人发出的鸣声，的确是很好的了，但还不知道天意是使他们发出和谐的声音，从而歌颂国家的兴盛呢，还是将使他们处境穷困，心情愁苦，而只是歌唱他们自己的不幸呢？他们三人的命运如何，完全决定于天意。他们身处上位有什么值得欢喜，身处下位又有什么值得悲痛呢？东野要去江南任职，好像有些不豁达的样子，所以我谈谈命运决定于天意的道理来劝解他。

送董邵南序 韩愈

导读

董邵南，寿州安丰（今安徽寿县一带）人，举进士（被推举参加进士科考试）屡遭挫折，很不得志。当时河北是藩镇割据的地方，势力强大，大量招纳士人充任幕僚，因此董邵南准备离长安赴河北。韩愈既同情董邵南的遭遇，但又不赞成他投靠藩镇，然在朋友离别之际，不宜公开表示反对，故在赠序中隐寓委婉规劝之意。

本文所表达的感情是复杂的，大体可分四层。第一层是同情朋友的遭遇。第二层是希望朋友能得到知音，改变命运。然而朋友去的地方，却是藩镇割据势力盘踞的河北，所以文章写到第三层，马上笔锋一转，指出“风俗与化移易”，燕赵之地不一定能给董邵南带来机遇。第四层再深入一步，明白表示有才能的人应为朝廷出力，暗暗规劝董不当归依藩镇。韩愈维护统一反对割据的思想，是具有进步意义的。

本文在表达上极尽复杂多变之能事，先扬后抑，委婉含蓄。看似韩愈送董邵南赴燕赵，实则是劝其留在长安服务于朝廷。两次慰勉“董生勉乎哉”，实际上是告诫他要谨慎行事，不当投靠藩镇。原评：“文仅百十余字，而有无限开阖、无限变化、无限含蓄，短章圣手。”

燕赵[1]古称多感慨悲歌之士。董生举进士[2]，连不得志于有司[3]，怀抱利器[4]，郁郁适兹土。吾知其必有合[5]也。董生勉乎哉！

注释

1 燕（Yān）赵：指当时河北一带。战国时，燕国在今河北北部，赵国在河北南部和山西北部。2 举进士：唐代考试制度，在家自学的士人，可以自己向州、县要求荐举，经考试及格，参加进士科的考试，叫举进士。3 有司：有关的主管官吏。这里是指主持进士科考试的吏部。4 利器：本指精良的工具，这里比喻杰出的才能。5 合：遇合，即受到赏识重用。

译文

自古以来都称赞说，燕赵一带有很多慷慨悲歌的豪侠人物。董君被推荐参加进士科考试，一连几次得不到主管官员的赏识，不能实现自己的志愿，于是怀抱着杰出的学识才能，心情烦闷地往燕赵这个地方去。我知道他一定会受到赏识重用。董君，您努力吧！

夫以子之不遇时，苟慕义强仁[1]者，皆爱惜焉，矧[2]燕赵之士，出乎其性者哉！

然吾尝闻风俗与化移易，吾恶[3]知其今不异于古所云耶？聊以吾子之行卜[4]之也。董生勉乎哉！

注释

1 强（qiǎng）仁：尽力实行仁道。2 矧（shěn）：何况。3 恶（wū）：同“乌”，怎么。4 卜：占卜，测试。

译文

凭您的才能而在当世不得志，只要是仰慕正义、推行仁德的人，都会爱护同情您的，何况燕赵间的豪侠人物，出于他们的天性呢！

但是，我曾经听说风俗是随着教化改变的，我怎么知道那里今天同古代所说的没有差异呢？姑且凭借您这次燕赵之行去测验一下吧。董君，您努力吧！

吾因之有所感矣。为我吊望诸君[1]之墓，而观于其市，复有昔时屠狗者乎[2]？为我谢曰：“明天子在上，可以出而仕矣。”

注释

1 望诸君：战国时燕国名将乐（Yuè）毅。燕昭王时，乐毅为燕攻占齐国七十余城；昭王死后，燕惠王怀疑他，乐毅逃往赵国，赵国封他为望诸君。2 屠狗者：指高渐离。战国时荆轲到燕国，曾和燕都市场上以屠狗为生并善于击筑（一种古乐器）的高渐离结交为友。荆轲殉难后，高渐离以筑击秦王被杀。这里是借指隐居市井的有才能的人。

译文

我因为您去那里有一些感想。请您代我去凭吊一下望诸君乐毅的坟墓，而且到市集上看看，还有从前那种隐居屠狗的人吗？替我致意说："圣明的皇帝在朝堂上，可以出来做官了。"

赠黎安二生序 曾巩

导读

曾巩（1019—1083），字子固，建昌南丰（今江西南丰）人。宋仁宗嘉祐二年（1057）中进士，官至中书舍人（审阅公事、草拟有关诏令的官）。他的文章风格从容，周密而有条理，被列为"唐宋八大家"之一。著有《元丰类稿》。

五代至宋初，华而不实的骈文影响很大，韩愈的文集甚至被人抛到字纸篓中。欧阳修等极力提倡古文，才逐步扭转局面。曾巩是欧阳修的学生，也是古文运动的健将。这篇赠序的主旨，就是勉励后辈（黎、安二生）要坚持学习古文，反对俗文。曾巩在赠序中提出，作文要志于道，不要取悦于世俗，不要怕非笑，任何革新者都必须具有这种精神。文章以"迂阔"（即不取悦于世俗）二字为引线，结合自己的体会娓娓而谈，对后辈循循善诱，体现出曾巩文章从容不迫的平实风格。

赵郡苏轼[1]，予之同年友也[2]。自蜀以书至京师遗[3]予，称[4]蜀之士曰黎生、安生者。既而黎生携其文数十万言[5]，安生携其文亦数千言，辱以顾予。读其文，诚闳壮隽伟[6]，善反覆驰骋，穷尽事理；而其材力之放纵，若不可极者也。二生固可谓魁奇[7]特起之士，而苏君固可谓善知人者也。

注释

1 赵郡：即赵州，治所在今河北赵县。北宋末年升为庆源府。苏轼是四川眉山人，但他的远祖、唐代文学家苏味道（648—705）是赵州栾城人。所以作者称赵郡苏轼。2 同年：科举制度中称同科考中的人为同年。曾巩和苏轼同为宋仁宗嘉祐二年进士。3 遗（wèi）：赠与。4 称：赞扬。5 既而：已而，不久。数十万言：数十万字。言，字。6 闳（hóng）：宏大。隽（juàn）：意味深长。7 魁奇：同“恢奇”，杰出。

译文

赵郡苏轼，是我的同年好友。他从蜀郡写信寄到京城给我，赞扬蜀郡士子叫黎生、安生的。不久黎生带着他的文章几十万字，安生带着他的文章也有几千字，放低身份送给我看。我读他们的文章，的确是气势宏壮，意味深长，善于反复论述，把事理说得很深入透彻；他们的才能奔放，像是使不完用不尽的啊。二生确实可以说得上是特异突出的人才，而苏君真可以说是善于识别人才的了。

顷之[1]，黎生补江陵府司法参军[2]，将行，请予言以为赠。予曰：“予之知生，既得[3]之于心矣，乃将以言相求于外邪？”黎生曰：“生与安生之学于斯文，里之人皆笑以为迂阔[4]。今求子之言，盖将解惑于里人。”予闻之，自顾而笑。

夫世之迂阔，孰有甚于予乎？知信乎古，而不知合乎世；知志乎道[5]，而不知同乎俗。此予所以困于今而不自知也。世之迂阔，孰有甚于予乎？今生之迂，特以文不近俗，迂之小者耳，患为笑于里之人；若予之迂大矣。使生持吾言而归，且重得罪，庸讵[6]止于笑乎？

注释

1 顷之：不久。2 补：被任命。江陵：府名，治所在今湖北江陵。3 得：契合。4 迂阔：迂腐而不切实际。5 道：指圣人之道，即儒家的学说。6 庸讵（jù）：岂，难道。也作“庸遽”。

译文

不久，黎生被任命为江陵府的司法参军，将要起程，请我写几句话来作为赠别。我说：“我对你的了解，已经契合在心里了，却还要用言辞表达出来吗？”黎生说：“我和安生学习古文时，同乡邻里都讥笑我们，认为是迂阔。现在请您写几句话，是想解除同乡邻里的疑惑。”我听了，想想自己，觉得可笑。

世人的迂阔，有谁比我更厉害呢？只知道相信古人，却不懂得迎合当世；

只知道立志追求道，却不懂得随同世俗。这就是我穷困到现在而自己尚且不醒悟的原因啊。世人的迂阔，有谁比我更厉害呢？现在黎生的迂，只因文章同世俗有距离，是迂中很小的罢了，还担心被同乡邻里讥笑；像我的迂才是大的呢。如果黎生拿了我的话回去，将要得到更多的责怪，怎么会只停留在讥笑上呢？

然则若予之于生，将何言哉？谓予之迂为善，则其患若此。谓为不善，则有以合乎世，必违乎古；有以同乎俗，必离乎道矣。生其无急于解里人之惑，则于是焉必能择而取之[1]。遂书以赠二生，并示苏君，以为何如也？

注释

1 是：代词。指古文与时文、道与世俗。择而取之：选择而决定取舍。

译文

既然这样，那么我对黎生将说什么好呢？说我的迂腐是好的，可是它的祸害却是这样。说我的迂腐不好，虽然可以迎合现世，但一定违背古人风范；可以随同世俗，却一定离开圣贤之道。我劝黎生不要急于解除同乡邻里的疑惑，就一定能在这方面作出选择。我于是写下这些话赠给黎、安二生，并且拿给苏君看，以为怎么样呢？

送天台陈庭学序　宋濂

导读

宋濂（1310—1381），字景濂，号潜溪，浦江（今浙江金华）人，元末明初文学家。元至正九年（1349）被荐为翰林院编修，借口奉养父母，辞不就职。明初，应朱元璋征聘，任江南儒学提举，给太子讲经，并在朱元璋左右以备顾问，官至学士承旨知制诰，被朱元璋誉为明朝“开国文臣之首”。洪武十年（1377），以年老辞官归家。十三年（1380），因长孙宋慎受胡惟庸案牵连被处死，全家被流放茂州（今重庆茂县），他中途死在夔州（今重庆奉节）。有《宋文宪公全集》。

本文是一篇赠序。作者先充分赞扬陈庭学，然后规劝他要注意进德修业。文章先写川蜀山水之奇，突出游川蜀的困难；再写陈庭学能游川蜀且因之“其诗益工”；然后转写自己，惋惜自己不能出游，衬托陈庭学之能游为快事；最后，笔锋陡转，提出安贫乐道的榜样颜回、原宪，意味深长。本文期望殷切而出之于委婉，行文起伏变化，如峰回路转，而又照应严密，无懈可击。

西南山水，惟川蜀[1]最奇，然去中州[2]万里，陆有剑阁、栈道之险[3]，水有瞿塘、滟滪之虞[4]。跨马行，则竹间山高者，累旬日不见其巅际；临上而俯视，绝壑万仞[5]，杳莫测其所穷，肝胆为之掉栗[6]。水行则江石悍利，波恶涡诡[7]，舟一失势尺寸，辄糜碎[8]土沉，下饱鱼鳖[9]。其难至如此！故非仕有力者，不可以游；非材有文者，纵游无所得；非壮强者，多老死于其地。嗜奇之士恨焉[10]！

注释

1 川蜀：今四川重庆一带。2 中州：即中土、中原。狭义的中州指今河南一带。因地处古九州的中部而得名。3 剑阁：在今四川剑阁北，即大剑山与小剑山之间的一条通道，又叫剑门关。这里峰峦连绵，地势险要，峭壁中断，山隘如门，有“一夫当关，万夫莫开”之称。栈道：在山势险峻无路的地方，凿石架木所构成的通道。4 瞿塘：即瞿塘峡，一称夔峡，长江三峡之一。其中白帝城至大溪间为峡谷段，两岸悬崖壁立，江面最狭窄的地方只有百余米，江流湍急，山势峻险，有“天堑”之称。滟滪（yànyù）：即滟滪堆，亦作滟滪滩，俗称燕窝石。在瞿塘峡口，是突出在长江江心的巨石，为长江三峡著名的险滩。虞：忧虑。5 绝壑（hè）万仞（rèn）：绝险的山谷，深不见底。壑，山谷，深沟。仞，约八尺，古代长度单位。6 掉栗：颤抖。7 波恶：形容波浪很大很凶。涡诡：指怪异的漩涡。8 糜（mí）碎：粉碎。9 鳖（biē）：俗称甲鱼、团鱼。10 嗜（shì）：喜欢，爱好。恨：遗憾。

译文

西南的山水，只有川蜀最奇特，可是距离中原上万里，陆路有剑阁、栈道的险阻，水路有瞿塘峡、滟滪滩的艰难。骑马前往，那竹林覆盖的高山，接连十几天也看不到它的顶端和边际；到山顶，向下一望，只见险峻的山谷，有几万尺深，深得无法探测它的底，令人胆战心惊。从水路去，那江里的礁石狰狞尖利，波涛险恶，漩涡怪异，行船稍一失去控制，就被打得粉碎，像泥块一样沉没，成了鱼鳖的食物。川蜀的艰险难行，竟到了这个样子！所以不是有能力的官员，不能够去游览；不是有才情、有文采的人，即使游览了也不会有什么收获；不是身体强壮的人，大多老死在那个地方。所以喜爱奇特山水的人感到很遗憾呢！

天台陈君庭学[1]，能为诗，由中书左司掾屡从大将北征[2]，有劳，擢四川都指挥司照磨[3]，由水道至成都。成都，川蜀之要地。扬子云、司马相如、诸葛武侯之所居[4]，英雄俊杰战攻驻守之迹，诗人文士游眺饮射、赋咏歌呼之所[5]，庭学无不历览。既览必发为诗，以纪其景物时世之变，于是其诗益工。越三年，以例自免归，会予于京师。其气愈充，其语愈壮，其志意愈高。盖得于山水之助者侈[6]矣。

注释

1 天台：县名，今属浙江。2 中书左司掾（yuàn）：元代以中书省总领百官，与枢密院、御史台分掌政、军、监察三权。中书省下置左、右司，分管政事。明初尚沿元制。掾，古代属官的通称。3 擢（zhuó）：提升。都指挥司：明代在各省设置的地方军事机关。照磨：都指挥司的属官，主管文书事宜。4 扬子云：扬雄（前 53—18），字子云，蜀郡成都人。西汉文学家、哲学家、语言学家。著有《法言》《太玄》《方言》等。司马相如（约前 179—前 118）：蜀郡成都人。西汉辞赋家，《子虚赋》《上林赋》是其代表作。诸葛武侯：即诸葛亮，因封武乡侯，故称。5 游眺（tiào）：游览。眺，远望。饮射：指玩乐。饮，喝酒。射，射箭，或投壶。6 侈：大。

译文

天台的陈君庭学，能够写诗，以中书左司掾的身份多次跟随大将讨伐北方，有功劳，提升为四川都指挥司的照磨官职，由水路到达成都。成都是四川的险要之地。扬雄、司马相如、诸葛亮的住处，英雄豪杰战斗防守的遗迹，诗人文士游览玩乐、赋诗歌唱的场所，庭学没有一处不曾游览。已经游览，一定就抒发成诗篇，来记叙那景物、世道的变化，于是他的诗更加精妙了。过了三年，他按照先例辞官回来，在京城遇到了我。他写的诗气势更加充沛，文辞更加豪壮，志向意气更加高昂。原来是从山水里得到很大的帮助呀！

予甚自愧：方予少时，尝有志于出游天下，顾以学未成而不暇；及年壮可出，而四方兵起[1]，无所投足；逮今圣主[2]兴而宇内定，极海之际，合为一家，而予齿益加耄矣[3]！欲如庭学之游，尚可得乎？

注释

1 四方兵起：指元朝末年，全国各地的农民起义和反元战争。2 圣主：指明太祖朱元璋，他是元末农民起义军的领袖之一，最后推翻元朝，扫灭群雄，统一全国。3 齿：年龄。耄（mào）：老。

译文

我自己很惭愧：在我年轻的时候，曾经有出外游历天下的愿望，但是因为学业未成没有空闲的时间；等到壮年能够出去了，却爆发了反元战争，没有一块地方可以去游历；到现在皇上兴起，平定了天下，四海之内合成一家，可是我的年纪越发老了！想要像庭学那样游历，还能做得到吗？

然吾闻古之贤士，若颜回、原宪[1]，皆坐守陋室，蓬蒿没户，而志意常充然，有若囊括[2]于天地者。此其故何也？得无[3]有出于山水之外者乎？庭学其试归而求焉。苟有所得，则以告予，予将不一愧而已也！

注释

1 颜回、原宪：都是孔子的学生，一生穷困而德行很高。2 囊括：包罗。3 得无：莫非，岂不是。

译文

然而，我听说古代的贤人，像颜回、原宪，都是坐守在简陋的屋子里，野草遮蔽了门户，可是志向意气却总是很充沛的，好像能包罗天地。这是什么原因呢？莫非有超出于山水之外的东西吗？庭学不妨回去探求它啊。如果有什么收获，就把它告诉我，那么我也不仅是为游历惭愧而已啊！

第八类

祭文

祭文，是古代常用的应用文体。古代重视祭祀，或祭祀亲友，或祭祀神灵，都要写祭文。《文章辨体序说》："大抵，祷神以悔过迁善为主，祭故旧以道达情意为尚。"祭祀亲友的祭文，往往抒情与追述往事相结合，以表达真挚的情感。

祭十二郎文 韩愈

导读

韩愈三岁丧父，由其长兄韩会及嫂嫂郑氏抚养，从小和其侄韩老成（即十二郎）生活在一起，二人感情深厚。后来，韩愈的大哥、大嫂、二哥韩介及二哥长子百川相继去世，只剩下韩愈和老成，韩愈又长期宦游在外，叔侄异地分居。正当韩愈升任监察御史，叔侄有望一起生活时，不料相濡以沫的老成英年早逝，韩愈悲痛欲绝，写下这篇祭文。

这篇祭文充满真挚的情感。古代一般祭文，内容多为称颂亡者功德言行，形式上多用骈文与韵语。本文在内容与形式两个方面都能突破窠臼。本文在内容上自始至终关合亡者和生者双方，铺叙家常琐事，无论是追忆幼时“未尝一日相离”的童稚旧事，还是历数成年后两人几度离合的因由苦衷，或是坦陈“生不能相养以共居”的歉疚悔恨，都能叙事和抒情紧密结合，用寻常之事表现不寻常之情。本文在形式上采用散文笔调和对话形式，变千里遥祭为当面凭吊，话语朴实，如泣如诉，毫无雕琢造作的弊病。原评：“字字是血，字字是泪。未尝有意为文，而文无不工。祭文中千年绝调。”

年月日[1]，季父愈[2]，闻汝丧[3]之七日，乃能衔[4]哀致诚，使建中远具时羞之奠[5]，告汝十二郎[6]之灵：

注释

1 年月日：祭文写好后，在祭祀时才填上具体的时间。旧注说写作时间是唐德宗贞元十九年（803）五月二十六日，与祭文中所说的时间有矛盾。2 季父：古人排兄弟次序为伯、仲、叔、季，韩愈在兄弟中最小，排行第四，故对十二郎自称季父，今通称叔父。3 丧（sàng）：死。4 衔（xián）：同“含”。5 建中：仆人名。具：备办。羞：同“馐”，食物。奠（diàn）：祭，这里指祭品。6 十二郎：韩愈的侄子韩老成，在同辈兄弟中排行第十二，故称。韩老成本是韩愈二哥韩介所生，后过继给大哥韩会。

译文

某年某月某日，叔父韩愈听到你去世消息的第七天，才能够怀着悲痛来表达真诚的心意，派了建中远道备办时鲜食物作为祭品，在你十二郎的灵前倾诉：

呜呼！吾少孤[1]，及长，不省所怙[2]，惟兄嫂是依[3]。中年兄殁南方[4]，吾与汝俱幼，从嫂归葬河阳[5]，既又与汝就食江南[6]，零丁孤苦，未尝一日相离也。吾上有三兄，皆不幸早世[7]，承先人后者，在孙惟汝，在子惟吾。两世一身，形

单影只。嫂尝抚汝指吾而言曰：“韩氏两世，惟此而已。”汝时尤小，当不复记忆；吾时虽能记忆，亦未知其言之悲也。

注释

1 少（shào）：年纪轻。孤：古人以幼年丧父为孤。2 不省（xǐng）所怙（hù）：不知道依靠谁。3 兄嫂是依：宾语前置，依靠兄嫂（韩会及其妻郑氏）。4 兄殁（mò）南方：韩会在大历十二年（777）死于韶州（今广东韶关）刺史任内，年四十一岁。殁，死亡。5 河阳：今河南孟州，韩愈的故乡。6 就食江南：去江南庄园过日子。就，向，归。江南，指长江以南的宣州，唐代属江南西道。韩家在宣州（今安徽宣城）有座庄园。唐德宗建中二年（781），北方几个节度使叛乱，韩家避难到宣州庄园。7 早世：早死。

译文

唉！我从小就失去了父亲，直到长大成人，不知道依靠谁，完全是依赖大哥大嫂。大哥正当中年的时候，在南方去世，我和你都还小，跟着大嫂回到河阳安葬大哥，接着又和你一起去江南的庄园过日子，孤独困苦，无依无靠，从来不曾有一天分开过。我上面有三个哥哥，都不幸死得早，接续祖宗香烟的，孙子一辈只有你，儿子一辈只有我，两代都只一个人，好不形影孤单！大嫂曾经抚摩着你又指着我说：“韩氏两代，只有这两个了！”你那时年纪很小，应当不记得了；我当时虽然能够记住，也不了解这话的悲痛啊！

吾年十九，始来京城[1]，其后四年而归视汝。又四年，吾往河阳省[2]坟墓，遇汝从嫂丧[3]来葬。又二年，吾佐董丞相于汴州[4]，汝来省吾，止一岁，请归取其孥[5]。明年，丞相薨，吾去汴州，汝不果来。[6]是年，吾佐戎徐州[7]，使取汝者始行，吾又罢去[8]，汝又不果来。吾念汝从于东，东亦客也，不可以久，图久远者，莫如西归，将成家而致汝。[9]呜呼！孰谓汝遽[10]去吾而殁乎！吾与汝俱少年，以为虽暂相别，终当久相与处，故舍汝而旅食京师，以求斗斛之禄[11]。诚知其如此，虽万乘之公相[12]，吾不以一日辍汝而就也[13]。

注释

1 京城：指唐朝都城长安（今陕西西安）。2 省（xǐng）：看望，探视。3 丧（sāng）：丧事。韩愈的嫂嫂郑氏死于贞元九年（793）。4 董丞相：董晋，时为宣武军节度使，驻汴州（今河南开封），韩愈在董晋的幕下任观察推官（主管刑狱的官）。5 孥（nú）：妻子和儿女。6 明年：第二年。薨（hōng）：古时诸侯和二品以上大官死亡称薨。7 佐戎徐州：贞元十五年（799），韩愈在徐泗濠节度使张建封幕下任节度推官，驻徐州（今属江苏）。8 吾又罢去：贞元十六年（800）张建封去世，韩愈离开徐州往洛阳。罢，解除官职。去，离开。9 东：指汴州、徐州。西归：指回老家河阳。10 遽（jù）：匆忙。11 斗斛（hú）之禄：斗、斛，都是量器。禄，官吏薪俸。斗斛之禄，即微薄的薪俸。12 万乘（shèng）：万辆车，形容车马很多。公：指三公，汉以丞相、太尉、御史大夫为三公，此处泛指显赫的权贵。13 辍（chuò）：中止，离开。就：趋从，接受。

译文

我十九岁那年，才来到京城，过了四年，才回家去看你。又过了四年，我去河阳探望祖先坟墓，遇着你为大嫂办丧事回家安葬。又过了两年，我在汴州协助董丞相，你来探望我，只一年，你要求回家去迎接妻子儿女。第二年，董丞相逝世，我离开汴州，你没能过来。这一年，我在徐州协助军务，派去迎接你的人才动身，我又辞职离开，你又没能过来。我想，你跟随我到东边来，在东边也是客居，不能够长久，从长远打算，不如回到西边，等我把家安置好再把你接来。唉，谁料到你突然离开我而去世啊！我和你都还年轻，以为虽然暂时分别，最后一定会长久住在一起，所以我离开你来京城谋生，以求得微薄的俸禄。如果知道会是这样，即使可以做地位最高的三公宰相，我也不会离开你一天而去上任的。

去年，孟东野往[1]，吾书与汝曰：“吾年未四十，而视茫茫，而发苍苍，而齿牙动摇。念诸父[2]与诸兄，皆康强而早世，如吾之衰者，其能久存乎！吾不可去，汝不肯来，恐旦暮死，而汝抱无涯之戚[3]也。”孰谓少者殁而长者存，强者夭而病者全乎。呜呼！其信然邪？其梦邪？其传之非其真邪？信也，吾兄之盛德而夭其嗣乎？汝之纯明而不克蒙其泽乎？少者强者而夭殁，长者衰者而存全乎？未可以为信也。梦也，传之非其真也，东野之书，耿兰[4]之报，何为而在吾侧也？呜呼！其信然矣，吾兄之盛德而夭其嗣矣！汝之纯明宜业其家者，不克蒙其泽矣！所谓天者诚难测而神者诚难明矣！所谓理者不可推而寿者不可知矣！虽然，吾自今年来，苍苍者[5]或化而为白矣，动摇者[6]或脱而落矣，毛血[7]日益衰，志气[8]日益微，几何不从汝而死也！死而有知，其几何离；其无知，悲不几

时，而不悲者无穷期矣。汝之子始十岁[9]，吾之子始五岁[10]，少而强者不可保，如此孩提者，又可冀其成立邪？呜呼哀哉！呜呼哀哉！

注释

1 孟东野：即孟郊，唐代著名诗人，韩愈的朋友。当时孟郊任溧阳尉，十二郎在宣州韩家庄园，两地相距不远，所以韩愈托孟郊带信给十二郎。2 诸父：伯父、叔父的统称。3 戚：悲伤。4 耿兰：韩家仆人名。5 苍苍者：指花白头发。6 动摇者：指松动的牙齿。7 毛血：指身体。8 志气：指精神。9 汝之子：十二郎的儿子韩湘。10 吾之子：韩愈的大儿子韩昶。

译文

去年，孟东野前往江南，我写信给你说："我年纪不满四十，已经视力模糊，头发花白，牙齿松动。想起各位伯叔和哥哥，都身体强壮却过早地去世，像我这样衰弱的人，怎么能活得长久呢！我不能离开这里，你又不肯来这里，恐怕我有一天死了，你会抱着无限的忧伤啊。"谁知道年轻的你死了，而年长的我活着，身强的你短命，而多病的我倒还保全了。唉！难道确实是这样吗？还是做梦呢？还是传来的消息不真呢？如果是真实的，那么，我哥哥的德行美好却会让他的后代过早地死去吗？你纯正聪明，却不能蒙受他的德泽吗？年轻身强的早死，而年长体弱的却活下来吗？不能够认为这是真实的啊。如果是做梦，传来的消息不真，那么，孟东野的信，耿兰的报告，为什么却在我的身边呢？唉！这是真实的了，我哥哥的德行美好却让他的后代过早地死去了！你纯正聪明能继承家业却不能蒙受哥哥的德泽啊！这就是说，老天爷真难猜测，神灵真难明白啊！这就是说，事理不能够推求，年寿也不能预先知道了！虽然这样，我自从今年以来，花白的头发已经变为全白，松动的牙齿有的已经脱落，身体一天天更加衰弱，精神一天天更加萎靡，没有多久时间也可能跟随你死去啊！人死后如果有知觉，眼下的分离就没有多长时间了；人死后如果没有知觉，这悲伤也不会有多久了，不悲伤的日子倒是无穷无尽的。你的儿子才十岁，我的儿子才五岁，年轻身强的人尚且不能保全活下来，像这样的幼小孩童，又可以期望他们成长自立吗？唉，悲哀啊！唉，悲哀啊！

汝去年书云："比得软脚病[1]，往往而剧。"吾曰："是疾也，江南之人常常

有之。”未始以为忧也。呜呼！其竟以此而殒[2]其生乎？抑别有疾而致斯乎？汝之书，六月十七日也[3]。东野云，汝殁以六月二日，耿兰之报无月日。盖东野之使者不知问家人以月日，如耿兰之报不知当言月日，东野与吾书，乃问使者，使者妄称以应之耳。其然乎？其不然乎？今吾使建中祭汝，吊汝之孤[4]与汝之乳母。彼有食可守以待终丧，则待终丧而取以来；如不能守以终丧，则遂取以来；其余奴婢，并令守汝丧。吾力能改葬，终葬汝于先人之兆[5]，然后惟其所愿。

注释

1 比：近来。软脚病：腿足软弱，病从脚起，故名。2 殒（yǔn）：死亡。3 六月十七日：这是去年〔贞元十八年（802）〕十二郎写信的日子。4 孤：指十二郎的儿子。5 先人之兆：祖宗墓地。兆，本指墓地的界域，也指墓地。

译文

你去年的信中说："近来得了软脚病，时常发作很厉害。"我说："这个病，江南的人经常有。"就没有替你担忧。唉！难道竟是因为这个病夺去了你的生命吗？还是另外有别的病才到这个地步？你的信，是去年六月十七日写的。孟东野说，你去世是今年六月二日，耿兰的报告没有写月日。那是因为东野的使者不知道向家人问你去世的月日，耿兰的报告，不知道应当讲明月日。东野为了给我写信，才问使者，使者就随便讲个月日回答他。是这样的呢？或者不是这样的呢？现在我派建中来祭奠你，安慰你的儿子和你的乳母。他们有钱粮可以守到丧期完毕，那就等到丧期完毕我再接他们来；如果不能守到丧期完毕，那就现在接了来；其他的仆人婢女，都要他们为你守丧。我有能力给你改葬，终归要把你葬在祖先的墓地，这样做了以后，才算了却我的心愿。

呜呼！汝病吾不知时，汝殁吾不知日；生不能相养以共居，殁不能抚汝以尽哀；敛[1]不凭其棺，窆[2]不临其穴。吾行负神明，而使汝夭，不孝不慈，而不得与汝相养以生，相守以死。一在天之涯，一在地之角。[3]生而影不与吾形相依，死而魂不与吾梦相接。[4]吾实为之，其又何尤？彼苍者天[5]，曷其有极[6]！自今以往，吾其无意于人世[7]矣！当求数顷之田于伊、颍之上[8]，以待余年。教吾子与汝子，幸其成；长吾女与汝女，待其嫁。如此而已。呜呼！言有穷而情不可终，汝其知也邪？其不知也邪？呜呼哀哉！尚飨[9]。

注释

1 敛：通“殓”，给死者穿衣入棺。2 窆（biǎn）：落葬，即把棺材放进墓穴。3 天之涯、地之角：形容相距遥远，不能见面。4 影、魂：指十二郎的身影、灵魂。5 彼：那。苍者天：苍天，即天。6 曷（hé）其有极：何时才是尽头。语出《诗经·鸨羽》。7 人世：人世间事，意指做官。8 顷（qǐng）：百亩为一顷。伊、颍（Yǐng）：二水名，都在今河南境内。这里指韩愈的家乡。9 尚飨（xiǎng）：也作“尚享”，旧时祭文常用作结尾。飨，享用祭品。

译文

唉！你得病我不知道在什么时候，你去世我不知道是什么日子；你活着的时候我们不能住在一起互相照顾，你死了我不能抚摸着你的尸体哭泣哀悼；你入殓时我不能在棺材旁守灵，你安葬时我不能亲自送你到墓穴。我的行为对不起神明，使你短命而死，我对父兄不孝，对侄儿不慈，因此不能和你生活在一起互相照顾，守在一起直到老死。一个在天的边上，一个在地的角落。你活着的时候，影子不和我的形体互相依靠，你死了，灵魂不和我在梦中接触。这实在都是我造成的，能够怨谁呢？老天爷啊，这悲痛何时才是尽头啊！从今以后，我没有心思在世上为官了！应当在伊水、颍水一带置办几顷田地，来消磨剩下的日子。教育我的儿子和你的儿子，期望他们长大成才；抚养我的女儿和你的女儿，等到把她们嫁出去。我只能这样而已。唉！话有说完的时候，感情却不可能有终止的地方。你知道呢，还是不知道呢？唉，悲哀啊！你来享用祭品吧。

瘗旅文 王守仁

导读

王守仁（1472—1529），字伯安，浙江余姚人。弘治十二年（1499）进士，曾任刑部、兵部主事，左佥都御史，后官至南京兵部尚书，封新建伯，卒谥文成。因曾在浙江会稽山阳明洞筑室讲学，当时学者称其为阳明先生。他是明代著名的哲学家、教育家和文学家。有《王文成公全集》传世。

明正德二年（1507），王守仁得罪当权的宦官刘瑾，被贬为贵州龙场驿丞，就职途中遭到刘瑾追杀，靠投江诈死才得以逃脱。之后又漂流至海滨，途经福建，历尽艰辛，才到达龙场。到龙场第三年，王守仁见到有吏目主仆三人在赴任途中相继死亡，于是埋葬了这三个客死他乡的死者，并写下了这篇祭文。本文既是悼人，也是自悼。然而，可贵的是，哀而不伤，文中洋溢着一种乐观豁达、不屈不挠的精神。

文章开头叙吏目主仆三人死亡经过，中间部分以议论为主，后两段抒情，三者结合，融为一体。叙事是议论的基础，而抒情则使人久久回味，产生绕梁三日的余韵。在句式的选择上，叙事和议论部分是散文，而抒情部分用韵文。无论是表达方式还是句型的使用，都显得富有变化。这种变化，恰到好处地服从了表达思想内容的需要。

维正德四年秋月三日[1]，有吏目[2]云自京来者，不知其名氏。携一子一仆，将之任[3]，过龙场[4]，投宿土苗[5]家。予从篱落[6]间望见之。阴雨昏黑，欲就问讯北来事，不果。明早，遣人觇[7]之，已行矣。薄[8]午，有人自蜈蚣坡来云："一老人死坡下，傍两人哭之哀。"予曰："此必吏目死矣。伤哉！"薄暮，复有人来云："坡下死者二人，傍一人坐哭。"询其状，则其子又死矣。明日，复有人来云，见坡下积尸三焉。则其仆又死矣。呜呼，伤哉！

注释

1 维：发语词，无意义。正德：明武宗年号。正德四年，即公元 1509 年。2 吏目：官名。明代在知州下设吏目，掌出纳文书等官署事务。3 之任：去赴任。4 龙场：在今贵州修文境内。5 土苗：指当地的苗族。6 篱落：篱笆。7 觇（chān）：察看，看。8 薄（bó）：迫近。

译文

正德四年秋季某月的初三日，有一个吏目说是从京城里来的，不知道他的姓名。他带着一个儿子一个仆人，将要去上任，经过龙场，在当地苗人家里借宿。我从篱笆中间望见他。这时阴雨沉沉，天色昏暗，我想走近他，询问来自北方的事情，没有成功。第二天早晨，派人去看他，他已经走了。快中午的时候，有人从蜈蚣坡来，说："有个老头死在坡下，旁边两个人哭得很悲痛。"我说："这一定是吏目死了。悲伤啊！"傍晚的时候，又有人来说："坡下死去的有两个，旁边有一个人坐着哭泣。"询问报告者坡下的情况，看来是吏目的儿子又死了。第二天，又有人来说，看见蜈蚣坡下有三具尸体。那么，吏目的仆人又死了。唉呀，悲伤啊！

念其暴骨[1]无主，将二童子持畚锸往瘗之[2]。二童子有难色然。予曰："噫！吾与尔犹彼也！"二童闵然涕下[3]，请往。就其傍山麓为三坎[4]，埋之。又以只鸡、饭三盂，嗟吁涕洟而告之[5]，曰：

注释

1 暴骨：暴露尸骨。2 将：带领。畚（běn）锸（chā）：畚箕和铁锹。瘗（yì）：埋葬。3 闵然：感伤的样子。涕：眼泪。4 就：就近。坎：坑。5 嗟吁涕洟（yí）：叹息哭泣。洟，鼻涕。

译文

我想着他们暴尸露骨，无人收殓，打算带领两个童子，拿着畚箕、铁锹前去埋葬。两个童子脸上露出为难的神色。我说："唉！我和你们的处境，正像他们呢！"两个童子感伤地流下泪来，请求前往。在挨近他们身边的山脚下，挖了三个坑，埋葬了他们。又用一只鸡、三碗饭，叹息流泪地告慰他们说：

呜呼伤哉！繄[1]何人？繄何人？吾龙场驿丞[2]余姚王守仁也。吾与尔皆中土之产，吾不知尔郡邑，尔乌为乎来为兹山之鬼乎？[3]古者重去其乡[4]，游宦[5]不逾千里。吾以窜逐[6]而来此，宜也。尔亦何辜[7]乎？闻尔官吏目耳，俸不能五斗[8]，尔率妻子躬[9]耕可有也！胡为乎以五斗而易尔七尺之躯？又不足，而益以尔子与仆乎？呜呼，伤哉！

注释

1 繄（yī）：发语词，无具体词义。2 驿丞：官名。驿站的主管。驿，古代供递送公文的人或来往官员暂住、换马的地方。3 中土：内地。古时指黄河、长江中下游地区。郡邑：指籍贯，即出生的州县。乌为：为什么。兹：此，这里。4 重去其乡：古人认为离开家乡是不容易的。重，难。去，离开。5 游宦：出外做官。6 窜逐：放逐。指被贬谪。7 辜：罪过。8 五斗：形容月俸很微薄。9 躬：亲自。

译文

唉呀，悲痛啊！你是什么人？你是什么人？我是龙场驿丞、余姚人王守仁啊。我和你都出生在中原地区，我不知道你是哪郡哪县的人，你为什么来做了这座山上的鬼呢？古人慎重对待离开家乡的举动，出外做官不超过千里远的路程。我因为被放逐来到这里，是应该的。你也有什么罪过吗？听说你的官职不过是个吏目罢了，俸禄不满五斗，如果你带领妻子、儿子亲自耕种，就可以得到这个数目啊！为什么要用五斗的俸禄来交换你堂堂七尺的躯体？又还不够，还要加上你的儿子和仆人呢？唉呀，悲痛啊！

尔诚恋兹五斗而来，则宜欣然就道，胡为乎吾昨望见尔容蹙然[1]，盖不胜其忧者？夫冲冒霜露，扳[2]援崖壁，行万峰之顶，饥渴劳顿，筋骨疲惫，而又瘴疠[3]侵其外，忧郁攻其中，其能以无死乎？吾固知尔之必死，然不谓若是其速；又不谓尔子尔仆亦遽然奄忽[4]也！皆尔自取，谓之何哉？吾念尔三骨之无依而来瘗耳，乃使吾有无穷之怆也！呜呼，伤哉！

注释

1 蹙（cù）然：忧愁的样子。2 扳（bān）：同“攀”。3 瘴疠：瘴，瘴气，旧指南方山林中湿热蒸郁使人得病的气。疠，指瘟疫。4 奄忽：死亡。

译文

你当真是贪恋这五斗俸禄而来，就应当高兴地上路，为什么我昨天看见你愁眉苦脸，像承受不住这忧伤的样子呢？冒着寒霜冷露，在陡峭的山路攀援，爬过无数的山顶，饥饿干渴，劳累困顿，筋疲力竭，再加上瘴气瘟疫侵害你的身体，忧愁郁闷袭击你的内心，这怎能不死呢？我本来知道你一定会死，但没有料到你会死得这样快；更不料你的儿子、你的仆人也突然死去呢！这都是你自己招来的，有什么可说的呢？我想到你们三具尸骨没有依托，就来掩埋，却使我产生了无穷的感慨啊！唉呀，悲痛啊！

纵不尔瘗，幽崖之狐成群，阴壑之虺[1]如车轮，亦必能葬尔于腹，不致久暴[2]尔。尔既已无知，然吾何能为心乎？自吾去父母乡国而来此，三年矣，历瘴毒而苟能自全，以吾未尝一日之戚戚[3]也。今悲伤若此，是吾为尔者重，而自为者轻也，吾不宜复为尔悲矣。吾为尔歌，尔听之！

注释

1 虺（huǐ）：毒蛇，大蛇。2 暴：指尸体暴露。3 戚戚：忧惧的样子。

译文

即使我不埋葬你，僻静的山崖上狐狸成群，阴暗的深谷中毒蛇大得像车轮，也一定能够把你埋葬在肚子里，不会让你们长久地暴尸山野。你已经没有知觉，然而我的心里怎么过意得去呢？自从我离开父母和家乡，来到这里已经三年了，经受山林中的湿热毒气，却能够苟且保全，是因为我不曾有一天的忧伤呢。今天悲伤到这个样子，这是我替你想得多，却替自己想得少啊，我不应当再替你悲痛了。我给你作了一首歌，你听罢！

歌曰："连峰际天兮飞鸟不通，游子[1]怀乡兮莫知西东。莫知西东兮维[2]天则同，异域殊方兮环海之中。达观随寓兮奚必予宫[3]，魂兮魂兮无悲以恫[4]！"

注释

1 游子：指离家远游的人。2 维：同"惟"，只有。3 随寓：到处可以安身。寓，安身。奚必予宫：何必要在自己家中。奚，何。宫，古代对房屋的通称。4 恫（tōng）：悲痛。

译文

歌词是："连绵的高峰紧挨着天啊，连飞鸟也通不过；远离家乡的游子怀念故土啊，不能辨别西和东。不能辨别西和东啊，只有天空相同；他乡异地啊，也是在四海环抱之中。达观的人到处可以安身啊，何必要住在自己的家中。灵魂啊，灵魂啊，不要悲伤，不要苦痛！"

又歌以慰之曰："与尔皆乡土之离兮，蛮[1]之人言语不相知兮。性命不可期，吾苟[2]死于兹兮，率尔子仆，来从[3]予兮！吾与尔遨[4]以嬉兮，骖紫彪而乘文螭兮[5]，登望故乡而嘘唏[6]兮！吾苟获生归兮，尔子尔仆尚尔随兮，无以无侣悲兮！道旁之冢累累兮[7]，多中土之流离[8]兮，相与呼啸而徘徊兮。餐风饮露，无尔饥兮；朝友麋鹿，暮猿与栖兮[9]。尔安尔居兮，无为厉于兹墟兮[10]！"

注释

1 蛮：我国古代对南方各族的泛称。2 苟：如果。3 从：跟随。4 遨：游。5 骖（cān）：在两边拉车的马叫骖。这里用作动词，驾驭的意思。紫彪：紫色斑纹的小老虎。文螭（chī）：有花纹的蛟龙。6 嘘唏：叹息。7 冢（zhǒng）：坟墓。累累：重叠的样子。形容坟墓多。8 流离：指流落离散的人。9 猿与栖：即“与猿栖”。10 厉：祸患。墟：村落。

译文

又作支歌来安慰你：“我和你都是远离家乡的游子啊，土著的言语一点也不懂。生死不能够预期，我如果死在这里啊，就领着你的儿子、仆人，跟随我在一起吧。我和你遨游嬉戏啊，驾着紫色的小虎，骑上花斑的蛟龙，登高远望故乡，悲痛地叹息啊！我如果能够活着回去啊，你的儿子、你的仆人还是跟着你吧，你不会因为没有伴侣而伤悲啊。路旁那一堆接一堆的坟墓啊，大多是漂泊流落的内地人士，大家可以在一起呼啸、一起徘徊啊。呼吸清风，喝着甘露，你们不会遭受饥饿啊；早晨和麋鹿交朋友，晚上跟猿猴一同栖息啊。你们安心地居住在这里，不要给这里的村落造成祸害啊！”

第九类

碑记

碑记，是铭刻在石碑上的文章。

碑文，最早用于纪功，如秦朝李斯的峄山石刻。后来，多用于墓碑，颂扬去世者的事迹，并发展出祠庙碑、墓志铭、墓表、神道碑铭等文体。《古文观止》选了柳宗元的《箕子碑》，颂扬箕子的功德；还选了张溥的《五人墓碑记》，歌颂为反抗暴政而牺牲的五位平民英雄。

碑文往往用散文叙事，而用押韵的铭文作总结歌颂。如《箕子碑》后面就有四言颂歌。墓志铭、神道碑铭，更加不可缺少铭文。

箕子碑 柳宗元

导读

本文是为箕子庙写的碑记，又名《箕子庙碑》。箕子，商末周初政治家，也是我国古代第一位有著作传世的思想家。他是商王武丁的后代，纣王的伯叔辈，担任太师，封于箕地，故名箕子。因劝谏纣王被囚禁，周武王灭商后将他释放。他向武王陈述了治理国家的大法《尚书·洪范》，提出了“五行”“王道”“天人感应”等重要思想，对周朝乃至对中国古代的政治思想具有重大影响。后来，被封到古朝鲜，开辟了该地区的古代文明。今山西陵川东有箕子山。唐德宗贞元年间，人们在纣都朝歌城（今河南淇县）建立箕子庙，柳宗元于是写了这篇碑文，高度评价这位伟大的历史人物。

本文一开头便提出伟大人物的三个标准：正蒙难、法授圣、化及民，并用这三个标准作为评价箕子的出发点，依次展开，具体论述，还用比干、微子作为衬托，使箕子的人品、功业卓然兀立。这种写法能达到高屋建瓴、提纲挈领的效果。

凡大人[1]之道有三：一曰正蒙难[2]，二曰法授圣，三曰化及民。殷有仁人曰箕子，实具兹道以立于世。故孔子述六经之旨，尤殷勤焉。[3]

注释

1 大人：伟大人物。2 正蒙难：处在乱世，又遭受迫害，却能忍辱负重，坚持正道。3 六经：儒家的六种经典，《诗》《书》《易》《礼》《乐》《春秋》。孔子对箕子特别关注，在《尚书》《周易》中称赞箕子，在《论语》中称箕子、比干、微子为“三仁”。《论语·微子》：“微子去之，箕子为之奴，比干谏而死。孔子曰：殷有三仁焉。”

译文

大凡伟大人物的表现有三个方面：第一是能在蒙受危难时坚持正义，第二是能把治国的法度传授给圣明的君主，第三是能推行教化，造福百姓。殷商有一位仁人叫作箕子，他完全具备这三种表现，从而屹立在人间。所以孔子论述六经的要旨，对他特别关注，多次提到。

当纣之时，大道悖[1]乱，天威之动不能戒[2]，圣人之言无所用。进死以并命，诚仁矣；[3]无益吾祀[4]，故不为。委身以存祀[5]，诚仁矣；与[6]亡吾国，故不忍。具是二道，有行之者矣。是用[7]保其明哲，与之俯仰[8]；晦是谟范[9]，辱于囚

奴[10]。昏而无邪，隤[11]而不息。故在《易》曰：“箕子之明夷。”[12]正蒙难也。

注释

1 悖（bèi）：违背，荒谬。2 天威之动不能戒：上天威怒，用各种天象（如流星、地震之类）来警戒，却不能收到警戒的效果。这里反映了古人“天人感应”的观点。3 进死以并命：指比干的事迹。比干是纣王的叔父，官少师，因担心国家危亡，多次进谏，最后被纣王剖心而死。并命，跟国家同命运。诚仁矣：可以称为仁人。4 祀（sì）：祭祀。上古把祭祀看作关系国家命运的大事，祭祀断绝就意味着国家灭亡。5 委身以存祀：指微子的事迹。微子，名启，是纣王的庶兄，封于微（今山东梁山西北）。他预见到商朝将要灭亡，便逃走了。武王灭纣后，投靠周。武庚发动叛乱被杀后，封微子于宋，奉殷的祭祀。6 与（yù）：参与。7 是用：因此。8 俯仰：周旋，应付。9 晦：隐藏。谟（mó）范：策略的典范。10 囚奴：囚徒，囚犯。11 隤（tuí）：堕落。12 明夷：《易经》中卦名。明，光明。夷，伤。谓光明受到损伤，比喻君子遭难退隐。“箕子之明夷”这句话是《明夷》卦六五爻的爻辞。意思是说：箕子遇上纣王这样的暴君，还能够坚守正道，自强不息。

译文

在纣王的时代，违背常理正道，一片荒谬混乱，上天用各种灾害表示震怒，不能警戒他，聪明正直人士的言论，他完全不采用。像比干那样，拼死进谏，与商王朝同命运，真正够得上“仁”的标准了；但对保持商王朝的祭祀没有益处，所以箕子不愿意这么做。像微子那样，托身给周朝，从而保持了商王朝的祭祀，也真正够得上“仁”的标准了；但这等于参与了灭亡自己王朝的行动，所以箕子不忍心这么做。这两条道路，都有人走了。因此箕子采取明哲保身的态度，跟纣王周旋；他隐藏起自己的正确主张，忍受着做囚徒的耻辱。时代黑暗，他却不走邪路；世道堕落，他却奋斗不息。所以，《易》经上写道：“箕子在遇到危难时善于应付。”这便是“能在蒙受危难时坚持正义”。

及天命既改[1]，生人[2]以正，乃出大法，用为圣师，周人得以序彝伦[3]，而立大典。故在《书》曰：“以箕子归，作《洪范》。”[4]法授圣也。

注释

1 天命既改：指周灭商。古人把朝代的更改看做是天命。2 生人：即生民，百姓。唐代避太宗李世民讳，故将“民”改为“人”。3 序：次序，这里作动词用，“使……恢复秩序”的意思。彝（yí）伦：天地人间的常理。4《洪范》：《尚书》的篇名，传说是箕子向周武王陈述的“天地之大法”。洪，大。范，规范，法规。《洪范》的内容是阐述各项政治原则，并用“五行”来解释自然和社会现象。《尚书·序》：“武王胜殷，杀受，立武庚，以箕子归，作《洪范》。”

译文

等到天命已经改变，百姓回到了正常轨道，箕子便献出治国大法，因此成了圣明君主的老师，周朝人因而能够顺应天地人间的常理，建立国家的重要法令典章。所以，在《尚书》上写道：“武王与箕子一道归来，创作了《洪范》。”这便是“能把治国的法度传授给圣明的君主”。

及封朝鲜[1]，推道训俗[2]，惟德无陋[3]，惟人无远[4]，用广殷祀，俾夷为华[5]。化及民也。

率是大道，藂于厥躬[6]；天地变化[7]，我得其正。其大人欤！

注释

1 朝鲜：古国名，包括今朝鲜半岛北部及我国辽宁、吉林东部一带。周朝初年，封箕子于朝鲜。2 推道训俗：据《汉书·地理志》记载，箕子到朝鲜后，教民耕种养蚕，建立法令制度，宣传礼义。3 惟德无陋：即“无陋德”的倒装。不疏远道德，也就是提倡道德礼义。陋（lòu），疏远。4 惟人无远：不疏远人民，即亲近百姓。5 俾：使。夷：我国古代对东方各族的泛称。朝鲜在东方，所以也称为夷。华：华夏族，古代住在中原一带的民族，后代融合为汉族。夏、商、周三个王朝，都是华夏族建立的。6 藂：同“丛”，聚集。厥：其，他的。躬：身。7 天地变化：指社会变动，改朝换代。

译文

等到他被封到朝鲜，又推行仁义，教化世人，提倡道德，亲近百姓，因而扩大了殷商的祭祀的范围，使夷族接受了中原文化。这便是“能推行教化，造福百姓”啊。

所有这些伟大的表现，都集中到他一人身上；在天地变化的时代，自己保持了正道。这应该算一个伟大人物吧！

於虖[1]！当其周时未至，殷祀未殄[2]，比干已死，微子已去，向使纣恶未稔而自毙[3]，武庚念乱以图存[4]，国无其人，谁与兴理？是固人事之或然者也[5]。然则先生隐忍而为此，其有志于斯乎！

注释

1 於虖（wūhū）：同"呜呼"。2 殄（tiǎn）：灭绝。3 稔（rěn）：本为庄稼成熟，此处作"积满"解。自毙：自己死亡了。4 武庚：纣王的儿子。周武王灭纣后，曾封他于殷地以奉殷商祭祀。武王死，成王年幼，周公旦辅政，武庚与管叔、蔡叔勾结，发动叛乱，被周公诛杀。5 人事：人世间的各种事情，即社会现象。或然：可能出现。

译文

唉！当周朝还没有建立，商朝还没有灭亡，比干已经死了，微子已经走了的时候，假如纣王还不到恶贯满盈便自己死了，他的儿子武庚继位，考虑到国家的危乱而发奋图存，如果国家没有贤人，谁跟武庚一道来复兴治理呢？这本来是人事中可能发生的情况啊。那么，箕子勉强忍耐而这样做，大概是对这种情况有所期望吧！

唐某年[1]，作庙汲郡[2]，岁时致祀。嘉先生独列于《易》象[3]，作是颂[4]云。

注释

1 某年：古人写祭文、碑记一类的文章，落款署年月处往往先空着，临用时才填上。2 汲郡：古郡名，治所在今河南卫辉，是商的故都。3《易》象：即指《易经》。《易·系辞下》："是故易者象也。"意为《易经》的卦爻辞往往象征自然与社会的变化吉凶。《易经》的"明夷"卦的彖辞说："利艰贞，晦其明也，内难而能正其志，箕子以之。"六五爻辞说："六五，箕子之明夷，利贞。象曰：箕子之贞，明不可息也。"宋朱熹注："居至暗之地，近至暗之君，而能正其志，箕子之象也。"4 是颂：这篇颂。

译文

唐朝某年，在汲郡修了箕子庙，逢年过节祭祀他。我钦佩他能单独被写进《易》象里，就作了这篇颂。

五人墓碑记 张溥

导读

张溥（1602—1641），字天如，号西铭，江苏太仓人。明崇祯四年（1631）进士。自幼勤奋好学，所读书必手抄六七遍，自命其书斋曰“七录斋”。创“复社”，结交四方人士，使之成为继“东林党”之后著名的反对黑暗政治的社团。为人主持正义，崇尚气节；为文才思敏捷、风格朴实，为晚明重要文学家。有《七录斋集》传世。

明朝末年，政治日益腐败，太监魏忠贤专权，排除异己。东林党人周顺昌，苏州吴县（今江苏苏州）人，在朝为吏部员外郎时，曾叱骂魏忠贤及其党羽。后乞假归乡，仍针砭时政，指斥阉党，深受苏州市民爱戴。天启五年（1625）魏大中因触怒魏忠贤党羽而被捕，押解路过苏州时，周顺昌特意招待。魏忠贤怀恨在心，天启六年（1626）诬周下狱。周顺昌被捕时，苏州市民数万人激于义愤，聚集在一起为其请命，并打死一名捕人的差役。魏忠贤的党羽，巡抚毛一鹭，借此捕杀颜佩韦等五位义士。崇祯帝即位后，诛杀魏忠贤，苏州人把五人合葬在虎丘山旁，称“五人之墓”，张溥写了这篇碑文。

这篇碑文赞颂了苏州市民群起反抗魏忠贤阉党的正义斗争及其历史功绩，讴歌了颜佩韦等五个下层平民见义勇为、不畏强暴、视死如归的英勇气概，表达了一个鲜明的主题：“死生之大，匹夫之有重于社稷。”文章肯定了人民群众的历史作用。后来顾炎武说“天下兴亡，匹夫有责”，可能受到此文启发。

本文通篇采用夹叙夹议的手法。叙事简洁明快，侃侃道来；议论则慷慨激昂。而且通篇采用对比，有富贵得志之徒湮没不足道与五人之皦皦的对比，有缙绅屈从阉党与五人之蹈死不顾的对比，有高官显位一旦抵罪便千方百计脱身逃命的辱人贱行与五人之忠义暴于朝廷的对比。作者通过这一系列的对比，使主题表达得鲜明突出，淋漓尽致。

五人者，盖当蓼洲周公之被逮[1]，激于义而死焉者也。至于今，郡之贤士大夫请于当道[2]，即除魏阉废祠之址以葬之[3]，且立石于其墓之门，以旌[4]其所为。呜呼！亦盛矣哉！

注释

1 蓼（liǎo）洲周公：周顺昌，号蓼洲。明熹宗时任吏部员外郎等职，后辞职回家。为人刚方正直，不畏权贵，当众斥责魏忠贤及其党羽的奸邪误国，深为魏党所忌恨。被捕后受尽酷刑，死在狱中。2 郡：指苏州。苏州地区在古代为吴郡。当道：执掌政权的人，官府。3 除：拨给。或作“清除”讲，亦通。魏阉废祠：魏阉，魏忠贤。因魏是太监，故贬称魏阉。魏忠贤当权时，其党羽在全国各地为他建立生祠。这里所说的废祠，在苏州城外虎丘山麓，原是毛一鹭给魏忠贤所建的生祠“普惠祠”。作者写此文时，魏党已经失势，就在普惠祠遗址安葬五人。4 旌（jīng）：表彰。

译文

这五个人，就是当周蓼洲先生被逮捕的时候，激于义愤请命而被处死的人。到了现在，苏州府一些贤明的士绅向当局请求，拨给已废除的魏阉生祠遗址，来安葬他们，并在他们的墓门前立了石碑，以表彰他们的行为。啊！这也是隆重极了啊！

夫五人之死，去今之墓[1]而葬焉，其为时止十有一月耳。夫十有一月之中，凡富贵之子，慷慨得志之徒，其疾病而死，死而湮没[2]不足道者，亦已[3]众矣，况草野之无闻者欤！独五人之皦皦[4]，何也？

注释

1 墓：这里用作动词，修墓。2 湮（yān）没：埋没。3 已：甚，太。4 皦皦（jiǎojiǎo）：同“皎皎”，光明，显赫。

译文

这五个人的壮烈牺牲，距离现在建墓和安葬，时间不过十一个月罢了。在这十一个月里，大凡富贵人物和昂扬得志的人士，如果害病死去，死后便埋没不值得称述的，也太多了，何况是乡间默默无闻的人呢！唯独这五个人如此光辉显赫，这是为什么呢？

予犹记周公之被逮，在丁卯三月之望[1]。吾社之行为士先者[2]，为之声义[3]，敛[4]资财送其行，哭声震动天地。缇骑[5]按剑而前，问：“谁为哀者？”众不能堪，扶而仆之[6]。是时以大中丞抚吴者[7]，为魏之私人，周公之逮所由使也。吴之民方痛心焉，于是乘其厉声以呵，则噪而相逐。中丞匿于溷藩[8]以免。既而以吴民之乱请于朝，按[9]诛五人。曰颜佩韦、杨念如、马杰、沈扬、周文元，即今之傫然[10]在墓者也。

然五人之当刑也，意气扬扬[11]，呼中丞之名而詈[12]之，谈笑以死。断头置城上，颜色不少变。有贤士大夫发五十金，买五人之脰而函之[13]，卒与尸合。故今之墓中，全乎为五人也。

注释

1 丁卯：明熹宗天启七年（1627）。但是《明史》的《熹宗本纪》《周顺昌传》及其他文献皆作天启六年丙寅。丁卯乃一时笔误。三月之望：三月十五日。农历每月十五日叫“望”。2 吾社：一般书皆注解为“复社”，但当时无“复社”，直至崇祯二年（1629）张溥等人才合并一些文社成立“复社”。有的书注解为“东林党”，但东林党不能称“社”，而且已被取缔。吾社，应为张溥组织的文社“应社”。行：品行。为士先：做士人的表率。3 声义：伸张正义。4 敛：募集。5 缇（tí）骑：穿橘红色军服的马队。本指古代贵官的侍从，这里指魏忠贤派来捕人的爪牙。6 抶（chì）：击。仆：倒下。7 以大中丞抚吴者：指魏忠贤的党羽江苏巡抚毛一鹭。大中丞，右副都御史的别称。明代的巡抚都带右副都御史衔。吴，今江苏一带，当时的治所在苏州。8 溷（hùn）藩：厕所。9 按：追究。10 傫（lěi）然：聚集排列的样子。11 扬扬：昂然自若的样子。12 詈（lì）：骂。13 脰（dòu）：即头颈。函：用木匣盛着。

译文

我还记得周公被逮捕，是在天启七年三月十五日。我们应社中那些品行可以做读书人表率的人，替他伸张正义，募集财物给他送行，哭声惊天动地。前来抓人的缇骑手按剑柄冲上前责问：“你们是为什么人悲哀？”大家再也不能忍受了，把他打倒在地。这时候，以大中丞身份做江苏巡抚的，是魏忠贤的党羽，周先生的被捕，就是由他主使的。苏州的老百姓恨透了他，于是趁他大声叱骂的时候，索性哄闹起来并追赶他。这位中丞躲到茅厕里才逃脱。后来，他以苏州百姓暴动作为借口，向朝廷请示，追究这事件，杀了这五个人。他们是：颜佩韦、杨念如、马杰、沈扬、周文元，就是现在聚集一起葬在这坟墓里的人。

然而，这五个人临刑的时候，意气风发，昂然自若，叫着中丞的名字痛骂他，在谈笑声中死去。他们的脑袋被砍下来挂在城墙上，脸色没有一点改变。有贤明的士绅拿出五十两银子，买下这五个人的脑袋，用木匣子装着，终于跟各人的尸体合在一起，因此现在的坟墓里，才是五个人的全身。

嗟夫！大阉之乱，缙绅[1]而能不易其志者，四海之大，有几人欤？而五人生于编伍[2]之间，素不闻诗书之训[3]，激昂大义，蹈死不顾，亦曷[4]故哉？且矫诏[5]纷出，钩党[6]之捕，遍于天下，卒以吾郡之发愤一击，不敢复有株治[7]。大阉亦逡巡[8]畏义，非常之谋难于猝发[9]，待圣人[10]之出，而投缳道路[11]，不可谓非五人之力也。

注释

1 缙（jìn）绅：古代做官的人经常把笏板插在腰带里，所以称做官的人为“缙绅”。缙，通“搢”，插。绅，大带。2 编伍：民间。古时编制户口，以五人或五家为一“伍”。3 诗书：《诗经》和《书经》。这里泛指一切经书。训：教育。4 曷：同“何”。5 矫诏：假托皇帝名义伪造的诏书。6 钩党：牵引为同党。钩，牵引，牵连。魏党陷害东林党人达一百八十多人。7 株治：因为一个人而牵连许多人都治罪。8 逡（qūn）巡：犹疑不决。9 非常之谋：指魏忠贤企图篡夺帝位的阴谋。猝（cù）：突然。10 圣人：封建时代对帝王的尊称。这里指崇祯皇帝。11 投缳（huán）：自缢。崇祯即位后，根据钱嘉征所奏魏忠贤的十大罪状，于当年（天启七年）十一月，把魏忠贤放逐到凤阳守皇陵，不久又下令逮捕办罪，魏忠贤听到消息，就在回京的路上上吊死了。

译文

唉！当大宦官魏忠贤当权作乱的时候，做官的人能够不改变志节的，天下这样大，又有几个呢？可是，这五个人出身平民，从来没有听过经书上的教训，却能为正义所激发，置身死地毫不顾忌，这又是什么缘故呢？并且，当时伪造的圣旨纷纷下传，全国到处都在搜捕东林党人，终于因为我们苏州府城的这次奋起反抗，他们才不敢再株连追究了。魏忠贤也因为害怕正义力量而迟疑不决，篡夺帝位的阴谋难以突然发动，等到当今皇上即位，魏忠贤就在流放的路上上吊死了。这不能不说是这五个人的功劳啊。

由是观之，则今之高爵显位，一旦抵罪[1]，或脱身以逃，不能容于远近，而又有剪发杜门[2]，佯狂不知所之者[3]。其辱人贱行[4]，视[5]五人之死，轻重固何如哉？是以蓼洲周公，忠义暴[6]于朝廷，赠谥美显[7]，荣于身后；而五人亦得以加其土封[8]，列其姓名于大堤之上[9]，凡四方之士，无有不过而拜且泣者，斯固百世之遇也。不然，令五人者保其首领[10]，以老于户牖[11]之下，则尽其天年，人皆得以隶使之，安能屈[12]豪杰之流，扼腕[13]墓道，发其志士之悲哉？故予与同社诸君子，哀斯墓之徒有其石也，而为之记。亦以明死生之大，匹夫之有重于社稷也！

注释

1 抵罪：犯罪应受的惩治。2 剪发杜门：剪发装疯，闭门不出。杜，闭。3 佯狂：装疯。之：往。4 辱人贱行：可耻的人格，卑贱的行为。5 视：比较。6 暴（pù）：显露，揭示，表彰。7 赠谥（shì）美显：指崇祯皇帝赠给周顺昌“忠介”的谥号。美显，美好而光荣。8 加其土封：修建坟墓。土封，指坟墓。9 列：陈列，刻。大堤：指吴县虎丘前苏州河的大堤。10 首领：脑袋。11 户牖（yǒu）：门窗。这里指家。12 屈：使……拜服。13 扼腕：用一只手握住另一只手腕，形容感情激动。

译文

从这件事情我们观察一下吧，现在做大官、居高位的人，一旦被判有罪，有的抽身逃跑，远近都不能容身，又有人剪去头发，紧闭大门，装疯卖傻，不知道哪里是归宿。他们那可耻的人格、卑贱的行为，跟这五个人的死相比较，价值的轻重如何呢？所以，周蓼洲先生的忠诚节义，在朝廷里显露出来，赠给他谥号以赞美表彰他，使他死后得到荣耀；而这五个人也能够因此修建坟墓，把他们的姓名刻在大堤上面，凡是从各地来的士人，经过他们的墓前，没有谁不跪拜并且哭泣的，这真是百代难遇的光荣啊。如果不是这样，叫他们五个人保住自己的脑袋，老死在家里，活到他们的生命结束，那么，人们都可以把他们当佣人来使唤，又怎么能够使那些英雄豪杰拜服，在他们墓前紧握着自己的手腕，抒发出有志之士的悲愤呢？所以，我和同社的许多朋友，叹惜这座坟墓空有一块石碑，就为他们写了这篇碑记。也借此来说明生死意义的重大，普通百姓对于国家也能发挥重要作用啊！

贤士大夫者，冏卿因之吴公[1]，太史文起文公[2]，孟长姚公[3]也。

注释

1 冏（jiǒng）卿因之吴公：指太仆卿吴默（字因之）。周穆王立伯冏为太仆正，所以后人又称太仆卿为“冏卿”。2 太史文起文公：指翰林院修撰文震孟（字文起）。太史，史官。明、清两朝修史的事由翰林担任，所以翰林院修撰亦称“太史”。3 孟长姚公：姚孟长。

译文

贤明的士绅是：太仆卿吴公因之、太史文公文起、姚公孟长。

第十类

骈文

骈文，又称“骈俪文”“四六文”，是一种讲究对偶的文体。“骈”的本义是两匹马并列在一起驾一辆车，“俪”字的本义是配偶，它们的引申意义都是成双成对。故“骈”字与“俪”字，正好表明了骈文的主要特点。骈文讲究对偶，文章中几乎全部是对偶句，不仅词语相互对偶，句法结构也要相互对称。骈文以四字句、六字句为主要句式，故又称“四六文”。唐宋古文兴起后，句子成对的“骈文”跟散句单行的“古文”，形成相互对立的局面。古文运动成功以后，骈文失去了独尊地位，但是仍然有许多人写骈文，如清朝汪中的骈文，就很有名。《古文观止》推崇古文，但能突破门户之见，选了几篇著名的骈文。

汉语句法灵活，容易形成对偶。骈文利用汉语的这个特点，把对偶的修辞手法发展为一种文章体裁。骈文成熟于六朝时期，正是中国音韵学兴起的时代，所以，骈文除了讲究对偶外，还讲究音韵铿锵、平仄协调，又追求辞藻的华丽、典故的运用。骈文有提炼语言之功，也有束缚思想之弊。诵读骈文，要把握骈文的特点。

陈情表 李密

导读

李密（224—287），字令伯，西晋犍为郡武阳（今四川彭山东北）人。父早亡，母改嫁，由祖母刘氏抚养成人。少时从名儒谯周学习，博览五经，以文学著称。初任蜀国尚书郎，多次出使东吴，有辩才，得到东吴人的称赞。蜀汉为魏所灭后，晋武帝司马炎征他为太子洗马，李密以祖母年高无人奉养为由婉言辞谢。但诏书连下，州县催逼甚紧，于是他就写下了这篇陈情的表文。

《陈情表》最突出的特点，是作者既能抓住晋朝"以孝治天下"的政治依据，又能以叙事为主，极力渲染凄苦悲凉的家境和祖母刘氏的老病孤危，没有空洞之言，没有浮泛之语，做到了情真意切、寓情于理。据说，晋武帝读了《陈情表》后不禁为之动容说："士之有名，不虚然哉！"不仅应允了李密的恳求，而且还"赐奴婢二人，使郡县供祖母奉膳"(原评)。有人说，读了《出师表》而不下泪是没有忠心，读了《陈情表》而不下泪是没有孝心。可见此文具有强大的感染力。

本文是初期的骈文，篇中多用对偶句、四字句，音韵铿锵；但是间用长短参差的句式，避免了骈文的板滞，流转自如。

臣密言[1]：臣以险衅[2]，夙遭闵凶[3]。生孩六月，慈父见背[4]；行年四岁，舅夺母志[5]。祖母刘，愍臣孤弱[6]，躬亲[7]抚养。臣少多疾病，九岁不行[8]；零丁[9]孤苦，至于成立[10]。既无叔伯，终鲜[11]兄弟。门衰祚薄，晚有儿息。[12]外无期功强近之亲，内无应门五尺之童。[13]茕茕孑立，形影相吊。[14]而刘夙婴疾病，常在床蓐。[15]臣侍汤药，未尝废离。[16]

注释

1 臣密言：这是臣民向皇帝上表的开头语。意思是：您的臣下李密向您报告。2 险衅(xìn)：厄运和罪过。3 夙(sù)：早，指年幼时。闵(mǐn)：忧虑。凶：凶险，不幸。指他的父亲去世和母亲改嫁。4 见背：意即离开了我。5 夺：强行改变。母志：母亲守节抚孤的志愿。古代称妇女在丈夫死后不再嫁为"守志"。6 愍(mǐn)：同"悯"，怜悯，哀怜。孤：没有父母。弱：瘦小。7 躬亲：亲自。8 不行：不能行走。9 零丁：孤独无依的样子。10 至于：一直到。成立：成人自立。11 鲜(xiǎn)：少。12 祚(zuò)：福气。薄：少。儿息：儿女。息，子女。13 期(jī)功：古代丧礼，凡为祖父母、伯叔父母、兄弟姐妹、妻子服丧一年，叫"期服"；凡为堂伯叔、堂兄弟等服丧九个月或五个月，叫"功服"。因此这里以"期功"代指伯叔、兄弟姐妹以及堂伯叔、堂兄弟姐妹等比较近的亲属。强(qiǎng)近：比较近，勉强算近的。应门：指负责客来开门的事。五尺之童：

古代尺短，五尺约等于现在三尺多。童，小孩。14 茕茕（qióngqióng）：孤单的样子。孑（jié）立：孤独地生活。吊：安慰。15 婴：缠绕。蓐（rù）：同“褥”，被褥。16 汤药：中药汤剂。废：废止。离：离开。

译文

臣李密报告：我因为命运险恶，罪孽深重，年幼时就遭到忧患和不幸。生下来才六个月，慈爱的父亲就去世了。刚刚长到四岁，舅舅就逼迫母亲改嫁。祖母刘氏可怜我孤单体弱，亲自抚养我。我幼年时疾病多，九岁还不能走路。孤单困苦，一直到长大成人。既没有伯伯叔叔，又没有兄弟姊妹。门庭衰败，福气微薄，年纪很大了才有儿女。外面没有关系比较近的亲属，家里没有看管门户的小孩。孤孤单单一个人，只有自己的身子和影子互相安慰。而祖母刘氏，早就疾病缠身，经常躺在床上。我侍奉汤药，从来没有停止、离开过。

逮奉圣朝[1]，沐浴清化[2]。前太守臣逵，察臣孝廉；后刺史臣荣，举臣秀才。[3]臣以供养无主[4]，辞不赴命[5]。诏书[6]特下，拜臣郎中[7]；寻蒙国恩[8]，除臣洗马[9]。猥[10]以微贱，当侍东宫[11]，非臣陨[12]首所能上报。臣具以表闻[13]，辞不就职。诏书切峻[14]，责臣逋慢[15]；郡县逼迫，催臣上道；州司临门[16]，急于星火。臣欲奉诏奔驰，则以刘病日笃[17]；欲苟顺私情，则告诉[18]不许。臣之进退[19]，实为狼狈[20]。

注释

1 逮（dài）：到。圣朝：圣明的朝代，这是对晋朝恭维的说法。2 沐浴：本指洗脸洗澡，这里比喻受到熏陶。清化：清明的政治教化。3 太守：官名，一个郡的长官。逵（kuí）：犍为郡太守的名字，这人的姓不详。察：考察和推荐。刺史：官名，主管一个州的监察、军事及行政的长官。荣：益州刺史的名字。孝廉、秀才：都是当时选拔官吏的科目。4 无主：无人主持供养的事。5 赴命：前去接受任命。6 诏书：皇帝的命令。7 拜：授予。郎中：官名，中央各曹司的长官。8 寻：不久。蒙：蒙受，得到。9 除：授给（官职）。洗马：太子的侍从官。10 猥（wěi）：鄙贱。11 东宫：太子所居的地方，借指太子。12 陨（yǔn）：掉下。13 具：全，都。以：用。闻：报告。14 切峻：急切而严厉。15 逋（bū）：逃避。慢：轻慢。16 临门：来到家里。17 笃（dǔ）：深厚。病笃指病重。18 告诉：报告和诉说。指陈诉苦衷。19 进退：处境。20 狼狈：困难窘迫。

译文

等到侍奉圣朝，清明的政治教化沐浴着我。前有太守逵推荐我为孝廉，后有刺史荣推荐我为秀才。我都因为无人供养祖母，辞谢没去就职。您的诏书特地下来，授予我郎中的官职；不久又蒙受国恩，授给我洗马的职务。我这样微贱的人，担当侍奉太子的重任，这不是我肝脑涂地所能报答的。我曾写了表章上奏，辞谢不去就职。现在诏书下来，急切严峻，责备我逃避拖延，态度傲慢；郡县里的长官逼迫，催促我动身；州官也上门来催，比星火还急。我本想遵奉诏书赶快上任，但是祖母刘氏的病一天比一天严重；想暂且顺从个人的私情，我的报告倾诉又得不到准许。我的处境，实在狼狈不堪。

伏惟[1]圣朝以孝治天下。凡在故老[2]，犹蒙矜育[3]；况臣孤苦，特为尤甚[4]。且臣少事伪朝[5]，历职郎署[6]，本图宦达[7]，不矜[8]名节。今臣亡国贱俘[9]，至微至陋，过蒙拔擢[10]，宠命优渥，岂敢盘桓[11]，有所希冀[12]？但以刘日薄[13]西山，气息奄奄[14]，人命危浅[15]，朝不虑夕[16]。臣无祖母，无以至今日；祖母无臣，无以终余年。[17]母孙二人，更相为命[18]，是以区区不能废远[19]。臣密今年四十有四，祖母刘今年九十有六。是臣尽节于陛下之日长[20]，报养[21]刘之日短也。乌鸟私情[22]，愿乞终养。臣之辛苦[23]，非独蜀之人士及二州牧伯所见明知[24]，皇天后土，实所共鉴。[25]

注释

1 伏惟：伏在地上想，表示恭敬恐惧的态度。2 故老：本指年老多阅历的人，或年高有德的人。这里是指年老的人。3 矜：通“怜”，怜悯。育：抚育。4 尤：更加。甚：厉害。5 事：做官。伪朝：指三国的蜀汉。6 历：经历，这里指曾经担任。郎署：郎官的衙署。李密在蜀汉曾做过郎中、尚书郎。7 图：谋求。宦（huàn）：做官。达：显达。8 矜（jīn）：矜持，夸耀。9 亡国贱俘：李密原在蜀国做官，蜀被晋灭亡，故自称亡国贱俘。10 过：过分地。拔擢（zhuó）：提拔。11 盘桓（huán）：徘徊不前。12 希冀（jì）：企图。这里指非分的期望。李密原是蜀汉旧臣，现在不愿做官，怕被晋武帝疑忌，所以一再声明自己并不想标榜名节。13 薄：迫近。14 气息：呼吸。奄奄：微弱的样子。15 危浅：危险短暂，不能长久。16 不虑：不能预料。17 无以：没有办法，不可能。终余年：过完晚年。18 更（gēng）相为命：互相依靠而维持彼此的生命。19 是以：以是，因此。区区：内心，指诚恳的心意。20 尽节：尽臣子的节操，即为皇帝效劳。陛（bì）下：对皇帝的尊称。21 报养：一本作“报”。22 乌鸟：乌鸦。据说乌鸦老了以后，小乌鸦能捕虫去喂养父母。23 辛苦：辛酸苦楚。24 二州牧伯：即上文所说的太守逵、刺史荣。牧伯，古代称一州的长官为牧，又称方伯。25 皇天后土：指天和地。鉴：详细了解。

译文

我想圣明的当朝是以孝治天下的。凡属年老的人，还蒙受悯恤养育，何况我的孤单苦楚更为厉害。况且，我年轻时在蜀汉做过官，担任过尚书衙门的职务，本来只想做官扬名，并不重视名誉和节操。今天我是一个亡了国的卑贱俘虏，十分渺小，十分鄙陋，过分地蒙受提拔，恩宠如此优厚，难道还敢徘徊不前，另有非分的期望吗？只是因为祖母刘氏好像太阳迫近了西山，呼吸微弱，生命已经很危险短暂，早晨难以预料晚上。我没有祖母，无法活到今天；祖母没有我，无法过完她剩下的岁月。祖母和孙儿两个，互相依靠着维持生命，因此我内心确实不忍废弃供养而远离祖母。我李密现在的年纪是四十四岁，祖母刘氏的年纪是九十六岁了。这样，我为陛下效劳的日子还长，而报答刘氏的日子却是很短了。乌鸦还有反哺的私情，我恳求让我把祖母奉养到去世。我的困苦，不独蜀地的人士和两个州牧能够看见知道，天地神明也确确实实都看得清楚。

愿陛下矜愍愚诚[1]，听臣微志。庶[2]刘侥幸，卒保余年。臣生当陨首，死当结草[3]。臣不胜[4]犬马怖惧之情，谨拜表以闻。

注释

1 矜愍：同情。愚：自称的谦词。诚：诚心。2 庶：副词，表示希望或可能。3 结草：春秋时，魏武子病，嘱咐儿子魏颗说，他死后要把他最心爱的妾嫁出去，病危时又说要把她殉葬。武子死后，魏颗没有把父妾殉葬，而是遵照他父亲神志清醒时的嘱咐把她嫁了出去。后来魏颗和秦将杜回作战，见一老人结草为绳绊倒杜回，因而捉住了杜回。夜晚魏颗梦见那老人自称是魏武子妾的父亲，结草绊倒杜回是为了报答不叫他女儿殉葬的恩德。(见《左传·宣公十五年》) 4 不胜：不尽。

译文

希望陛下怜悯我的诚心，满足我的微小愿望。或许我的祖母刘氏能够侥幸地享尽余下来的天年。这样，我生在世上就会拼命效力，死在地下也会结草报恩。我有说不尽的像犬马一样恐惧的心情，恭恭敬敬地呈上这份奏章向您报告。

北山移文 孔稚珪

导读

孔稚珪（447—501），字德璋，南齐会稽山阴（今浙江绍兴）人。曾任太子詹事等职。好诗文，能饮酒，不乐世务，爱好山水自然。有《孔詹事集》辑本一卷。

隐士，是隐居不愿做官的知识分子，但是，有的知识分子却把隐居山林变成谋取名誉的手段与取得官职的捷径。本文的主旨就是声讨贪图高官厚禄的假隐士。北山，又名钟山，即今南京紫金山。本文所讽刺的周颙，曾经在此山的草堂隐居。移文，是古代的一种文体，与檄文相似，用于声讨、揭露对方。

本文采用拟人化手法，假托钟山与草堂的精灵撰写移文声讨假隐士。文章从表彰真隐士开始，树立榜样，接着描写假隐士，形成对照。然后揭露周子隐居时和出仕后的行为，前后判若两人，又形成鲜明对照。最后推向高潮，拒绝假隐士周子再来造访。作者采用排比、对偶、反问等整齐的句式把山林群体的愤怒描写得活灵活现，令人叹为观止。原评："假山灵作檄，设想已奇，而篇中无语不新，有字必隽，层层敲入，愈入愈精。"

本文是一篇著名的骈体文，全文对仗工稳而句式多变，又灵活用韵，声调铿锵，情文并茂。

按：本文所讽刺的假隐士"周子"是谁呢?《文选》注引吕向的说法，认为是周颙（yóng）。吕向说周颙曾经隐居钟山，后来应诏出任海盐县令，期满回京，想再回钟山访问，孔稚珪便作了这篇檄文。周颙（？—485），善诗文，工书法，精音韵，对音韵学与近体诗形成有贡献。然而周颙没有先隐居后做官的事，更没有任职海盐令，所以，吕向说法不可靠。周子可能指别人，或者本文是游戏文字（当然客观上有揭露性，技巧也可取）。

钟山之英[1]，草堂[2]之灵，驰烟驿路[3]，勒移山庭[4]。

注释

1 英：精灵，指山神。2 草堂：周子在钟山隐居的屋舍。3 驰烟：驱使着烟雾。驿（yì）路：即驿道，为传递公文而开辟的大道。4 勒：刻。庭：堂阶前，这里指山前。

译文

北山的山神，草堂的英灵，在驿道上布满云雾，在山前刻上移文。

夫以耿介拔俗之标，潇洒出尘之想，度白雪以方洁，干青云而直上，吾方知之矣。[1]若其亭亭物表[2]，皎皎霞外，芥千金而不盼[3]，屣万乘其如脱[4]。闻凤吹于洛浦[5]，值薪歌于延濑[6]，固亦有焉。

岂期终始参差，苍黄翻覆，泪翟子之悲，恸朱公之哭！[7]乍回迹以心染[8]，或先贞而后黩[9]。何其谬哉！呜呼！尚生[10]不存，仲氏[11]既往，山阿寂寥，千载谁赏！

注释

1 耿介：正直不阿。拔俗、出尘：都有"超脱出世"的意思。标：仪表，风度。度：度量。干：犯，凌驾。2 若其：表示连接的词，犹言"像那些"。亭亭：高耸挺立的样子。3 芥：小草，这里用作动词。"芥千金"，即把千金当作小草。4 屣（xǐ）：草鞋，用法同"芥"。万乘（shèng）：一万辆兵车，借指皇帝之位。《淮南子·主术训》："尧举天下而传之舜，犹却行而脱屣也。"5"闻凤"句：意思是这种人耳听仙乐，与仙人同游。《列仙传》上说，仙人王子乔（周灵王太子），常游于伊水和洛水之间，喜欢吹笙，模仿凤凰的叫声。洛浦，洛水（在今河南洛阳）之滨。6"值薪"句：意思是这种人与高士往来，不以富贵为念。《文选》六臣注："苏门先生游于延濑（lài），见一人采薪，谓之曰：'子以此终乎？'采薪人曰：'吾闻圣人无怀，以道德为心，何怪乎而为哀也。'遂为歌二章而去。"值，遇上。薪歌，打柴人唱的歌。延濑，延陵水边。7 参差（cēncī）：长短不齐，这里指前后不一。苍黄：染黑染黄。翻覆：变化不定。翟（dí）子：指墨翟。朱公：指杨朱。《淮南子·说林训》："杨子见歧路而哭之，为其可以南，可以北。墨子见练丝而泣之，为其可以黄，可以黑。"8 乍：暂时。回迹：躲避形迹，指隐居。染：指为世俗熏染。9 贞：正直，洁白。黩（dú）：污浊。10 尚生：尚子平，东汉初年隐士。11 仲氏：仲长统。《后汉书·仲长统传》说，仲长统，字公理，性情疏狂，每当州郡征召他时，常称病不就。

译文

风度正直超群，理想潇洒清高，可以跟白雪比一比洁净，可以驾青云登上九霄，我了解这种人是真正的隐士。至于挺立在世俗之外，光彩胜过云霞，把千金看成草芥而不屑一顾，抛弃皇帝的高位就好像脱掉一双草鞋。洛河之滨可以听到他们吹奏像凤凰鸣叫一样的乐曲，延陵水边可以遇上他们唱着樵歌，这另一种隐士，本来也是有的啊。

哪里想到另有一种人，始终不一，变化莫测，就像白丝可染黑染黄，使墨子为它流泪，岔路可向南向北，叫杨朱为它恸哭。这种人虽然暂时隐居山林，却染上了世俗的毛病，有的开始还洁身自好，后来却同流合污。这是多么荒谬啊！唉！尚子平不在人世，仲长统已成过往，山林寂寞冷落，千年以来有谁欣赏！

世有周子，俊俗之士。[1] 既文既博，亦玄[2]亦史。然而学遁东鲁[3]，习隐南郭[4]；窃吹草堂，滥巾北岳；[5] 诱我松桂，欺我云壑[6]。虽假容于江皋[7]，乃缨[8]情于好爵。

注释

1 周子：周先生。俊俗：高出一般人。2 玄：即玄学，指魏晋时期的一种思潮，是以老、庄为主要研究对象的哲学派别。3 东鲁：指鲁国（鲁国在东方，故称东鲁）的颜阖（hé）。《庄子·让王》说：颜阖是得道之人，鲁君派使者去请他，他把使者诳开而逃。4 南郭：指南郭子綦（qí）。《庄子·齐物论》说，南郭子綦是一个能做到精神脱离躯体的隐士。5 窃吹：另本作"偶吹"，即像南郭先生一样和别人一起吹奏乐器。《韩非子·内储说》说，齐王手下有三百人吹竽，南郭处士本不会吹，却混在众人中充数。滥：失实。巾：隐者的头巾。北岳：即北山。这两句都是说周冒充隐士。6 壑：山沟。7 江皋（gāo）：江边高地，这里泛指隐者所居。8 缨：系，牵挂。

译文

现在有位周先生，是俗人中的俊杰。既能文，又博学，研究玄学，也了解历史。于是他学习东鲁颜阖的遁世避俗，仿效南郭子綦的精神自由。他隐居草堂，进入北山，戴上隐士头巾，滥竽充数。诱惑我的松树桂树，欺骗我的彩霞沟壑。他虽然在江边的高地装模作样，内心却向往高官显爵。

其始至也，将欲排巢父，拉许由，[1] 傲百氏[2]，蔑王侯，风情张日[3]，霜气横秋[4]。或叹幽人[5]长往，或怨王孙不游[6]。谈空空于释部[7]，核玄玄于道流[8]。务光[9]何足比，涓子不能俦[10]。

及其鸣驺[11]入谷，鹤书赴陇[12]，形驰魄散，志变神动。尔乃眉轩席次[13]，袂耸筵上[14]。焚芰制而裂荷衣，抗尘容而走俗状。[15] 风云凄其带愤，石泉咽而下怆[16]。望林峦而有失，顾草木而如丧。

注释

1 排：排斥，超过。巢父、许由：相传是尧时的隐士。《高士传》：“尧让天下于许由，不受而逃去。尧又召为九州长，由不欲为之，洗耳于颍水之滨。时其友巢父牵犊欲饮之，见由洗耳，问其故。对曰：‘尧欲召我为九州长，恶闻其声，是故洗耳。’巢父曰：‘污吾犊口。’牵犊上流饮之。”拉：结交，或作拉下。2 傲百氏：傲视诸子百家。3 风情：风度情致。张（zhàng）：大，这里有“遮住”的意思。4 霜气：严肃如霜的神气。横：充满。5 幽人：隐士。6 王孙：泛指贵族子弟。游：指游于山林之间，即避世。《楚辞·招隐士》：“王孙游兮不归，春草生兮萋萋。”7 空空：佛家语。佛教认为物质世界是空幻的。释部：佛经。8 玄玄：道家语。道家用“玄之又玄”形容道的微妙。道流：道家人物。9 务光：古代隐士。《列仙传》说，商汤得天下后，想把帝位让给务光，务光赶紧逃跑隐居。10 涓子：古代高士。事见《列仙传》。俦（chóu）：匹敌。11 鸣驺（zōu）：指征召周子的使者所乘的车马。驺，即驺从（zòng），古代达官贵人出行时前后侍从的骑卒。12 鹤书：指征召的诏书。诏书的形体如鹤头，故名。陇：山冈。13 尔乃：这就。轩：高扬。14 袂（mèi）：衣袖。耸：高举。15 芰制、荷衣：指隐士穿的衣服。语出《离骚》：“制芰荷以为衣。”焚芰制、裂荷衣，是说他决心放弃高洁的隐居生活。抗：高举，显现出。尘容：世俗的仪容。走：驰赴，实行。俗状：世俗的状态。16 怆（chuàng）：悲伤的样子。

译文

他开始到来的时候，似乎要胜过巢父，超越许由，傲视诸子百家，轻蔑将相王侯，那风度情致，遮蔽天日，气势凛冽，好似秋霜。他有时感叹高人长久离开，有时埋怨王孙公子不肯来游赏。他大谈空幻的义理，阅读佛经；探寻玄学的微妙，交往道士之流。务光哪能跟他相比，涓子也不是他的对手。

等到朝廷的使者带着前呼后拥的随从进入山谷，皇帝的诏书送到山中，他便神情恍惚，志向变动。于是就在征召的筵席上，眉毛高扬，衣袖高举，烧掉芰裳，撕破荷衣，显现出一副尘世的仪容，表露出一串世俗的举动。山间的风云因此哀痛愤恨，石上的流泉也呜咽悲伤。那树林山冈若有所失，野草乔木也感到沮丧。

至其纽金章，绾墨绶；[1] 跨属城之雄[2]，冠百里[3]之首；张英风于海甸[4]，驰妙誉于浙右[5]。道帙长摈[6]，法筵[7]久埋；敲扑喧嚣犯其虑[8]，牒诉倥偬装其怀[9]。琴歌既断，酒赋无续。[10] 常绸缪于结课[11]，每纷纶于折狱[12]。笼张、赵于往图[13]，

架卓、鲁于前录[14]。希踪三辅豪[15]，驰声九州牧[16]。

注释

1 纽：系挂。金章：铜印。绾（wǎn）：佩带。墨绶：挂印用的黑色丝带。汉制，铜章、墨绶，都是县令一级官吏所佩用。2 跨：超越，占据。属城之雄：一个郡下面所属各县县令中的杰出者。3 百里：指县。汉制，县大约纵横百里。4 张：张大。在这里同下句的“驰”，都有“传扬”的意思。海甸：滨海的地区。5 妙誉：美好的声誉。浙右：浙水西面。6 道帙（zhì）：道家的书。帙，书套。摈（bìn）：抛弃。7 法筵：讲法的坐席。8 敲扑：鞭打。虑：心思。9 牒（dié）诉：文书及诉讼。倥偬（kǒngzǒng）：事多，繁忙。10 琴歌、酒赋：指隐士高雅的生活。11 绸缪（móu）：纠缠。结课：考核政绩功过，以定升贬。12 纷纶：多而乱的样子。折狱：判决诉讼案件。13 笼：笼盖。张、赵：指汉代的张敞和赵广汉，两人都是当时闻名的能吏。往图：与下文“前录”，都指过去的记载。14 架：超越。卓、鲁：指东汉的卓茂和鲁恭。两人都做过县令，很有政绩。15 希踪：仰慕前贤的踪迹。三辅豪：三辅当中出众的官吏。三辅，汉代将京城附近分成京兆、左冯翊（yì）、右扶风，以辅卫京城，称为三辅。16 驰声：扬名。九州牧：管理九州的地方官长。九州，旧指中国。

译文

等到周先生挂上县令的铜印，系上黑色的印绶，管理着一郡中最大的一县，成了县令中的头面人物，于是英豪气概闻名于滨海地区，美妙声誉传遍了浙右。道家的书被他久久抛弃，宣讲佛法的坐席也被尘土掩盖。鞭打刑讯的喧嚣占据他的心思，忙碌的公文诉讼装满他的胸怀。断绝了抚琴高歌，也不再饮酒赋诗。常常纠缠于考核政绩，每每忙碌于判决案件。他要获取张敞、赵广汉那样的名声，要超越卓茂、鲁恭两人的功绩。他想追踪三辅的出众高官，让名声在各地官员中广泛传播。

使我高霞孤映，明月独举，青松落荫，白云谁侣？[1]涧户摧绝无与归[2]，石径荒凉徒延伫[3]。至于还飙[4]入幕，写雾出楹[5]，蕙帐[6]空兮夜鹤怨，山人[7]去兮晓猿惊。昔闻投簪逸海岸[8]，今见解兰缚尘缨[9]。

于是南岳献嘲，北陇腾笑，列壑争讥，攒峰竦诮[10]。慨游子[11]之我欺，悲无人以赴吊[12]。故其林惭无尽，涧愧不歇。秋桂遣[13]风，春萝摆月[14]。骋西山之逸议[15]，驰东皋之素谒[16]。

注释

1 “使我”四句：是说周子离开北山以后，山间景物寂然，云霞明月无人赏玩，青松白云无人相伴。2 涧户：溪旁的小屋。指周子隐居的房屋。摧绝：崩塌，破坏。3 徒：空，白白地。延伫：久立等候。4 还飙（biāo）：回风。5 写：同“泻”，倾泻。楹（yíng）：堂前的柱子。6 蕙帐：用蕙做成的帐。蕙，一种香草。7 山人：隐士。8 投簪：指弃官隐居。簪，贵人的冠饰。逸：隐遁。用西汉疏广、疏受两叔侄弃官回到老家的典故。9 解兰：指放弃隐居的生活。兰，指用兰做的佩饰，为隐士所佩。缚尘缨：指走上仕途。尘，尘世，官场。缨，系冠的带子。10 攒（cuán）峰：聚集在一起的山峰。竦（sǒng）：拱手而立，严肃的样子。诮（qiào）：指责。11 游子：指周子。12 吊：慰问。13 遣：另本作“遗”。14 萝：女萝。摆月：在月下摇动。15 骋：和下文的“驰”都是传扬的意思。西山：即首阳山，伯夷、叔齐隐居的地方。16 东皋：东边近水的耕地，阮籍、陶渊明的文章都提到过。素谒（yè）：心地纯朴，安于贫贱的言论。

译文

他使得我的云霞明月孤独，青松白云无人做伴。门户崩塌，没人回来；石径荒凉，白白等待。以至于回风吹入帐幕，云雾涌出堂前。蕙帐空了，深夜白鹤哀怨；人离开了，清晨猿猴惊叫。从前只听说西汉疏广弃官回到海边隐居，今天却见到周先生解下兰佩戴上官帽。

于是南山诸峰送来嘲讽，北边群山大声哄笑，周围的沟壑争着讥刺，聚集的山峰拱手指责。它们慨叹周先生欺我北山，悲愤着无人前来劝慰。所以，山林石涧惭愧不尽，桂花在秋风中飘落，女萝在月下摇头。倾诉着不食周粟的西山佳话，传播着纯朴安贫的东皋品德。

今又促装下邑[1]，浪拽上京[2]。虽情投于魏阙[3]，或假步于山扃[4]。岂可使芳杜厚颜，薜荔蒙耻，碧岭再辱，丹崖重滓。[5]尘游躅于蕙路，污渌池以洗耳。[6]宜扃岫幌，掩云关，敛轻雾，藏鸣湍；[7]截来辕于谷口，杜妄辔于郊端。[8]于是丛条瞋胆[9]，叠颖怒魄[10]，或飞柯[11]以折轮，乍[12]低枝而扫迹。请回俗士驾，为君谢逋客[13]。

注释

1 促装：整顿行装。下邑：指周子做官的县。对国都而言，县称下邑。2 浪拽（yè）：划船。上京：国都，这里指建业（今南京）。3 魏阙（què）：指官殿。魏，同“巍”，高大。

阙，宫门两边的门楼。4 假步：借道。山扃（jiōng）：山的门户。这里指周子想游的北山。5 杜：杜若，香草名。薜荔：香草名。重滓（zǐ）：再次蒙上污浊。6 尘：作动词用，污染。游躅（zhuó）：游踪。蕙路：长着香草的路。渌（lù）池：清水池。7 扃：关上。岫（xiù）幌：山的帘幕。云关：烟云封锁的山道。敛：收起。鸣湍：响震山谷的急流。8 来辕：指周子乘坐的车。杜：堵塞。妄辔：指不该来而自来的车马，这里指周子的车马。郊端：郊野的边缘。9 丛条：丛生的树枝。瞋（chēn）：同“嗔”，发怒。10 叠颖：重重叠叠的草叶。颖，尖端。怒魄：内心发怒。11 柯：树枝。12 乍：骤然。13 谢：谢绝。逋（bū）：逃亡，引申为背叛。

译文

今天周先生又在赶紧整顿行装，离开县衙，行船赶赴京城。他虽心向官场，却想路过北山。哪能让芳草、薜荔再受羞辱，山岭、岩穴重被玷污。他行走会污染了香草道路，他洗耳会弄脏了碧水清池。应该关上山的帘幕，掩闭云霞封锁的关口，收起薄雾，藏起急流；在山谷口阻截他的车辆，在郊野边堵塞他的马匹。在这种情况下，北山的丛林都愤怒了，有的扬起树枝去折毁周先生的车轮，有的突然低下枝条去扫除他的车迹。请挡回俗士的车驾，为北山之神谢绝这个逃跑了的山客。

谏太宗十思疏 魏徵

导读

魏徵（580—643），字玄成，相州内黄（今河南内黄西北）人。唐初著名政治家、史学家。太宗时，拜谏议大夫，迁秘书监、门下省侍中。受诏总撰周、隋史书，书成，加光禄大夫，封郑国公。魏徵有胆有识，直言敢谏，先后上疏进谏二百余次。魏徵病逝后，唐太宗亲自撰写碑文称：“以铜为鉴，可正衣冠；以古为鉴，可知兴替；以人为鉴，可明得失。朕常保此三鉴，内防己过。今魏徵逝，一鉴亡矣！”可见对其倚重之切。

这篇奏疏写于贞观十一年（637）。李世民虽是我国历史上有建树的皇帝，但在内政外交取得一定成就后，就志得意满，生活也逐渐骄逸奢侈起来。魏徵为此担忧，曾多次上疏进谏，这是其中最著名的一篇。疏，是古代臣下向君王陈述意见的一种文体。后人称魏徵的奏疏“可为万代王者法”。

本文观点鲜明，论述畅达。全文紧扣“思国之安者，必积其德义”这一中心论点展开论述。十思的核心就是德义。作者善于运用正反对举的论证方法，援事说理，使是非、得失、利害相形益彰，具有令人信服的逻辑力量。作者还善于运用比喻、排比、对偶等修辞手法，配合正反对举的论证方法，颇具有气势，深刻而又形象。

臣闻求木之长[1]者，必固其根本；欲流之远者，必浚[2]其泉源；思国之安者，必积其德义。源不深而望流之远，根不固而求木之长，德不厚而思国之安：臣虽下愚，知其不可，而况于明哲乎！人君当神器之重[3]，居域中之大[4]，不念居安思危，戒奢以俭，斯亦伐根以求木茂，塞源而欲流长也。

注释

1 长：高大。2 浚（jùn）：疏浚，疏通水道。3 神器：指帝位。《老子》："天下神器，不可为也。"王弼注："神，无形无方也；器，合成也，无形以合，故谓之神器也。"4 域中之大：天地之间的重要位置。《老子》："道大，天大，地大，王亦大。域中有四大，而王居其一焉。"

译文

我听说希望树木高大，一定要巩固它的根本；想要水流长远，一定要疏浚它的源头；想要国家安定，一定要积累恩德和道义。水源不深却望水流长远，根本不固却要树木高大，恩德不厚却想国家安定：我虽是特别愚笨的人，也知道做不到，何况是英明圣哲的人呢！君主承担治理国家的重任，占据天地间的大位，如果不考虑居安思危，戒除奢侈，崇尚节俭，那么这也是砍伐根本却要求树木茂盛，阻塞水源却希望水流长远啊！

凡昔元首，承天景[1]命，善始者实繁，克终者盖寡。岂取之易，守之难乎？盖在殷忧[2]，必竭诚以待下；既得志，则纵情以傲物。竭诚，则吴、越为一体[3]；傲物，则骨肉为行路[4]。虽董之以严刑[5]，振之以威怒，终苟免而不怀仁，貌恭而不心服。怨不在大[6]，可畏惟人[7]，载舟覆舟[8]，所宜深慎。

注释

1 景：明，大。2 殷忧：深重的忧患。殷，深。3 吴、越：春秋时互相敌对的两个诸侯国。4 骨肉：指亲属。行路：过路的人，比喻没有任何关系。5 董：督责。6 怨不在大：怨恨不在大小。《尚书·康诰》："怨不在大，亦不在小。"孔颖达疏："人之怨不在大事，或由小事而起。虽由小事而起，亦不恒在小事，因小至大。"7 惟人：在于人，在于民众。8 载舟覆舟：见《荀子》的《王制》和《哀公》："君者舟也，庶人者水也。水则载舟，水则覆舟。"

译文

过去所有的君主，承受着上天的大命，开始做得好的实在多，能坚持到底的大概很少。难道是夺取天下容易，守住天下就难吗？大体原因是，在忧患深重时，一定竭尽诚心来对待下属；已经达到目的了，就放纵情欲而傲慢待人。竭尽诚心，那么互相敌对的人也可以团结成为整体；傲慢待人，那么亲人也可能疏远成为路人。即使用严刑来督责别人，用威势来吓唬别人，结果人家也只图免去刑罚而不会怀念恩德，外表恭顺而内心不服。怨恨不在大小，可怕的是百姓，百姓像水一样，既能载舟，也能覆舟，这是应当特别谨慎的。

诚能见可欲[1]，则思知足[2]以自戒；将有作[3]，则思知止以安人[4]；念高危，则思谦冲而自牧[5]；惧满盈，则思江海下百川[6]；乐盘游，则思三驱[7]以为度；忧懈怠，则思慎始而敬终；虑壅蔽，则思虚心以纳下；惧谗邪，则思正身以黜恶[8]；恩所加，则思无因喜以谬赏；罚所及，则思无以怒而滥刑。总此十思，宏兹九德[9]。简能而任之，择善而从之，则智者尽其谋，勇者竭其力，仁者播其惠，信者效其忠。文武并用，垂拱而治[10]。何必劳神苦思，代百司之职役哉[11]？

注释

1 诚能：果真能够。2 知足：满足于已取得的享受。《老子》："知足不辱。" 3 有作：指兴建宫室等。作，造作，建造。4 知止：知道适可而止。《老子》："知止不殆。" 安人：使人民安定。5 谦冲：谦虚。冲，虚心。自牧：《周易》谦卦初六《象传》："谦谦君子，卑以自牧也。"孔颖达疏："自养其德。"牧，养。6 江海下百川：江海处在各种河道的最低位置。《老子》："江海所以为百谷王者，以其善下之。" 7 三驱：出于《周易》比卦九五爻辞"王用三驱，失前禽"。旧说谓为三面驱禽，即围合三面，前开一路，让鸟兽可以逃走，以示人君好生之德。8 黜恶：斥退邪恶的人。9 九德：君主的九种美德。《尚书·皋陶谟》："皋陶曰：都，亦行有九德。……宽而栗，柔而立，愿而恭，乱而敬，扰而毅，直而温，简而廉，刚而塞，强而义。" 10 垂拱而治：意谓任用得人，人君不用亲自处理政务，天下就治理好了。垂，垂衣。拱，拱手。11 百司：百官。职役：职责，为尽职而劳苦。

译文

如果真能够做到：见到合意的东西，就想到要知道满足，警诫自己；将要兴建什么，就想到要适可而止，使人民安定；顾念地位的崇高、危险，就想到要谦虚，加强自己的修养；害怕自满，就想到要像江海一样，处在各条河流的下游；喜好游乐，就想到“三驱”的规定，以为限度；担心松懈，就想到开始时要谨慎，结束时更要严肃；怕受蒙蔽，就想到要虚心采纳臣下的意见；担心谗言和奸邪，就想到要端正自己，斥退坏人；施恩给人，就想到不要因一时高兴而错误地赏赐；要惩罚人，就想到不要因为发怒而滥用刑罚。总括这十个“想到”，发扬九种美德，选拔贤能的人加以任用，选择好的意见加以听从，那么聪明的人就会完全献出他们的谋略，勇敢的人就会完全使出他们的力量，仁爱的人就会传播恩惠，诚实的人就会贡献忠心。文武同时使用，君主就可以垂衣拱手，不用操劳而天下太平。哪里用得着自己去劳神费力，代替百官履行职责呢！

滕王阁序 王勃

导读

王勃（650或649—676），字子安，绛州龙门（今山西河津）人。才华早露，少年时被称为神童。他上书自陈，对策高第，授朝散郎，任沛王府修撰。后补虢州参军，唐高宗上元元年（674）因擅杀逃匿至他家的官奴，罪当死，遇赦除名，他的父亲也受牵连，被贬为交趾（今越南河内一带）令。上元三年（676），他在去交趾探父的旅途中，渡海溺水，受惊而死。王勃兼擅诗文，与杨炯、卢照邻、骆宾王齐名，称“初唐四杰”，今传有《王子安集》。

滕王阁，在今江西南昌赣江边，是唐高祖李渊的儿子李元婴担任洪州刺史时所修筑的。李元婴封滕王，故名滕王阁。唐高宗时，阎伯屿担任洪州都督，重建滕王阁。它与武昌的黄鹤楼、岳阳的岳阳楼，并称“江南三大名楼”。《滕王阁序》与《岳阳楼记》，都是影响极大、广为传诵的千古名文。

《滕王阁序》全称《秋日登洪府滕王阁饯别序》，写作年代有不同传说。一说作于上元二年（675）九月，王勃去交趾探父，遇上洪州都督阎伯屿在滕王阁大宴宾客，他参加宴会，并写了这篇序。据《新唐书》本传记载，阎伯屿本来已经要他的女婿事先作好了序文，又假意出纸笔请客人作序，大家谦让，王勃却不推辞。阎伯屿生气离席，派人暗中看王勃怎样写，随时报告他。报告开头几句，他说：“老生常谈耳！”后来，出语越来越奇，当报告到“落霞与孤鹜齐飞，秋水共长天一色”时，“乃矍然曰：‘天才也！’请遂成文，极欢罢”。还有一个传说，王勃十四岁时，去探望在六合县当县令的父亲，船停在彭泽县附近的马当山，距离南昌还有七百里，夜晚王勃梦见水神对他说：“我助你一帆风。”次日清晨就抵达了南昌，赶上了重阳节的宴会，写了此文。蒙学读本《增广昔时贤文》中还保留了谚语“时来风送滕王阁，运去雷轰荐福碑”。

这篇序文是典型的骈体文，又是骈体文的杰出代表作品。一是格律严谨，基本使用偶体双行的四六句式，但是能冲破骈体的束缚，句式参差变化。二是大量用典，但是能够恰到好处，或正或反，或明或暗，一气贯注。而且，无论排偶或用典，都能为突出文章的主旨和表达情感的变化服务。三是风格华丽但又内容充实。作者以瑰丽多彩的文笔，把秋日的美景表现得出神入化，充满了诗情画意。然后借景抒情，感怀时事，慨叹身世，抒发了渴望积极用世的抱负和怀才不遇的磊落不平之气，表达了虽身处逆境却不甘沉沦、自勉自励的积极心态。四是文章结构缜密。作者匠心独运，围绕滕王阁宴会这一中心事件展开，首尾以叙事之笔起结，中间以写景、抒情为全文的重点。每个部分又相互照应，脉络贯通。

南昌故郡[1]，洪都新府[2]。星分翼轸[3]，地接衡庐[4]。襟三江而带五湖[5]，控蛮荆而引瓯越[6]。物华天宝，龙光射牛斗之墟[7]；人杰地灵，徐孺下陈蕃之榻[8]。雄州[9]雾列，俊彩[10]星驰。台隍枕夷夏之交[11]，宾主尽东南之美。

注释

1 南昌故郡：应依别本作“豫章故郡”。南昌，今江西南昌，汉代为豫章郡所辖的县。

2 洪都：南昌在唐初为洪州治所，故称洪都。设大都督府，故称新府。3 翼、轸（zhěn）：两个星座名。中国古代分星空为二十八区，每区一星座，称二十八宿。又把星座跟地域对应，翼、轸两星座对应楚地。豫章古属楚地。4 衡庐：衡州和庐州。衡州治所在衡阳，庐州治所在合肥。5 三江、五湖：泛指南昌四周的远近江湖。《古文观止》原注说：三江，指荆州的荆江，苏州的淞江，杭州的浙江；五湖，指苏州的太湖，饶州的鄱阳湖，岳州的青草湖，润州的丹阳湖，鄂州的洞庭湖。6 蛮荆：指今湖北、湖南一带，古为楚地，楚又称荆，居民多蛮族，故称。瓯越：指今浙江、福建一带，古为越国地，境内有瓯江，故称。7 龙光：宝剑的光芒。牛、斗：两个星座名。墟（xū）：区域。传说西晋时张华夜观天象，见牛、斗二星座间有紫气照射，他认为豫章一带有宝物，于是派人到南昌附近的丰城当县令，后来果然在那里掘得两把宝剑，一名龙泉，一名太阿。8 徐孺：即徐孺子，名稚，东汉时豫章郡名士。陈蕃：东汉时有名大臣。陈蕃做豫章太守时，不接待宾客，但是专门准备一榻接待徐稚，徐走了就把榻挂起。榻，一种狭长的矮床，可坐可卧。9 雄州：指洪州境内的著名都会。10 俊彩：杰出人才。11 台：城楼。隍：无水的护城壕。夷：东方为夷地，指古扬州地区，今江苏、浙江一带。夏：中原地区。

译文

古老的豫章郡，就是新设的洪州都督府。星空对应着翼星与轸星，地域连接着衡州和庐州。三江是胸前的衣襟，五湖是环绕的飘带；西边可控制荆楚，东边可牵动闽越。精美的物产是天然的珍宝，龙泉剑的光芒，直射牛、斗二星宿；英俊的人物是地气的灵秀，陈蕃的卧榻，专为徐稚陈设。雄伟的都会，像云雾密密地排列；英俊的人物，像流星频繁地奔驰。城池靠着东夷和中原的交界，宾主都是东方和南方的精英。

都督阎公之雅望[1]，棨戟[2]遥临；宇文新州之懿范[3]，襜帷[4]暂驻。十旬休暇[5]，胜友[6]如云；千里逢迎，高朋满座。腾蛟起凤[7]，孟学士之词宗[8]；紫电清霜[9]，王将军之武库[10]。家君作宰[11]，路出名区[12]；童子[13]何知，躬逢胜饯[14]。

注释

1 都督：一州长官。唐初于各州设都督府，置都督一人。阎公：旧说是阎伯屿，今人岑仲勉考证不是。雅望：好声望。2 棨戟（qǐjǐ）：有丝绸套或经过油漆的木戟，古代官员外出时的前导仪仗。3 宇文新州：姓宇文，名不可考，因他任新州（今广东新兴）刺史，故称。一说，宇文新任澧州刺史，故称新州。4 襜帷（chānwéi）：马车上的帐幔。这里代指车驾。5 十旬：十天。休暇：一作“休假”。6 胜友：才德出众的友人。7 腾蛟起凤：写出的文章好像蛟龙腾空，凤凰起舞，形容有很高的文才。8 孟学士：名不详，座中贵客。词宗：文章大师。9 紫电清霜：兵器寒光闪闪，如紫电，如清霜。一说，紫电、清霜均为宝剑名。10 王将军：名不详，座中贵客。武库：本指储藏武器的仓库，这里比喻王将军精通兵法，胸怀韬略。西晋名将杜预，人称“杜武库”。11 家君：家父。宰：县令。王勃父名王福畤，当时任交趾（今越南河内一带）县令。12 名区：指洪州。13 童子：王勃自称。一说王勃参加滕王阁宴会时只有十四岁，所以自称“童子”。14 饯（jiàn）：以酒食给人送行。

译文

阎都督声望儒雅，远道前来镇守；宇文刺史风范美好，车驾暂且停留。十天一次休假，胜友云集；千里赶来聚会，高朋满座。文笔好像蛟龙腾空、凤凰起舞，孟学士是文章大师；兵器好像电光闪烁、寒霜洁白，王将军是武略超群。家父在南方当县令，前往探望要路过贵地；我这个无名晚辈，亲身赶上了盛大的宴会。

时维九月，序属三秋[1]。潦水[2]尽而寒潭清，烟光[3]凝而暮山紫。俨骖騑于上路[4]，访风景于崇阿[5]。临帝子[6]之长洲，得仙人之旧馆[7]。层峦耸翠，上出重霄；飞阁流丹，下临无地。鹤汀凫渚[8]，穷岛屿之萦回；桂殿兰宫，列冈峦之体势。披绣闼[9]，俯雕甍[10]，山原旷其盈视，川泽盱其骇瞩[11]。闾阎扑地[12]，钟鸣鼎食之家[13]；舸舰迷津[14]，青雀黄龙之轴[15]。虹销雨霁[16]，彩彻云衢[17]，落霞与孤鹜[18]齐飞，秋水共长天一色。渔舟唱晚，响穷彭蠡[19]之滨；雁阵惊寒，声断衡阳之浦[20]。

注释

1 序：时序，季节。三秋：秋季三个月，即秋天。2 潦（lǎo）水：雨后积水。3 烟光：指傍晚太阳映射在云霞上发出的光辉。4 俨（yǎn）：整治，收拾。骖騑（cānfēi）：驾车的马，左称骖，右称騑。这里指车马。上路：大路。5 崇：高。阿（ē）：大的丘陵。6 帝子：指滕王李元婴。他是皇帝之子，故称帝子。7 旧馆：指滕王阁。8 汀：水中或水边的平地。凫（fú）：野鸭。渚（zhǔ）：水中小洲。9 披：推开。闼（tà）：门。10 甍（méng）：屋脊。11 盱（xū）：广大。一作“纡”（yū），曲折。瞩（zhǔ）：注视。12 闾阎（lǘyán）：里巷的大门，这里指房屋。扑地：遍地，满地。13 钟鸣鼎食之家：钟，古代的一种乐器。鼎，古代的一种器皿，三足，用以盛食物。古代贵族进餐，要奏音乐，桌上摆满盛有食物的鼎，所以后来称富贵人家为“钟鸣鼎食之家”。14 舸（gě）舰：指大船。津：渡口。这里指江面。15 青雀：船头作鸟雀形。黄龙：船头作龙形。前者又叫雀舫，后者又叫龙舟。轴：应作“舳（zhú）”，即船。16 虹销：一作“云销”。霁（jì）：雨停放晴。17 彩彻云衢（qú）：一作“彩彻区明”。衢，四通八达的道路。区明，天空明朗。18 鹜（wù）：水鸟。19 彭蠡（lǐ）：湖名。即今江西的鄱阳湖。20 衡阳：衡山的南边。衡山七十二峰中有回雁峰，相传雁群飞到这里不再往南。浦：水边，岸边。

译文

时间正是九月，季节属于三秋。雨后积水收尽，微寒的潭水十分清澈；斜阳凝结成余晖，傍晚的山色一片青紫。收拾车马，行走在大路；探访风景，爬上了高坡。来到滕王经营的长洲，登上仙人住过的楼馆。层层的山峦苍翠，高耸云霄；高高的楼阁鲜红，下临清潭。仙鹤野鸭栖息的沙洲，布满了曲折回环的岛屿；桂树兰木建造的宫殿，排列在高低起伏的山冈峰峦。推开彩绘的大门，俯看雕饰的屋脊。山岭平原，辽远开阔，尽入眼底；河流湖泽，浩瀚迷茫，令人惊骇。房屋遍地，多少富贵人家；船舶满江，都是龙舟雀舫。雨后彩虹消失，彩霞照耀云端。落霞与野鸟，仿佛齐头并飞；秋水和长空，好像融为一色。傍晚渔船的歌声，传播到鄱阳湖的湖畔；寒空雁群的惊叫，延续到衡山南的江头。

遥吟俯畅[1]，逸兴遄[2]飞。爽籁[3]发而清风生，纤歌凝而白云遏[4]。睢园[5]绿竹，气凌彭泽之樽[6]；邺水朱华[7]，光照临川之笔[8]。四美具，二难并。[9]穷睇眄于中天[10]，极娱游于暇日。

注释

1 遥吟俯畅：《王子安集》作“遥襟甫畅”，意为开阔的胸怀刚刚畅快。2 遄（chuán）：急速。3 籁（lài）：一种管乐器，即箫。4 遏（è）：停阻。5 睢（Suī）园：西汉梁孝王刘武的睢阳兔园。园内多竹，刘武经常和他的宾客在其中宴饮作赋。6 彭泽：县名，今属江西。这里是指晋末大诗人陶潜（渊明），他当过彭泽令，好饮酒。樽：酒杯。7 邺（Yè）：今河北临漳，曹操为魏王时的都城。曹操和他的儿子曹丕、曹植，都是诗人，并且敬重文学之士。朱华：即莲花，曹植有“朱华冒绿池”的诗句。8 临川：在今江西。这里是指南朝刘宋的著名诗人谢灵运，他当过临川内史。一说是指晋朝的大书法家王羲之。9 四美：指良辰、美景、赏心、乐事。二难（nán）：指贤主人、好宾客。10 睇（dì）、眄（miǎn）：意思都是斜看。这里指放眼上下左右，尽情观赏。中天：半空。

译文

远眺长吟，心情欢畅。爽朗的箫声吹起，仿佛是清风徐徐；悠扬的歌声盘桓，白云停驻不飞。像欣赏睢园的绿竹，饮酒的豪情超过了陶渊明；又像观看邺水的莲花，文章的光彩可媲美谢灵运。良辰、美景、赏心、乐事，四件美事齐备；贤德主人、高贵宾客，两个条件并存。尽情观赏天地的美景，痛快欢度空暇的时光。

天高地迥，觉宇宙之无穷；[1]兴尽悲来，识盈虚之有数[2]。望长安于日下[3]，指吴会于云间[4]。地势极而南溟[5]深，天柱高而北辰远[6]。关山难越，谁悲失路之人。萍水相逢[7]，尽是他乡之客。怀帝阍而不见，奉宣室以何年。[8]呜呼，时运不齐，命途多舛。[9]冯唐易老[10]，李广难封[11]。屈贾谊于长沙[12]，非无圣主[13]；窜梁鸿于海曲[14]，岂乏明时[15]？

注释

1 迥（jiǒng）：遥远。宇宙：统指空间和时间。上下四方为宇，古往今来为宙。2 盈：指成功、兴盛、得志、富贵等等。虚：指失败、衰落、失意、穷困等等。数：命运。3 长安：唐代的京城。日下：封建社会将皇帝比作太阳，也就将皇帝住的京城称为日下。4 吴会：秦汉时会稽郡的郡治在吴县，郡、县相连，称为吴会，即今江苏苏州。云间：古代吴郡松江县的别称。一说这是泛指今江浙一带，意即在遥远的云雾之间。5 南溟：南方大海。王勃往交趾要南渡大海。6 天柱：传说是昆仑山上的一根铜柱，其高入天。北辰：北极星。7 萍水相逢：萍，浮萍。萍随水飘流，聚散无定，故称人们偶然聚会为萍水相逢。8 帝阍（hūn）：皇宫的大门。这里意指京城。宣室：汉朝未央宫前殿正室名。贾谊被排挤出京为长沙王太傅，后来文帝把他召回京都，在宣室接见。9 呜呼：一作“嗟乎”。舛（chuǎn）：不顺利，不幸。10 冯唐易老：冯唐，西汉人。头发白了，还是个小小的郎官，文帝发现他有才能，升为车骑都尉，景帝时又被免官。武帝即位，有人推荐他，这时他已九十多岁，不能为官任事了。11 李广难封：李广，西汉名将，抗击匈奴屡立战功，他的部下有许多人封了侯，他却始终没有封侯，最后在一次进攻匈奴的战争中，因迷失道路被斥责，自杀。12 贾谊：见《过秦论》注。贾谊有治国才能，汉文帝却迫于大臣的意见，使为长沙王太傅。13 圣主：指汉文帝。14 梁鸿：东汉人，隐居霸陵山中，因事出关，路过京城洛阳，作《五噫歌》，讽刺皇帝宫殿华丽而百姓穷苦。汉章帝听了，很不高兴，派人去找他。梁鸿怕问罪，隐姓埋名逃往今山东江苏一带，做佣工度日。海曲：海滨偏远地。15 明时：清明的时代，指汉章帝时，历史上称章帝是“宽厚长者”。这两句的意思是说：即使在政治清明的时代，往往也有被埋没的人才。

译文

天那么高，地那么远，感觉到宇宙没有穷尽；高兴到极致便有悲哀袭来，体悟到得失都是命定。遥望太阳之下的长安，指点白云之中的吴都。地势尽头，南海多么深；高峰插天，北极星那么远。关山难以翻越，有谁同情迷途的人。偶然聚会一起，都是漂泊异乡的旅客。怀念那帝都，却不能够望见；想君王召见，不知要哪一年。唉！时机命运，总不一致；人生道路，多么艰难。冯唐容易衰老，李广难得封侯。委屈贾谊贬谪长沙，并不是没有圣明的君主；迫使梁鸿逃亡海滨，难道是缺乏清明的时代？

所赖君子安贫，达人知命。[1] 老当益壮，宁知白首之心。[2] 穷且益坚，不坠青云[3] 之志。酌贪泉而觉爽[4]，处涸辙以犹欢[5]。北海虽赊，扶摇可接；[6] 东隅已

逝，桑榆非晚。[7] 孟尝高洁，空怀报国之心；[8] 阮籍猖狂，岂效穷途之哭？[9]

注释

1 君子安贫：一作“君子见幾（jī）”。幾，细微的迹象。达人：对人生世事看得很超脱的人。2 老当益壮：东汉名将马援平生多豪言壮语，他经常说：“丈夫为志，穷当益坚，老当益壮。”宁知：《王子安集》作“宁移”。移，动摇。白首：指年老。3 青云：比喻高。4 贪泉：在今广州郊外。传说喝了贪泉的水，廉洁的人也会变得贪婪。晋朝吴隐之为广州刺史，不相信这话，上任时特地去喝了贪泉的水，并作诗表明自己的志节。他在广州刺史任内及以后做大官期间，一直保持了廉洁的节操。5 涸（hé）：水干。辙（zhé）：车轮压出来的痕迹。涸辙，比喻十分穷困的处境。暗用《庄子》“涸辙之鲋”的典故。6 赊：远。扶摇：自下而上的大风。7 东隅：古人因为太阳从东方出来，故以东隅为日出处。这里借指青年时期。桑榆：古人住宅四周多种桑树、榆树，日落时，余晖照射在桑榆上，故以桑榆指日落时。这里借指年老。8 孟尝：东汉人，任合浦太守，有政绩，却不被重用，后辞官隐居。报国之心：一作“报国之情”。9 阮籍：魏末晋初人。他对魏末的权臣司马氏不满，又怕自己被司马氏杀害，就喝酒装糊涂，有时一个人驾车出游，漫无目的，走到无路可通处，痛哭而回。猖狂：任性。

译文

好在君子安于贫困，达人懂得命运。年老了应当更加豪壮，岂能改变高尚的节操；穷困时应当更加坚强，不能抛弃远大的抱负。即使喝了贪泉的水，还是保持清廉；即使陷在干涸的困境，仍然心情愉快。北海虽然很远，凭借大风可以飞到；青春即使消逝，年老发愤也不算晚。孟尝品行高洁，空怀着一颗报效国家的雄心；阮籍行为狂放，难道今天还要学他穷途痛哭？

勃，三尺微命[1]，一介[2]书生。无路请缨[3]，等终军之弱冠[4]；有怀投笔[5]，慕宗悫之长风[6]。舍簪笏于百龄[7]，奉晨昏于万里[8]。非谢家之宝树[9]，接孟氏之芳邻[10]。他日趋庭[11]，叨陪鲤对[12]；今晨捧袂[13]，喜托龙门[14]。杨意[15]不逢，抚凌云而自惜[16]；钟期既遇，奏流水以何惭？[17]

注释

1 三尺微命：三尺，和前面自谦为“童子”一样。古人称成人为“七尺之躯”，称不大懂事的小孩为“三尺童儿”。微命，卑微的地位。2 一介：同“一芥”。芥是小草，用以比喻自己很渺小。3 缨（yīng）：绳子。4 终军：西汉人。二十多岁时，武帝派他为赴南越的使者，临行前，他请求武帝给一根绳子，如南越王不肯和亲，就用绳子捆来。弱冠：古代男子二十岁举行加冠的礼仪，表示已成年。弱，年少，故二十岁左右的人称弱冠。5 投笔：意为弃文就武，从军报国。东汉班超年轻时做抄写文字的小吏，但他胸怀大志，常常放下笔叹息。后来从军出使西域，立了大功封了侯。6 宗悫（què）：南朝宋的将军。少年时，叔父问其志向，他说："愿乘长风破万里浪。" 7 簪（zān）：插在帽上的针形饰物。笏（hù）：朝见皇帝时用的手板。簪、笏都是官员用的，所以这里代指官职。百龄：终身。龄，年。8 奉晨昏：指侍奉父亲。古人有早晚向父母问安的礼，故称。万里：指交趾。9 谢家之宝树：比喻子弟有出息。东晋谢安问侄儿谢玄说："为什么人人都希望自己的子弟好？"谢玄回答说："好比芝兰玉树，想要它生在自己的庭院里。" 10 芳邻：好邻居。传说孟子的母亲为儿子三次搬家，为的是找个好邻居，给孟子以好影响。11 趋庭：古代君父坐在厅堂上，臣子经过时，要恭恭敬敬地快步走。庭，厅堂。12 鲤对：有一次，孔鲤从孔子的前面走过，孔子教诲他要学《诗》；另一次，又教诲他要学《礼》。鲤，孔子的儿子孔鲤，字伯鱼。13 袂（mèi）：衣袖。古人举两袖作揖，表示敬意。这里作进见、谒见解。14 龙门：原指山西河津西北黄河上游的一险滩，又名禹门口。古代传说，黄河的鲤鱼跳上这个险滩就会变成龙，故叫龙门。东汉时李膺（yīng），官位高，名声大，士大夫受到他的接待，立即提高了声誉，因此，当时称能会见李膺为"登龙门"。15 杨意：西汉人杨得意（为了压成四字一句，省略了"得"字，下句的"钟期"亦同），汉武帝身边管狗的小官，大辞赋家司马相如由于他的引荐，才得到汉武帝的赏识。16 凌云：指司马相如的赋，因为汉武帝读了他的赋，非常高兴，"飘飘有凌云之气"。17 钟期：春秋时人钟子期。他最会欣赏、理解琴音。大音乐家伯牙鼓琴，意在流水，钟子期听了就说"洋洋若江河"。这里王勃自比伯牙，把阎都督比做知音钟子期。

译文

我王勃，三尺小子，文弱书生。没有为国出力的门路，却到了终军的出使年龄；具有投笔从军的壮志，空羡慕宗悫的远大抱负。现在，我愿意舍弃一生的功名，到万里外去侍奉父亲。我虽然不是贤能的子弟，却有幸能够结交众位贤人。日后我跟从父亲，一定像孔鲤那样接受教诲；今天我拜见阎公，高兴得像登上了龙门。我过去没有与杨得意那样的贵人相逢，只有朗诵着自己的作品来怜惜自己；今天既然遇上钟子期这样的知音，弹上一曲高山流水又有什么惭愧？

呜呼！胜地不常，盛筵难再。[1] **兰亭已矣，梓泽丘墟。**[2] **临别赠言，幸承恩于伟饯；登高作赋，是所望于群公。敢竭鄙诚，恭疏短引。**[3] **一言均赋，四韵**

俱成。[4]

滕王高阁临江渚，佩玉鸣鸾罢歌舞[5]**。**

画栋朝飞南浦云[6]**，珠帘暮卷西山雨。**

闲云潭影日悠悠，物换星移几度秋。

阁中帝子今何在，槛外长江空自流。

注释

1 胜地：风景优美之地。盛筵（yán）：盛大的宴会。再：第二次。2 兰亭：见《兰亭集序》注。梓泽：西晋石崇的金谷园，又名梓泽。故址在今河南洛阳。3 鄙（bǐ）：浅显、低下。是自谦之词。疏：分条陈述。这里指写作。引：引言，即序文。4 一言均赋："均赋一言"的倒装。赋，创作。一言，一首诗。四韵俱成："俱成四韵"的倒装。俱，都。四韵，四个韵脚，共八句。《王子安集》还有两句："请洒潘江，各倾陆海云尔。"5 佩玉：古时士大夫佩带在身上作衣饰的玉器。鸣銮：古时达官贵人的马车上挂的响铃。这句的意思是：歌舞完毕，宴会结束，客人们或者步行，或者赶着车子，纷纷离去。6 画栋：彩绘的屋梁。南浦：地名，在今江西南昌西南。

译文

唉！名胜的地方不能常游，盛大的宴会难得再遇。王羲之的兰亭会早已经过去，石崇的金谷园也成了废墟。写下几句赠别的话，以感谢盛大宴会上的恩宠；至于吟咏登上高阁的诗篇，只能寄希望于各位贵宾。我竭尽诚心，恭恭敬敬写下这篇短序。请各位都写一首诗，每首八句四韵。

高高的滕王阁，俯视江心的沙洲；佩玉齐鸣，鸾铃响起，贵宾离开，歌罢舞休。

早晨，那南浦的彩霞，在华丽的栋宇前飘拂；薄暮，那西山的烟雨，在卷起的珠帘外停留。

闲淡的云，深潭的影，伴随着时光悠悠；万物变化，星辰移转，经过了多少春秋。

当年建阁的帝子，如今去了哪里；只有那栏杆外的江水，仍在默默地奔流。

为徐敬业讨武曌檄 骆宾王

导读

骆宾王（约 638—？），初唐的文学家，婺州义乌（今属浙江）人。曾任临海丞、长安主簿等职。他与卢照邻、王勃、杨炯诗文齐名，称“初唐四杰”。其诗抒发政治怀抱，多悲愤之词，又工于骈文，《讨武曌檄》是其骈文代表作。有《骆临海集》传世。

公元 683 年，唐高宗去世，中宗即位，武则天临朝称制。684 年，武则天废中宗，立睿宗。684 年冬，被贬官的眉州刺史徐敬业等在扬州聚会，约同监察御史薛仲璋等共同起兵，打出恢复唐室的旗号，移檄州县，声讨武则天。骆宾王参加徐敬业起兵，并代徐敬业起草了这篇《讨武曌檄》。檄是古代官府用于告谕、征召或声讨的文书。“曌”（音义同“照”字）是武则天为自己取名而造的一个字。起兵失败后，骆宾王被杀，或说他下落不明。

这篇檄文的名称，《骆临海集》作《代李敬业传檄天下文》。檄文分三段：首段揭露武后谋权篡位的种种罪行；次段说明起兵的主旨，分析有利的形势；末段动员其他大臣响应起兵，说之以情理，晓之以利害。文章气势磅礴，语言豪壮，具有强烈的鼓动作用。原评：“雄文劲采，足以壮军声而作义勇。”相传武则天看到这篇檄文后也不得不惊叹作者的才华。她说：“宰相之过也。人有如此才，而使流落不偶乎？”

伪临朝武氏者[1]，性非和顺，地[2]实寒微。昔充太宗下陈[3]，曾以更衣[4]入侍。洎[5]乎晚节，秽乱春宫[6]，潜隐先帝之私[7]，阴图后房之嬖[8]。入门见嫉[9]，蛾眉[10]不肯让人；掩袖工谗[11]，狐媚偏能惑主[12]。践元后于翚翟[13]，陷吾君于聚麀[14]。加以虺蜴为心[15]，豺狼成性。近狎邪僻[16]，残害忠良[17]，杀姊屠兄[18]，弑君鸩母[19]。人神之所同嫉，天地之所不容。犹复包藏祸心，窥窃神器[20]。君之爱子[21]，幽之于别宫；贼之宗盟[22]，委之以重任。呜呼！霍子孟之不作[23]，朱虚侯[24]之已亡。燕啄皇孙[25]，知汉祚[26]之将尽；龙漦帝后[27]，识夏庭之遽衰。

注释

1 伪：有不合法的意思。临朝：作君主。武氏：武则天。武则天（624—705），唐高宗永徽六年（655）立为皇后，参与国政。公元 674 年号天后，与高宗并称为“二圣”。683 年唐高宗病逝后，专断国政。先后废唐中宗、唐睿宗。690 年，改唐为周，建号为圣神皇帝。直到 705 年中宗复位，她在位十六年，掌权近半个世纪。她是中国历史上唯一的女皇帝。评价这个人物，既不可受传统思想束缚而一味贬低，也不可任意抬高、任意美化。2 地：指地位、出身。3 下陈：后列。武则天在唐太宗时被选入宫中为才人，地位低下。4 更衣：更换衣服，为帝王更换衣服的便殿。5 洎（jì）：及，至。6 春宫：太子住的地方。高宗为太子时就和武氏有暧昧关系。7 私：爱。8 嬖：宠幸。9 入门：太宗死后，武氏削发为尼。高宗时又召入皇宫。见：这里表施事，不表被动。嫉：指武氏对后妃们的嫉妒。10 蛾眉：蛾之眉弯细而长，用来比喻女子的眉毛和美色。11 掩袖：以袖掩面，故作娇态。工谗：善进谗言。武氏在高宗前说王皇后的坏话，王皇后因而被废。12 狐媚：相传狐善于魅人。这里指武氏用狐媚的手段讨好高宗。13 践：踩，登上。元后：皇后。翚翟（huīdí）：野鸡。据传野鸡的配偶不乱，古人用它来象征妇德，所以皇后的车服上面画着野鸡羽毛的图样。这句的意思是指武氏登上了皇后的宝座。14 聚麀（yōu）：聚，共。麀，雌性兽。一般说来，兽类的配偶关系是紊乱的。这里比喻武氏是太宗、高宗父子共同的配偶。《礼记·曲礼》："夫惟禽兽无礼，故父子聚麀。"15 虺（huǐ）：毒蛇。蜴（yì）：蜥蜴。比喻武氏心毒。16 狎：亲近。邪僻：不正派的人，指李义府、许敬宗等。17 忠良：指褚遂良、长孙无忌等。18 杀姊屠兄：杀害娘家反对她的亲属。武则天当皇后以后，其兄武元庆、元爽被流放而死，其侄武惟良、怀运，其姐姐的女儿贺兰氏都被杀害。19 君、母：不知所指。鸩：一种毒鸟。用其羽毛浸酒，可以毒死人。20 神器：帝位。21 爱子：指中宗李显。高宗死，中宗立。不久，武氏把中宗废为庐陵王，并关在别宫。22 贼之宗盟：指武后娘家的亲属武承嗣、武三思等人。23 霍子孟：即霍光。汉武帝时的大臣。武帝时，他辅佐幼主昭帝。昭帝死，又迎立宣帝，保存了汉室。作：起，出现。24 朱虚侯：西汉初年刘章的封号。刘邦死，吕后大封诸吕子侄为王，同时残酷迫害刘氏宗室，谋杀大批功臣，准备取代汉室。吕后一死，太尉周勃、丞相陈平、朱虚侯刘章等共诛诸吕，迎立孝文帝，安定了汉室。25 燕啄皇孙：汉成帝皇后赵飞燕为了专宠，把妃子生的儿子杀掉了。当时有"燕飞来，啄皇孙；皇孙死，燕啄矢"的童谣。这里指武后残害李忠、李弘、李贤等人。他们都是高宗的儿子，李弘、李贤为武后亲生。26 汉祚：汉代的天下。这里指唐。27 龙漦（lí）：古代传说中神龙的涎沫。《史记·周本纪》说：夏代将衰，有两神龙出现在帝庭，自称是褒国的两先君。经问卜认为：只有请龙留下涎沫才会吉祥。于是，龙不见了，留下涎沫，夏帝将它藏在柜子里。夏亡，将它传给殷；殷亡，又将它传给周，都不敢打开。至厉王末年，将柜打开，龙沫流到王庭，化为玄鼋进入后宫，有童女遇上它，于是怀孕，到成年没有结婚就生下一个女孩。她感到可怕，就将这女孩抛弃了。宣王时，弃女被人带到褒国。周幽王伐褒，褒人以弃女献幽王，就是褒姒，后来成为幽王的皇后。褒姒甚得幽王的宠爱，幽王为她举烽火戏诸侯，遭到灭国丧身之祸。这个传说成为历代女人是亡国祸水的依据。

译文

窃据朝廷的武氏，本性并不和顺，出身实在低微。过去充当太宗才人，曾因更衣机会得到宠幸。到了后来，又在太子宫里荒淫秽乱，她深深隐藏曾侍奉太宗的私情，暗里图谋获得高宗的宠幸。一入宫廷，便生嫉妒，撒娇卖俏，不肯谦让别人；掩袖作态，善于谗谀，狐媚伎俩，偏能迷惑主上。她登上皇后的宝座，使高宗陷入败坏人伦的境地。加上毒蛇、蜥蜴般的居心，豺狼般的凶性。亲近邪僻的奸贼，残害忠心的良臣，杀死姐姐和哥哥，毒害君主和母亲。真是人神对她共同痛恨，天地对她不能宽容。她还包藏祸心，企图窃据帝位。高宗的爱子，被幽禁在别宫；武贼的亲朋，被委托以重任。唉！霍子孟那样的大臣不再出现，朱虚侯那样的壮士早已消亡。飞燕残害皇孙，就知道汉代的皇位将要终结；龙沫变为帝后，可看出夏朝的天下将要衰亡。

敬业皇唐旧臣[1]，公侯冢子[2]，奉先君之成业[3]，荷[4]本朝之厚恩。宋微子之兴悲[5]，良有以[6]也；袁君山之流涕[7]，岂徒然哉！是用气愤风云，志安社稷。因天下之失望，顺宇内之推心，爰[8]举义旗，以清妖孽。南连百越[9]，北尽三河[10]，铁骑成群，玉轴[11]相接。海陵[12]红粟，仓储之积靡穷；江浦[13]黄旗，匡复之功何远。班声动而北风起，剑气冲而南斗平。[14]喑呜则山岳崩颓，叱咤则风云变色。[15]以此制敌，何敌不摧！以此图功，何功不克！

注释

1 敬业：徐敬业。他是唐初大将徐勣（因功赐姓李）的孙子。高宗时历任太仆少卿，眉州刺史。公元684年贬扬州司马，接着在扬州起兵反对武后。兵败，被部将杀死。2 冢子：嫡子。3 奉：侍奉。先君：已去世的君主。这里指唐高宗。4 荷：蒙受。5 宋微子：商纣王的庶兄微子启，宋的开国君主。他经过殷故墟，看到一片荒凉景象，十分悲痛，作《麦秀之歌》（或谓为箕子所作）。6 以：原因。7 袁君山：即东汉袁安，仕明帝、章帝、和帝三朝。他不避权贵，敢于面折廷争。其时，天子幼弱，外戚擅权，袁安每朝会进见，同公卿言国家事，未尝不伤心流涕。8 爰：助词。略相当“于是”。9 百越：种族名。今福建、广东、广西等地为古代越族散居之地。越族自春秋以后，分为若干支族，各有种姓，谓之百越。10 三河：河东、河内、河南，包括今山西、河南等中原地区。11 玉轴：指战车。12 海陵：地名，在今江苏泰州，西汉吴王濞建储粟仓于此。13 江浦：县名，今江苏浦口附近。14 班声：共同发声。剑气：宝剑的光芒。班声、剑气，皆言士气高昂。15 喑（yīn）呜：怀怒气而发声。叱咤：高声吆喝。《史记·淮阴侯列传》：“项王喑噁叱咤，千人皆废。”

译文

我徐敬业是唐朝的老臣，公侯的嫡子。承奉先帝的功业，蒙受朝廷的厚恩。

宋微子见到殷墟荒凉而大发悲叹，真有道理；袁君山谈到权贵误国而伤心流泪，难道没有原因！因此，我气愤而卷起风云，立志使社稷安定。凭借天下对武氏的失望，顺应全国讨伐武氏的雄心，于是举起义旗，清除妖孽。南面临近百越边境，北面到达三河尽头，到处铁骑成群，战车相接。海陵的红粟，堆满仓库，储积无数；江边的黄旗如云，恢复唐室指日可待。共同发声呼喊，好像北风在怒号；宝剑光芒冲天，可跟南斗星相平。怀怒发声，可叫山岳崩倒，厉声叱咤，可让风云变色。用这样的声势来制服敌人，又有什么敌人不被摧毁；用这样的气概来图谋功业，又有什么功业不能成就！

公等或居汉地[1]，或叶周亲[2]，或膺重寄于爪牙[3]，或受顾命于宣室[4]。言犹在耳，忠岂忘心？一抔[5]之土未干，六尺之孤何托[6]？倘能转祸为福，送往事居[7]，共立勤王[8]之勋，无废大君[9]之命。凡诸爵赏，同指山河。若其眷恋穷城，徘徊歧路，坐昧先幾之兆[10]，必贻后至之诛[11]。请看今日之域中，竟是谁家之天下！

注释

1 居汉地：指异姓大臣。2 叶周亲：指同姓大臣。叶，同“协”。3 膺：接受。爪牙：君主信任的统治一方的武将。4 顾命：临终之命，遗嘱。宣室：汉宫名。这里指唐宫。5 抔（póu）：捧。6 六尺之孤：指唐中宗。7 送往：谓慰高宗之灵。事居：谓安中宗之位。8 勤王：本指勤于王事。后指君主遇到危难，大臣们起兵营救。9 大君：天子，指高宗。10 昧：不明。先幾（jī）之兆：事先显示出的细微的征兆。幾，微。11 贻：留。后至之诛：事见《史记·夏本纪》。禹在会稽召集群臣开会，防风氏后至，禹把他杀了。

译文

各位有的是异姓大臣，有的是皇族至亲，有的在外地肩负着保卫一方的重任，有的在宫廷听到过先帝的遗嘱。先帝的话语还留在耳边，臣子的忠心难道丧失干净？先帝坟头的一捧土还没有干，先帝的孤儿将如何安身？我们倘若能够转祸为福，就可以安慰先帝之灵，扶助幼主即位，共同建立挽救王业的功勋，不废弃先帝的遗命。凡是参加起兵的人，都将加爵受赏，同指山河以为凭证。倘若有人留恋偏安于一城，在歧路上徘徊观望，不明白已经微露的征兆，就必定会遭到行动迟缓的惩罚。请看今天的天下，究竟是谁家的天下！

春夜宴桃李园序 李白

导读

李白（701—762），字太白，号青莲居士。祖籍陇西成纪（今甘肃秦安），五岁时，随父迁居绵州昌隆（今四川江油）青莲乡。他是唐代浪漫主义诗人，其诗歌想象丰富，感情奔放，词采瑰丽，风格飘逸自然。有《李太白集》传世。

本篇是李白抒情散文的代表作，又名《春夜宴诸从弟桃李园序》。李白跟堂兄弟们饮酒赋诗，写了这篇序，其情景颇似王羲之写作《兰亭集序》。文章辞简意丰，韵味深长，风格清新俊逸，有美景的描绘，有哲理的思索，有真情的流露，表现出对生活和大自然的热爱，但因为有感于时光的飞逝和人生的坎坷，也流露出了及时行乐的消极思想。

夫天地者，万物之逆旅[1]；光阴者，百代之过客[2]。而浮生[3]若梦，为欢几何[4]？古人秉烛夜游[5]，良有以也[6]。况阳春召我以烟景[7]，大块假我以文章[8]！会桃李之芳园，序天伦[9]之乐事。群季[10]俊秀，皆为惠连[11]；吾人咏歌，独惭康乐。[12]幽赏未已[13]，高谈转清。开琼筵[14]以坐花，飞羽觞[15]而醉月。不有佳作，何伸雅怀？如诗不成，罚依金谷酒数[16]。

注释

1 逆旅：客舍，旅馆。2 过客：过路的旅客。3 浮生：指人的一生。世事无定，生命短促，好像浮萍生活在水面上一样。4 几何：多少，多久。5 秉：执持，拿。《古诗十九首》："昼短苦夜长，何不秉烛游！"6 良：确实。以：原因。7 阳春：温暖的春天。烟景：指春天的景色，因为它常常呈现出烟雾朦胧的状态。8 大块：指大地。一说指大自然。语出《庄子》的《齐物论》和《大宗师》。《大宗师》云："夫大块载我以形，劳我以生，使我以劳，息我以死。"假：借，这里是提供的意思。文章：错综华美的色彩或花纹。自然景物，像锦绣交织成纹一般，所以这样说。9 天伦：旧时用为父子、兄弟等亲属的代称。伦，次序。因为父子、兄弟间的长幼、先后等次序是天生的，故称天伦。10 群季：众位弟弟。季，幼小。11 惠连：指南朝宋文学家谢惠连。他幼年能文，以诗歌擅名，与族兄谢灵运并称"大小谢"，灵运极爱其才。李白借以赞众弟的才华。12 吾人：我这个人。康乐：著名诗人谢灵运是谢玄的孙子，曾袭封康乐公，世称谢康乐。13 幽赏：幽雅地观赏。已：止。14 琼筵：华贵的筵宴。15 羽觞：华丽的酒杯。《汉书·外戚列传下·班倢伃传》："酌羽觞兮销忧。"颜师古注引孟康说："觞，爵也，作生爵（雀）形，有头、尾、羽翼。"16 罚依金谷酒数：晋代石崇，家有金谷园，经常宴客于园中，当筵赋诗，没有写成的就罚酒三杯。

译文

天地啊，是万物的旅舍；光阴啊，是百代过客的来来往往。人生好像做梦，享受欢乐能有多久？所以古人拿着蜡烛在夜里游玩，实在是有道理的。何况阳春用烟雨蒙蒙的景色在召唤着我，大地把华美丰富的景象提供给我呢！我们聚集在桃李芬芳的名园，畅叙着亲属之间的乐事。各位弟弟呈现才华，都很出众，颇像谢惠连；而我吟诗歌唱，独自惭愧，不如谢康乐。幽雅的观赏还没完结，高深的谈论转入清新。摆开丰盛的宴席，围坐在花丛中；举起华丽的酒杯，酣醉在月光下。没有出色的作品，怎能抒发高雅的情怀？如果有人作诗不成，就照金谷园的先例罚酒三杯。

*哀盐船文 汪中

导读

汪中（1745—1794），字容甫，江苏江都（今属扬州）人。清初著名的学者、骈文家。他个性高傲，三十余岁即绝意仕进。他是唐宋以后中国最有成就的骈文作家。他的骈文，情感真挚，凄楚动人，文字艳丽，韵味深沉，代表作有《哀盐船文》《吊黄祖文》《经旧苑吊马守贞文》《狐父之盗颂》等。

乾隆三十六年（1771）冬天，停泊在仪征县境内长江江面上的盐船发生大火灾，烧毁盐船一百三十多艘，烧死或溺死一千四百多人。汪中当时二十七岁，目睹惨状，写了此文。此文来源于对现实生活的认真观察，描述细腻逼真，笔端充满感情，因此成为被广泛传诵的骈文名篇。著名学者杭世骏为此文作序说："可谓惊心动魄、一字千金者矣。"

骈文讲究用典，讲究句句对偶，故难于叙事。但是，本文却真实而形象地记叙了盐船大火灾事件。这得力于作者娴熟的骈文技巧。讲究用典而能行文自然，不露斧凿痕迹；讲究对偶而力求变化，同时韵脚和谐。如："亦有没者善游，操舟若神，死丧之威，从井有仁，旋入雷渊，并为波臣。又或择音无门，投身急濑，知蹈水之必濡，犹入险而思济。"用典却似不用典，对仗却似散句直下，显得内涵丰富而灵活流畅。又如："于时玄冥告成，万物休息，穷阴涸凝，寒威凛栗，黑眚拔来，阳光西匿。"作者用"于时"把三组对偶句连接成一个句子，具有一气呵成的表达效果。

乾隆三十五年十二月乙卯[1]，仪征[2]盐船火，坏船百有三十，焚及溺死者千有四百。是时盐纲[3]皆直达，东自泰州[4]，西极于汉阳[5]，转运半[6]天下焉。惟仪征绾[7]其口，列樯[8]蔽空，束江而立，望之隐[9]若城郭。一夕并命[10]，郁

为枯腊[11]，烈烈厄运[12]，可不悲邪？

注释

1 乾隆三十五年：《嘉庆扬州府志》及《重修仪征县志》皆记载此次火灾发生在乾隆三十六年十二月。乙卯：当年农历十二月十九日的干支纪日。2 仪征：江苏扬州仪征。3 盐纲：当时实行纲盐制度，由纲商垄断经营。转运纲盐的船只，分批编字号停泊、放行。4 泰州：在江苏。5 汉阳：武汉三镇之一。6 半：占一半。7 绾（wǎn）：控制，联结。8 樯：桅杆，指代船只。9 隐：隐隐约约的样子。10 并命：同命，同时死亡。11 郁：积聚。枯腊（xī）：干肉。12 烈烈：火焰炽盛的样子。厄运：灾难。

译文

乾隆三十五年十二月乙卯日，仪征盐船遭受火灾，烧坏盐船一百三十只，被烧死以及溺水死亡的有一千四百人。当时，纲盐都是从产地直接运到口岸，东起泰州，西到汉阳，转运的盐占天下的一半。只有仪征控制着运盐的关口，排列的桅杆遮蔽天空，盐船紧靠长江两岸停泊，远望去似乎是一座城郭。船上的人一晚同时死亡，好像干肉一样堆积，大火造成的不幸命运，难道不悲惨吗？

于时玄冥告成[1]，万物休息，穷阴[2]涸凝，寒威凛栗，黑眚拔来[3]，阳光西匿[4]。群饱方嬉，歌咢[5]宴食，死气交缠，视面惟墨。[6]夜漏始下[7]，惊飙[8]勃发，万窍怒号[9]，地脉荡决[10]，大声发于空廓，而水波山立。

注释

1 玄冥：主管冬天事务的神。告成：工作结束。农历十二月冬季结束。2 穷阴：指岁末极其寒冷阴沉的天气。3 黑眚（shěng）：黑色云雾。拔来：突然来到。4 西匿：落入西方地平线。曹植《赠白马王彪》“白日忽西匿”。5 咢：徒手击鼓。6 死气交缠，视面惟墨：古代盛行看相的迷信，认为人将要遇到危险，面部就出现预兆死亡的黑气。7 夜漏始下：刚刚入夜。古代用漏壶滴水计时。8 惊飙：暴风。9 万窍怒号：语出《庄子·齐物论》，形容风接触各种地形、物体，从而发出巨大而多变的声响。10 地脉：大地的脉络，指江河。荡决：激荡翻腾。

译文

在这个时候啊，冬季刚结束，万物都停止生长，气象阴沉，严寒逼人，黑云突然飘来，太阳从西落下。人群吃饱了正在嬉戏，随意歌唱击鼓，不知死亡的预兆已经缠身，面部浮现出墨黑的颜色。刚刚进入夜晚，猛然刮起狂风，呼啸作响，江水激烈翻腾，巨大的声音充满天空，波浪像山一样竖立。

于斯时也，有火作焉。摩木自生，星星如血。炎光一灼，百舫尽赤。青烟睒睒[1]，熛若沃雪[2]。蒸云气以为霞，炙阴崖而焦爇[3]。始连楫以下碇[4]，乃焚如以俱没。跳踯火中，明见毛发，痛謈田田[5]，狂呼气竭，转侧张皇，生涂[6]未绝。倏阳焰之腾高，鼓腥风而一吷[7]。洎埃雾之重开，遂声销而形灭。齐千命于一瞬，指人世以长诀。发冤气之焄蒿[8]，合游氛[9]而障日。行当午而迷方，扬沙砾之嫖[10]疾。衣缯败絮[11]，墨查[12]炭屑，浮江而下，至于海不绝。

注释

1 睒睒（shǎnshǎn）：火光闪烁的样子。2 熛（biāo）：飞腾的火。沃雪：大火烧船，就像用开水浇到雪上，迅速烧毁。枚乘《七发》"如汤沃雪"。3 炙：烤。阴崖：背阴的崖岸。4 连楫：船只连接在一起。下碇：抛锚停泊。5 痛謈（bó）：痛苦地狂呼乱喊。田田：捶胸顿足的声音。6 生涂：生路。7 吷（xuè）：微弱的声音。8 焄（xūn）：同"熏"。焄蒿，形容尸体蒸发出的气味。9 游氛：飘动的云气。10 嫖（piào）：轻快。11 缯：丝织品。絮：棉絮。12 墨查：烧焦的木头。查，通"楂"，水中浮木。

译文

在这个时候啊，有火苗出现了。那是木头摩擦自然产生的，星星点点，红得像鲜血。火光一闪，成百的船只都烧红了。火光在青烟中闪烁，飞腾着把船只烧毁，就像用开水浇到雪上一样。水汽蒸发像一片红霞，背阴的崖岸被熏烤得干燥发热。盐船停泊抛锚时紧靠相连，于是一同被焚烧而沉没。人们在火中奔跑跳跃，可以清楚地看见他们的毛发；人们痛哭呼喊，捶胸顿足，狂呼到气力衰竭，徘徊恐慌，寻找生路。忽然火焰高高腾起，掀来一股腥风，我为死者发出一声轻轻叹息。等到尘埃烟雾散开，于是叫声停歇，形体消失。千条生命同时在一瞬间死亡，跟人世永远诀别。早晨还可以看到尸体蒸发出的冤气，跟飘流的云气合在一起，遮蔽了阳光。到了中午还让人迷失方向，烟雾扬起的沙砾迅速飘过。穿的丝绸，破裂的棉絮，烧焦的木头和炭屑，浮在江面向下流，绵延到大海而不断绝。

亦有没者[1]**善游，操舟若神，死丧之威**[2]**，从井有仁**[3]**，旋入雷渊**[4]**，并为波臣**[5]**。又或择音无门**[6]**，投身急濑，知蹈水之必濡**[7]**，犹入险而思济**[8]**。挟惊浪以雷奔，势若隮**[9]**而终坠。逃灼烂之须臾，乃同归乎死地。积哀怨于灵台**[10]**，乘精爽而为厉**[11]**。出寒流以浃辰**[12]**，目眴眴**[13]**而犹视。知天属**[14]**之来抚，慭流血以盈眦**[15]**，诉强死之悲心，口不言而以意**[16]**。**

注释

1 没者：潜水人员。2 死丧之威：死亡的威胁。《诗经·小雅·常棣》："死丧之威，兄弟孔怀。" 3 从井有仁：自己跳进井中救人，比喻冒着死亡舍己救人。语出《论语·雍也》。4 雷渊：深渊，水底。语出《楚辞·招魂》。5 波臣：变成水族，即溺死。出自《庄子·外物》。6 择音无门：没有选择生存的办法。《左传·文公十七年》："鹿死不择音。"择音，选择荫庇的地方。7 濡：沾湿，沉没。8 济：度过，得救。9 隮（jī）：上升。10 灵台：内心。出自《庄子·庚桑楚》。11 精爽：魂魄。厉：恶鬼。12 浃辰：十二天。13 眴眴（juànjuàn）：眼睛没有闭上而斜视的样子。14 天属：天然的亲属。出自《庄子·山木》。15 慭（yìn）：悲伤。眦：眼眶。16 口不言而以意：死者不能说话，只能表现出悲伤的心意。贾谊《鹏鸟赋》："口不能言，请对以意。"

译文

也有善游的潜水人员，他们熟练地驾驶小船，冒着死亡的威胁，舍己救人，却被卷入深渊，一起溺死。又有人没有门路可选择，只好投身到急流，明知投水必沉，还是入险思救。被惊浪裹挟着迅速向前，形势好像上升却终于坠落。他们暂时逃脱了被烧灼，最后同归于死亡。死者的心中积聚哀怨，魂魄将变为厉鬼。尸体从寒流捞出已经十多天，还眼睁睁地看着世界。看见亲属来悼念抚慰，悲伤的血泪充满眼眶，倾诉被迫死去的悲痛，口不能说话，只能表现出心意。

若其焚剥支离[1]**，漫漶**[2]**莫别，圜者如圈，破者如玦**[3]**。积埃填窍**[4]**，攦指失节**[5]**。嗟狸首之残形**[6]**，聚谁何而同穴**[7]**。收然灰之一抔**[8]**，辨焚余之白骨？呼呜，**

哀哉！

注释

1 支离：分裂不全。2 漫漶：模糊不清。3 玦：有缺口的玉环。4 填窍：充满七窍。5 攦（lì）：折断。节：骨节。6 狸首之残形：像看不到头的狸猫一样，形体残缺。韩愈《残形操》："曾子梦见一狸，不见其首。"7 谁何：什么人，指分辨不出是谁。8 然：通"燃"。一抔：一把。

译文

其中有的尸体被烧得支离破碎，模糊不清，无法分辨，有的尸体缩成一团像圆圈，有的残破了像玉玦。积聚的尘埃填塞七窍，折断了手指和骨节。叹息形体残缺，不能分辨是谁，只好收聚一起，同埋一个墓穴。收集一把骨灰，怎能分辨被烧的白骨？哎呀，悲哀啊！

且夫众生乘化[1]，是云天常[2]，妻孥环之，绝气寝床。以死卫上[3]，用登明堂[4]，离而不惩[5]，祀为国殇。兹也无名，又非其命，天乎何辜，罹此冤横！

游魂不归，居人心绝。麦饭壶浆，临江呜咽。日堕天昏，凄凄鬼语。守哭迍邅[6]，心期冥遇[7]。惟血嗣[8]之相依，尚腾哀而属[9]路。或举[10]族之沉波，终狐祥而无主[11]。悲夫！从冢有坎[12]，泰厉[13]有祀，强饮强食，冯[14]其气类。尚群游之乐，而无为妖祟[15]！

注释

1 乘化：按照自然寿命而死。2 天常：自然的正常现象。3 上：君主。4 明堂：古代策功封赏的地方。5 离而不惩：死而无悔。屈原《国殇》"首身离兮心不惩"。6 迍邅（zhūn zhān）：徘徊。7 期：期望。冥遇：与死者的灵魂见面。8 血嗣：嫡亲子女。9 属（zhǔ）路：在道路上接连不断地前来。10 举：全部。11 狐祥：同"孤伤"。《战国策·秦策三》"鬼狐祥而无食"。《史记·春申君列传》引作："鬼神孤伤，无所血食。"无主：没有人主管祭祀。12 从冢：许多人埋葬在一起的墓地。坎：土坑，墓穴。13 泰厉：为没有后代的鬼魂所修建的祭祀祠堂。典出《礼记·祭法》。14 冯：通"凭"，依靠，寄托。15 妖祟：兴妖作怪。

译文

而且，众生顺应自然而生死，这叫作天常，妻子儿女环绕着，在床上断气死亡。或者以死保卫君主，因此登上明堂，掉了脑袋也不后悔，享受祭祀，称为“国殇”。现在这些被烧死溺死的人，既没有美名，又不是正常死亡，天啊，他们有什么罪，遭受这样的冤枉！

游魂不能回家，家里的人伤心欲绝。提着麦饭酒壶，到江边祭奠呜咽。日落天黑了，似乎听到鬼魂凄惨说话。家里人守在江边啼哭徘徊，心中期望见到死者的灵魂。只见嫡亲的子女相依不舍，还怀着悲哀在路上络绎不绝地赶来。有的人全家都死在江中了，孤孤独独，没有谁来祭祀。这更是悲惨啊！丛冢墓地中也有墓穴，泰厉祠堂中也有祭祀，你们勉强去饮食吧，你们的灵魂就寄居在那里吧。你们可以享受成群交游的快乐，但不要兴妖作怪，为害地方啊！

人逢其凶也邪？天降其酷也邪？夫何为而至于此极哉？

译文

这是人遭遇了凶险的厄运呢？还是上天降下了残酷的惩罚呢？为什么惨痛达到了这样的程度呢？

第十一类

辞赋

战国后期，楚国的伟大诗人屈原，吸收楚国民歌的特点创作了《九歌》《九章》《离骚》，标志着中国诗歌史上一种不同于《诗经》的新诗体的成熟，它就是“楚辞”。楚辞又称为“赋”“骚体诗”。战国后期的荀子，也创作了赋，只是文采欠缺。战国时期的赋，叫作“古赋”。两汉时期，出现了继承楚辞的“骚体赋”，还出现了“大赋”。汉大赋受到楚辞、《诗经》与散文（特别是纵横家文章）的综合影响，风格铺张扬厉，句式散文化而讲究押韵，是一种介于诗歌与散文之间的文学体裁。六朝时代，在骈文的影响下，出现“骈赋”。唐宋时代，在古文运动的影响下，又出现了句式更加散文化的散文赋。《古文观止》选了两篇楚辞与四篇散文赋，还选了陶渊明的《归去来辞》、李华的《吊古战场文》，以及刘禹锡的《陋室铭》。铭文主要用于自警或劝诫，因讲究押韵而跟辞赋有相似处。

辞赋讲究押韵，而句式则散文化，因此可以说，辞赋是一种接近散文的诗歌体裁。诵读辞赋，要注意音韵铿锵的特点。

卜居 《楚辞》

导读

楚辞，是战国时期兴起于楚国境内的一种诗体，其特点是大量运用楚地方言，吸收楚地巫歌的形式，描写楚地的景物、风俗，具有浓郁的浪漫色彩。西汉末年，刘向编成《楚辞》一书，以屈原作品为主，还收了宋玉、淮南小山、东方朔、王褒及刘向自己的作品。东汉王逸为《楚辞》作注，称《楚辞章句》。

《卜居》，收录在《楚辞章句》中，标明为屈原作品。有人认为，《卜居》不是屈原所作，而是后人描写屈原的作品。卜，就是占卜。卜居，就是通过占卜来决定自己应该怎样处世，何去何从。《卜居》的特点是通过主客问答的方式，反映世道的腐朽黑暗，表现屈原的思想斗争历程。太卜詹尹不过是作者虚拟的一个人物，其作用是为屈原提供一个表白对象。本篇巧设一主一客相互问答的形式，为汉朝以及后代的辞赋所继承。本文还有一个写作特点，就是反复运用选择复句来表现正反对照。

屈原既放[1]，三年不得复见。竭知[2]尽忠，而蔽障于谗[3]，心烦虑乱，不知所从。乃往见太卜郑詹尹曰[4]：“余有所疑，愿因先生决[5]之。”詹尹乃端策拂龟曰[6]：“君将何以教之？”

注释

1 屈原（约前340—约前278）：楚辞的代表作家，有《离骚》《九歌》《九章》等不朽作品。放：被流放。2 知：一作“智”，智慧。3 蔽障：遮蔽阻挡。一本无“而”字。4 太卜：主管占卜的官。郑詹尹：人名。5 决：决断。6 策：古代占卜用的蓍草。龟：古代占卜用的龟壳。

译文

屈原被流放，三年不能再见到楚王。他献出全部的才智和忠诚，却被谗言阻挡，心情烦闷，思虑混乱，不知道该往哪里去。于是他前往拜访太卜郑詹尹说：“我有些疑惑的事，希望借助先生来决断。”詹尹就摆正蓍草，拂净龟壳，说：“您将有什么见教呢？”

屈原曰：“吾宁悃悃款款，朴以忠乎；将送往劳来，斯无穷乎？[1]宁诛锄草茆[2]，以力耕乎；将游大人，以成名乎？宁正言不讳，以危身乎；将从俗富

贵，以偷生乎？宁超然高举，以保真乎；将呢訾栗斯[3]，喔咿嚅唲[4]，以事妇人[5]乎？宁廉洁正直，以自清乎；将突梯滑稽[6]，如脂如韦[7]，以絜楹[8]乎？宁昂昂[9]若千里之驹乎；将泛泛若水中之凫乎[10]，与波上下，偷以全吾躯乎？宁与骐骥亢轭乎[11]，将随驽马[12]之迹乎？宁与黄鹄[13]比翼乎，将与鸡鹜[14]争食乎？此孰吉孰凶？何去何从？世溷浊而不清：蝉翼为重，千钧为轻；黄钟[15]毁弃，瓦釜雷鸣[16]；谗人高张，贤士无名。吁嗟默默兮[17]，谁知吾之廉贞！”

注释

1 宁……将……：选择句式。宁，宁可，宁愿。将，抑或，还是。悃悃（kǔnkǔn）款款：忠实诚恳。送往劳来：对来来往往的客人，不停息地交谈迎送。意即忙于世俗的周旋应酬。2 茆（máo）：同“茅”。茅草。3 呢訾（zúzǐ）：阿谀奉承。栗斯：小心奉承、献媚的样子。“呢訾栗斯”，与下文的“喔咿嚅唲”“突梯滑稽”，都可能是当时的楚方言。4 喔咿嚅（rú）唲（ér）：强颜欢笑的样子。嚅唲，也作“儒儿”。5 妇人：暗指楚怀王的宠姬郑袖。6 突梯滑（gǔ）稽：圆滑的样子。7 如脂如韦：形容柔软而无骨气。脂，脂肪。韦，柔软的熟皮革。8 絜（xié）楹：谄谀。或说“絜楹”就是可以跟堂前的圆柱相比。9 昂昂：气概轩昂的样子。10 泛泛：漂浮的样子。凫：野鸭。11 骐骥：千里马。亢：通“抗”“伉”，匹敌。轭（è）：马具。状如人字形，套在马的颈部。12 驽马：能力低的马。13 黄鹄（hú）：天鹅。14 鹜（wù）：家鸭。15 黄钟：贵重的金属乐器。比喻有才能的人。16 瓦釜雷鸣：比喻无德无才的人占据高位，显赫一时。瓦釜，用陶土烧成的锅，与黄钟相对比。17 吁嗟：感叹词。默默：一作“嘿嘿”。无言的样子。

译文

屈原说：“我是宁可朴实忠诚，真心待人呢，还是应该忙着应酬世俗，因而永不困穷呢？是宁可割茅锄草，勤力耕作呢，还是应该游说诸侯，谋取名声呢？是宁可直言不讳，危害自己呢，还是应该同流合污，贪图富贵，苟且偷生呢？是宁可远走高飞，保全我本有的情性呢，还是应该阿谀奉承，奴颜婢膝，向贵妇人献媚邀宠呢？是宁可廉洁奉公，正直无私，做个清清白白的君子呢，还是应该圆滑谄媚，毫无骨气，做个吹牛拍马的小人呢？是宁可气概轩昂，像匹千里驹呢，还是应该随便漂浮，像水上的野鸭随波上下，苟且偷生，以保全性命呢？是宁可同骏马一道，负重载远呢，还是应该跟随在劣马的足迹后边呢？是宁可同天鹅比翼高飞，直上云天呢，还是应该去和鸡鸭同群，争夺食物呢？这一切，到底哪个吉利，哪个凶险？什么该背弃，什么该听从？世道混浊不清：把薄薄的蝉翼说成很重很重，将千钧的重物看得轻而又轻；把那黄铜的编钟毁弃不用，却将土烧的瓦釜敲打得如同雷鸣；谄谀小人飞黄腾达，贤良君子无声无息。唉，有什么可说的呢，哪个知道我的廉洁忠贞！”

詹尹乃释策而谢曰：“夫尺有所短，寸有所长，[1]物有所不足，智有所不明，数有所不逮[2]，神有所不通。用君之心，行君之意，龟策诚不能知此事。”

注释

1 尺有所短，寸有所长：比喻人和事各有长短，难以尽言。2 数：指卜筮的方法（术数）。不逮：不及，做不到。

译文

詹尹听了屈原的话，就放下蓍草，辞谢说：“尺有所短，寸有所长，事物总有它的不足，智慧总有它的局限，术数有时弄不清，神灵有时也不灵验。凭你的本心，去做符合你心意的事吧，我的龟甲蓍草实在不能决定这些事。”

归去来辞 陶渊明

导读

陶渊明曾先后做过江州祭酒、镇军参军、彭泽县令等小官。公元405年，陶渊明在经过十三年时隐时仕的矛盾生活之后，终于“不能为五斗米折腰”，辞去仅做了八十余天的彭泽县令，归隐田园，写下《归去来辞》以表明心志。这是陶渊明告别官场的一篇宣言。原辞还有小序，《古文观止》未录。

作者通过描绘亲情与田园景物、田园生活，创造出一种闲适宁静的自由生活境界，表达不为形役、乐天知命的主旨。全文感情真挚，思想旷达，意境深远，风格冲淡自然。本文是辞赋体，又兼用骈文的对仗句式，音韵和谐，朗朗上口，如行云流水，一气呵成。欧阳修说：“晋无文章，惟陶渊明《归去来兮辞》而已。”原评赞叹说：“高风逸调，晋宋罕有其比。盖心无一累，万象俱空，田园足乐，真有实地受用处，非深于道者不能。”

归去来兮[1]，田园将芜，胡不归！既自以心为形役[2]，奚惆怅而独悲！悟已往之不谏[3]，知来者之可追。实迷途其未远，觉今是而昨非。舟摇摇以轻扬[4]，

风飘飘而吹衣。问征夫以前路，恨晨光之熹微。[5]

注释

1 归去来：即归去吧。来，语气词。2 心为形役：心灵受形体的奴役。指违背自己的心愿去做官。形，形体。3 谏：经劝告得到纠正。4 轻扬：形容船在水面上很轻快地前进。5 征夫：行人。熹（xī）微：天色微明。

译文

回去吧，田园快要荒芜了，为什么不回去啊！既然自己使心灵受形体的奴役，为什么还失意而独自伤悲！明白过去的事已不能改正，知道将来的事还可以挽回。实在是走入迷途还不遥远，觉悟到今天辞官正确而过去不对。小船摇荡着轻快前进，清风轻柔地吹拂着衣裳。向行人探问前面的道路，恨清晨天色还只是微微明亮。

乃瞻衡宇[1]**，载欣载奔**[2]**。僮仆欢迎，稚子候门。三径就荒**[3]**，松菊犹存。携幼入室，有酒盈樽。引壶觞以自酌，眄庭柯以怡颜**[4]**。倚南窗以寄傲，审容膝**[5]**之易安。园日涉以成趣，门虽设而常关。策扶老以流憩**[6]**，时矫首而遐观**[7]**。云无心以出岫**[8]**，鸟倦飞而知还。景翳翳以将入**[9]**，抚孤松而盘桓**[10]。

注释

1 衡宇：横木为门的简陋房屋。衡，横。2 载：又，且。3 三径：庭院里的小路。西汉末年，王莽篡夺政权，蒋诩（xǔ）免官回家，在院子里的竹林下开了三条小路，只同几个高雅的人往来。4 眄（miǎn）：斜视。柯（kē）：树枝。5 容膝：形容屋子狭小，仅能容纳两膝。6 策：拄着。扶老：拐杖。流憩（qì）：随时随地休息。7 矫首：举首，抬头。遐观：远望。8 岫（xiù）：山穴，峰峦。9 景：日光。翳翳（yìyì）：光线昏暗的样子。10 盘桓：徘徊，流连。

译文

远远地望见了自己的简陋屋宇，高兴得直向前奔。仆人们欢欢喜喜出来迎接，孩子们等候在屋门。院子里的小路快要荒芜，松树和菊花却还保存着。牵着孩子走进屋里，有酒满满的一樽。拿起酒壶酒杯自斟自饮，斜望着庭中的树木而满脸欢欣。靠着南窗寄托傲然自得的心境，深知住在仅能容膝的小屋容易安身。园子里每天走一走都很有趣味，屋子虽然有门却常常关紧。拄着拐杖悠闲地散步，不时抬头自由地望远。云雾无心地从山峰间冒出，鸟飞累了也知道回还。日色昏暗太阳快要落山了，我抚摩着孤松徘徊流连。

归去来兮，请息交以绝游。世与我而相遗[1]，复驾言兮焉求[2]！悦亲戚之情话，乐琴书以消忧。农人告余以春及，将有事于西畴[3]。或命巾车[4]，或棹[5]孤舟。既窈窕以寻壑[6]，亦崎岖而经丘。木欣欣以向荣，泉涓涓而始流。羡万物之得时，感吾生之行休[7]！

注释

1 相遗：相弃。形容自己不合世俗。“遗”一作“违”。2 驾：驾车。言：语助词。焉求：何求，追求什么。3 畴（chóu）：田地。4 巾车：有帷幕的车子。5 棹（zhào）：船桨。这里用作动词。6 窈窕（yǎotiǎo）：幽深曲折。壑（hè）：山谷，山沟。7 行休：将要结束。

译文

回去吧，请让我同外人断绝交游。这世道同我的意愿不合，我还驾着车出去追求什么！亲戚们谈的知心话使我高兴，又从弹琴读书中寻求快乐来消除忧愁。农夫们告诉我春天来到了，该去耕种西边的田亩。有时坐着有帷幕的小车，有时独自划着一叶小舟。既去访寻幽深曲折的山谷，又走过高高低低的山丘。树木生机勃勃地生长，泉水从源头细细地往下流。羡慕那万物正得其时，感叹自己的生命行将走到尽头。

已矣乎！寓形宇内复几时，曷不委心任去留！胡为乎遑遑欲何之？富贵非吾愿，帝乡[1]不可期。怀良辰以孤往，或植杖而耘耔[2]。登东皋[3]以舒啸，临清流而赋诗。聊乘化以归尽，乐夫天命复奚疑！[4]

注释

1 帝乡：天帝所住的地方，即仙境。2 植杖：把手杖插在田边。耘：除草。耔：培苗。3 皋（gāo）：水边高地，山冈。4 乘化：顺应天地的变化规律。归尽：视死如归。天命：自然命运。奚疑：怀疑什么，疑问代词“奚”作宾语前置。

译文

算了吧！形体寄托在天地间还能有几时，何不顺从心愿任情去或留？为什么这样急急忙忙还想去到哪里？富贵不是我的意愿，仙境也不可以奢求。爱惜这美好的时光独自出去游玩，或者把手杖插在田边操劳农事。爬上东边的山冈放声长啸，走到清澈的溪边吟诗。姑且遵循着万物的自然变化走到生命的尽头，乐于顺从天命还有什么怀疑！

吊古战场文 李华

导读

李华（约715—774），字遐叔，赵郡赞皇（今属河北）人，唐代散文家，与萧颖士齐名。唐玄宗开元二十三年（735）与萧同登进士第，官至吏部员外郎。因在安禄山陷长安时被俘受职，后贬杭州司户参军，晚年奉佛。他与萧颖士等主张恢复古文，是唐代古文运动的先驱者。著有《李遐叔文集》。

《吊古战场文》是李华的代表作。古战场的地址不详，当在长城附近戈壁沙漠一带。文章通过对古战场的详细描绘，抒发了作者反对扩张战争的思想。文章所反对的是秦汉以来的开边战争，而不反对以安定边疆为目的的正义战争，所以肯定周朝驱逐猃狁、李牧击溃林胡与匈奴的军事行动。本文名为吊古，实乃伤今。唐玄宗时，开边战争大举进行，给人民生命财产带来极大的损失。作者谴责这种穷兵黩武的政策。

《吊古战场文》是一篇用赋体写的祭文。文章发挥赋体“铺采”“体物”的特点，极尽铺陈夸张之能事，而又避免了繁冗累赘。本文既具有赋体大量使用四字句和押韵的特点，又吸收了骈文讲究对仗的特点，音韵和谐，读起来朗朗上口。文章结构也非常严密，古战场“常覆三军”，是由于“秦汉而还，多事四夷”，而解决办法是“守在四夷”，前后照应，一气贯注。

浩浩乎！平沙无垠[1]，敻[2]不见人，河水萦带[3]，群山纠纷[4]。黯[5]兮惨悴，风悲日曛[6]。蓬断草枯，凛若霜晨。鸟飞不下，兽铤亡群[7]。亭长[8]告余曰：“此古战场也，常覆三军，往往鬼哭，天阴则闻。”伤心哉！秦欤？汉欤？将[9]近代欤？

注释

1 垠（yín）：界限，边际。2 敻（xiòng）：辽远。3 萦带：像衣带一样环绕着。4 纠纷：杂乱。5 黯（àn）：阴暗。6 曛（xūn）：昏暗不明。7 铤（tǐng）：快跑。亡群：失群，离群。8 亭长：古时十里一亭，置亭长。9 将：还是。

译文

浩瀚广阔啊！沙漠没有边际，辽远不见人烟，河水像带子一样环绕，群山错综杂乱。阴暗惨淡，风声凄厉，日色昏暗。蓬草枯折，天气像打霜的早晨那么严寒。鸟儿在空中盘旋，不敢下来；野兽拼命狂跑，失去了同伴。亭长告诉我说："这是古代战场啊，军队经常在这里覆灭，天阴的时候，往往可以听到鬼哭的声音。"多么伤心啊！这是秦代的战场呢？汉代的战场呢？还是近代的战场呢？

吾闻夫齐魏徭戍，荆韩召募，万里奔走，连年暴露。[1]沙草晨牧，河冰夜渡；地阔天长，不知归路。寄身锋刃，腷臆[2]谁诉？秦汉而还，多事四夷；中州耗斁[3]，无世无之。古称戎夏[4]，不抗王师[5]。文教失宣，武臣用奇；奇兵[6]有异于仁义，王道迂阔[7]而莫为。呜呼！噫嘻[8]！

注释

1 齐、魏、荆、韩：即战国时的齐、魏、楚、韩诸国。徭戍：劳役屯戍。即征派士兵防守边境。2 腷臆（bìyì）：郁结，愤懑。3 斁（dù）：败坏。4 戎：指居住我国西部的民族，这里泛指边境地区的少数民族。夏：指我国中原地区民族，即汉族。5 王师：我国古代对帝王的军队的称呼。6 奇兵：派部队乘着敌人没有防备而突然袭击。7 迂阔：不切合实际。8 噫嘻：感叹词。

译文

我听说齐、魏征兵服役，楚、韩招兵防守，将士们奔走万里，一年接一年日晒夜露。早晨在沙草中牧马，夜晚渡过冰河。大地远，天空宽，不知哪里是归途。在刀锋下过日子，忧郁的心情向谁倾诉？秦汉以来，经常跟四夷交兵，中原地区民穷财尽，没有一个朝代没有战争。古时说，不管什么民族都不对抗王师。后世不施行文治教化，武将喜欢采用奇兵诡计。奇兵不同于仁义，王道被认为迂阔，没有谁奉行。唉呀，可叹啊！

吾想夫北风振漠，胡兵伺便。主将骄敌，期门受战[1]。野竖旄旗，川回组练[2]。法重心骇，威尊命贱。利镞[3]穿骨，惊沙入面。主客[4]相搏，山川震眩[5]。

声析江河，势崩雷电。

至若穷阴凝闭[6]，凛冽[7]海隅；积雪没胫，坚冰在须。鸷鸟[8]休巢，征马踟蹰[9]，缯纩无温[10]，堕指裂肤。当此苦寒，天假强胡[11]，凭陵[12]杀气，以相剪屠。径截辎重[13]，横攻士卒；都尉新降[14]，将军覆没。尸填巨港[15]之岸，血满长城之窟。无贵无贱，同为枯骨。可胜言哉！

注释

1 期门：这里指守卫军营的大门。形容主将骄傲轻敌，敌人冲到营前才接战。2 川：平川，平原。组练：组甲和练袍，军士穿的两种衣甲。这里指披上铠甲的军队。3 镞（zú）：箭头。4 主客：指主客两军，即防守者和入侵者。5 震眩：由于受到震动，昏眩迷乱。6 穷阴凝闭：指严冬季节乌云四合，凝结不开。穷阴，极阴，指严冬。7 凛冽：严寒。8 鸷（zhì）鸟：凶猛的鸟。9 踟蹰（chíchú）：徘徊不进。10 缯（zēng）：古代对丝织品的统称。纩（kuàng）：丝绵。11 假：借，引申为赐予。强胡：强大的胡人，这里借指强悍的少数民族。12 凭陵：仗势。13 辎（zī）重：军用物资的统称。14 都尉：武官名，汉代在边境各郡设都尉，掌武事。15 巨港：大河。

译文

我想，当沙漠猛刮着北风，胡兵等候到便利的时机。主将骄傲轻敌，敌人来到营门才迎战。野地里竖满了旌旗，平川上军队来回交战。军法严格，士兵心里惧怕；主将威严，士兵性命微贱。锐利的箭头射入骨头，飞扬的沙尘扑打脸面。主客两军相互攻击，山川也为之震动，令人晕眩。声音之大可以把江河撕裂，声势之猛仿佛轰雷闪电。

至于严冬季节，天昏地暗，乌云四合，凛冽的寒风吹遍沙漠，积雪掩埋了小腿，坚冰凝固在胡须。凶猛的鸟儿躲在巢中，战马也徘徊不肯前行。身穿棉衣却没有暖意，寒气冻掉指头，冻裂皮肤。在这样苦寒的季节，老天爷把机会赐给强胡，他们凭仗着严寒的气候，进行攻击和杀戮。拦路劫取物资，侧面袭击士卒。都尉和将军们，有的被迫投降，有的全军覆没。尸体堆积在大河的岸边，鲜血流满了长城的洞窟。无论出身贵贱，都成了枯骨。这悲惨的情状，能够讲得完吗！

鼓衰兮力尽，矢竭兮弦绝[1]。白刃交兮宝刀折，两军蹙[2]兮生死决。降矣哉，

终身夷狄；战矣哉，骨暴沙砾。鸟无声兮山寂寂，夜正长兮风淅淅；魂魄结兮天沉沉，鬼神聚兮云幂幂[3]。日光寒兮草短，月色苦兮霜白。伤心惨目，有如是耶！

注释

1 绝：断。2 蹙（cù）：迫，逼近。3 幂幂（mìmì）：黑沉沉、阴森森的样子。

译文

鼓声衰弱了啊，气力已用尽；箭射完了啊，弓弦已断绝。白刃交加啊，宝刀断折；两军相迫啊，生死已决。投降呢，就终身做夷狄；打下去呢，骨头就会暴露在沙砾。鸟不出声啊，山林沉寂；夜正长啊，风声淅淅。魂魄凝结啊，天色昏沉；鬼神聚集啊，云雾密集。日光寒冷啊，草不长，月色凄苦啊，霜更白。心悲伤，目不忍睹，有像这样的情境吗！

吾闻之：牧用赵卒，大破林胡，开地千里，遁逃匈奴。[1] 汉倾天下[2]，财殚力痡[3]。任人[4]而已，其在多乎？周逐猃狁[5]，北至太原[6]，既城朔方[7]，全师而还。饮至策勋[8]，和乐且闲，穆穆棣棣[9]，君臣之间。秦起长城，竟海[10]为关，荼毒[11]生灵，万里朱殷[12]。汉击匈奴，虽得阴山[13]，枕骸遍野，功不补患。

注释

1 牧：李牧，战国末年赵国名将，长期防守在赵国的北边，打败东胡，降服林胡，使匈奴远遁，十余年不敢接近赵国边境。林胡：匈奴的一支。2 倾天下：尽全国之力。3 殚（dān）：竭尽。痡（pū）：病，引申为疲敝。4 任人：指任用得人，即用人得当。5 周：指周代。猃狁（Xiǎnyǔn）：古代北方的一个少数民族，即汉代的匈奴。6 太原：在今宁夏固原北，是太原戎所居之地。《诗经・小雅・六月》：“薄伐猃狁，至于大原。”7 城：筑城。朔方：地名，今内蒙古鄂尔多斯右翼各旗。《诗经・小雅・出车》：“天子命我，城彼朔方。”8 饮至：凯旋后到宗庙报功，并在宗庙中饮酒庆贺。至，指班师回到国都。策勋：把功劳记录在简策上。策，古代用竹片或木片记事，成编的叫策。后来就指书册。9 穆穆：和平恭敬的样子。棣棣（dìdì）：雍容娴雅的样子。10 竟海：一直到海。竟，终。11 荼（tú）毒：毒害，残害。12 朱殷：指赤黑色的血迹。13 阴山：内蒙古境内山脉，西起河套，东接内兴安岭。汉武帝多次伐匈奴，才夺得此山，设兵屯守，匈奴之势始衰。

译文

我听说过，李牧带领赵国的兵卒，大破林胡，开拓土地千里，赶跑了匈奴。汉朝动用了全国的力量，却落得个财物耗尽，人民痛苦。打仗在于用人得当，难道在于军队多吗？周朝驱逐猃狁，北面到了太原，在朔方筑了一座城，就全军凯旋。到太庙告捷，饮酒记功，君臣互相尊敬，快乐娴雅，和气一团。秦朝修建长城，关塞直修到海边，百姓遭受摧残，万里长城血迹沾满。汉朝进攻匈奴，虽然获得阴山，但是尸体堆满了山野，功绩抵不上祸患。

苍苍蒸民[1]，谁无父母？提携捧负，畏其不寿。谁无兄弟，如足如手？谁无夫妇，如宾如友？生也何恩，杀之何咎[2]？其存其没，家莫闻知。人或有言，将信将疑。悁悁[3]心目，寝寐见之。布奠倾觞[4]，哭望天涯。天地为愁，草木凄悲。吊祭不至，精魂何依？必有凶年，人其流离。呜呼噫嘻！时耶命耶？从古如斯。

注释

1 苍苍：青黑色，这里代指头发的颜色。蒸民：同“烝民”，众多的百姓。2 咎：罪。
3 悁悁（yuānyuān）：忧闷的样子。4 布奠：摆设祭品。觞（shāng）：酒杯。

译文

头发乌黑的年轻百姓，谁没有父母？牵着拉着抱着背着，生怕他命不长久。谁没有兄弟，关系亲密就像脚和手？谁没有夫妇，相敬如宾，相好如友？他活着，受了什么恩？他被杀死，又是犯了什么错？他们是生是死，家里谁也不知道，有人说起，将信将疑。心中眼中充满忧愁，睡梦里见到出征的亲属。摆设祭品倒满酒，望着远方放声哭。天地为他们忧愁，草木为他们凄楚。吊祭享受不到，灵魂依托在哪里？战后必有荒年，人们又要四散流离。唉呀，可怜啊！是时机不好呢，还是命运不济？自古以来都是这样。

为之奈何？守在四夷[1]。

注释

1 守在四夷：引自《左传·昭公二十三年》：“古者天子，守在四夷。”这是说要用仁德使四方归服，连周围的外族都来为天子守卫国土，那么就没有战争的祸患了。

译文

有什么办法呢？只有对四方的外族施行仁义，让他们为朝廷守卫国土。

陋室铭 刘禹锡

导读

刘禹锡（772—842），字梦得，洛阳（今河南洛阳）人。二十一岁中进士，任监察御史。唐顺宗永贞元年（805），他和柳宗元等参加了王叔文的政治革新运动。革新失败后，先后被贬到朗州（今湖南常德）、连州（今广东连州）、夔州（今重庆奉节）等地，任地方官二十多年。晚年回到洛阳，任太子宾客，世称刘宾客。他既是唐代著名文学家，也是一位思想家。有《刘宾客集》传世。

铭，是一种文体，短小精悍，讲究内蕴，常用以自警。铭，通篇押韵，跟辞赋相近。《陋室铭》是刘禹锡参加政治革新失败后所写的一篇铭文。文章赞美陋室，宣扬不慕荣华、安贫乐道，表现了作者身处逆境而毫不气馁的坚贞品格。全文仅八十一字，文笔洗练，结构严谨。开头以山水起兴，突出陋室因有德而不陋；接着写陋室的景物与人物，皆超尘脱俗，如诗如画；再以诸葛亮的南阳草庐和扬雄的成都草玄亭作比照，衬托陋室不陋；最后，援用孔子的话作结尾，戛然而止，余音绕梁不绝。总之，句句紧扣“陋室不陋”这一主旨。全文音调和谐，充满音乐美，又耐人寻味，蕴含哲理美。

山不在高，有仙则名；水不在深，有龙则灵。斯是陋室，惟吾德馨[1]**。苔痕上阶绿，草色入帘青。谈笑有鸿儒**[2]**，往来无白丁**[3]**。可以调**[4]**素琴，阅金经**[5]**。无丝竹**[6]**之乱耳，无案牍之劳形**[7]**。南阳诸葛庐**[8]**，西蜀子云亭**[9]**。孔子云：“何陋之有？”**[10]

注释

1 馨（xīn）：芳香。2 鸿儒：鸿，大。儒，学者，文士。3 白丁：本指没有功名的人，这里是指无知识的俗人。4 调（tiáo）：抚弄。5 金经：指佛经。古人用金色颜料写佛经，故称。6 丝竹：泛指各种音乐。丝，指弦乐器。竹，指管乐器。7 案牍（dú）：公文案卷。这里泛指官署公务。形：形体，指身体。8 诸葛庐：汉末诸葛亮隐居南阳郡的隆中（今湖北襄阳西），住的是茅庐。他在庐中对策，为刘备确定了建立蜀汉政权、形成三国鼎立局势的政治战略。9 子云亭：子云，汉代学者扬雄的字。扬雄是蜀郡成都人，他曾在成都专心著述《太玄经》，名其住室为“草玄亭”。10 何陋之有：语出《论语·子罕》。孔子在政治上失意，想迁徙到九夷（夷族居住的边远地方），有人说那里太简陋了，孔子说："君子居之，何陋之有？"

译文

山，不在于高，有神仙就出名；水，不在于深，有蛟龙就显灵。这是一间简陋的住室，只有我的道德散发芳馨。苔藓爬上台阶，一片碧绿；芳草映入窗帘，格外翠青。来这里谈笑的有学问渊博的学者，往来的没有无知识的俗人。在这里可以抚弄清雅的古琴，诵读佛经。没有管弦乐曲骚扰耳朵，也没有案卷公文劳累身心。它好比诸葛亮在南阳住的茅庐，扬子云在西蜀的草玄亭。孔子说："这有什么简陋的呢？"

阿房宫赋 杜牧

导读

杜牧（803—853），字牧之，号樊川，京兆万年（今陕西西安）人，是唐朝宰相杜佑之孙。二十六岁中进士，历任黄州、池州、湖州刺史等职，官终中书舍人。杜牧诗、赋、古文并工，诗歌成就尤高，与李商隐并称"小李杜"。有《樊川集》传世。

《阿房宫赋》作于唐敬宗宝历元年（825）。作者在《上知己文章启》中说："宝历间大起宫室，广声色，故作《阿房宫赋》。"阿房宫为秦始皇所建，据史所载，其建筑穷极奢华，耗尽了民力国力，从而加速了秦朝的灭亡。而唐敬宗却步秦始皇的后尘，即位以后就大兴土木，纵情声色，给人民带来沉重的负担。杜牧为此心怀忧虑，故借古讽今，写下这篇赋。全赋首先极力描写秦始皇灭亡六国的强大气势，铺排阿房宫的宏伟壮丽，骨子里是揭露秦王朝的罪行，然后，笔锋一转，写暴秦终于灭亡，阿房宫终于化为焦土，水到渠成地得出结论："灭六国者，六国也，非秦也。族秦者，秦也，非天下也。"谴责独夫民贼，希望当局借鉴。

《阿房宫赋》无论在思想上或写作艺术上，都是赋体中不可多得的杰作，曾获得"古来之赋，此为第一"的高度评价。现代诗人臧克家在《诗人之赋》中也赞扬道："夸张而不淫靡，议论而不干枯。""有情有理，刚柔相济。"

《阿房宫赋》既发挥了赋体善于铺陈、句式整齐的特点，又发挥了散文纵横议论、句式灵活的长处，开了后世散文赋的先河。

六王毕[1]，四海一[2]，蜀山兀[3]，阿房[4]出。覆压三百余里，隔离天日。骊山北构而西折[5]，直走咸阳[6]。二川溶溶[7]，流入宫墙。五步一楼，十步一阁，廊腰

缦回，檐牙高啄，各抱地势，钩心斗角[8]。盘盘[9]焉，囷囷[10]焉，蜂房水涡[11]，矗不知其几千万落[12]。长桥卧波，未云何龙[13]？复道[14]行空，不霁[15]何虹？高低冥迷，不知西东。歌台暖响，春光融融；舞殿冷袖，风雨凄凄。一日之内，一宫之间，而气候不齐。

注释

1 六王：指楚、齐、韩、赵、魏、燕六国的君王。毕：完结，指为秦国所灭。2 四海：指全国。一：统一。3 蜀山：蜀地之山，即今川陕边界的山脉。兀：光秃。4 阿房：据《三辅黄图》记载："阿房宫，亦曰阿城。惠文王造宫，未成而亡。始皇广其宫。规恢三百余里，离宫别馆，弥山跨谷，辇道相属，阁道通骊山八百余里。"5 骊（lí）山：在今陕西西安临潼区东南，阿房宫从骊山北边建起，折而向西。6 咸阳：秦都城，故城在今陕西咸阳东。7 二川：渭水、樊川。溶溶：水盛貌。一说缓流貌。8 钩心斗角：楼房彼此环抱，跟中心区相连接，又屋角相对，好像互相斗争的样子。9 盘盘：盘旋貌。10 囷囷：屈曲貌。11 蜂房：蜂巢内的小室，比喻建筑物的多和密。水涡：漩涡，比喻建筑物的曲折回旋。一说水涡即瓦沟。12 落：院落。一说指屋檐的滴水装置。13 未云何龙：《周易·乾卦·文言》："云从龙，风从虎。"古人迷信，认为云必伴随龙生，风必跟着虎起。这里指长桥似龙，故作设问。14 复道：楼房之间相连接的空中阁道。15 霁（jì）：雨后或雪后转晴。

译文

六国灭亡，全国统一，森林被砍伐，蜀山变得光秃，阿房宫于是建立。它绵延三百多里，遮天蔽日。从骊山北边拐向西边，一直建到咸阳。渭水、樊川两条河流水波荡漾，流进了宫墙。五步一座楼台，十步一处亭阁，长廊回环往复，像丝带飘扬，檐角翘向高空，像鸟嘴相啄，各座建筑随地形起伏，既向中心勾连，屋角又相互对峙。回旋啊，曲折啊，如同密密的蜂房，又像激流中的水涡，高高耸立，也不知有几千万座院落。天空没有云彩，何处飞来了苍龙？那是长桥横卧在渭河。不是雨后刚放晴，怎么会出现彩虹？那是复道飞跨长空。忽高忽低，难辨西东。歌台上歌声温暖嘹亮，宛如春光灿烂；舞厅里长袖旋起冷风，好似风雨凄凄。在一天之内，在一宫之间，气候竟然如此不同。

妃嫔媵嫱[1]，王子皇孙[2]，辞楼下殿，辇来于秦[3]，朝歌夜弦[4]，为秦宫人。明星荧荧[5]，开妆镜也；绿云扰扰[6]，梳晓鬟也；渭流涨腻[7]，弃脂水也；烟斜雾

横，焚椒兰也[8]；雷霆乍惊，宫车过也；[9]辘辘远听，杳不知其所之也。一肌一容，尽态极妍，缦立远视，而望幸焉。有不得见者三十六年[10]！

注释

1 妃：皇帝的妾，地位次于皇后。嫔：皇帝的妾，地位次于妃。媵（yìng）：妾的一种。古代贵族女子出嫁时的随嫁女子，称为媵。嫱（qiáng）：宫中女官。2 王子皇孙：指六国君主的子孙。3 辇（niǎn）来：乘车前来。《史记·秦始皇本纪》："秦每破诸侯，写放其宫室，作之咸阳北阪上，南临渭，自雍门以东至泾、渭，殿屋复道周阁相属。所得诸侯美人钟鼓，以充入之。" 4 朝歌：早晨唱歌。夜弦：晚上奏乐。5 荧荧：光明貌。6 绿云：比喻妇女黑润而稠密的头发。扰扰：纷纷飘动。7 腻：油脂。8 焚椒兰：古代贵族妇女在房中烧香料。椒，花椒。兰，兰花。9 乍：忽然。这二句语出《长门赋》："雷殷殷而响起兮，声象君之车音。"汉武帝陈皇后失宠，贬居长门宫，惆怅哀婉，郁郁寡欢，司马相如为她写了这篇作品。10 三十六年：夸张。秦始皇实际在位三十六年，而统一六国后在位不过十年而已。

译文

六国的王妃、贵人，六国诸侯的子孙，离开了自己的宫殿，都用车运进了秦宫大门，她们清晨唱歌，傍晚弹琴，变成了秦王的宫人。明星闪闪，是她们打开了梳妆的明镜；绿云纷纷，是她们在梳理发鬟；渭河泛起一层油腻，是她们泼下的洗脸水；宫中烟雾弥漫，是她们焚烧椒兰。雷霆突然震响，是皇帝乘坐的宫车驶过了；可车声辘辘，渐行渐远，也不知去向何方了。她们尽力梳妆打扮，姿态娇艳，远眺久站，盼望皇帝临幸。然而，有人从来没有见过皇帝一面，白白等了三十六年。

燕、赵之收藏，韩、魏之经营，齐、楚之精英，几世几年，取掠其人，倚叠如山。[1]一旦不能有，输来其间。鼎铛玉石[2]，金块珠砾[3]，弃掷逦迤[4]，秦人视之，亦不甚惜。

注释

1 收藏、经营、精英：皆指六国搜刮的珍宝。取掠：掠夺、搜刮。人：民。2 鼎：古代食器。也有专铸的鼎，是王朝的传国重宝。铛（chēng）：平底小锅。此指把鼎当作铜铛，把玉当作石头。3 块：土块。砾：粗沙。此指把金当作土块，把宝珠当作沙砾。

4 逦迤（lǐyǐ）：绵绵不绝。

译文

燕国、赵国收藏的宝物，韩国、魏国积累的金银，齐国、楚国挑选的精品，诸侯们世世代代掠夺人民，积蓄起这些财产，堆积如山。一旦国破家亡，都被运进了阿房宫殿。秦人把宝鼎当作铜铛，把美玉当作石头，把金银当作泥土，把珍珠当作沙砾，乱抛乱扔，连绵遍地，也不太爱惜。

嗟呼！一人之心，千万人之心也。秦爱纷奢，人亦念其家，奈何取之尽锱铢[1]，用之如泥沙！使负栋之柱，多于南亩[2]之农夫；架梁之椽，多于机上之工女；钉头磷磷[3]，多于在庾[4]之粟粒；瓦缝参差，多于周身之帛缕；直栏横槛，多于九土之城郭[5]；管弦呕哑，多于市人之言语。使天下之人，不敢言而敢怒，独夫[6]之心，日益骄固。戍卒叫[7]，函谷举[8]，楚人一炬[9]，可怜焦土。

注释

1 锱铢（zīzhū）：古代极小的重量单位。二十四铢为一两，六铢为一锱。2 南亩：泛指田野。3 磷磷：水里的石头密集，这里是形容密集的样子。4 庾：露天谷仓。5 郭：外城。6 独夫：专横残暴的统治者为人民所痛恨，众叛亲离，故称“独夫”。7 戍卒叫：指陈胜吴广起义。据《史记·陈涉世家》，陈胜、吴广于秦二世元年（前 209）七月率谪戍渔阳（今北京密云西）的戍卒数百人在大泽乡（今安徽宿州西南）揭竿起义。8 函谷：函谷关（今河南灵宝西南）。举：全部，指被攻占。秦二世三年（前 207）八月，赵高杀秦二世，立子婴为帝。十月，刘邦入关，进兵灞上，子婴迎降。9 楚人：指项羽及其部队。《史记·秦始皇本纪》：“项羽引兵西屠咸阳，杀秦降王子婴，烧秦宫室，火三月不灭。”

译文

唉呀！一个人的心愿，也就是千万个人的心愿。秦国皇族喜爱豪华奢侈，人们也顾念自己的家呀，为什么掠夺时，一丝一毫也不放过，用起来却如同泥沙！于是，使得宫中支承栋梁的木柱，比田野里的农夫还要多；架在屋梁上的椽条，比织布机上的妇女还要多；密集的钉头，比百姓谷仓里的粟粒还要多；参差不齐的瓦缝，比百姓衣服上的纱线还要多；纵横的栏杆，比全国的城郭还要多；管弦的乐声，比集市上的人声还要多。天下的人民看到这些，口不敢言，心中却敢怒。独夫秦始皇的思想，一天天更加骄横顽固。陈涉起义，戍卒大呼；函谷关被攻占，刘邦入都；项羽率领楚兵烧一把大火，把阿房宫烧成一片焦土。

呜呼！灭六国者，六国也，非秦也。族秦者[1]，秦也，非天下也。嗟夫！使六国各爱其人，则足以拒秦；秦复爱六国之人，则递三世可至万世而为君[2]，谁得而族灭也？秦人不暇自哀，而后人哀之；后人哀之而不鉴之，亦使后人而复哀后人也。

注释

1 族：灭族。古时的一种残酷刑法，多至诛灭九族。2 递：依次传送。《史记·秦始皇本纪》载秦并六国后，始皇下诏废除谥法："朕为始皇帝，后世以计数，二世三世至于万世，传之无穷。"

译文

啊，消灭六国的，是六国诸侯自己啊，而不是秦国；消灭秦朝的，是秦朝自己啊，而不是天下的人民。哎呀，要是六国都能爱护自己的人民，那么就完全能够抵挡住秦国。要是秦朝能够爱护六国的人民，那么皇位就可以传到三代，以至千秋万世为君，谁能够消灭他们的家族呢？秦朝来不及为自己的灭亡而哀伤，后人为他们哀伤；后来人为秦朝哀伤，却不以秦朝作为镜子，也会使得更后的人们来哀伤这些后来人啊！

秋声赋 欧阳修

导读

本文作于宋仁宗嘉祐四年（1059），作者时年五十三岁，任翰林学士、给事中，是他官运较好的时期。但是，毕竟人近晚年，三十年宦海沉浮，不免有人生无常的身世之感。

"赋"者，铺也。文章通过对秋声（秋风之声）的铺张描写，抒发了人生易老的悲秋之感，并阐发了自己的养生之道。作者的悲秋之感，凝聚着作者三十年仕途坎坷的人生经历。作者的养生之道，是清心寡欲的老庄哲学。作者认为，人同自然界的草木一样，都有兴衰的自然规律，不必为衰老而怨天尤人，应该坦然和达观。

本篇在写作上有三个特点。一是情景交融。作家把无形的秋声写得活灵活现，把客观的秋景和主观的秋感有机交织在一起，渲染出一种强烈的抒情氛围。二是结构严谨。全篇以秋声为主线，处处紧扣中心，绝不节外生枝。三是完全突破了骈赋、律赋的传统格式。此赋，句式以散句为主，杂以骈偶，而且频繁换韵，似韵非韵。因此这篇赋是“古文家赋”成熟的标志，启发了苏轼的《赤壁赋》等。

欧阳子[1]方夜读书，闻有声自西南来者，悚然[2]而听之，曰：“异哉！”初淅沥以萧飒[3]，忽奔腾而砰湃[4]，如波涛夜惊，风雨骤至。其触于物也，𪸩𪸩铮铮[5]，金铁皆鸣；又如赴敌之兵，衔枚[6]疾走，不闻号令，但[7]闻人马之行声。

注释

1 欧阳子：作者自称。2 悚（sǒng）然：吃惊的样子。3 淅沥（xīlì）：雨声。以：而。连词。萧飒（sà）：此指风声。4 砰湃（pēngpài）：波涛汹涌声，此处形容风声。5 𪸩𪸩（cōngcōng）铮铮（zhēngzhēng）：金属相击声。6 衔枚：古代行军时，常令士兵口里横衔一根像筷子的小棍，使他们不能讲话，保持部队肃静，以免被敌人发觉。衔，含。7 但：只。

译文

我欧阳先生正在夜里读书，听到有声音从西南方传来，吃惊地一听，说：“奇怪啊！”开初是淅沥的雨声夹杂着飒飒的风声，忽然奔腾澎湃，好像波涛在夜里汹涌，又像暴风雨迅猛降临。它撞在物体上，𪸩𪸩铮铮，像金属相互撞击轰鸣；又像开赴敌阵的兵士，口里衔枚快跑，听不到号令，只听到人马的脚步声。

予谓童子：“此何声也？汝出视之！”童子曰：“星月皎洁，明河[1]在天，四无人声，声在树间。”予曰：“噫嘻[2]悲哉！此秋声也。胡为乎来哉？

注释

1 明河：明亮的天河，也称银河。2 噫嘻：感叹词。

译文

我对书童说：“这是什么声音呀？你出去看看！”书童回来说：“星光月色，明亮洁白，银河高挂在天上，四处都没有人声，那声音是在树林间产生的。”我说：“唉呀，悲伤啊！这就是秋声呀。为什么来了啊？

“盖夫[1]秋之为状也：其色惨淡[2]，烟霏云敛[3]；其容清明，天高日晶；其气栗冽[4]，砭[5]人肌骨；其意萧条，山川寂寥[6]。故其为声也，凄凄切切，呼号奋发。丰草绿缛[7]而争茂，佳木葱茏[8]而可悦；草拂之而色变，木遭之而叶脱。其所以摧败零落者，乃一气之余烈[9]。夫秋，刑官[10]也，于时为阴[11]；又兵象[12]也，于行为金[13]。是谓天地之义气[14]，常以肃杀而为心。天之于物，春生秋实。故其在乐也，商声主西方之音[15]，夷则为七月之律[16]。商，伤也，物既老而悲伤；夷，戮也，物过盛而当杀。

注释

1 盖夫：发语词。2 惨淡：阴暗无色。3 烟霏（fēi）：烟雾。敛：收，消失。4 栗冽（lìliè）：犹栗烈，寒冷。5 砭（biān）：古代用来治病的石针。这里是针刺的意思。6 寂寥（liáo）：冷落。7 缛（rù）：繁茂。8 葱茏（cōnglóng）：草木青翠茂盛的样子。9 一气：指秋气。余烈：余威。10 刑官：周朝设官，以天地四季为名（谓之六卿），掌管刑法、狱讼的为秋官。11 于时为阴：古人以阴阳配合四时，春夏为阳，秋冬为阴。时，季节。12 兵象：古代征伐，多在秋天，故云。《礼记·月令》载，“孟秋之月”，“天子乃命将帅选士厉兵，简练杰俊，专任有功，以征不义”。13 于行为金：古人认为四季是五行“相生”的结果，故把五行（金、木、水、火、土）分配于四季，秋天属金。14 天地之义气：天地肃杀之气。《礼记·乡饮酒义》说，天地肃杀之气，从西南方开始，到西北方时极盛，“此天地之义气也”。由西南方至西北方，正是秋的方位。15 商声主西方之音：古代将乐声分为宫、商、角、徵（zhǐ）、羽等五声，并分配于四时，角属春，徵属夏，商属秋，羽属冬，宫属中央。同时，五声和五行相配，商声属金，主西方之音。16 夷则为七月之律：《礼记·月令》以十二律（黄钟、大吕、太簇、夹钟、姑洗、仲吕、蕤宾、林钟、夷则、南吕、无射、应钟）分配十二月，七月为夷则。

译文

“那秋天的样子啊：它的颜色凄凉暗淡，这是云雾消散时；它的容貌清净明朗，这是天空高爽，阳光耀眼时；它的气息寒冷，刺痛人的骨肉；它的意态萧条，山河寂寞冷落。所以它发出的声音，凄凄惨惨，尽力发出呼喊号叫。绿草茵茵，一片繁茂，佳树葱茏，令人喜悦。可是，秋声拂过花草，花草就要改变颜色；树木遇着秋声，叶子就要脱落。它们衰败零落的原因，就是秋气的余威啊。秋天啊，是对应掌管刑狱的官员，在节令上属于阴；又是对应用兵的季节，在五行上属于金。所以，这秋天叫作天地的肃杀之气，常常把严厉的杀戮作为主旨。天道作用于万物，让它们春天生长，秋天结实。所以，在音乐方面呢，商声是对应西方的音阶，夷则是对应七月的律名。‘商’，是悲伤的意思，万物已经衰老，就情绪悲伤；‘夷’，是诛杀的意思，万物过于茂盛了，就当然要使它们衰败凋零。

“嗟夫！草木无情，有时飘零；人为动物，惟物之灵。百忧感[1]其心，万事劳其形；有动于中，必摇其精；而况思其力之所不及，忧其智之所不能！宜其渥然丹者为槁木[2]，黟然黑者为星星[3]。奈何以非金石之质，欲与草木而争荣？念谁为之戕贼[4]，亦何恨[5]乎秋声！”

注释

1 感（hàn）：通“撼”，动摇。2 渥（wò）然丹者：指红润的容貌，这里指年轻人。槁（gǎo）木：枯木，这里指衰老。3 黟（yī）然黑者：指黑色的头发。星星：点点白色。4 戕（qiāng）贼：残害。5 恨：遗憾，感叹。

译文

“唉！草木是没有情感的东西，尚且有时要飘落凋零；人是动物，而且是动物中有灵性的精英。百般忧虑撼动他的心灵，万件事情劳累他的身体。心中动摇不定，一定会损伤他的精神，更何况还要思考他的力量办不到或他的智慧想不明的事情呢！这必然会使他红润的容貌变得衰老，乌黑发亮的头发变得花白。为什么要拿自己并不是金石般的体质，想跟草木去比较繁盛呢？应当想想，是谁折磨着自己，又何必怨恨那凄凉的秋声！”

童子莫对，垂头而睡。但闻四壁虫声唧唧，如助予之叹息。

译文

书童没有回应，低头打瞌睡。只听到墙壁四周虫声唧唧，好像在应和我的叹息。

前赤壁赋 苏轼

导读

宋神宗元丰二年（1079），苏轼任湖州知州。朝廷御史台（监察官署）的小人摘引他的诗句，加上“讪谤朝政”的罪名，将他逮捕入狱。这场文字狱，史称“乌台诗案”。乌台即御史台。出狱后，苏轼被贬为黄州团练副使。这是一个没有多少实际事务的闲散官职。元丰五年（1082），作者两次游黄州赤壁矶，写下了著名的《前赤壁赋》和《后赤壁赋》。

《前赤壁赋》写于秋天。全赋紧扣赤壁风月和人文历史，表现自己的内心世界。可分三个层次：第一层写月夜泛舟，饮酒赋诗，使人沉浸于美好的景色之中而忘怀世俗纷扰；第二层凭吊历史人物，感叹人生短促，变动不居，因而又跌入现实的苦闷；第三层在变与不变的哲理阐发中，说明人类和万物都是永恒存在的，因而从苦闷中摆脱出来，表现了旷达乐观的人生态度。此赋采用传统的主客问答形式，其实无论是主还是客，所表达的都是苏轼自己内心矛盾的历程。

前人视此赋为散文赋中的神品，评价说：“有慕景处，有寄情处，有感慨处，有洒脱处。此赋，仙也。”本赋的最大特色是情景有机结合，或歌，或问，或答，或抒情，或议论，都能紧扣眼前景色，达到了水乳交融的程度。描绘赤壁的水月风光，富有画意；描写月夜泛舟，饮酒赋诗，充满诗情；展现人物内心世界，洋溢哲理。“水”与“月”为客观线索，“乐”与“悲”为主观线索。

按：此赋凭吊赤壁大战（208）。赤壁在何处，学术界有不同说法。大都说是在今湖北蒲圻、嘉鱼之间，另一说是在黄州（今湖北黄石），即苏轼《前赤壁赋》《后赤壁赋》《念奴娇（赤壁怀古）》所描写的赤壁。

壬戌[1]之秋，七月既望[2]，苏子与客泛舟游于赤壁之下。清风徐来，水波不兴。举酒属客，诵“明月”之诗，歌“窈窕”之章。[3]少焉，月出于东山之上，徘徊于斗牛[4]之间。白露横江，水光接天。纵一苇之所如[5]，凌万顷之茫然[6]。浩浩乎如冯虚御风[7]，而不知其所止；飘飘乎如遗世[8]独立，羽化而登仙[9]。

注释

1 壬戌：宋神宗元丰五年。2 既望：农历每月的十六日。既，已经过了。望，农历每月十五日。3 属（zhǔ）：倾注。此指劝酒。“明月”之诗：指《诗经·陈风》里的《月出》篇，这首诗是写月下怀人的。一说指曹操《短歌行》，诗中有“明明如月，何时可掇”和“月明星稀，乌鹊南飞”之句。“窈窕（yǎotiǎo）”之章：《月出》篇的第一章，有“月出皎兮，佼人僚兮。舒窈纠兮，劳心悄兮”的句子。窈纠，即窈窕。所以称这一章为“窈窕之章”。一说指《诗经·周南·关雎》第一章，诗中有“窈窕淑女，君子好逑”之句。

与后文"思美人"相应。4 斗牛：斗宿、牛宿，都是星宿名。斗，也称"南斗"。牛，也称"牵牛"。5 纵：听任。一苇：指小船。说船小得像一片苇叶。如：往。6 凌：越过。指小船在江面上浮游。万顷：指广阔无边的江面。茫然：形容江面旷远迷茫。7 冯（píng）虚：凌空。冯，同"凭"。御风：乘风，驾风。8 遗世：离开人世。9 羽化：传说仙人能够飞升，像长了翅膀一样，所以称成仙叫羽化。

译文

壬戌年的秋天，七月十六日，苏先生和客人荡着小船在赤壁下面游览。清凉的风缓缓地吹来，水面上没有一丝波纹。于是举起酒杯，请客人喝酒，朗诵那"明月"的诗篇，歌唱那"窈窕"的诗句。一会儿，月亮从东山上面升起，在斗、牛两星之间慢慢移动。白茫茫的雾气笼罩在江面，水光和天空相连接。我们听凭小船飘流，浮游在茫茫万顷的江面。浩浩荡荡就像腾空驾风，却不知道要飞到什么地方才停止。轻飘飘的就好像离开了人世，无牵无挂，长了翅膀，成了神仙。

于是饮酒乐甚，扣舷[1]而歌之。歌曰："桂棹兮兰桨[2]，击空明兮溯流光[3]。渺渺兮予怀，望美人[4]兮天一方。"

客有吹洞箫[5]者，依歌而和[6]之。其声呜呜然，如怨如慕，如泣如诉；余音袅袅[7]，不绝如缕[8]。舞幽壑之潜蛟[9]，泣孤舟之嫠妇[10]。

苏子愀然[11]，正襟危坐[12]，而问客曰："何为其然也？"

注释

1 扣舷（xián）：敲打着船舷。2 棹（zhào）、桨：都是划船的工具。棹，也指船。3 空明：指月光照着的清澈江水。溯：逆流而进。流光：在江面上浮动的月光。4 美人：比喻心中仰慕思念的人。这里不是指貌美的女子。5 洞箫：就是箫。箫管上下直通。所以说"洞"。6 和（hè）：伴奏。7 袅袅（niǎoniǎo）：形容声音不绝，若断若续。8 缕：丝缕。9 幽壑（hè）：山沟深谷，这里指深渊。潜蛟：潜伏的蛟龙。10 嫠（lí）妇：独居的妇女。11 愀（qiǎo）然：严肃或忧愁的样子。12 正襟危坐：理直衣襟，严肃地端坐着。

译文

这时，我们喝着酒，很是高兴，敲打船舷唱起歌来。唱词是："桂木做的船啊，兰木做的桨，拍打透明的江水啊，迎着水面的月光。我的情怀悠远广阔啊，思念仰慕的人啊，他在天的那一方。”

客人中有个吹洞箫的，按着歌的曲调伴奏。那呜呜的箫声，像哀怨又像眷恋，像哭泣又像低诉；曲调终结之后，余音缭绕，若断若续，宛如细丝一般。这箫声，可以使潜伏在深渊里的蛟龙起舞，可以使孤船上独居的妇女哭泣。

苏先生听了很忧愁，整理衣襟，端正地坐着，问客人道：“箫声为什么这样凄凉啊？”

客曰：“‘月明星稀，乌鹊南飞’，此非曹孟德之诗乎？[1] 西望夏口[2]，东望武昌[3]，山川相缪[4]，郁乎苍苍，此非孟德之困于周郎者乎[5]？方其破荆州[6]，下江陵[7]，顺流而东也，舳舻千里[8]，旌旗蔽空，酾酒[9]临江，横槊[10]赋诗，固一世之雄也，而今安在哉？况吾与子渔樵于江渚之上，侣鱼虾而友麋[11]鹿，驾一叶之扁舟，举匏樽[12]以相属；寄蜉蝣[13]于天地，渺沧海之一粟。哀吾生之须臾，羡长江之无穷。挟[14]飞仙以遨游，抱明月而长终。知不可乎骤得，托遗响[15]于悲风。”

注释

1 月明星稀，乌鹊南飞：这是曹操所作《短歌行》里的两句诗。曹孟德：曹操，字孟德。2 夏口：城名。故址在今武汉武昌黄鹄山上。3 武昌：故址在今湖北鄂州鄂城区。4 缪（liáo）：通“缭”，环绕，连结。5 孟德之困于周郎：指汉献帝建安十三年（208），吴将周瑜在赤壁一战中击溃曹操号称的八十万大军。详见《资治通鉴》卷六十五。周郎，即周瑜，少时“吴中皆呼为周郎”，后世沿用这一称呼。6 破荆州：建安十三年，曹操南下荆州，当时荆州刺史刘表已死，刘表的儿子刘琮率众投降曹操。破，攻占。荆州，东汉时州名，治所在襄阳，辖境相当今湖北、湖南一带。7 下江陵：刘琮投降后，曹操又在当阳的长坂击败刘备，进占江陵。下，攻下。江陵，今湖北江陵。8 舳舻（zhúlú）：大船。船后掌舵的地方叫舳，船前安棹的地方叫舻，所以舳舻千里有首尾相接的意思。9 酾（shī）酒：斟酒。10 槊（shuò）：兵器名，略像长矛。11 麋（mí）：鹿的一种。12 匏（páo）樽：用葫芦做成的酒器。13 蜉蝣（fúyóu）：一种夏秋之交生在水边的小虫，往往只能活几个小时。古人说它朝生暮死。这里用来比喻人生短促。14 挟：带，伴。15 遗响：余音，指洞箫吹出的曲调。

译文

客人说：“‘月明星稀，乌鹊南飞’，这不是曹孟德的诗句吗？向西望去是夏口，向东望去是武昌，山盘水绕，郁郁苍苍，这不是曹孟德被周瑜围困的地方吗？当曹孟德占领荆州，攻下江陵，顺着长江东进的时候，战船千里相连，旗帜遮蔽了天空，他面对着大江斟酒，横拿着长矛吟诗，本是一代的英雄啊，现在又在何处呢？何况我和您在江边、洲上捕鱼砍柴，同鱼虾做伴侣，跟麋鹿交朋友，驾着一只小船，举起匏樽互相敬酒，把像蜉蝣一样短促的生命寄托在天地之间，渺小得就像那大海里的一粒粟米。哀叹我们这短促的一生，羡慕那长江的存在没有穷尽。希望同飞升的神仙一起遨游，伴着明月永世长存。我知道这不可能做到，只好把悲凉的箫声寄托在秋风中。”

苏子曰：“客亦知夫水与月乎？逝者如斯[1]，而未尝往也；盈虚[2]者如彼，而卒莫消长[3]也。盖将自其变者而观之，则天地曾不能以一瞬；自其不变者而观之，则物与我皆无尽[4]也，而又何羡[5]乎？且夫天地之间，物各有主。苟非吾之所有，虽一毫而莫取。惟江上之清风，与山间之明月，耳得之而为声，目遇之而成色，取之无禁，用之不竭，是造物者[6]之无尽藏也，而吾与子之所共适[7]。”

注释

1 逝者如斯：流逝的时间和一切事物都像这流水一样。《论语·子罕》：“子在川上曰：‘逝者如斯夫，不舍昼夜。’”子，孔子。川，河。逝，流逝。斯，这，指水。2 盈虚：盈，指月圆。虚，指月缺。3 消长：消，消失。长，增长。4 无尽：没有完，永恒不朽。5 羡：指上文的“羡长江之无穷”。6 造物者：中国古代指“天”，认为万物是天所生成。7 共适：一同享受。

译文

苏先生说：“客人也了解那江水和月亮吗？江水不停地奔流，但从来没有流逝；月亮不断地圆缺，但始终没有消失或增长。从变化的一面来看，那么天地连一眨眼的工夫都不存在；从不变的一面来看，那么万物和我们都是无穷的，你又为什么羡慕长江的无穷无尽呢？况且天地之间，万物都各有自己的主宰。如果不是属于我们的东西，即使是一丝一毫也不能拿取。只有这江上的清风，山间的明月，耳朵听到成为声音，眼睛遇到成为颜色，拿取它没有谁来禁止，使用它永远不会完结，这是自然界的无穷无尽的宝藏，是我和你可以共同享受的东西。”

客喜而笑，洗盏更酌。肴核[1]既尽，杯盘狼藉[2]。相与枕藉[3]乎舟中，不知东方之既白。

注释

1 肴核：菜肴和果品。2 狼藉：散乱的样子。3 枕藉：枕头和垫褥，这里用作动词，即互相枕着垫着。

译文

客人高兴地笑起来，洗净酒杯重新斟酒。菜肴和果品已经吃光了，席面上杯盘散乱。主客在船上互相紧挨着睡了，不知不觉东方已经发白。

后赤壁赋 苏轼

导读

这篇赋是苏轼在冬天再游赤壁时所作，距第一次游赤壁三个月。《后赤壁赋》跟《前赤壁赋》相比，写法完全不同。前赋着重写水，后赋着重写山；前赋着重写秋景，后赋着重写冬景；前赋写有意而游，后赋写随兴所至；前赋安谧幽静，展现心灵历程，表现旷达的人生态度，后赋惊险恐怖、迷离恍惚，特别是通过道士化鹤的幻觉给文章笼罩上了一层飘渺神秘的气氛。前人评论说："处处变换，步步别致。""若无前篇，不见此篇之妙；若无此篇，不见前篇之佳。"原评赞叹说："与前赋同一机轴，而无一笔相似。读此两赋，胜读《南华》一部。"

是岁[1]十月之望，步自雪堂[2]，将归于临皋[3]。二客从予过黄泥之坂[4]。霜露既降，木叶尽脱；人影在地，仰见明月。顾而乐之，行歌相答[5]。

已而[6]叹曰："有客无酒，有酒无肴；月白风清，如此良夜何？"客曰："今者薄暮[7]，举网得鱼，巨口细鳞，状如松江之鲈[8]。顾安所得酒乎？"归而谋诸妇[9]。妇曰："我有斗[10]酒，藏之久矣，以待子不时之需。"

注释

1 是岁：这一年。承《前赤壁赋》而来，即宋神宗元丰五年（1082）。2 雪堂：苏轼在黄冈东坡建筑的住所。堂在大雪中建成，四壁都画有雪景，故名"雪堂"。3 临皋：

亭名。苏轼初到黄州时住在定惠院，不久迁居临皋亭，冬天又建筑雪堂。4 黄泥之坂（bǎn）：黄冈东面东坡附近的山坡，是由雪堂至临皋亭的必经之地。坂，斜坡。5 行歌相答：边走边唱，互相应和。6 已而：不久。7 薄（bó）暮：傍晚。薄，逼近。8 松江之鲈（lú）：松江（今属上海）盛产四鳃鲈，味道鲜美。9 诸："之于"的合音。妇：妻子。10 斗：古代盛酒的器具。

译文

这同一年的十月十五日，我从雪堂步行出发，将要回到临皋亭去。两位客人跟着我，经过黄泥坂。霜露已经降下，树叶完全脱落；人影映在地上，抬头望见明月。看看这四周景色很是愉快，于是边走边唱，互相应和。

一会儿，我叹息道："有了客人没有酒，有了酒没有菜肴；月光皎洁，微风清爽，怎么度过这个美好的夜晚呢？"客人说："今天傍晚，撒网捕到一条鱼，大大的嘴巴，细细的鳞片，形状像松江的鲈鱼。只是，能从哪里弄到酒呢？"我回家跟妻子商量。妻子说："我有一斗酒，收藏很久了，等着你随时需要。"

于是携酒与鱼，复游于赤壁之下。江流有声，断岸[1]千尺，山高月小，水落石出。曾日月之几何，而江山不可复识矣！[2]

注释

1 断岸：陡峭的江岸。2 "曾日月之几何"两句：这是就两次游赤壁所见的景象对比而言，前为秋景，这次为冬景。江山，指江山的景象。

译文

于是带着酒和鱼，再次去赤壁下面游览。江里的流水发出声响，两岸陡峭的崖壁高达千尺，山显得高了，月显得小了，江水退落，石头显露出来了。才过了多少日子啊，江上的景象却几乎不能再辨认了。

予乃摄衣而上，履巉岩[1]，披蒙茸[2]，踞虎豹[3]，登虬龙[4]；攀栖鹘之危巢[5]，俯冯夷之幽宫[6]。盖二客不能从焉。划然[7]长啸，草木震动，山鸣谷应，风起水涌。予亦悄然而悲，肃然而恐，凛乎其不可留也。反[8]而登舟，放乎中流，听其所止而休焉。时夜将半，四顾寂寥。适有孤鹤，横江东来，翅如车轮，玄裳缟

衣[9]，戛然[10]长鸣，掠予舟而西也。

注释

1 巉（chán）岩：险峻的山岩。2 蒙茸（róng）：稠密的野草。3 虎豹：指宛如虎豹的山石。4 虬（qiú）龙：古代传说中一种有角的小龙，这里是形容盘曲的树木。5 鹘（hú）：一种猛禽。危巢：高处的巢穴。6 冯（píng）夷：即河伯，神话传说中的水神。幽宫：深宫，指水府。7 划然：象声词，形容长啸的声音。8 反：同"返"。9 玄裳缟（gǎo）衣：黑裙白衣。鹤身上的羽毛是白的，尾巴是黑的，所以这样说。玄，黑。裳，下裙。10 戛（jiá）然：形容鹤尖声高叫的声音。

译文

我提起衣襟上岸，踏着险峻的山岩，拨开稠密的野草，蹲在形状宛如虎豹的山石上，爬到树木盘曲像龙的山林中；再攀登上鹘鸟建造高巢的崖壁，俯身察看水神冯夷的深宫。两位客人不能跟上我。我高声长啸，草木震荡，山谷回响，风起浪涌。我也感到凄凉悲伤、阴森恐怖，害怕得不能停留了。回转身来登上小船，漂浮到江心，任由它停到哪里就在哪里休息。这时快到半夜了，向四周望去，寂寞空虚。恰好有一只孤鹤，横穿大江上空从东面飞来，翅膀有如车轮，后身像黑色的裙子，前身像白色的上衣，戛然长叫一声，飞过我的小船，一直向西面去了。

须臾客去，予亦就睡。梦一道士，羽衣蹁跹[1]，过临皋之下，揖[2]予而言曰："赤壁之游乐乎？"问其姓名，俯而不答。呜呼噫嘻！我知之矣！"畴昔[3]之夜，飞鸣而过我者，非子也耶？"道士顾[4]笑，予亦惊寤[5]。开户视之，不见其处。

注释

1 羽衣：道袍。蹁跹（piánxiān）：飘然轻快的样子。2 揖：拱手施礼。3 畴昔：从前。4 顾：回头看。5 寤（wù）：醒来。

译文

过了一会儿，客人告辞，我也睡觉了。梦见一个道士，飘飘然穿着羽衣，经过临皋亭的下面，向我拱手行礼，说："赤壁的游览快乐吗？"我问他的姓名，他低着头不回答。唉呀！我明白了！"不久前的夜晚，鸣叫着从我船上飞过去的，不就是您吗?”道士回过头来笑了笑，我也惊醒了。打开房门一看，不知道他到哪里去了。

附录

古文观止原序　吴兴祚

余束发就学时，辄喜读古人书传。每纵观大意，于源流得失之故，亦尝探其要领。若乃析义理于精微之蕴，辨字句于毫发之间，此衷盖阙如也。

岁戊午，奉天子命抚八闽，会稽章子、习子以古文课余子于三山之凌云处，维时从子楚材实左右之。楚材天性孝友，潜心力学，工举业，尤好读经史，于寻常讲贯之外，别有会心，与从孙调侯，日以古学相砥砺。调侯奇伟倜傥，敦尚气谊，本其家学，每思继序前人而光大之。二子才器过人，下笔洒洒数千言无懈漫，盖其得力于古者深矣。

今年春，余统师云中，寄身绝塞，不胜今昔聚散之感。二子寄余《古文观止》一编，阅其选简而该，评注详而不繁，其审音辨字无不精切而确当。披阅数过，觉向时之所阙如者，今则冁（chǎn）然以喜矣。以此正蒙养而裨后学，厥功岂浅鲜哉！亟命付诸梨枣，而为数语以弁其首。

康熙三十四年五月端阳日愚伯兴祚题。

古文观止自序 吴楚材 吴调侯

古文宜选乎？曰：无庸也。琳琅触目，美不胜收，则选尚已。古文至今日，操选政者代有其人，骎骎乎有积薪之叹矣，尚宜选乎？曰：无庸也。详略互见，醇疵错陈，则选又尚已。且余两人非敢言选也，集焉云耳。集之奈何？集古人之文，集古今人之选，而略者详之，繁者简之，散者合之，舛错者厘定之，差讹者校正之云尔。盖诸选家各有精思深义以抉古人之奥。读之者取此置彼，则美者或遗；一概观览，则劳于睹记。此余两人所以汇而集之也。

至于考订之下偶有所得，则亦谨附之以备参究，不敢雷同附和以取讥于大雅。若夫声音之间，点画之际，诸家或以为无益于至义而忽之，而不知童子之所肄习，于终身勿能忘。况棘闱之中，字画一有不合即遭摈斥，可不慎欤？余两人之从事于兹也有年矣。兢兢焉，一义之未合于古，勿敢登也；一理之未慊于心，勿敢载也；一段落、一钩勒之不轨于法度，勿敢袭也；一声音、一点画之不协于正韵，勿敢书也。

山居寂寥，日点一艺以课子弟，而非敢以此问世也。间有好事者，有所许可辄手录数则以去，乡先生见之者必曰：“诸选之美者毕集，其缺者无不备，而讹者无不正，是集古文之成者也，观止矣！宜付之剞劂，以公之于世。”余两人默然相视良久曰：“唯唯，勿敢当，勿敢当。诚若先生言，抑亦何敢自私？”退而辑平日之所课业者若干首，付诸梓人，以请政于海内君子云。

康熙戊寅仲冬山阴吴乘权、吴大职氏题于尺木堂。

按：《古文观止》的编著者吴楚材、吴调侯是叔侄关系，吴楚材，字乘权，吴调侯，字大职，浙江山阴（今绍兴）人。他们把多年从事古文讲习的成果，编为《古文观止》十二卷，在康熙戊寅年（即康熙三十七年，公元1698年）刻版付印时写了这篇自序。除了两人合编《古文观止》外，吴楚材还主编了普及历史知识的《纲鉴易知录》一百零七卷。

《古文观止》卷首有吴兴祚于康熙三十四年（1695）写的序言。序言高度评价了《古文观止》的特色和功用，作序者吴兴祚（1632—1697）是清朝初年著名大臣，《清史稿》卷二百六十有传。他在康熙十七年（1678）任福建巡抚，康熙二十年（1681）任两广总督，康熙三十一年（1692）任归化城（今呼和浩特）右翼汉军副都统。这篇序言即写于归化城任上。吴兴祚在收复台湾、平定准噶尔等事件中都发挥了重要作用。他爱好文史，有《宋元诗声律选》《史迁句解》《粤东舆图》等著作传世。